互联网时代 媒介研究的

坚守与创新

HULIANWANG SHIDAI
MEIJE YANJIU DE
JIANSHOU YU CHUANGXIN

欧阳宏生 著

四川大学出版社

责任编辑:欧风偃
责任校对:宋　颖
封面设计:墨创文化
责任印制:王　炜

图书在版编目(CIP)数据

互联网时代媒介研究的坚守与创新 / 欧阳宏生著.
一成都：四川大学出版社，2016.11
ISBN 978－7－5690－0155－6

Ⅰ.①互…　Ⅱ.①欧…　Ⅲ.①传播媒介－研究－中国
Ⅳ.①G206.2

中国版本图书馆 CIP 数据核字（2016）第 290773 号

书名	互联网时代媒介研究的坚守与创新

著　　者	欧阳宏生
出　　版	四川大学出版社
地　　址	成都市一环路南一段 24 号（610065）
发　　行	四川大学出版社
书　　号	ISBN 978－7－5690－0155－6
印　　刷	郫县犀浦印刷厂
成品尺寸	185 mm×260 mm
印　　张	26.5
字　　数	561 千字
版　　次	2016 年 12 月第 1 版
印　　次	2016 年 12 月第 1 次印刷
定　　价	42.00 元

◆读者邮购本书,请与本社发行科联系。
　电话:(028)85408408/(028)85401670/
　(028)85408023　邮政编码:610065
◆本社图书如有印装质量问题,请
　寄回出版社调换。
◆网址:http://www.scupress.net

序 言

胡智锋

我与欧阳宏生教授相识相知已有 20 多年,在共同走过的这些时光里,欧阳教授以他的博学、勤奋和创造性的贡献,为学界和业界所敬重和认同。20 多年来,我见证了欧阳兄在广播电视学术领域的沉积、勃发与开拓。作为一名较长时期工作于媒体一线的传媒人,他先后在地方、中央电视媒体从事新闻采编、管理与研究工作。多年以来,始终不忘初心,在经过多年的思考、沉淀与熔铸后,2001 年作为特殊人才引进四川大学,成功实现了从业界到学界的转型。如今在教学、科研、人才培养、学科建设等方面都获得了突出成就。欧阳兄以充沛的理论热情、坚定的学术责任以及不懈的追求站在广播电视理论研究的前沿,一次又一次地在学术研究中形成突破与创新。

早在 20 世纪 80 年代初,欧阳兄就致力于我国传媒理论研究。当时我国新闻学科正处在建设之中,他运用跨学科理念将社会学、心理学、系统科学等人文、社会、自然科学大胆合理地运用于传媒研究,几年间发表 40 多篇学术论文,先后出版《新闻学论集》《新闻写作学概论》等著作,开新闻学跨学科研究的先河,极大地丰富且拓宽了我国新闻传播研究道路。20 世纪 90 年代中期,他具体承担了国家"九五"重点课题"建设有中国特色的社会主义电视理论",并同时担任此课题研究成果《中国电视论纲》的总撰稿。该书构建了系统完整的中国特色社会主义电视理论体系,为我国的电视事业发展起到了重要的推动作用。在接下来的十余年间,欧阳兄精心琢磨之作《电视批评论》《电视批评学》《中国电视批评史》问世,为我国电视批评学的形成与发展奠定了坚实基础。

欧阳兄相信"百年大计,教育为本",在他进入高校的十余年间,不仅着力于广播电视理论的研究与开拓,更将传道、授业、解惑视作"为师之责"。多年来,欧阳兄立于三尺讲台之上,将广、深、新、精的研究理念运用于教学之中。据我所知,自欧阳兄开门施教以来已有八十余名博士、四十余名硕士位列门墙,数量堪称我国广播电视理论高端人才培养之最,且诸多弟子如今已经成为我国专业研究领域的学术骨干,可谓"桃李满天下,春晖遍四方"。然而其中最让我感慨的是他的为师之法、立身之德。正所谓"学博为师,德高为范",每与"欧阳门"学子交流,更深感欧阳兄无愧"师范"二字。欧阳兄为师多年,始终将传道授业作为天命之责，兢兢业业毫不懈怠，不仅能针对弟子的具体情况因材施教，更是在授业中注重理论与实际的结合，为当前传媒发展培养了大批全媒体人才。在为人立德方面，欧阳兄以身为范，其雅量高致的气度，性度恢廓的儒将风范如同春风化雨般滋养着门下弟子。对于学生，他始终高标准，严要求，乃至苛刻：无论是学生在校期间发表论文数量和质量还是博士论文的字数和质量，都高于学校的标准。尽管这使他工作量大增，仍旧在所不辞。多年来，欧阳兄秉承精英式培养的方式，坚守自我的教学原则与理念，关爱每一个学生，收获了一代代品学兼优的欧阳门学子。据了解，其已经毕业的六十多名博士生论文，专家评审、答辩均一次性通过。他们之所以成长为胸怀真知，极富学术探索精神与理论素养的青年才俊，与其良师的谆谆教导密不可分。

作为传媒学者，欧阳教授对学术几十年如一日的探索与追求让人动容。在其进入高校的十多年中，他立足全国，扎根川大，在已有学术成果的基础上不断创新自我的知识结构，关注学术前沿，努力提升科研水平，以此实现开拓创新。相较北京、上海等发达区域的高校，川大在广播电视研究方面资源相对匮乏。然而，即使在此劣势之中欧阳兄也从未抱怨懈怠，反而以更加执着的信念与坚韧的品质在广播电视理论研究的道路上坚定前行。记得早在2001年，欧阳兄就曾获得广电总局党组批准授予的"全国首届'十佳'广播电视理论工作者"荣誉称号。时至今日，欧阳教授凭借着厚实的理论基础与广泛的学术影响力，云集众多精英学子于其门下，形成了具有学术影响力及开创力的欧阳团队。据我所知，这些年来有不少国内知名院校以重金聘请他出任传媒学院院长或特聘院长等职，均被婉拒。以我对他的了解，这一是恬淡平静、从容无争的性情使然，二也源于其不争利于世俗，却执着于获得更高学术境界的学术追求。淡泊明志，宁静致远，始终在学术道路上坚定前行，这份心智与从容确实值得钦佩。

欧阳兄在广播电视理论研究领域的学术影响力在业界及学界都受到普遍认可。多年来，他奋力不懈，不惮劳苦，担任了一系列国家层面学术组织的负责人，参与了10多项广播影视国际国家大奖并担任评委，数百次应邀到媒体、高校、学术机构、政府机关等进行讲学或学术活动，担任国家一些重要学术期刊编委等。在四川大学任教的10多年间，欧阳兄更是利用四川大学新闻传播研究所、中国广播电视协会西部学术基地的学术平台，先后举办了20多次全国性学术论坛。这些论坛的召开不仅彰显了学术探索的坚定决心与先进理念，还进一步扩大了四川大学传媒学科在全国的影响力，为促进并加强西部地区广播电视理论研究做出了巨大贡献，可谓惠泽长远。

一直以来，欧阳兄十分注重理论与实践的结合，即使如今立身高校，也从未停止与媒体的合作交流。多年来，欧阳兄担任多家卫视台顾问。2001年起，他先后与中央电视台、中央人民广播电台、辽宁电视台、云南广播电视台、贵州广播电视台等合作，建立了多个学生实习基地，为川大学生就业带来了一定便利。

正是通过这样的渠道，不少学生得以在中央媒体就业并担任一定职务。10多年来，他致力于与广电总局、中央电视台及其他省级媒体展开横向合作，合作项目20多项。如今四川大学的广播电视研究在全国学界及业界都拥有了自己的话语中心及影响场域，饮水思源，欧阳兄功不可没。

回首观之，欧阳兄在学界虽已名声在外，但仍晨兢夕厉，从未停止对学术的创新的探索。在广播电视节目创新创优、品牌建设、频道专业化、收视率、电视娱乐化、媒介融合、传媒产业经营等每个广播电视发展阶段的研究中，他都秉持维新之道，直至今日带领团队开创建设认知传播学科。2014年中国认知传播学会正式成立，他出任会长。经过两年时间的思考与沉淀，不仅就认知传播科学发表了多篇具有学术价值及影响力的高水平论文，组建了具有专业水平的认知传播学研究团队，完成了具有认知传播学学科构建意义的基础理论著述。创新并非一蹴而就，创新的成果也往往会在很长一段时间内遭遇质疑与挑战，若非具有厚实的根基与坚定的信念，很难在当前的学术环境中实现真正意义上的创新。所负几何，所成几何。欧阳兄承重拓新，尽其所能而为之，如今终求仁得仁，已见曙光。本论文集正是对他近年来学术研究创新方向与理念的诠释与展现，为当前我国的广播电视研究写下了浓墨重彩的一笔。

对欧阳兄的学术成就与贡献做全面的评价，在我看来为时尚早，因为他仍才思泉涌，与时俱进，新成果源源不断地推出，新领域也在不停地开拓之中。但回顾他已走过的学术之路，我发现有几个突出特点。用我的方式来表达，这就是"跨""合"和"通"。所谓"跨"就是"跨越"和"跨界"。从地方媒体到中央级媒体、从业界到学界、从传统新闻传播到广播电视领域、从广播电视新闻再到广播电视艺术、从一般传播到认知传播等，不停地在跨越中前进，在跨界中创新。"合"就是"融合"和"整合"。欧阳兄善于将不同的元素进行融合进而推出新的成果。比如他将认知科学与传播学相融合，推出了"认知传播"这一全新概念；再比如他将对电视理念、电视现象、电视创作、电视节目等的研究、评析，经过提炼和浓缩，形成电视批评理论，进而拓展为媒介批评理论，等等。这些融合使得他的视野不断地拓宽和提升，进而创造出全新的成果。而"整合"更是欧阳兄突出能力的显现。记得当年受中央电视台领导的委托，他作为总撰稿人将各路不同的研究者整合在一起，进行了长达四五年时间的艰苦卓绝的统筹、统合、统稿的工作，进而推出了具有里程碑意义的综合性电视理论巨著《中国电视论纲》。他更是善于将各种资源进行转化和整合，从而为学科建设和学术发展做出独特贡献。比如他将南、北不同区域的电视媒体进行整合，以"西部"的名义将西南、西北两大区域的电视资源进行整合，在国家广电总局、中国广播电视学会的旗下，打造出西部广播电视研究基地这样一个新的平台。同时他又将南、北、东、西业界和学界不同的学者、从业者、领导者的资源进行整合，推出了各种各样的学术机构和平台，诸如认知传播学会、传媒经济研究会的推出等。而"通"就是

"变通"和"贯通"。这更是欧阳兄在集多年经验的基础上，顺应时代的发展和传媒发展以及学术发展新的态势和需求，将各种学术理念和思路进行融通和打通。不是拘泥于一端，而是善于将差异性的内容进行贯通，从而形成颇具力量感的研究领域、研究团队和研究平台。诸如四川大学从新闻传播、广播电视研究团队的打造，到广播电视的理论、批评、产业等方方面面成果的形成，都是他打通差异性领域而进行创造性转化的结果。因此，欧阳兄的这种学术特质、学术智慧和学术能力，在"跨""合"和"通"中得以呈现。这都是为吾辈所钦佩、赞赏和值得我们学习之处。

尽管欧阳兄已过花甲之年，但他的思维和研究依旧处于旺盛、活跃的状态。以他的精神、境界、情怀和勤奋，我相信在未来的时日中，他一定还会不断地给我们带来新的收获和新的惊喜。让我们期待着！

是为序。

胡智锋

（国务院学科评议组召集人　教育部长江学者　中国高校影视学会会长　中国传媒大学学报《现代传播》总编辑）

目　录

第三编　影视艺术：多元阐释与学理观照

第四编　个案分析：实践指导与风向把脉

第五编 媒介融合：产业经营与传媒转型

第六编 认知传播：学科建构与理论开拓

附 录

第一编

新闻传播：多维思考与立体观察

"中新体"：文风塑造媒体风骨

中国新闻社（简称"中新社"）成立于1952年9月14日，是一家向海外侨胞、港澳同胞、台湾同胞和关心中国的国外读者提供新闻资讯的"对外通讯社"，同时，也是一家真实、客观、公正、专业地报道中国发展、传递中国声音、展示中国形象的"民间通讯社"。作为"对外通讯社"，"中新社"具有宽广的"世界眼光"和"国际视野"，站在全球角度报道和传播中国新闻，理性地报道和评论中国内地、港澳台和与华人有关的国际新闻；而作为"民间通讯社"，"中新社"又以"西方话语"和"民间话语"，吸引海外受众关注中国命运、关心中国发展。在长期的新闻实践历练中，"中新社"逐渐形成并发展了一种明显异于国内其他宣传媒体的报道与写作风格，新闻界将其语言文字风格、写作体例与范式称为"中新体"。

为进一步揭示"中新体"的报道特色，以及"中新体"对传统新闻文体的突破与超越、"中新人"对"新闻专业主义"的执着追求，本文以"中新社"2008年5·12汶川大地震报道和2011年"中新社"年度佳作、2011年"中新社""走基层、转作风、改文风"活动报道为样本，通过对"中新社"报道新闻文风、报道特色、专业特质的具体分析，揭示"中新社"的媒体风骨和新闻品质。

挖掘"硬新闻"中的"亲近性事实"

根据与读者的关系，西方新闻界一般将新闻分为"硬新闻"与"软新闻"。如何让海外读者产生亲近"硬新闻"的欲望并保持对"硬新闻"的兴趣？"中新社"面临着两个难题：第一，"硬新闻"题材在亲和力、吸引力和感染力方面天然逊于"软新闻"题材。第二，中国本土的"硬新闻"信息如何超越意识形态与文化障碍，让国外受众对其产生亲切感、信任感与认同感？面对处于不同政治环境和文化环境的国外受众，"中新社"通过发掘"亲近性事实"，克服了"硬新闻"题材在亲和力、吸引力和感染力方面的劣势。

20世纪90年代，美国新闻界对20世纪70年代出现的平民化报道实践进行了经验总结，提出"亲近性新闻"的理念。"亲近性新闻"即"从普通人的视角出发，报道大众在寻找生活的意义与目的时，他们的行为、动机、情感、信念、态度、忧伤、希望、恐惧与成就"① （笔者译）。在报道题材上，"亲近性新闻"关注平民百姓的日常生活和喜怒哀乐；在报道技巧上，采用平民化的视角与叙事方式。借鉴西方的"亲近性新闻"理念，"硬新闻"题材所涉及的新闻事实也具有多个维度和层面，其中既有宏观、抽象的"疏远性事实"，也有中观、微观和具体的"亲近性事实"。这里的"疏远性事实"指"硬新闻"中的关键事实、关键人物、关键概念和关键数据，"亲近性事实"指关键事实、关键人物、关键概念、关键数据中与读者利益、心理接近或引发读者关注、思考和情感共鸣的事实背景和场景、人物等细节。在"硬新闻"中，"疏远性事实"构成了"硬新闻"的骨架，凸显了"硬新闻"事实的重要性；"亲近性事实"如同"硬新闻"的血肉，拉近了"硬新闻"与读者的距离。

对于"硬新闻"题材，一些新闻媒体往往注重传递重要的"疏远性事实"而忽略了"亲近性事实"；而"中新社"则仔细挖掘并在报道中凸显能够满足海外读者地域、情感和心理需求的三类"亲近性事实"，增强了"硬新闻"的亲和力、吸引力和感染力。第一，国内外重大突发事件的现场新闻故事和细节。在5·12汶川大地震、温州动车追尾脱轨、云南盈江地震、甘肃幼儿园校车事故、湖南邵阳沉船、新疆和田喀什恐怖暴力袭击和3·11日本地震海啸、莫斯科机场恐怖爆炸、新西兰大地震、挪威爆炸枪击案、伦敦骚乱、泰国水灾等国内外重大突发事件发生后，"中新社"记者第一时间赶赴新闻现场，报道事实真相、还原现场细节。第二，海外华侨华人关注、关心的侨乡、侨属新闻。海外华侨华人虽然身处异国他乡，却心系祖国故土，时刻牵挂着家乡的父老乡亲，注视着家乡的点滴变化。"中新社"记者来到福建、广东、广西、浙江等省侨乡村落，听侨属声、写侨乡事，展现了侨乡风土人情、经济发展和社会变迁，也反映了侨乡文化的衰落和侨乡"空巢老人、留守儿童"的困境。第三，"硬性人物"的细节。这里的"硬性人物"，专指"硬新闻"中所涉及的与大众日常生活有一定距离的新闻人物，诸如政府官员、风云人物、新闻话题中的权威人物和备受关注的公众人物。比如习近平、胡锦涛、温家宝等国家领导人，国内媒体对于他们公务活动的报道更多出于官方和宏观视角，有着固定的报道框架和报道模式，而"中新社"通过细心的观察、细致的采访，搜集他们平实的语言、对事件的反应、神情与动作等易被受众感知的细节，在写作中突出、放大不平凡人身上的平凡之处。

用简练文字表达丰富内涵

纵览"中新体"通稿，篇幅都非常简短，大都不过几百字。而正是这几百字

---

① Walt Harrington：*Intimate Journalism—The Art and Craft of Reporting Everyday life*，SAGE Publication，1997.

的小小空间，多维度、立体化地呈现了新闻事件，容纳了丰富的信息和思想。通过呈现新闻典型、转换叙事视角和运用"新闻跳笔"，"中新体"达到了"文简而意深"的更高境界。

（一）"新闻典型"的独特展现

这里的"新闻典型"不同于典型报道中起着宣传作用的先进模范人物和先进事迹，而是符合新闻传播规律并最能体现新闻传播价值的新闻事件剖面、新闻人物个体或新闻细节。在 2008 年 5·12 地震发生初期，当各家媒体集中于报道"救助"这个热点主题时，"中新社"则将视点转向地震废墟中遇难学生的书包和穿上死去儿子衣服并陪伴儿子遗体不忍离去的父亲，写下了《哭泣的书包》《东汽废墟上，穿着亡子衣服的孤独守望者》等感人至深、催人泪下的优秀新闻作品；在地震中数不胜数的感人故事里，"中新社"记者选取了其中最凄美和悲壮的爱情故事，写下《大地震中的倾城之恋》，表现了地震中平凡爱情的真挚和伟大。通过"典型事物""典型故事"和"典型人物"的选取和独特表现，从更深层面反映出地震对人造成的精神伤害和人们经历地震洗礼后的悲壮和坚毅。"中新社"记者通过以点代面的"散点透视"法，通过独特视角撷取了"新闻典型"的五彩碎片，在情感和思想的折射下呈现出丰富多元的报道组合。

（二）叙事视角的灵活转换

根据叙事理论，"事件无论何时被描述，总是要在一定的'视觉'范围内描述出来，要挑选一个观察点，即看事情的一定方式、一定角度"，这就是叙事视角。① 法国文学理论家兹韦坦·托多洛夫把文学作品的叙述视角分为三种形态："全知视角、内视角与外视角"②。借鉴兹韦坦·托多洛夫的叙述视角划分方法并结合新闻写作实际，一般新闻稿件的叙事视角可分为全知视角、限知视角与复合视角。中国媒体的新闻写作最常用的叙述视角是全知视角，即记者偏向于"全知全能"，独立于新闻事件之外进行概述。而"中新体"则呈现出复合视角，即在全知视角和限知视角之间灵活转换。例如，"中新社"稿件《LV "登堂"国家博物馆："商"得起却"伤"不起》中的导语部分采用了全知视角，概述国际奢侈品牌 LV 在中国国家博物馆展馆展出的新闻事实；随后转入"限知视角"，以观众观后感想和记者现场观察，描述现场展品的奢华、装饰的迷幻效果和安保措施的严密，并通过国家博物馆副馆长、LV 方面负责人、网友、中国文化遗产研究院专家、策展人的评论，反映这一争议性事件引发的社会关注与公众舆论。

"复合视角"综合了"全知视角"与"限知视角"的优点而避免了采用单一视角的缺陷，让记者既能够抽离于新闻事件之外，概述新闻事件、穿插背景材料

---

① ［荷］米克·巴尔：《叙述学：叙事理论导论》，谭君强，译，中国社会科学出版社，2005 年版，第 167 页。

② 见《叙事作为话语》，载《美学文艺学方法论》，文化艺术出版社，1985 年版，第 566~567 页。

和发表评论，又便于深入新闻事件、再现新闻现场、描写人物言语和行为，拓展了新闻报道的叙述广度和叙述深度；同时，媒体（记者）发表的评论（"全知视角"评论）和采访对象的评论（"限知视角"评论）相结合，起到了强化主流声音、引导社会舆论并反映大众声音，呈现多元话语的作用。

（三）"新闻跳笔"的行文方式

艾丰曾说过："新闻写作的艺术在某种意义上说是'跳舞的艺术'，它是讲求'跳'的，跳得好，就成了高超的写作艺术。"[1] 从相对严肃的时政新闻、经济新闻到相对轻松活泼的文化、体育与社会新闻，大部分"中新社"稿件运用了"新闻跳笔"的行文方式，在文字的跳跃之中建构出多角度、多侧面、立体化的信息空间。

例如《泊客"箭走"九州路　客语情连四海心》[2]，记者准确地抓住了客家民族（"泊客"）的特点——居无定所却不断寻求、拓展生存与发展的空间，以11个自然段报道了客家民族的迁徙以及客家人对中国和世界的贡献。全文扣紧"泊客"，"跳笔"笔法很明显。主题线索为客家人王大月的语言、神情—客家人文化精神和迁徙路线—客家人的贡献—客家人海外生存现状—客语，时间线索为现在—过去—现在—过去—现在—过去—现在，叙事线索为叙述兼描写—议论—叙述—描写—叙述。"新闻跳笔"通过主题、时空和叙事手法的自由转换，从不同角度充实了客家人的"泊客"形象，同时使新闻作品"单位信息量"更为饱满，主题得以深化；"段裂行文"的结构又让句子之间、段落之间形成一种流动的韵律感和节奏感。

用新闻细节激发视觉联想

正如有学者所说："优秀的新闻作品在某种程度上给读者的感觉跟小说相似，会在读者脑海中产生一种幻觉。这种幻觉不是通过瞎编乱造欺骗读者，而是植根于事实和现实世界，使读者对他们个人的经验和他们所在的社会有所感悟。"[3]新闻中带有强烈情感色彩、富有视觉冲击力的场景和人物细节描写，不仅让读者似乎能够触摸到新闻现场，产生强烈的心理和情感反应，而且会勾起读者回忆、激发读者联想。

例如，"中新社"稿件《动车事故遇难者"头七"：细雨中的祭奠》展现了人们祭奠"动车事故遇难者"现场的悲情场面，记者撷取了大量现场细节，让读者

---

① 艾丰：《新闻写作方法论》，人民日报出版社，1996年版，第217页。

② 《泊客"箭走"九州路　客语情连四海心》，选自《年华纪事2011：中国新闻社年度佳作选》，香港中国新闻出版社，2012年版，第64页。

③ 李希光：《转型中的新闻学》，南方日报出版社，2005年版，第502页。

头脑中浮现出现场画面，产生幻觉和联想：

第一、二段以一首赫然出现在事故现场一根桥墩上祭奠亡者的小诗开头，小诗下面"一簇簇鲜花与一根根香烛"，祭奠现场"乌云压顶，天空飘着濛濛细雨"，建构出一幅悲伤的视觉画面；

第三段通过温家宝总理"抱病赶来"哀悼动车事故遇难者的细节，让读者似乎能够看到温总理悲哀的神情、蹒跚的步履，并会联想温总理在悼念现场的所思所想。而就在同一个地方，"七天前，一列车厢从桥上垂直坠落，呈90度直立，像一位垂死的人，从泥泞中伸出一只求助的手，直指苍穹"。这里，通过关键的细节和形象的动词、比喻修辞手法让读者似乎能够看到、听到、闻到甚至触摸到记者所描绘的事故现场，让读者联想事故发生时车厢撞击、冲下桥墩、翻覆的惊心动魄，生命的逝去和伤者的恐惧、求生的欲望和等待救援的焦急。

第四至六段则将视角转向一位"手捧鲜花、40岁上下的女人"，她"踏着泥泞的道路，蹒跚地来到献花处，默默地将手中的花献上后，随之深鞠一躬，转向离去"。通过这些细节，读者的目光也跟随着她的动作游移，读者的好奇心会被勾起，她是谁？她来祭奠谁？事故带给她怎样的影响和伤痛？她如何平复心中的伤痛？

第七至十二段，用动车事故后赶到现场参加救援的附近居民的直接引语，提出记者和读者心中共同的疑问：导致事故的原因是什么？救援工作还未结束，死亡人数还未公布，为什么就急着掩埋车厢残骸？到底是救人重要还是处理现场重要？国际上如何处理类似事故？事故的善后工作怎样？

第十三段从公众对事故原因和处理程序的质疑和评论，再转回动车事故的"头七"祭奠现场："雨渐渐小起来了，可是天空乌云密布，桥墩旁的香烛火苗"摇曳"着，似乎在诉说着什么？"这里将没有生命的香烛火苗拟人化，好像它在张口说话，自然会引起读者的联想，它到底想诉说什么？

这篇稿件通过事实叙述、场景、人物动作和神态描写、人物对话等视觉化、联想化的细节，还原了"动车事故遇难者"的祭奠现场，读者似乎能够看到天空飘着濛濛细雨、桥墩上祭奠亡者的小诗、一簇簇鲜花与一根根香烛，听到悲伤的哭声和抽泣声，闻到鲜花、雨水和香烛的味道，感受到祭奠者内心的悲痛。同时，视觉化、联想化的细节也引发了读者对动车事故逝者的哀恸、对事故发生原因的质疑和对铁道部门救援处置不当的愤怒。

移情说认为："审美欣赏由审美对象和审美主体的相互关系所构成。审美欣赏实质上是一个移情的过程，审美主体把自己的情感、意志和思想投射到对象上去"①，因为"我们总是按照我们自己身上发生的事件的类比，即按照我们切身

---

① ［德］立普斯：《空间美学和几何学·视觉的错觉》，载《古典文艺理论译丛》第8册，人民文学出版社，1961年版，第39页。

体验的类比，去看待在我们身边发生的事件"①。同样，视觉化、联想化的新闻细节能够直接作用于读者的感官，调动读者的情感经验和联想机制，让读者把自己的情感、意志融入新闻故事，从而产生对新闻事实和新闻人物的"移情""共鸣"和"幻想"。

适应"西方文化"、建构"民间话语"

在当前世界传播格局中，中国传媒虽然拥有历史、文化传统等"软实力"优势，但在传播资源、传播技术、传播力和影响力等方面，与超强的西方传媒相比还存在较大差距。"中新社"的受众是跨越地域、跨越国籍、跨越文化的海外读者，他们大部分人在价值观念和意识形态方面，有着深刻的"西方文化"烙印，与中国国内民众差别显著。中国人思想意识和行为习惯深受儒家、释家、道家文化的影响，而尤以儒家文化为代表。儒家文化相信人性本善，存在"天人合一"的宇宙观和"中庸""和谐"的思想观，追求人与自然的和谐以及人与人之间的和谐。西方人的精神世界无法脱离基督教的深刻影响，基督教认为人性本恶，倾向于强调"对立""原罪"，提倡"责任""救赎"和"殉道"精神。此外，中国人与西方人在思维方式存在明显差异：中国社会强调人与人之间的社会关系，以"集体主义"为特征；西方社会强调个人自由和特立独行，崇尚"个人主义"。

为了适应西方读者需求，"中新社"对新闻事实进行了契合"西方文化传统和思维方式"的包装：第一，在新闻结构上，由具体事例到新闻主题。大部分"中新社"报道借鉴了西方"华尔街日报体"的部分行文结构，即在开头以一个与新闻主题相关的、具体可感的个别事例（小故事、小人物、小场景、小细节）开头，再自然过渡到新闻主题，从微观到宏观、从具体到抽象地表现新闻事实，契合了海外受众从个别推及一般的思维方式。第二，突出独立思想、批判精神和责任意识。对待突发性的灾难事件，"中新社"记者并没有依附于"宣传"和"颂扬"立场，而是以批判的眼光审视灾难发生的原因，反思灾难暴露的问题、政府的责任，并力求提出避免悲剧重演的举措。例如《中秋节前的沉船事故：三大疑问待解》就实载人数一变再变、水位为何一夜猛涨、无序采砂为何无人监管等问题，对当地政府的答复提出了质疑；《动车事故有悲　生命安全无价》突出了悲剧框架，敦促政府加强安全生产措施，以防范和遏制重特大事故的再次发生。

新闻话语可以用不同的话语方式加以呈现。"官方话语"作为国家主流意识形态的符号载体，通常具有很强的"操控性""夸饰性"，而"民间话语"是从大

---

① ［德］立普斯：《空间美学和几何学·视觉的错觉》，载《古典文艺理论译丛》第8册，人民文学出版社，1961年版，第39页。

众土壤中孕育生成的"草根话语"，具有"自主性""本真性"，对大众具有天然的"亲和力"。如果新闻用严肃刻板的刚性"官方话语"进行海外传播，必然无法期望受众的主动关注，甚至会引起他们的反感、抵触和抗拒。相反，借助柔性的"民间话语"进行传播，能够潜移默化地影响海外受众。

"中新社"自成立以来，一直致力于建构和发展"民间话语"：在新闻立场上，"中新社"秉承了"民间立场"，肯定了记录、传承侨民文化的村民、守护侨人故居的老人、南疆守林人、北疆"马背游医"等普通人的价值和追求，在争议性事件中呈现百姓观点、意见，彰显百姓话语，在公共危机事件发生时发出强大的问责、质疑声音，敦促政府快速、公平、正义地处理问题。在新闻视角上，关注百姓生活，关注底层、民间的百姓生活、情怀、忧虑和困难。《农民：粮袋满满　荷包满满》，记者以农民王福兴的故事为例，讲述了由于粮价增长赶不上成本增长，粮食丰收表象下大批农民收入减少并被迫到城市打工的现实；《"摇摆"的黄河》，记者呼吁政府关注黄河的游荡性给当地带来的生态灾难和对农民生命财产安全的巨大影响。在新闻语言上，"中新社"稿件不仅在标题中运用了大量鲜活、富有生活气息的大众语言，而且在正文中大量引用了群众自己平实质朴的语言。通过民间立场、平视视角和大众语言，"中新社"试图建构一种贴近大众生活、大众实际的"民间话语"场。

执着追求"新闻专业主义"

"新闻专业主义"是美国政党报纸解体后在新闻界中发展起来的"公共服务"的信念，其实践萌芽于19世纪30年代美国大众化报刊的滥觞。20世纪初，职业化新闻教育、新闻团体的涌现及新闻界自律机制和行为准则的确立，"新闻专业主义"由实践层面提升为理念层面，构筑了新闻自由、客观公正和社会责任等社会话语[①]。

"新闻专业主义"具有明显的意识形态性。由于发展的历史土壤和所处的现实环境不同，中西媒体与政府、商业的关系存在着巨大差别：在西方，新闻媒体作为国家的"第四权力"、私有化媒体，追求不受政治和经济势力控制和影响的"自由独立"；在中国，新闻媒体作为政府的"喉舌"、公有制媒体，以"党性""人民性"和"指导性"为根本，追求适度的"新闻自由"和"独立性"。因此，"中新社"信奉和追求的"新闻专业主义"职业理想、操作理念、行为规范和行业标准，并非一种"绝对价值"，而是立足于中国新闻业的"背景"与"现实"，以国家、民族利益为基础和前提的"新闻专业主义"。

---

① 黄旦：《新闻专业主义的建构与消解对西方大众传播者研究历史的解读》，载《新闻与传播研究》，2002年第2期。

　　"中新社"执着追求的"新闻专业主义"，主要体现在"中新社"记者在新闻实践中的"专业水准""专业精神"和"道德操守"。在专业水准方面，"中新社"记者通过对事实的准确描述、直接引语和白描语言的大量使用，体现不偏不倚的态度，努力向"客观性"趋近；同时，通过报道表述的"陈述公正"与报道份额的"分配公正"，力求通过事实和观点的"平衡""中立"，实现报道形式的"公平"与"公正"。在专业精神方面，"对国家与民族的担当、对人与文化的尊重、对事业与职责的执着、对媒介与受众的服务，以及一以贯之的、积极进取创新"[①] 的"中新精神"已融入"中新人"血脉，成为他们的专业信仰，并在一代代"中新人"中延续、发展，让他们能够在崇高职业精神的引领下献身新闻事业、承担新闻责任、服务公众利益并追求公众福祉。在道德操守方面，当其他新闻人仍需各种外在行为规范和"他律"手段的制约时，"中新人"已经将道德规范内化为"自觉"的伦理观念。当"新闻价值"与"生命尊严"产生抵牾时，"中新人"会自觉选择"生命尊严"而抵制"新闻价值"的诱惑。他们在新闻实践中体现出的"专业水准""专业精神"和"道德操守，让西方"新闻专业主义"理念在中国语境下得到淬炼和升华。

　　有学者指出，"'新闻专业主义'在中国新闻话语实践中具有'碎片'和'局域'的呈现"[②]。虽然"中新人"执着追求的"新闻专业主义"更多表现为操作技能和表现手段上的专业水准、专业精神和道德操守，渗透了中国传统精英知识分子的本土意识（如启蒙意识、爱国意识、责任意识、精英意识），更多体现为传统中国"精英主义"与西方新闻"专业主义"的冲突、碰撞和融合；但正是"中新人"对于"新闻专业主义"的"碎片化"和"局域性"的呈现，促使我们反思在中国构建"新闻专业主义"的可能性与现实性、中国土壤中的"新闻专业主义"具有怎样的特质，如何在实践和理论上构建"中国式新闻专业主义"等问题。随着新闻传播的全球化发展，顺应时代特点、构建中国式的新闻专业主义将是一项迫切而艰巨的任务。"中新社"对"新闻专业主义"实践的践行与对"新闻专业主义"理念的执着追求，为构建中国式的新闻专业主义提供了分析样本和理念资源。

　　通过以上分析，我们发现，"中新体"报道与中国媒体的报道逻辑存在着差别。"中新社"作为"对外通讯社"和"民间通讯社"，欲影响的是国外受众，中外受众在思维方式和语言习惯上存在很大差别。因此，在全球化的传播格局中，要让中国新闻赢得海外受众的关注和依赖，必须在新闻理念上由"宣传"转向

---

　　① 刘北宪：《中新社作品选序言：我们的"中新精神"》，中国新闻网，http://www.gx.chinanews.com/2012/1301_0829/61711.html。

　　② 陆晔、潘忠党：《成名的想象：社会转型过程中新闻从业者的专业主义话语建构》，载《台湾新闻学研究》，2002年版，第7页。

"传播"、由"中国"转向"西方"，通过写作形式的变革体现清新、活泼的新闻文风，传播中国媒体客观、公正的媒体风骨和新闻品质。同时，"中新体"对于国内媒体新闻文体的改革和新闻报道的创新具有示范作用。在新闻界"走基层、转作风、改文风"活动的推动下，国内媒体应借鉴"中新体"的"民间话语"与"民间视角"，让新闻报道更加贴近实际、贴近受众和贴近生活。尤其值得注意的是，"中新人"不仅践行着"新闻专业主义"的新闻理想，而且始终保持着对"新闻专业主义"精神的执着追求。他们的"专业水准""专业精神"和"道德操守"，让"新闻专业主义"在中国语境下得到淬炼和升华。

（载《新闻战线》2013 年第 4 期）

论以社会主义核心价值观升华民生新闻的精神价值

"以民为本"，是社会主义核心价值观的核心与灵魂。人民，既是践行社会主义核心价值观的主体，也是实现社会主义核心价值观的主体。"以民为本"，同样是民生新闻的价值内核与价值追求。民生新闻的"以民为本"和社会主义核心价值观的"以民为本"有着高度的相关性与契合性，社会主义核心价值观在具体的价值理念与"以民为本"的价值内核上引领着民生新闻的价值走向。

一、新闻自由与新闻民主的民本追求

社会主义核心价值观中的自由理念，承袭了马克思主义"人的自由全面发展"的思想内核。社会主义核心价值观自由理念的价值内涵与"以民为本"的价值内核，对民众个人自由权益给予充分尊重与积极倡导，引领着民生新闻在新闻自由理念与实践层面的双重变革：

第一，新闻自由的"以民为本"追求。这里的"以民为本"和"新闻自由"是在社会主义主流价值体系和社会主义核心价值观"民本"思想、"自由"理念的科学引领之下，使民生新闻超越仅仅反映民众生命、生存、生计与生活等物质生活领域，而更多彰显民众精神生活领域对于新闻自由精神层面的需求。诸如通过民生新闻报道广度的拓展与报道深度的挖掘，满足民众利用新闻媒介资源的需求、争取新闻话语权的需求、表达多元舆论的需求和行使社会监督权的需求，从而使新闻自由更多体现了"以民为本"的思想。

第二，新闻自由的民众主体追求。在传媒现代化、全球化影响日趋明显的媒介生态格局重构之中，民众个体已经部分介入、参与到传统媒体或新媒体的民生新闻采集、生产与传播过程。新闻自由的实现主体已经开始由唯一的专业新闻媒体转变为专业新闻媒体与非专业化的普通民众个体共同构成。因而，新闻自由理应成为新闻媒体与普通民众共同的价值理想与价值追求。社会主义核心价值观对"自由"理念民众主体的充分尊重，将促进国家、社会更加尊重民众的新闻自由，使民众通过民生新闻形成有效的利益表达、沟通与协调机制，促进新闻自由民众主体的本位回归。

社会主义核心价值观民主理念的价值内涵与"以民为本"的价值内核，引领着民生新闻在新闻民主理论与新闻民主实践层面的双重提升：

第一，促进新闻民主的民众指向。社会主义核心价值观引领下的民生新闻，其新闻民主不再仅仅由专业新闻机构代理民众实现，而扩展成为媒体精英与普通百姓共有的基本权利。普通民众的感性诉求和理性声音能够借助于民生新闻得以放大。并且，借助于新兴的、私人化、平民化的自媒体，民众能够全面参与到民生新闻的采制、生产与传播过程中，民众的新闻知情权、新闻参与权、新闻选择权与新闻监督权得到最大限度的保障，促进了新闻民主的民众指向。

第二，促进新闻民主的公众参与。社会主义核心价值观的民主理念，促使民生新闻构建民众积极参与新闻生产与传播的舆论环境，搭建民众民主商讨国计民生大事与各地域、各社区具体事务的新闻平台，有助于促成民众民主参与理性的形成与民主参与经验的成熟。对于国家发展而言，通过民生新闻的民主改革，能够让更多的民众深切了解到"民主"中民众参与的重大意义与价值，激发民众自觉参与到社会民主建设之中，共同推动国家政治民主的发展与进步。

二、新闻公正与新闻正义的民生坚守

社会主义核心价值观中所蕴含的社会公平与社会正义价值，以及社会主义核心价值观的"以民为本"价值内核，则指引民生新闻在"新闻资源与新闻信息内容的分配"① 上坚守新闻公平的价值理念：

第一，新闻资源公正分配的民众取向。这里的公正分配，包括新闻传播物质层面的资源分配与新闻传播精神层面的资源分配。在物质层面，公正分配指为民众中的弱势群体、边缘人群拓展言说意见的新闻渠道、争取近用新闻资源的机会，以实现新闻资源在不同社区、阶层与地域之间的公正分配与整体平衡。在精神层面，为在政治、经济、文化和社会中都缺乏社会资源与社会资本的边缘弱势群体争取新闻传播的权益与权利，使他们曾经被传统新闻传媒所忽视、遮蔽的权益与权利通过民生新闻所提供的新闻资源得以理性表达。

第二，新闻信息公正分配的民众取向。这里的公正分配，即民生新闻注重为民众提供高层次、高品质、高价值的内容，以弥补民众在政治、经济、文化等层面形成的"信息沟"与"知识沟"。新闻信息的公正分配，要求民生新闻超越对于民众生活样态的浅层反映与静态描述，规避琐碎、低俗的表现手法并提升民生新闻的新闻品质，承担民众信息启蒙、知识启蒙、新闻启蒙、权利启蒙的传媒责任。

社会主义核心价值观的公正理念，也引领民生新闻在"传播过程与民众关

---

① 袁靖华：《论媒介正义的概念及其维度——基于拉斯韦尔 5W 传播模式》，载《国际新闻界》，2012 年第 4 期，第 35 页。

系"① 上坚守新闻正义的价值根基:

第一,新闻框架的正义。民生新闻涉及民众权利的议题将更多采用正义的阐释框架而非猎奇、戏剧或煽情的阐释框架,其新闻事实的选择和报道都以"正义框架"为限定,以社会正义的实现与伸张作为标准,维护民众的基本权益。这将在一定程度上改变部分民生新闻过度追逐刺激、新奇而制造噱头的现状,让民生新闻成为社会正义的宣扬者、传播者与推动者,促进民众对正义的准确感知、明智判断、理性决策与追求行为。

第二,新闻采制过程的正义。在社会主义核心价值观"正义"理念的引领下,民生新闻在采访过程中,会更加注重规避强制采访、过度采访与暴力采访,以避免民众生活受到侵扰、情感与心理受到伤害;在民生新闻产制过程中,记者、编辑会深入思考如何通过报道视角、新闻视频、新闻声音等彰显人道主义与正义精神,会在新闻结构、新闻语言与新闻修辞中融入并体现正义理念的重要价值,在新闻故事、新闻情节与新闻细节展现中遵守正义伦理,彰显正义的价值取向。

第三,建构与民众之间的人际正义关系。在社会主义核心价值观"正义"理念的引领下,民生新闻基于民众本身的"存在"而非对别人的"有利性",在新闻实践过程中会更多体现民众的声音与思想,更加尊重民众的尊严、价值与个人权利。并且,在不断与民众的互动、交流与沟通中,民生新闻人能够加深对民众的人际理解,在抚慰民众情绪与化解社会矛盾中构建新闻媒介、民众与社会的和谐关系。

三、新闻道德与新闻精神的民风塑造

社会主义核心价值观鼓励民众成为传播中华美德的重要主体并形成"追求美好崇高的道德境界"②,以实现"中华传统美德的创造性转化与创新性发展"③,引领民生新闻在新闻道德理念上的民众化变革:

第一,促进新闻道德的社会化。对于民生新闻的新闻道德而言,这里的"社会化"有两层含义:一方面,真实、客观、公正等传统的新闻道德要求应成为职业化的新闻人与普通民众的新闻道德共识。另一方面,在民生新闻的社会化生产中,多元化的新闻思潮、新闻观念难免与传统的新闻道德规范发生碰撞与冲突,产生新的新闻道德难题。这些难题会促使新闻人反思新闻道德观念、改革新闻道

---

① 袁靖华:《论媒介正义的概念及其维度——基于拉斯韦尔 5W 传播模式》,载《国际新闻界》,2012年第4期,第35页。
② 潘旭涛:《习近平谈核心价值观——民族的根与魂》,载《人民日报》(海外版),2014年7月3日,第05版。
③ 潘旭涛:《习近平谈核心价值观——民族的根与魂》,载《人民日报》(海外版),2014年7月3日,第05版。

德规范以更加契合社会的道德观念、道德习惯，实现新闻道德的创造性转化与创新性发展。

第二，推动职业新闻道德的民众化追求。职业新闻人对于新闻道德的理想境界在于实现新闻专业主义的价值与追求，而民生新闻则将新闻专业主义的理想追求与日常的民众生活实际相结合，使民生新闻的新闻道德既植根于民众利益的现实土壤，又映射出新闻人高尚的专业理想与职业追求。新闻道德的民众化，使新闻道德成为职业新闻人与民众共同认同并遵守的道德原则、道德规范与道德信条。

第三，培育民众新闻道德的自主意识。社会主义核心价值观对于民众道德主体高度重视，激发民众在民生新闻的生产与传播过程中反思新闻实践，对新闻道德进行自我省察，形成新闻道德的准确认知与正确理解；同时，使民众自我约束、纠正新闻传播中的不当行为，以符合新闻业与社会的双重道德要求。此外，社会主义核心价值观对于民众道德主体的积极倡导，将激发民众自觉承担宣扬、传播新闻道德与责任的社会意识，形成遵守、尊重并倡导新闻道德的良好风气，使新闻道德成为社会道德的组成部分。

社会主义核心价值观倡导民众"追求美好崇高的道德境界"，引领民生新闻在新闻精神上彰显关注民众、尊重民众的价值立场与精神气质：

第一，坚守新闻职业精神的民众立场。在社会主义核心价值观"爱民、恤民"的思想观念引领下，民生新闻人在职业精神中也体现出强烈的"民本"思想：民生新闻在新闻叙事中真实体现底层民众生活中的民生疾苦，引发政府与社会各界对社会贫困阶层的关爱与帮助；民生新闻更注重表现民众助人为乐、牺牲自我的高尚情操，彰显民众抗争苦难生活的坚强意志与慷慨无私的高尚人格。在重视政府立场、媒体立场的基础上，民生新闻坚守民众立场，彰显其关注民众生活、关切民众命运与弘扬民众高尚人格的新闻精神。

第二，培育尊重民众价值的新闻信仰。社会主义核心价值观对于民众价值的倡导，将促进新闻专业主义与"以民为本"精神在民生新闻中的深度贯彻，使民生新闻既体现职业新闻人的职业精神，更彰显了民生新闻人为国家、民族、社会与民众谋福祉、做贡献的新闻职业精神追求。民生新闻不再是部分传媒引诱民众消费新闻以实现商业价值的短视新闻策略，民众价值将通过民生新闻实践逐渐渗透到职业新闻人与民众的精神血液之中，成为其共同的价值追求与精神信仰。

（载《新闻知识》2015 年第 1 期）

论我国电视新闻的人文困境及其出路

从 20 世纪 90 年代思想界关于人文精神大讨论以来，人文精神这个词一直被广泛运用。但实际上，"广泛运用"并不等于"深入人心"。从社会学角度来说，一个社会的舆论界越是强调某样东西，越说明它的稀缺。从这个意义上理解，"人文精神"在我国的仍属于稀缺物。在电视新闻界，这更是一个显性而又费解的问题。

问题的提出

人文精神一般是指文艺复兴时期，借助古希腊哲学，冲破神学黑暗藩篱，重申人的价值，倡导个性发展和思想解放，对立于神本主义的一种价值观。而具体到电视新闻中，则是指电视节目对生命的尊重，特别是对人格的尊重，对个人的生存、发展和娱乐以及各项权利的尊重。随着 20 世纪 90 年代人文精神大讨论的开展，这股春风也吹到了电视界，人文精神不仅仅出现在口号里，而且在节目形态、节目样式等方面处处试图昭显人文精神，如从"传者中心"向"受者中心"的下移，开始讲述"老百姓自己的故事"，播音口吻也从"说教型"转变为"亲和型"。"普通人的故事却是广大普通人民群众生活的缩影，其社会意义可能比某个有新闻价值的人物更为深远，他们的故事更贴近真相的社会现实。"[①] 然而经过近二十年的发展，我国电视新闻的人文精神阙失，仍为学界和民间所诟病，进入"越是企图讨好受众，就越导致人文精神阙失"这样一个无法自救的悖论。特别是近年来，新媒体的革命性发展，传播工具不断突破道德和现实的约束，成为一头"脱缰的猛兽"，似乎印证了麦克卢汉的"媒介即讯息"理论，科学进步成为决定性力量，人文精神的力量在一定程度上受到质疑，"日新月异的高科技以神奇的力量改变着人们的工作和生活，却容易导致技术霸权，物欲至上，因忽视人的力量而造成人的精神失落"[②]。相对于日见成熟的网络媒体，近年来的电视新闻在拷问人性、深层次追问制度、质疑社会惯习和偏见等方面缺席，而仅仅是

---

① 李希光：《畸变的媒体》，复旦大学出版社，2003 年版，第 75 页。
② 欧阳宏生：《电视文化学》，四川大学出版社，2006 年版，第 168 页。

引导人们沉溺于"第一时间""第一现场",带给他们仅仅是具强烈刺激感的鲜活画面和生动声音,思考的时间却很快被下一条新闻占据。

此外,近年来消费型社会的深入发展,电视节目逐渐成为商品,顺应"时务"的电视节目一味逢迎受众口味,人文领地纷纷失守,特别是娱乐节目伦理丧失,人文精神再次遭遇挑战,在电视节目中承载人文精神的大梁最终落到了新闻节目的肩上。因此,今天我们重提电视新闻中的人文精神价值,指出当前电视新闻中遭遇的人文精神困境,剖析其原因,指出其出路,有着重要意义。

电视新闻节目中人文精神的"两难境地"

电视新闻遭遇的人文精神困境,贯穿于新闻生产的整条"流水线"上,从生产前的新闻素材选择,到前期采访、后期编写、播报,都可以看到记者在困境中挣扎的身影。

第一,新闻选择时"取舍两难"。新闻选择是编辑部在众多的已发生的新闻事件中进行取舍的过程,反映的是媒体的新闻价值判断以及对自身定位的身份认同。从21世纪初开始,我国电视新闻视角开始下移,新闻工作者放弃了原有的"俯瞰众生"式的贵族情怀,开始把自己定位于普通老百姓,关注普通人的普通故事,在新闻选择上向普通人倾斜。然而这一可喜变化并没有带来可喜的结果,从今天的电视新闻现状来看,新闻工作者在新闻选择时,在抛弃自身精英身份的同时,也抛弃解读生命灵魂和表达人文意义的能力。首先,在一些地方台新闻栏目中,整版地报道鸡毛蒜皮的琐事,骇人听闻的奇闻和低级趣味的隐私。这种新闻选择隐含了一个前提,受众热衷于这类弱智化题材,此假定本身是对受众的审美能力和价值判断的低估,甚至是对受众人格的漠视和亵渎。其次,当前新闻选择一个最大弊病就是"只打苍蝇不打老虎",为了节约成本和规避风险,当前的电视新闻极少只身深入重大社会问题,不愿主动挖掘社会"黑洞",最多是跟随有关部门进现场,或跟风纸媒或网媒炒作重大话题,但对于小摊小贩、摩托车夫这类"苍蝇"则步步紧逼。给城管打前哨,先期调查哪里的"走鬼"最多,后期要求城管驱赶,这是地方电视新闻的经典模式。然而,很少有电视媒体拷问过公共管理系统,为什么社会底层总是有这样一个群体?他们为什么又会有市场?如何才能给予他们合理的生存空间?再次,对美女、名车、豪宅等与普通市民关联不大的新闻题材关注过度,"弱势群体恰是最需要阳光照耀的群体,一些看起来与他们无关的报道,如'人乳宴''胎盘宴''人体宴'在违反人伦天性的同时,又以炫富斗奢的方式,刺激着'不平衡'"[①]。复次,在新闻角度选择上,

---

① 罗建华:《用人文精神映亮新闻底色——"冷血报道"现象引起的思考》,载《新闻记者》,2006年第4期。

打着"花絮"或"花边"的旗号，迎合小市民心理，比如在车展选题中，漂亮的车模成了主角，通过画面语言和有声语言议论她们火辣的身材和过火的装束，而对本是主角的各类新车却轻描淡写。又比如在报道某地贪官落马的新闻中，角度选择也热衷定位于贪官的情妇，与哪位明星有染等等。最后，一些选题容易"想当然"，而其示范效应令人堪忧。比如寒假来临，一些记者就会想到会不会出现学生整容风、近视矫正风、甚至堕胎风，于是去相关医院打听，医院为了广告效应当然欢迎记者报道这类新闻，于是一拍即合，假期各类"学生风"就这样刮起来了，但是殊不知，本属个别现象的学生整容、学生近视矫正、学生堕胎，经过电视新闻的"提醒"下，果真成为一股"风"，媒体的报道得到了印证、医院的效益得到了提升，但社会风气和青少年的心理健康却受到伤害。

第二，现场采访时"上下两难"。如前所说，今天的新闻记者已经从神坛下架，揭去了神秘面纱，成为普通大众，在都市的街头巷尾随处可以看到他们的身影。这种转变可以让记者更贴近生活，更真实地感受民生和反映民意，无疑是对人文精神的崇奉。事实证明，从神坛上下架的，是记者的身体而非思想，采访者与被采访者之间的平等关系仍未确立。首先，普通市民有不接受采访的权利，但我们在电视中经常可以看到记者以"法官"姿态"审问"市民的镜头，甚至有市民不接受采访遭到记者谩骂的事情发生。更具典型意义的是，灾难性事件要求伤者追叙现场，阻碍救灾工作和延误抢救时机。其次，在采访中弱势群体的人格更应受保护，但电视记者为了寻求冲突感，刻意渲染寒苦，执意放大痛苦，让这个人群的"弱势"赤裸裸暴露在观众视野下。如经常在电视上看到的贫困大学生获企业救助得以上学的新闻，记者为了衬托救助者的"恩德"，把该名大学生的家庭背景展示无遗，导致他在入校前就背上了沉重的心理包袱。如出一辙，领导看望贫困家庭仍是当前体制下电视新闻的热点，有记者安排当事人在镜头前"感谢领导"，也是对弱势群体人格的一种侵犯。每年春节期间，贫困户成为彰显领导干部"关爱道具"的现象仍然在各地时政新闻中占有很大比重。此外，每年的严冬都会有记者跟随民政干部给流浪人员送温暖的新闻，这本是人文关怀的很好选题，但记者在采访时更多地关注领导的仁慈和流浪人员的凄惨，绝少有记者对当地流浪人员的整体情况进行过深入细致调查，以及救助的长效机制，而非领导干部的一次两次定点"送温暖"。再次，犯罪嫌疑人同样需要尊重。近年以来，我国打黄扫非的新闻报道比较集中，记者跟随警方进入色情场所的报道常见不鲜，"捉奸在床"激活了电视新闻的兴奋点，画面现场感也使得电视新闻在这类报道中占有优势，但记者镜头紧逼"捉奸在床"的当事人，以此来迎合观众的窥私欲，深深伤害了当事人及其家人的自尊心。最后，隐性采访盛行的当下，市民在与人打交道时一不小心就"被采访"。随着偷拍设备越来越先进，记者的隐性采访"技术"也越来越高明，在社会的各个角落无孔不入，很多市民在全然不知的情况下接受了采访，市民的隐私权也屡屡被侵。

第三，文字配写时的"高低两难"。采访结束，如何在写稿和配音中体现人文精神也是一门学问。21世纪初，我国电视新闻就告别了文件式、宣传式的"高调"新闻版式，鲜活的、特色的"低调"新闻版式层出不穷，然百变不离其宗，目的都是贴近生活以及"献媚"受众。新闻中的官话套话被摒弃，换上了口语化的拉家常式的文字，主持人在播报新闻时改用聊天的口吻，方言播音在多个城市频道也先后出现，这一切都给受众亲近感和轻松感。但是，语言是社会的镜子，如果将生活化语言全盘挪移到电视上来，生活中的阴暗面以及小自私、小偏见也会在电视上"光大"。如前所述，一些电视新闻戏谑小贩为"走鬼"，强调作案人员为"外地男子"，蔑称安保人员为"保安仔"，等等一些在生活中出现的语言，在电视上出现则是对人性的攻击，对人格的侮辱。这种生活化的语言还体现在标题中，为了尽量增加标题的抢眼度，标题中的惊叹语气越来越常见，如《惨！钢筋从天降女子毙命》《热！年度最热气温"烤熟"民工》《怪！"女子"芳龄二十竟是男儿身》，"感叹式"是近年来我国电视新闻中标题风格之一，通过感叹的方式，放大当事人或遭遇的灾祸，或痛苦的境遇，或离奇的心态。为了使新闻更符合"官方需要"或"大众心理"，一些新闻在文字上做"文章"，比如贵州警方一次解救护送被拐卖妇女的行动中，在回贵州的火车上，被迫卖淫的妇女向护送干警提出要求，希望下火车之后没有记者拍照采访，但是火车刚到贵州，一群记者就包围了她们，为了躲避记者，她们把脸埋在两腿之间，有人开始泣咽。在第二天的报道中，新闻报道就将"惶恐的泪水"描写成了"感动的泪水"。同样是泪水，但新闻的文字解读却与事实大相径庭，也给这些妇女带来二次伤害。在播报一些灾难性事件时，播音员使用调侃的语气，除给人"油嘴滑舌"印象之嫌，还是对受害者痛苦的漠视，甚至展现了新闻工作者幸灾乐祸的心态。比如称车祸中的司机为"那哥们""这位仁兄"，表面上迎合了观众的口味，实则是漠视他人的尊严。然而，近年来文字配写中人文精神观念也在有意识提升，如汶川地震中将"灾民"改为"受灾群众"，深圳电视台将所有关于"农民工"的报道改为"来深建设者"，都是对人文精神的重新认识。

第四，音画编辑的"左右两难"。电视新闻的声音和画面是其新闻区别于其他新闻类别的最大特征。曾几何时，镜头的四平八稳，画面的庄严肃穆和音调的高八度，被称为"'左'倾式"报道泛滥时代，会议镜头、领导讲话、领导视察等画面覆盖整条新闻。随着新闻理念从宣传向信息的转变，目前的电视新闻在画面上已经扭转"'左'倾"，很多电视台对会议新闻做出硬性规定：即使是会议采访，也不能出现会议画面，而要根据会议内容补拍相关的民生镜头。这个转向意味着新闻从业者从画面的角度对人文精神的理解。随着新闻娱乐化的蔓延，电视新闻中也掺入了大量娱乐元素，如配音乐、加包装的新闻在各类新闻中已不鲜见，这种做法主观上是为了尊重受众，取悦受众，但在实际效果中，却无意识地伤害了一部分人。比如给悲剧题材配上悲情音乐，能起到渲染感情的作用，但却刺激了受害者亲属的神经。利用特技包装将新闻主角"小丑化"的现象也很常见，主观上是为了增强滑稽效果，但客观上却贬低了当事人的人格。电视新闻的前后片花、中间穿插的广告，不管是其音乐的悦耳还是色泽的鲜艳，都在散发着喜悦和激情，这种情绪指向与新闻内容是相冲突的，很大程度上是对新闻意义的消解，更是对新闻中的一部分人的痛苦的漠视。目前，我国的电视新闻正在进入波兹漫说到的"观众没有时间思考，制片人也不希望他思考"的时代，观众跟随电视的脚步，逐渐开始麻木了，"不管有的新闻看上去有多严重，它后面紧跟着播放的一系列广告就会在瞬间消解它的重要性"[①]。

"两难境地"的原因剖析以及出路探测

从电视新闻的两难境地可以看出，人文精神的困境并不是因为电视新闻从业者缺乏人文精神的主动意识，事实上，他们一方面在主观上追求人文精神，而另一方面，在这种追求中他们又造成"人文伤害"。这种看似无法自救的悖论，其缺口在哪里？又如何让当今的电视迷局走出人文困境？这种原因分析有利于我们从技术上寻求破解之道。

第一，电视求真与人文精神"同床异梦"。真实性是新闻的生命，是新闻区别于文学作品的终极价值所在，新闻不但要追求事实真实，还要追求过程真实和整体真实。具体到电视新闻中，真实性的最关键因素体现在画面的现场感，即用画面的形式再现新闻人物形象和事件过程，展现新闻价值，刻画冲突现场。但是近年来的电视发展却表明，对真实性的维护与对人文精神的追求两者之间，形成一对难以调和的矛盾。2007年北京电视台"纸馅包子"假新闻被揭发后，全国电视界经历了一场新闻真实原则的再教育，一些新闻栏目重新制定纪律，任何报道必须有现场长镜头支持，作为真实性的"证据"，在这种思维指导下，一些赤裸裸的真实画面成为新闻工作者法律屏障的同时，也成为了伤害新闻当事人的道德利刃。如一家电视台在调查某城市的城中村内吸毒者和艾滋病患者时，通过暗访镜头展示了这类人群的晦暗人生，通过特写画面刻画了人物的生活细节，给人强烈的逼真感，虽然其真实性得到保证，但是这种"真实"对这个人群的改造自新，恐怕是有百弊而无一利。一些社会新闻在报道车祸、跳楼等事件时，记者为证明确有伤亡情况，一定要将惨不忍睹的死者镜头放在新闻中，这种"真实"的唯一功能是为观众制造"恐怖"。对"全面真实"的偏执，也是人文精神的杀手。"全面真实"有助于受众从整体中了解局部事实，从宏观中掌握微观信息，是真实性原则的新境界。但全面真实并非口无遮拦地曝光所有信息。2007年中国第一例成功"变性人"李国华得到包括央视在内的全国各大媒体关注之后，有记者

① ［美］波兹漫：《娱乐至死》，章艳，译，广西师范大学出版社，2004年版，第135页。

还觉得不过瘾，通过一些方式获悉了他的家乡地址，奔赴湖南采访他年事已高的父亲，了解他的成长经历，导致其家庭在后来的生活中遭遇尴尬。又比如"北京五胞胎"报道，"五胞胎"本身就足以成为新闻要素，但广东的一家媒体爆出了"全面真实"，即"五胞胎"系人工受孕而生，而在这一点上大多数纸媒体都保持了节制，原因是担心争议性话题会伤害到五胞胎的父母，或造成社会效仿。为了追求真实性，电视节目该遮蔽的镜头没有处理，该含糊的语言也照样犀利，最终导致的恶果是电视新闻因人文精神的丧失而遭到唾骂。

如何在保持人文精神的前提下求真，成为当前电视事业面临的一个重要课题，也是它走出庸俗化、低俗化，提高节目品牌影响力的根本路途所在。笔者认为，应从两个方面入手：一是选择性地表达微观真实。细节刻画固然重要，故事化叙事也有其合理成分，但对于一些不宜在电视屏幕中出现的事实，可以忽略，或采用更委婉的艺术表达方法。这样就对节目制作的叙事结构提出了更高要求，做到既没有出现虚假信息，又能让受众清晰理解节目内容，更能保护新闻当事人的隐私利益、维护受众群体的情感受力度。二是技巧性地突出宏观真实。宏观真实与全面真实的区别在于，宏观真实是指意义层面上的主体客观性，包括纵向的背景和现状的真实，横向的政策环境、社会生态等方面的真实，强调电视节目内容在横向和纵向坐标中的位置、地位、意义的客观性；而全面真实仅仅指涉事实层面的真实，是所有事实细节真实性的叠加。如果节目的叙事从宏观真实出发，巧妙布局，那么新闻真实的目的达到了，表达的意义价值提升了，人文精神也随之得以彰显。

第二，商业追求与人文精神"背道而驰"。电视事业的企业属性培育了电视新闻的专业主义精神，但对经济利益的追逐，又使新闻在这场奔跑中不得不放下"斗士"姿态。今天的新闻栏目都是各频道中的创收主力，成本小，影响广，效益高，成为地面频道开办新闻栏目的直接动因。从受众角度来看，新闻中处处充斥着商业画面，广告片将新闻四分五裂，时时吊人胃口，广告"补丁"无处不在，主持人的电脑贴板上，屏幕的滚动字母中，都有赞助商的影子，随时都在污染眼球。从新闻工作者的角度来看，商业追求最大的后果，还是新闻栏目成为商家的"代言人"，从而失去新闻人应有的独立人格。每年的"3·15"打假报道中，常常有维护消费者权益的个案报道，但当涉及广告商或赞助商时，维权利剑却即时入鞘。就算是在一般性的舆论监督中，广告商的利益也是碰不得的。传媒学者李希光早在21世纪之初就预见到这一趋势："新闻作品不是以满足最广大人们群众的需求为目的，而是以满足广告商所代表的商业集团的利益，即满足有购买力的人群的目的。①"传媒产业化是改革开放以来我国电视事业的改革内容和发展方向，从1979年第一条电视广告开始，广告就一直是电视行业的主要收入

---

① 李希光：《畸变的媒体》，复旦大学出版社，2003年版，第11页。

来源，这在一定程度上也提升了电视媒介的竞争力。然而，从人文精神维度来窥探电视的商业追求，人文和商业二者之间的矛盾就不言自明了，这是当前我国电视人文精神失落的另一道门槛。

如何走出这个门槛，困境突围，既保证电视产业化的健康发展，同时又维护人文精神的尊严，笔者认为有三条路线。第一，走高端路线，做精品节目，保住"钻石"受众，从而可以获得剔除低端广告的资本，让"卫生巾""尿不湿"一类的广告走下银屏，而由纯粹的大型赞助商支撑栏目结构，目前凤凰卫视中文台基本上走这一路线。第二，走主流路线，停播商业广告，提高自办栏目和自身的电视剧制作能力，节约社会成本，同时获取政府资助。目前重庆卫视基本上走这一路线。走这一路线的电视媒体特别要注意保持自身的相对独立性，即自身并不是政府机构的全权代言人，而仍保持"第三者"身份客观独立地传播信息和表达意义，否则这一路线很快会变成一场历史轮回，或者一种倒退。第三，走多元创收路线，提高非广告的经营能力，即在维持现有的商业广告基础上，增加内容输出、网络租赁、活动承办等方面的创收能力，尽可能降低广告收入在总收入中的比例，从根本上解决电视台的创收模式，节目制作者"受制于人"的感觉也会随之减低。目前我国大多数省级以上电视台和发达地区的城市电视台都在往这个方向努力。总体而言，目前三种路线在国内都具可行性，但各有不同要求。高端路线难度较大，需要特殊的政策保护和环境支持，依此来保证获取节目素材中的稀缺资源；主流路线风险较大，需要高水准的节目制作能力，既保证主流价值又能吸引观众，所谓"叫好又叫座"，需要与政府高水平的沟通能力（而非单纯的唯命是从），否则一不留神就回到了改革开放前；多元创收路线要求电视人有全新的经营理念和资本运作能力，具备投资、融资、营销、品牌建设等方面的素质。

第三，各种社会因素的干扰。观众最终在屏幕上看到的新闻，似乎只是传递了记者看到的信息或感受到的意义，但是在新闻策划时代，这种观念显然过于简单。今天的新闻已经成为各种社会力量博弈的场域，这些力量从各个角度对新闻事件发力，影响事件的发展，同时又形成新的新闻事件。我们今天看到的新闻报道是一个媒介生态系统生产的结果，社会各因素合力发酵最终形成了屏幕上呈现的新闻。"所谓媒介生态系统，是指在一定的时间和空间内，人—媒介—社会—自然四者之间通过物质交换、能量流动和信息交流的相互作用、相互依存，而构成的一个动态平衡的统一整体。"[①] 可以看出，每一个角色在看似简单的一条新闻中，都有各自的利益诉求。2009 年深圳电视台的《21 的少女 60 岁的脸》报道引起了全国轰动，最终中央台《讲述》《心理访谈》等社教类节目都介入采访，按照报道初衷，深圳一家医院愿意提供免费治疗，以此获取知名度，这样该少

---

① 邵培仁：《媒介生态学：媒介作为绿色生态的研究》，中国传媒大学出版社，2008 年版，第 110 页。

女、媒体和医院都能在这个系列报道中获益，但最终结果是媒体的频频曝光，导致少女提出抗议，要求只做治疗不做报道，或在电视画面上做技术处理，遮蔽脸部，这种要求无疑触及了医院的利益，医院退出整场"游戏"，从全国各地赶来的记者们也只能无功而返，这名少女的衰老症不但没有得到治疗，而且媒体的初期聚焦，还在她的伤口上撒了一把盐。在新闻策划中因某方利益得不到保证，而致使人文伤害的新闻事件近年来时有发生。2008年同样在全国引起强烈反响的河源"毛人家族"事件，也以悲剧告终，虽然事出有因，且并非媒体之错，但观众在追问事件结果时只会谴责媒体的社会责任和人文精神阙失。当今社会，媒体版面无疑成为一种稀缺资源，而政府、企业、名人以及各种利益诉求者对媒体版面的争夺已是不争的事实，政府希望告知政策、宣扬政绩，企业希望扩大品牌影响力，名人希望吸引眼球，普通报料者希望获得舆论支持从而得到政府重视，而此时媒体似乎只是一个被支配者，各种利益的碰撞，让媒体难以避免地在挤压状态中"变型"，从而使人文精神失之偏颇。

如何抵抗各种利益冲击？如何走出被挤压的空间？这就需要电视媒体具有极强的"太极"回旋能力，笔者认为可以从以下几个角度来应付：第一，媒体是党的喉舌，但并不是某一个具体政府部门的喉舌，因此在与政府部门发生业务往来时，应保有独立和尊严，公正有效地传达信息，这也是对普通群众的一种尊重。第二，提高"反营销"能力。目前企业利用媒体进行隐形营销的技巧越来越高，它们通过制造一些具有新闻价值的社会故事，将自己的产品或品牌注入节目中，神不知鬼不觉地推广知名度，但同时也让"广告"污染了受众眼球，因此如何"反营销"，是当下我国电视提升人文精神的一个新课题。作为电视媒体人，首先需要有破解"营销"的眼力，敏锐发觉某些企业在利用媒体，寻找到"营销点"，其次需要有化解"营销"的手力，回避或拒绝"营销"主体，比如用"某企业"代替公司名称，在画面上回避品牌图样等等。第三，在名人节目中避免媚俗，名人为保持人气，隔一段时间就会向媒体丢出一些事端或雷人语录，然后"狗仔队"会争夺这根"骨头"，大肆炒作，这种行为本身就是对人文精神的践踏，过低估计了受众的欣赏水平，同时回避了受众所关心的国计民生问题。因此对名人节目采取理性和节制态度，避免让媒体成为名人增聚人气的舆论场，对维护人文精神是很有必要的。第四，在一般市民报料中，保持中立态度。媒体在本质上并不是维护正义的机构，而是传递信息的机构，以"第三只眼睛"看事件是一种可取方法。但是在目前的我国，社会诉求渠道不畅、市民法律观念不强以及司法成本过高，导致了市民向媒体寻求舆论支持成为一种便捷有效而又成本低廉的途径，正是在这种社会背景之下，媒体经常扮演"法官"，上演"媒介审判"，但由于电视人没有专业的法律知识，结果往往是偏袒一方，而不自觉地伤害了另一方，导致人文精神丧失。因此，只报道信息，不妄下结论，多方寻求证据，传达各方面声音，不失为有效避免失衡的一种方法。第五，在众多利益博弈中，电视

23

人应保持自身廉洁，只报道利益，不沾染利益，这是避免电视人文精神受到社会干扰的基本底线。

结　语

综观当前我国电视新闻生产的"流水线"，几乎每个环节都存在与人文精神相悖的细节，而这些细节决定电视新闻遭遇人文困境的命运。上文在原因剖析中厘清四重关系，并在技术层面给出了部分答案，中国电视新闻的人文精神诉求怪圈似乎并不神秘，从理念层面寻求解救之道也找到了脉路，即通过平衡四重关系来寻求出路。首先，正确认识现代人文精神要义，从潜意识中体会到尊重个体生命，尊重个体人格的重要性，认可人与人之间的平等关系，并且在适当时候，让利益的天平向弱者倾斜。其次，在坚持新闻真实原则的同时，平衡伦理、道德和人文关怀等要素。再次，商业利益固然重要，但丧失了人文精神，媒体就丢失了灵魂，商业利益也失去了长远的根基，因此，需要在二者间适当取舍，保有电视新闻的高尚气节和高贵气质，不被商业利益所要挟。第四，媒体要在新闻事件的角力中掌握主导地位，在平衡社会利益的同时，尽量主控新闻事件的发展导向，保护新闻当事人的各方权益不受其他社会力量的损害。从技术到理念二维层面把握人文精神的追寻和维系，才能说我国电视新闻走出了困境，进入了一个新的发展空间。

（载《现代传播》2011 年第 10 期）

灾难报道：走向更加成熟的中国媒体

　　迅速准确报道重大突发事件，发挥快捷反应能力，是对媒体综合实力的考验。这在 2013 年"4·20"芦山地震报道中得到了印证。地震刚发生，中央人民广播电台在 8 点档《新闻纵横》节目里插播了芦山地震快讯。中新社在地震 10 分钟后播发地震消息，40 分钟后向世界各华文媒体播发地震通稿。东方卫视在 8 点 20 分便开始进行直播报道，是全国第一家直播芦山地震新闻的卫星电视。成都电视台在地震发生后立即深入灾区获取第一手资料，不仅确保自己在报道中交出了满意的答卷，还为央视提供了大量有价值的现场素材。在短短的时间里完成资源整合、报道方案的确定，充分彰显了媒体的实力与担当。此后，多家卫视都纷纷开始了大时段的直播报道，并不约而同地停播了娱乐节目，部分卫视还将台标转为黑白两色。各媒体均以实际行动发挥自身优势，诠释了媒体的社会责任。

　　灾难事件报道在迅速准确的前提下，报道的内容和方式都彰显着一家媒体的专业程度，这直接关系着媒体在受众心中的形象以及所传播信息的被接受程度。地震发生的第二天，"国家应急广播·芦山抗震救灾应急电台"开播。应急广播的开通不仅是建立国家应急广播体系的有益尝试，也是我国在传媒决策领域的重大举措，更为我们提供了全新的传播范式。同时，各地的报纸都拿出一定版面以头条的方式对此次地震进行报道，并且采用不同的切入点做出了各具特色的深度分析。《人民日报》上连续发表的评论员文章对鼓舞人们抗震救灾的士气起到积极作用；《潇湘晨报》以《别让他们的需求堵在路上》为题对灾区救援过程中遇到的问题进行了分析；《京华时报》以《黄金 72 小时搜救在继续》为题对灾区救援情况进行了集中呈现；《重庆时报》以《雅安挺住　我们同在》为题在情感上发出声援等等。新媒体在日常生活中扮演的角色愈益重要。

　　地震发生后一分钟，国家地震台网官方微博"中国地震台网速报"就迅速发布了自动测定地震的信息。8 点 07 分，成都微博用户发布微博表示当地震感强烈。地震灾区的实际情况也越来越多地通过微博呈现在大家面前。传统主流媒体也非常重视新媒体的作用，央视 4 套的微博"央视今日关注"在 4 月 21 日发微博称："今日中文国际频道连续不间断推出特别报道，关注芦山地震救援最新进展。无论寄言寄语还是最新线索，请及时微博我们，我们会第一时间在栏目中体现。"传统主流媒体与新媒体正在以一种优势互补、共享共担的模式合作，将主流媒体的强大号召力与新媒体的实时互动性进行有效结合。

提高媒体从业者专业素养，完善直播报道。直播报道对媒体从业者的专业素养有很高的要求，应做到理智冷静、临危不乱，连线报道要逻辑清楚，场内外配合密切，采访要切中要害，提出受众想问的问题。做好采访与直播，不仅是依靠死记几个常规的问题，更要在综合素质上不断提升，这样才能在危急关头做出符合受众要求、真正有价值的报道。完善重大突发事件报道机制，避免资源浪费。在此次地震报道中，各家媒体的反应不一，基本分为以下几种情况：直接转播央视报道，尝试深入灾区获取第一手资料，长时段连续报道灾区情况，在正常播出的模式下拿出固定的时间段介绍救灾情况。以上各种表现，人们褒贬不一。由此看来，完善重大突发事件报道机制已经迫在眉睫。多家媒体同时深入灾区采集素材，虽然各有侧重，但所处的危机环境是一样的，这样势必造成内容重复，不仅为灾区的救援增加了负担，对媒体本身资源也是一种浪费。因此是否可以借助"国家应急广播"的模式，电视媒体也尝试开通专门的频道。各媒体在整点时段对灾区情况进行实时播报，还可以依据当地情况制作有特色的专题。

（载《新闻战线》2013 年第 5 期）

电视新闻的成熟文风什么样？

——以中国新闻奖电视作品为例

与使用文字的传统纸媒介相比，电视新闻使用的视听语言包括解说词、现场同期声、音响等有声语言和镜头画面、字幕图表等画面语言。所以，电视新闻的文风，不仅仅是指电视新闻解说词的写作文风，还包括同期声音的运用、镜头画面的编辑、字幕图表特技的使用等多个方面，这些都属于电视新闻文风的范畴。自"走转改"开展以来，我国电视新闻记者沉下身子，深入基层，向人民群众学习，运用符合电视媒介特色的表达方式与艺术规律，改善电视新闻报道的文风语态，探索中国电视新闻成熟文风的新模式。这些努力与追求在第二十二届中国新闻奖的电视新闻作品中也有所反映。

一、电视叙事讲述新闻事实

叙事是最简单的意思，即按照一定的次序讲述事件，把相关事件在话语之中组织成一个前后连贯的事件系列。在电视新闻中，讲述新闻事实要以记者采写的文字稿作为底本，经播音员配音后以解说词的有声语言向观众传播，也要运用同期声音，还要运用画面镜头，只有这几种语言符号配合得当，才能成功地实现"讲什么"和"如何讲"的目标。如其不然，一种语言会破坏其他语言符号传达的信息，引起叙事次序和逻辑的混乱。

第二十二届中国新闻奖电视作品，注重电视画面蒙太奇的叙事功能，讲述新闻事件时力求有声语言和镜头画面的密切配合，用主题事件化、事件故事化、故事人物化、人物个性化的叙事结构，新闻内容具有清晰的叙述逻辑。

如第二十二届中国新闻奖获奖电视作品《聚焦医患"第三方"》中，记者用叙事方法对"医患纠纷"这样一个老问题进行报道，使一件错综复杂的医患纠纷案例得到清晰的报道。在这件新闻作品中，记者完整记录了患者吴升炫在一家医院接受治疗后，回到家中突然去世后引起的医患纠纷调解案例，叙事结构清晰完整。新闻以患者吴升炫的突然去世为讲述的切入口，先后介绍患者的治病经历、患者的生平概况、医患双方的争执与矛盾、医患纠纷人民调解委员会的逐步介入、专家咨询会对吴升炫病史的分析判断、医患双方最终在调解协议上签字等诸多事件，最后以吴升炫事件得到公正解决为结束。其中有人物、有事件，有表现人物个性的同期声，小事件之间按照事件发生先后的本身逻辑，环环相扣，而在总体结构上都由吴升炫的一次意外医疗事故这个大事件来串联，充分展现了电视媒介的叙述功能。在叙述事实逻辑清晰的基础上，《聚焦医患"第三方"》还注重镜头画面时空逻辑与解说词、同期声音表达内容逻辑的密切配合。特别是对一些已经发生而没有现场画面的新闻事件，新闻或以动态的画面来强化其表达内容，或以同期声音来叙述，力求通过保持事件时空统一和延续，来再现吴升炫医疗纠纷的真实环境与人物活动，以弥补解说词叙述内容的不足。如对吴升炫的生前生活概况的介绍，用妻女的生活场景来补充，对无法用资料画面来说明抽象概念的介绍，用动态画面加强传播效果，如对上海普陀区医患纠纷人民调解委员会的职能，就用动态演示画面来介绍。尤其是这件新闻作品的提要部分，由于画面镜头与解说词传递内容高度契合，观众从画面也能了解这件新闻作品的主要内容。

另外一件电视新闻作品《右玉精神》，采用主题性叙事的方法传达宏大的主题。这件新闻作品以山西省右玉县 60 年绿化沙漠的历史为大的背景，选取右玉县不同时期的多个县委书记为代表，讲述他们身上的故事，挖掘每个事件的始末，表现人物的内心精神世界，多侧面塑造了"县委书记"的群像，表达的是中国共产党"执政为民、艰苦奋斗"的重大主题，丰富的新闻事实与鲜活的新闻人物为宏大的主题性叙事提供了坚实的依托。

二、有声语言升华新闻主题

电视新闻中记者撰写的文字稿经过播音员配音后，和现场同期声音一起成为电视的有声语言。第二十二届中国新闻奖电视新闻作品的文字稿件，经过编辑、播音员加工后，解说词中的书面语变成了比较规范的口语，而同期声主要以规范性的口语为主，从而形成了一种融合的电视新闻语体，有利于电子传播技术语境中观众的接收。

恰当的解说词可以为观众解疑释惑，从而悦神悦志，甚至会产生醍醐灌顶的神奇效果。就第二十二届中国新闻奖电视新闻作品的解说词而言，大多数作品的有声语言能声情并茂地向观众传播信息，但不是对画面亦步亦趋地说明，也没简单地重复画面的内容，而是准确表达新闻内容，并深化了画面的内容和主题，有助于观众理解新闻内容。

如第二十二届中国新闻奖获奖电视作品《鄱阳湖遭遇罕见干旱区域 生态链受到威胁》中，解说内容主要以口语为主，书面语基本上被杜绝。对"生态链"这一技术词汇，作品并没有停留在抽象的表层，而是以鄱阳湖的旱情对夏候鸟、冬候鸟、鲤鱼鲫鱼等常规鱼种、白暨豚江豚等珍贵鱼种的真切影响，按照递进的线索，诠释"生态链遭受威胁"的主题。用记者现场、一线采访、人物同期等电视元素，使鄱阳湖生态链的背景介绍、专业技术剖析、未来可能态势在最短的时间内得到了最多的传播，实现了有声语言与画面内容的同步进行。

另一件第二十二届中国新闻奖参评作品《新闻特写："我也要向你学习"——温家宝总理看望河南玉米育种专家程相文》，报道了温家宝总理专程看望河南农业科技人员程相文。这条新闻特写除导语外没有一句解说词，新闻内容以现场同期声音的互动对话为主。一见到程相文，总理说"你十九年摸出一个种子，很不容易"，看到程相文有点紧张，总理善解人意地说"你是一个不善于说话的实干家，第一我要表扬你，第二号召他们向你学习，我也要向你学习"。当总理说他自己以前去过（河南）温县小麦研究所时，程相文就当面提出了"意见"，他说"你当时没有来玉米研究所"。总理笑着说"就知道你耿耿于怀，所以这次就专程来了"，在场的所有人员全都大笑起来。接着总理就温县玉米和小麦种子的培育了解情况。在这期间，有数次多人同时插话，总理认真倾听，不时点头。这件新闻特写主题突出、现场同期衔接自然流畅、充分发挥了电视视听兼备的特点。作为时政报道，这件新闻特写大胆突破了一般时政新闻的原有模式，塑造了总理谦虚好学、平易近人的形象，拉近了总理与电视观众的距离，取得了良好的传播效果。

三、画面镜头传递新闻真实

电视新闻的画面镜头，对有着"百闻不如一见"心理需求的电视观众有极大的吸引力，正如林格伦在《论电影艺术》一书中所说："对于极大部分的群众来说，印象最深刻和最持久的东西还是电视中的视觉部分。"画面在从视觉上增强了电视新闻的形象性，还对解说内容加以确证和解释，增强新闻真实性，对事件性的动态新闻来说更是如此。

第二十二届中国新闻奖电视作品《嘉陵江一餐饮船翻沉 11 人落水》是一条短消息。在上级提供新闻通稿的情况下，记者运用电视画面的优势，使整条新闻动态性和现场感极强，给观众留下了十分深刻的印象。记者冒着随时可能被绷断的缆绳击中的危险，完整地记录了整个涨水—船舶翻覆—人员落水漂流遇险—11人获救的全过程。报道这一事件时，记者第一时间抓拍到遇险船舶碰撞邻船、翻覆、人员落水、人员漂流、现场救援现场等关键画面，对外围现场市民由惊慌转变为自觉参与救援的过程也有所关注，两个现场全用真实的画面说话。特别是两船相撞全过程的画面是一个长度近 30 秒无剪辑的长镜头，真实地还原了从两船还有些距离，再到靠近、撞击，直至最后一只船被撞翻、人员落水的真实现场，体现了突发事件新闻报道用画面镜头说话的特色（从新闻画面可以看出，记者在拍摄这个画面时，由于镜头前面有人挡住了视线，记者保持拍摄状态并快速行走绕过视线前方的人，从而保证了镜头的完整）。

另一件新闻作品《记者目击：震后的盈江县城》是一条消息，记录了 2011年 3 月 10 日云南省盈江县城地震后盈江警民携手自救的场景。记者冒着频繁发生的余震，拍摄了大量珍贵的视频资料，整个过程由记者现场串讲，现场感极强，画面真实地再现了地震时人们慌乱地奔跑，倒塌的楼房，救援人员紧急施救，两名被困人员全部被救等场景，让观众在第一时间了解到灾区的真实情况，引起了社会的关注。

四、提示字幕方便观众收视

"图表字幕"是电视新闻视听表意符号的一部分，在电视传播中，字幕能够明确指出电视画面的具体含义，排除其画面的"多义性"，可以对画面所表达的内容进行高度概括、提示或点评，突出新闻事实，帮助观众加深对新闻内容的理解与接受。

第二十二届中国新闻奖电视作品的字幕运用总体来说水平都较高，字体字色使用都较为规范，错别字少，注意与电视新闻节目内容、风格、色彩和色调的合理搭配，提示新闻重点内容，丰富了视觉信息，也方便观众收看。比如第二十二届中国新闻奖电视作品《胡锦涛主席在中南海会见美国佩顿中学访华师生》，报道了 2011 年 7 月 15 日胡锦涛主席在中南海接待了美国芝加哥佩顿中学师生。在挂角"资料"字幕的帮助下，该新闻使用了 2011 年 1 月国家主席胡锦涛参观芝加哥佩顿中学的资料画面。如果没有字幕的标注，这条新闻的时空逻辑就会错乱，让观众难以理解。

第二十二届中国新闻奖电视新闻直播作品《东日本大地震特别报道》综合运用了"演播室口播导语""画面/解说""同期声访谈""记者出镜""图表字幕""嘉宾访谈/记者连线"等多种多样的传播形态，营造了一种鲜明的视听节奏，有较强的现场感，丰富了观众视听感受。"东日本大地震特别报道"的背景标题字幕是白字黑框，主标题字幕是黄字黑边，字幕内容则随着新闻内容随时更新，这两个主要字幕字体端庄、凝重严肃，符合传播灾祸内容的情感色彩。节目一开始，震前日本各地的美丽画面都标上的"地名"，与地震时各地的画面形成了明显的对比。《东日本大地震特别报道》用立体式的三维动画地图对日本地形地貌进行介绍，清晰形象。反映地震时日本市民惊慌状况的同期都用中日文双语字幕注明，利于观众收看。编辑温情地用特技字幕的方法标出了"一只无路可逃的小狗"画面，让观众印象深刻。大火、海啸等画面都标上了时间与地点的字幕，在播出央视特派记者采访的新闻片段前，播出了特派记者的名字字幕和个人照片，体现了央视对冒着生命危险深入地震灾区记者的人格尊重。以上这些都说明央视为直播做了大量字幕预制的准备工作，从而确保了这样一个大时段的成功直播。

"从延安时期就倡导群众喜闻乐见的新闻文风，但是这种倡导主要是从新闻工作者个人工作态度和工作作风入手的，其改变也是从'度'上的，而不是从'质'的。"总体来说，第二十二届中国新闻奖电视作品在讲述新闻事实、规范电视解说用语、传递真实画面镜头、运用字幕方便观众方面达到了较高的水平，是"走转改"成果的反映。同时，作为中国新闻奖这一最高奖项的成果，这些作品对电视新闻记者编辑改变文风无疑具有示范和带动作用,有助于从"质"上构建我国成熟的电视新闻文风。

(载《中国记者》2013 年第 7 期)

探索报道创新 彰显媒体责任

——中国新闻奖电视作品评析

中国新闻奖是我国的新闻最高奖项，从 1991 年以来已经举办了 22 届。2012 年 8 月举办的第二十二届中国新闻奖评选活动，参评作品分为消息、评论、新闻专题、系列报道、新闻访谈、现场直播、节目编排七个类别，这批代表了本届最高水平的电视新闻作品，创新了新闻采编实践，改变了新闻文风语态，催生了新的电视新闻节目形态，从多个侧面彰显了电视媒体的社会责任。

电视新闻报道的多方面创新

在第二十二届中国新闻奖的时间区域内，我国大事多、喜事多，新闻界广泛开展"走基层、转作风、改文风"活动，为电视新闻报道增添了诸多新的元素与动力，使第二十二届中国新闻奖的电视作品独具特色，人物报道、民生新闻、新闻采编、国际传播等方面呈现新变化，在多个方面创新了电视新闻报道的实践。具体来说，第二十二届中国新闻奖电视作品呈现出以下特色。

一、人物报道特色突出

典型人物是时代精神的引领者，也是代表者，是新闻报道的"富矿"。典型人物的崇高精神可以点燃受众的热情，"所以典型人物和时事政治这两类题材理所当然地成为电视新闻报道的重要两翼"。在第二十二届中国新闻奖电视作品中，典型人物报道有了较大突破，报道对象富有生活气息，可知可感，可学可信，特色鲜明。

本届参评的电视类作品题材广泛，日常化、生活化的新闻题材占到相当大的部分，有特点的人物报道成为电视作品中的一个亮点。获奖作品《致敬"抢修哥"》《刁娜：舍己一条腿救人一条命》《"最美妈妈"吴菊萍》《90 岁老人珍藏 16 张选民证》等，其所要报道的人物，身份各异、特点鲜明，从而为电视新闻高质量地组织新闻话语奠定了较好的基础。

获奖作品《凡人的慈善情怀》讲述了在贵州省毕节市的新疆人阿里木，在 10 多年的艰苦奋斗中，把创业所得的大部分收入用于资助当地各族贫困学生的善举，向社会诠释了一个感恩助贫、助人为乐的草根慈善家的善良情怀。该电视作品内容涉及艰辛创业、火灾抢险、帮助学生、开设阿里木助学金、为小周勇捐款、阿里木的爱情、与张春贤拉家常等丰富内容，事例鲜活、现场同期语言质朴，从人物的日常生活、内心情感等深层次展现了阿里木的慈善情怀。

二、民生视角以小见大

中国新闻奖重视民生新闻的传统做法在第二十二届中国新闻奖电视作品中仍有体现。多个电视作品在表现重大新闻事件时采用小切口，从事关平民百姓的自然经济、衣食住行入手，以民生的视角对社会热点难点问题进行反映，实现了以小见大的电视新闻热点传播效应。

获奖作品《聚焦医患"第三方"》《茅台镇上的强迁之痛》《大旱拷问粮仓水利之痛》《廉租房内过大年》《凡人的慈善情怀》《移民故事：最后的春耕》《走基层·塔县皮里村蹲点日记》等都是从关系人民群众生活的民生热点问题说起，以人为本，以群众生活的改变为本。

获奖作品《"维权"风云——全国首宗图书馆"网络侵权"案始末》体现了记者独有的文化民生意识。节目以肇庆市图书馆、肇庆市文广局应诉北京优朋普乐等三家公司的两次"版权侵权"起诉为主线，向观众阐述了这宗图书馆"网络侵权"案对维护公众阅读权利的重要作用，具有深层次的文化与法理内涵。

三、电视采编多方创新

第二十二届中国新闻奖电视作品在拍摄、采访、编辑等方面，呈现出多个创新亮点。其中，多个时政新闻采用电视手段，原生态地用对话、动作、同期声、生活细节等展示领导人亲民爱民的形象和心系群众的政治情怀。获奖作品《胡锦涛主席在中南海会见美国佩顿中学访华师生》改变以往以跟拍为主的单一拍摄方式，采用了定点跟拍、远距离调拍、高角度拍摄等手法，力争用纪录片的手法拍摄新闻；编辑过程中，远近景交叉使用、同期声与背景声共同营造效果，从细节和全景入手，多角度展现现场的良好互动氛围。无论是在新闻拍摄的探索方面，还是在电视编辑方面，都富有探索精神。

获奖作品《西宁表情》采取第一人称的主观描述，通过一位归乡游子的视角，以叙事性和情绪化风格为基调，如歌似诗，强调心灵感受，用内心独白的方式描摹出这座古城无与伦比的风姿轮廓，彰显出西宁独有的精神风貌和文化内涵，烘托地域特色，拍摄手法时尚，电视语言凝练精准。

四、国际传播得到加强

国际传播力对国家形象的塑造越来越重要，第二十二届中国新闻奖在上届进行探索性评选的基础上，正式增设了国际传播奖项。第二十二届中国新闻奖国际传播奖获奖作品《湄公河上的枪声》《外滩：城市之光》《无名小镇变身国际乐谷》《武汉市总工会助推 50 万餐饮行业员工涨薪》《妈妈的遗愿》《中国安徽电视周——魅力安徽》《乔治看中博》《"末代渔民"是守望还是离去？》等，在讲述中国的故事与人物时，较多地采用国际视野来选题，用国际化的表达方式建立起自己的话语空间，达到了"突出维护国家主权、安全和核心利益，体现我国外交方针政策精神，传播中华文化和改革开放成就，特别是在涉华重要新闻舆论竞争中，增强中国声音，表达中国立场，为我提供有利地位和舆论支持"的目标。

但是国际传播方面的电视作品，在国际热点问题和突发事件报道中原创率和首发率低，在重大舆论斗争中争夺话语权的能力不足，还不能有效影响国际舆论，没有掌握描述"中国形象"的主导权。

"走转改"改变电视新闻文风语态

2011 年 8 月中宣部部署"走基层、转作风、改文风"活动后，电视媒体和记者用心倾听普通百姓亲身感受，用镜头记录社会生活变迁，向群众学习，倡导清新的电视新闻报道文风，"短、新、实"成为电视新闻的主基调，这些变化在第二十二届中国新闻奖电视作品中也有所体现。

一、作风转变基层新闻增多

第二十二届中国新闻奖"在坚持评选标准、同等条件的前提下，关注体现'走转改'精神、深入反映基层一线的参评作品和长江韬奋奖参评者中来自基层的新闻工作者"。电视作品《移民故事：最后的春耕》《伸向低保户的黑手》《丰产滞销 大白菜烂在田头，堵上心头》等，新闻事实来自基层的火车站、廉租房、田间地头，报道内容题材贴近社会基层生活与社会现实，展示了这些作品主创者非凡的电视采编技能。比如，《移民故事：最后的春耕》通过一个即将搬迁的农家的最后一次春耕，在多个细节的展示中，折射出宁夏当地经济社会发展的新变化，人物、故事、情节处理张弛有度，用一个普通人物的故事反映了宏大主题，体现了较高的新闻艺术水平。

在"走转改"的常态化机制下，最终目的不仅仅是形成一批有影响力的新闻作品，注重引导记者增加观察社会的宽度与厚度，学会用均衡的眼光去看待不均衡的中国，更重要的是通过"走转改"，打造懂国情、对人民群众有感情的采编队伍，"要建立完善有利于新闻工作者深入基层、深入群众的制度机制，推动走基层、转作风、改文风成为新闻战线的自觉行动和新闻工作者的职业追求"。

二、文风语态变得清新活泼

中央电视台的《走基层·塔县皮里村蹲点日记》是"走转改"电视新闻报道

中的典范，是新闻语态和文风变化的一个"样板"。《走基层·塔县皮里村蹲点日记》开创了走基层节目"电视连续剧化"故事讲述报道的先河。记者跟随政府干部和老乡同走步步惊心的上学之路，教师背孩子过悬崖，记者聊天式的提问，口语化的同期，潺潺河水的声音，村民豪爽的笑声，乡干部捧喝河水等，在新闻中都表现得很充分，给观众留下了深刻印象。

同《走基层·塔县皮里村蹲点日记》一样，一大批记者到基层、到一线、到群众中去，采写的新闻作品让普普通通的观众成为电视的主角，朴实的话语激起了百姓共鸣，为改变电视报道的语态文风指明了方向。正如央视新闻中心所提出的，"小切口、大落点，'走基层'报道就是要把国家的飞速发展体现在百姓的寻常感受中"。

三、电子技术的发展催生节目形态创新

第二十二届中国新闻奖电视作品，已经表现出电视与其他媒体在传播渠道、内容素材、组织人员等方面的融合，开始了媒介全面融合的步伐。其中，微博与电视互动已成为年度电视新闻与新媒体结合的最突出特点。

四、电视与新媒体嫁接，开始复合传播

第二十二届中国新闻奖电视类作品，在画面、声音、字幕、特技等方面突出了电视媒介的复合表现力，使受众通过听觉、视觉、心理等全方位立体式地接收信息。电视获奖作品《"海鸥手表"三场国际官司的启示》《打击"酒驾"两岸如何互相借鉴》等打破地域的限制，在评论与访谈中吸纳了微博、网络观点，引发讨论，拓宽思想，为节目增色不少。还有部分作品就直接以来自微博、网络的内容为素材进行编辑制作，扩大了电视访谈节目的传播效果与影响力。获奖作品《致敬"抢修哥"》中，30多秒"抢修哥"刘跃青身穿红色短裤抢修电缆的生动画面，就是由路人用手机拍摄的视频。

五、电视直播持续创新

由于电子技术的不断完善，电视媒介的直观性、同时性、同步性的特长得到进一步发挥，具备了创造电视新的视听方式的可能。与前两年相比，虽然第二十二届中国新闻奖的重大突发事件不是太多，然而这些直播传递了最大的信息量，考验着记者职业精神与职业技能，对人们的心灵撞击仍旧强烈。

获奖作品《"7·23动车追尾事故"》，由市级媒体温州市广播电视台直播全国性重大事件。直播中卫星车实时信号、记者现场报道、电话连线、微博播报、回传视频等各种直播信号灵活运用，节奏快、现场感强、内容丰富，将恶劣的环境、人们赤脚光膀自发救援的全过程真实全景式地展现出来。直播以现场为主，没有过多的解说，新闻主持人的解说充当了旁白与转场的作用，现场记者介绍详

细清楚，体现了很高的电视采访技能，是真正的直播。这一直播还突出了人文精神，温州台第一时间发布安置乘客、寻找失散亲人、发动市民献血等消息，安抚伤员及家属情绪，发挥了新闻媒体疏导社会情绪的良好示范作用，受到广泛好评。

电视获奖作品的不足

中国新闻奖电视类作品，是过去一年电视创作成果的汇总与展示，在学习其长处之时，还要反观其不足，引以为戒。

一、部分选题缺乏大局意识

第二十二届中国新闻奖时段内，中国大事多、喜事多，参评中国新闻奖的电视作品应当有较多的重大事件的好选题，但从参加评奖的作品来看，能在宏观角度全面地反映中国政治、经济、文化、科技等方面重大事件的新闻不多，鲜有反映中国共产党建党90周年、社会主义文化强国战略，"十二五"规划纲要等重大内容题材的新闻，在精选宏大题材的意识方面要逊于报纸通讯社选送的参评作品。

有些参评的电视类作品，内容局限于一省一市，地域性太强，没有全国全局眼光，缺乏全国一盘棋的思想。例如参评作品《昆山率先公布基本实现现代化指标体系》中报道了昆山率先发布基本实现现代化指标及路线图，有新闻意义，但对全国探索现代化道路有何示范价值，新闻中"言传"的信息很少，只让观众去"意会"，使新闻的传播效果大打折扣。

二、标题未能突出新闻价值

参评作品《在行走中见证 在记录中收获》，标题从字面上看很对仗，但是没有副标题来解释说明，行为主体与受动者都不明朗。电视作品《民勤县夹河乡黄案滩封育区出现7眼自流井》，其背景在2001年温家宝总理指出"决不能让民勤成为第二个罗布泊"。此后，防沙治沙，关系我国的生态治理，也关乎民勤县的生死存亡，也深深牵动着国家领导人的心，这个新闻选题价值十分重大。但是作品标题没有揭示民勤自流井这一新闻事件的重大意义，只是限于陈述新闻的事实，对民勤治沙背景不十分熟悉的观众与评委会认为一个封育区出现自流井很平常。尽管这个作品没有获奖还有其他原因，但如果标题能起到突出新闻事实价值的作用，比如改为《封育区出现自流井 民勤不会变成罗布泊》《总理可宽心 民勤不会变成罗布泊》之类的题目，效果可能就不一样。

三、电视语言元素不突出

电视语言由画面语言、解说语言、现场语言与字幕语言等组成，具有表情达意的内在规律，电视新闻工作者要结合作品内容和观众接受习惯来组织电视语言，以达到最优的信息传播效果。但是有些电视作品没有运用好电视语言，没有处理好新闻事实本来的逻辑、作者的主题意图、观众的收视视觉与心理感受之间的关系，影响了新闻传播效果。

另外，第二十二届中国新闻奖电视类的部分参评作品，动态的新闻事件少，总结性的成就报道多，电视新闻的时效性较差，没能体现现代电视媒介快捷的媒介优势。凡此种种，均为有待提高之处。

（载《电视研究》2013 年第 2 期）

舆论导向与声音传播艺术的精湛统一

——中国新闻奖广播获奖节目述评

历年中国新闻奖广播节目的评选，都汇集了全国广播新闻重要作品，展现了全国广播新闻实践动态，代表了全国广播新闻精品水准，反映了新闻报道共性规律与广播传播特质，是衡量上一年度广播新闻创优创新的指向所在。

第二十二届中国新闻奖评选工作8月下旬结束。涉及广播节目的评选，遵循了第二十二届中国新闻奖的总体原则，即关注体现"走转改"精神的优秀新闻作品，坚持公开、公正、公平的评选标准，坚持专业评选与社会参与相结合，吸纳参评节目在网上公示后社会公众的评议意见。参评总体要求以邓小平理论和"三个代表"重要思想为指导，深入贯彻落实科学发展观，坚持为人民服务、为社会主义服务、为全党全国工作大局服务，贯彻团结稳定鼓劲、正面宣传为主的方针，坚持正确舆论导向，落实"三贴近"原则。

参评节目的内容与形式标准

广播节目的评选限定为消息、评论、专题、系列、访谈、直播、编排等7个项目，规范参评作品的内容形式与时长，意味着所有参评内容都必须以各类恰当的体裁或者节目形式存在。

消息类，迅速报道新闻事实的作品，时长不超过4分钟。

评论类，对社会关注的新闻事件、热点话题、社会现象进行事实分析和说理的作品，时长不超过15分钟。

专题类，从不同角度报道、分析同一新闻事件、新闻人物、社会现象等，包括深度报道、解释性报道、调查性报道、新闻特写、新闻综述等，时长不超过45分钟。

系列类（连续、组合），连续报道是指围绕正在发生的新闻事件，连续播出的"跟踪式"报道，单件作品不少于3篇；组合报道指围绕某一主题或已经发生的新闻事件所做的多角度、多侧面报道，单件作品不少于3篇；广播系列（连续、组合）报道类平均单件作品长度不超过8分钟。

访谈类，主持人与嘉宾就公众关注的新闻人物、新闻事件和热点话题进行讨论的谈话作品和新闻人物访谈作品。

现场直播类，与重大新闻事件发生和发展同步播出，集现场报道、背景介绍与事态分析等于一体的新闻节目。

节目编排类，常设的以动态消息为主的集纳式新闻栏目的编排作品。

参评节目的首要前提是把内容与形式恰如其分地结合起来，内容是构成广播节目诸要素的总和，是节目存在的基础，形式是构成节目诸要素的结构，是节目存在的方式，内容起着决定性作用，内容决定形式。

参评节目要求与获奖节目评析

消息类要求新闻时效性强，表述准确，简明扼要，逻辑清晰，新闻要素完整。例如中国之声的消息"陈炳德马伦纵论中美军事关系"，记者在 2011 年美国调整战略部署，高调重返亚太的国际政治外交背景下精心捕捉新闻主题，以中美两军联合召开记者会为新闻事件展开报道，简要深入的提问与细致生动的现场报道巧妙紧凑编排，反映了中美两军在一系列重大问题方面的交锋与共识，现场音响丰富，短暂的 3 分 56 秒时间内，记者选择最有新闻价值的材料，报道事实质朴明了，让听众迅速认清事实真相。

评论类要求观点鲜明正确、有新意，论述准确、精辟有力。例如上海新闻广播 990 早新闻评论"严禁酒驾带给社会的启示"，反映了记者出色的洞察力、判断力、思考力。2011 年 5 月 1 号起，我国刑法修正案（八）中，对"醉酒驾车"与"食品安全"都有严厉的法律规定，但是在同样的法律面前，却出现了两种截然不同的结果，全国"醉酒驾车"同比大幅下降，但是违反食品安全的违法行为却层出不穷，为何产生如此之大的反差？记者从这两种明显的社会现象入手，通过采访执法者、专家学者、地方官员等，解释了问题的现实性并提出应对的思路与观点，展现了对社会现象的最新发现，独到的探究与深入思考。

专题类要求主题鲜明，选材典型，事实准确，结构合理，语言生动，音响运用到位，感染力强。例如绵阳人民广播电台节目"总理的牵挂——北川中学采访记录"，报道"5·12"地震之后，温总理一共十次到地震灾区，八次来到北川中学，记者通过生动感人的解说与大量音响报道，再现了总理和蔼、真诚、平实的形象，表现了总理心系人民，鞠躬尽瘁的人格魅力，以及灾区人民在废墟上重新崛起的精神风貌。

系列报道要求单篇作品之间系统关联性强，主题鲜明，结构完整，报道全面有深度。例如西藏人民广播电台节目"穿越西藏"，在建党 90 周年、西藏和平解放 60 周年之际策划实施，大型采访活动分赴西藏 7 地市进行采访，沿途以行进式报道的形式深入西藏的农牧区，通过小角度反映大成就，采访了来自不同社会阶层的人，让受访人真实口述生活历经的巨大变化，采访涵盖西藏经济、社会、教育、文化、交通等各个方面内容，180多篇连线和录音报道汇聚成一部深刻反映西藏和平解放60年的鸿篇巨制。

海峡之声的连续报道"7·23动车事故大救援"，充分体现了连续报道的典型特点，时效性强、现场感强、信息完整、主题突出，利用记者亲历的优势，来自事故现场的第一条详细报道，较好地发挥了舆论引导作用，对事故救援起到重要作用。

访谈类节目要求主持人与嘉宾现场谈话占整个作品时长不少于2/3，整个时长不超过1小时，选题恰当、时效性强，嘉宾有权威代表性，谈话内容与节目定位、播出时段相适应，主持人提问、转承自然得当，对现场节奏把握适度，背景资料运用得当。例如承德人民广播电台节目"真情永远"，从"千里寻亲"开始，讲述15年前李维贺夫妇二儿子的同学，河北农大园艺系果树93（01）班的26名同学相约承担扶助责任，15年内15张汇款单与56封书信，这些用真情和墨水记录的人间大爱，诠释了至善至真的故事与人间真情的温暖。

新闻直播节目采用音像资料的时长不能超过整个节目时长的1/3，不包括纪念会、报告会、文艺演出、工程庆典、剪彩仪式等活动开幕式和以演播室谈话为主体的节目。要求主题重大、策划周密，全面迅速准确采集与传播新闻现场的重要信息，导播调度合理，主持应变机敏，音质清晰。例如天津交通广播节目"京沪高铁通车暨天津西站建成启用现场直播"，新闻事件现场记者与国务院总理温家宝进行了面对面的交流，6路记者从多个地点发回现场报道，邀请10多位专家对京沪高铁进行全面解读，直播内容丰富翔实，贴近群众，服务性强。

新闻编排节目要求主题集中，重点突出，内容丰富，形式新颖，编排合理。例如河北新闻广播节目"第一民生"编排的一个主题"熊猫血小伙张延北手术"，采用消息、专题、访谈重点打造，篇幅集中，一条主线"校车安全"采用快讯、报道、评论相互呼应，脉络清晰。节目内容丰富、编辑思想明确，主持人与前方记者连线、与听众反馈交流转换流畅，夹叙夹议轻松聊侃新闻，驾驭节目能力较强。

新闻报道共性规律与广播传播特质

获奖节目不仅反映了新闻报道的基本共性规律，而且也很好地映射了广播媒介独有的传播特质，主要表现在以下六个方面：

第一，遵循新闻价值选择判断规律，有益于社会发展和受众需求。广播媒介社会建构的新闻叙事框架，以记者对新闻价值的自觉选择判断为中心，必须尊重广大受众的需要，又按照事实发展的客观尺度作出判断，新闻事实与社会公众生活直接关系程度越大，给人们带来利害的关系越紧密，新闻报道的效用价值也就越大。上海人民广播电台新闻广播"每天70吨地沟油哪里去了"是一档充分体现媒体舆论监督，为政府积极献言献策，推动政府改善工作的访谈节目，选题切中时弊，既是社会公众关注热点，也是政府工作重点，反映了记者客观理性的新闻敏感度。

新闻价值的选择不能孤立进行，还必须同科学认识以及社会需要结合起来。社会需要指除了满足受众需要之外，还包括新闻满足社会进步要求的效益性。新闻报道效果有助于解决社会问题，能够揭示化解某些社会矛盾的答案，对受众有益与促进社会和谐发展是相互联系统一的。黑龙江人民广播电台系列报道"居上"，其含义是"安居工程后来居上，民生保障至高无上"。作品立意高远，深刻揭示了在经济并不发达的黑龙江省，保障房建设为什么能够成就全国第一，如何实现全国第一的深刻答案。节目主题重大，但报道视角精巧，以细腻真实的笔触记录黑龙江保障房建设的创新举措，如何在全国推广样板，相关各方的民生理念以及攻坚克难的态度。

湖北广电总台新闻综合广播抓住"大病救助"这一深刻而带有普遍意义的主题和长阳"独特"性，报道全国创办合作医疗"老典型"的"新探索"，既有历史厚度又体现了其"唯一性"，具有很强的现实示范意义。

第二，坚持新闻报道策划原则。从"更好"的角度以正面宣传报道为主，弘扬主旋律与多样化和谐统一的报道方式，作品报道视角、内容形式都相当广泛。如果只强调正面宣传、弘扬主旋律，忽视报道内容和形式的多样化，唱的调子再高，也难于被听众所接受；如果只强调多样化，忽视舆论导向，新闻报道策划以至整个广播宣传就会迷失方向，甚至会产生负面作用。二者的和谐统一，是广播新闻策划的重要原则。从"更快"的角度提升广播新闻报道的时效性、加大信息量，体现广播新闻快捷、低成本的传播优势，从"更紧密"的角度注重与听众的交流频度与传播效果，从"跨媒体"的角度实现广播新闻信息产品通过不同介质的媒体多次传播，形成整体传播效应。

湖南广播传媒中心新闻频道"湖湘儿女的思念"特别节目，策划"湖湘儿女专机进京，缅怀毛主席，祭奠人民英雄"大型活动，选取其中精彩片段制作新闻专题，北京广播电视台、中国青年报、湖南日报、湖南卫视等二十多家媒体联动，并在新浪、腾讯等网站开设官方微博，引起广泛共鸣。

湖北广电总台新闻直播节目"同饮一江水、共有一个家"在整体新闻报道策划中，实现湖北台、中央台、河北台、天津台、十堰台、新浪网等七家新闻媒体互动，直播紧扣一个"家"字，由一个普通移民搬家到数十万移民搬家再至这场波澜壮阔的国家行动，展开南北对话、广播电视网络互动、南北媒体互动、内外迁移民互动、干部和移民群众互动的跨媒体、跨时空大制作。新闻策划开阔的思维，意味着广播新闻报道的策划不是沿着单一新闻线索进行，而是突破封闭的思维，在相当广泛的空间内，进行多角度的观察比较和思考，广泛交流与深度合作。

第三，普通人"生活类"的新闻进入报道视野。这类报道往往不包含冲突猎奇，时效性不强最多只有接近性要素，新颖的报道意在帮助人们认识和发现看起来平平常常生活中不平凡的人性光辉，重要的新闻不一定要有轰动的冲突变化，普通人的生活永远蕴藏着吸引受众兴趣的力量，因为其中有无数不为人知的感人事件。

吉林人民广播电台消息"调车员王连军的中秋夜"，真实记录了一位普通调车员的一个夜班，让听众深刻体会到铁路一线职工的艰苦和奉献精神。吉林交通广播访谈节目"一碗热馄饨　温暖众人心"，报道长春市一位行乞老人经常在一家馄饨店吃饭时错把"游戏币"当硬币付钱，而店主始终没有戳穿他，坚持以热腾腾的馄饨维护老人尊严的故事。这期节目引发强烈反响，许多听众被馄饨店主平凡而高尚的心灵深深震撼，引发人们关于慈善、道德和尊严等话题的讨论。

福建广播新闻信息综合频率专题"大爱无声——一位记者眼中的特殊馒头店"，讲述了石狮市有一家特殊的爱心馒头店，只免费把馒头送给贫困的人，拒绝销售，因店主拒绝记者采访，所以一直默默奉献爱心但无人知晓。记者写作功底扎实，情感充沛，产生"于无声处听强音"的作用。

第四，彰显广播新闻报道独特声音传播优势。注重听觉效果与编排形式，精心处理音响报道。选择具有视觉表现潜能的典型声音符号，借助能够唤发综合感觉体验的声音符号，强调激发受众内视能力的声音符号，在广播新闻报道中，用典型现场环境音响、人物语言音响，可以让广播新闻更具有形象性，为听众提供更为宽广的想象空间。

黑龙江人民广播电台消息"黑龙江大小兴安岭林区全面停止主伐"，报道亮点在于会议新闻中采伐现场音响的巧妙运用，表现了老伐木工人的情怀和林区人民甘于奉献的品质。

第五，体现生动的广播新闻叙事风格。美国传播学者梅罗维茨曾提出过著名的"媒介即语法"观点，强调媒介的表述方式影响了人们对事件的理解，媒介形式决定了媒介的内容风格。如果我们把诉诸声音符号的线性传播设想为广播媒介的基本语法要素，那么它制约着广播新闻的叙事风格。运用语言、音响和音乐深入、具体、详尽地报道新闻事件，善于用声音形象说话，注重开掘事件的深度，描写、抒情、议论、音乐，音效等都作为叙事的手段，表达方式较为灵活。

深度报道方面，充分采用"解说＋音响"的"包裹式技巧"，这是广播新闻叙事表现深度的一种非常有效的方法，以录音访谈的形式，把大量的新闻背景和情节细节穿插进报道，新闻的落点在于解读，让新闻故事与解读互动，揭示新闻事件的本质，加上恰如其分的音乐萦绕使主题得到升华。云南经济广播专题"启封历史的记忆——滇缅公路保护调查"通过声音的艺术表现形式，在时空与历史的轨道中，调动听众情感，引领听众体悟人生真谛，取得了较好的传播效果。

第六，表达鲜明的广播新闻话语方式。广播新闻报道"口语化"的书面语体模拟了与受众"面对面"交流的谈话语境，由于现代广播移动性与伴随化的特征更加突出，广播的个人化媒介属性更加强化。在具体信息的传播中，广播传播技术的简便快捷使得话语的表达比电视等其他媒介形式更为迅速灵活。

广播话语的情感功能、鼓动激励功能、美学诗学功能也都充分得到体现，江苏广电总台新闻广播专题"福份书记——周广智"，聚焦被拉萨市委授予"新时期援藏干部楷模"的周广智，记者在与周广智同行的十天时间内进行了相当深入的采访，收集了近八小时录音素材，十四分钟节目内浓缩为饱含崇敬与深情的叙述，亲切质朴的话语之中带给听众热忱感动的力量，展现了周广智舍小家为大家献大爱，一心为民的公仆情怀。

河北人民广播电台新闻频道评论节目"抓道德建设不吃亏——青县用软实力换来硬资本的背后"，节目中各个人物语言个性鲜明生动，道德模范语言质朴，县委书记一语中的，客商言语客观贴切，专家评述妙语连珠，整体起承转合连贯流畅，一气呵成，广播新闻语言的优势较为突出。

节目评选"走转改"活动实施

第二十二届中国新闻奖广播节目评选以及诸多媒介实践证明，只有真正做到并且坚持做好"走转改"，新闻媒体才能在信息时代媒体多样化格局背景下，产生更多思想精深、艺术精湛、制作精良，较好地达到舆论导向与宣传艺术的统一，具有广泛社会影响力的新闻精品。

"走转改"活动实施的意义在于新闻媒体的记者编辑通过艰苦的实地采访过程磨砺锻炼才智，积累报道经验并拓展报道的广度与深度，更加自觉地肩负起新闻工作者的社会责任与历史使命。

陕西广电总台陕广新闻获奖系列节目《搬得广厦千万间》，记者在长达十八个月的采访中，从最南端的安康到最北端的榆林，奔走八百多公里，掌握了大量生动翔实的第一手素材，跳出常规成就报道的局限，展现了一年来各方面通力完成这项惠民工程的壮阔画卷。广西人民广播电台获奖系列报道"百色经验树起全国中小煤矿新标杆"，记者在"走转改"活动中到百色矿务局和右江矿务局亲身下矿采访，通过讲述矿工的故事，凝练主题，具象化"百色经验"，使听众一听就明白。

贵州人民广播电台新闻广播立足贵州"穷"和"大山"两个特点做文章，到达贵州最贫困的"麻山、瑶山、雷公山、月亮山、乌蒙山和武陵山区"六大山区采访，三个报道小组前后进行 20 天艰苦采访，系列报道《走基层　问民生——莽莽黔山行》以"贫困与反贫困"为主题，探寻老百姓迫切需要解决的民生问题，分析论证了贵州经济社会发展的客观原因，展示贵州各族群众在反贫困道路上的艰难跋涉和奋力前行。

从第二十二届中国新闻奖广播节目评选来看，"走转改"在全国广播新闻战线共同努力之下，取得了显著成效，展示了新时期广播新闻报道的新形象，创新广播新闻报道的成功实践。正如有学者指出，走转改是重塑传统媒体优势的有益探索，体现出议程设置从群众中来，舆论引导重在解读事实，信息传播权威完整准确，加强了与受众的平等交流。

当前，尽管广播的新闻内容生产与播出方式正在应对巨大挑战，广播传播手段、传播形式和生存状态正在不断转型变革，但是广播的新闻内容生产与信息传播功能，体现了广播在社会信息系统中一直以来的稳定角色，广播媒介生态"变化"与"稳定"的特征，始终并存于广播演变的历史进程之中。

总之，打造优质新闻报道内容是发挥进而提升广播新闻传播功能的基本举措，总结阐析广播新闻节目评选的共性规律与传播特质，是观察研究广播新闻内容生产的有效方法，也是领悟广播新闻内容生产精髓与核心的过程。

（载《新闻战线》2012 年第 11 期）

社会主义核心价值观大众化的思考
——基于民生新闻的视角

一、民生新闻与苍生百姓的天然血脉关系

现实中，民生新闻是一种最为贴近民众生活、最能反映民众思想的"新闻传播范式"：新闻内容上，聚焦于"群众的生命、国民的生计、社会的生存与民众的生活"；新闻立场上，倾向于新闻专业主义与民粹主义相结合，"代表公众，反映底层人民的疾苦"并"参与社会行动，帮助底层人民解决实际问题"；传播对象上，以平民大众、草根阶层而非社会精英为主要接收对象；传播空间上，聚焦于国民苍生的生存空间与生存环境；价值取向上，彰显出新闻人对平民百姓深刻的人文关怀和人文精神。在新闻传播实践中，民生新闻与苍生百姓存在着天然的社会、文化意义上的血脉关系：

（一）民生新闻微观描摹民众生活场域

法国著名的社会学家布迪厄提出了"场域"的概念。他认为"场域"是"在某一个社会空间中，由特定的行动者关系网络中所表现的各种社会力量和因素的综合体"。整个社会世界由诸多场域（例如政治场、经济场、法律场、宗教场、文学场、艺术场、科学场、生活场等）的集合构成。根据布迪厄的"场域"理论与众多中外学者对于"生活场"概念的界定和评析，普通民众的日常生活世界（诸如行为举止、衣食住行、休闲与工作、学习与生活）构成了生活场域的基本内容，民生新闻聚焦于平民百姓的日常生活场域并力图充分展现民众日常生活情态，深刻挖掘、积极阐扬民众生活场域的意义与价值。

在民生新闻出现之前，国内新闻虽然也密切关注民生问题并尝试对民众生活场域进行描摹与再现，但这种描摹与再现的目的在于体现中央或地方政府在政治、经济、文化等领域的重要方针政策、重大决策与重大部署对民众群体的整体影响，或通过民众个体的切身感受与生活工作经历变化反映国家政治、经济、文化体制改革所引发的人民社会生活的巨大变迁，对于"民生"的阐释与再现体现出宏观化、浅表化、平面化的典型特征；民生新闻则关注民众个体的生命、生存、生计与生活，展现民众衣食住行、生命延续、日常消费等日常生活领域和婚丧嫁娶、礼尚往来等民众日常交往活动，以及日常生活背后百姓的情感、欲求、

渴望、文化习俗与价值取向等更为深层的民众精神世界,最为细微、生动地描摹与刻画了民众生活场,将概念化、浅表化与平面化的宏观民生化解为具象化、深度化与立体化的微观民生。更为重要的是,民生新闻发掘、提升了民众生活场域的意义与价值。民众生活场域植根于民众感性的日常生活,日常生活由民众日复一日、月复一月、年复一年琐碎的衣食住行和平常的日常景象构成,似乎远离意义与价值。民生新闻则将民众生活场域的日常生活作为意义之源与价值之泉,从日常生活和大众文化之本态、本然所呈现的人物与事物中发掘、提炼民众日常生活的意义与价值,以及民众对于崇高价值、高尚人格的理想、希冀与追求,使民众生活场域的意义与价值得以显现和传播。

(二)民生新闻激发熟人社会记忆情感

费孝通先生在研究中国乡土社会时提出"熟人社会"的概念,主要指传统农耕时代的乡村社会。在地理空间狭小而封闭的乡间村落,人们形成了沾亲带故或非亲即故的紧密联系,人际网络蕴含了深厚的血缘(亲情)与地缘(乡情)色彩,人际交往局限于聚居于村落中的亲戚、近邻与朋友,形成了关系简单质朴、交往频繁密切的熟人社会。在熟人社会中,乡民处于礼尚往来的浓厚人情氛围中,在简单的人际互动中维护亲情友情、礼俗规约与道德人伦,建立深厚情感、深层依赖与相互信任,在频繁的交往互动中形成共享的价值观念与共通的意义空间,强化、维持并再生产着自己人的认同机制。当前,中国社会正由熟人社会向陌生人社会转型与过渡。大规模的城市化进程加剧了乡村向城市、农民向市民的变迁,简单的亲戚、近邻与朋友的人情循环被打破,人际交往的血缘与地缘因素大大削弱,形成了城市空间的蔓延与社会关系的重构;同时,乡村社会原有熟人社会的关系结构与意义系统也被摧毁,由熟人社会转向"'半熟人'社会"转变。计划生育制度减缓了人口过度增长的压力,但另一方面却将传统熟人社会血缘纽带中最亲密、最核心的关系圈破坏,进一步加剧了传统熟人社会解体和陌生人社会的形成;手机、互联网等新媒体通过"交流平台的再造、交流空间的再造、交流内容的再造、交流状态的再造与交流体验的再造"构建了虚拟熟人社区,在拓展人际交往时空边界的同时缩小了真实的社会交往空间与交往范围,从更深层面对熟人社会进行解构。

面对社会"陌生化"的蜕变,在旧貌已换、新景未竟的复杂巨变中,民生新闻构建起新的新闻镜像,发挥了维系民众情感和信任、维护社会和谐与稳定的积极作用。一方面,民生新闻成为现代熟人社会的新闻浮世绘:它再现了民众生于斯、长于斯的居民社区、弄堂、街道、公共场地等社会生活与日常交往场景,还原了街坊邻居的柴米油盐、家长里短、街谈巷议与亲朋好友的闲散交谈、嘘寒问暖的市井生活,其中的新闻人物不再是为了舆论宣传所刻意塑造的、具备特定意义标识并做出非凡事迹的神话人物,而是生活于现实世界中并具有常人情感思维与日常生活方式的熟人——我们自己、我们的亲戚朋友与街坊邻居。另一方面，民生新闻彰显了熟人社会的人情、人伦与人性，将陌生化社会还原成为我们所熟悉的日常生活社会：它真实展现了熟人社会中温暖的亲子之情与同胞之情、亲属之情与友谊之情、乡土之情与乡人之情，以及陌生人之间对于生命的关切与体认、出入相友与守望相助，颂扬人们对动物与自然的博爱之情，张扬平民百姓所具有的慈爱、善良、宽容、同情等人性之美。此外，民生新闻将熟人社会以及民众对于熟人社会的记忆通过口述历史、照片与音频、视频的方式凝聚、整合于新闻记忆之中，通过不断强化的媒介记忆召唤、加强民众对于熟人社会的集体记忆与集体情感，传承并丰富、积淀民众对于熟人社会的文化记忆与文化情感。

二、民生新闻：连接民众与社会主义核心价值观的重要载体

马克斯·韦伯用"正当性"的概念来说明政治权威性的建构。韦伯认为，"政治的权威性不是制度必然赋予的，更不是通过武力强迫实现的，而必须依赖共同的信仰"。民生新闻通过聚焦民生内容、建构民本叙事、彰显民众话语等方式，让社会主义核心价值观回归民众日常生活实践，在个人、社会与国家之间寻找到可以被精英与民众接受的中间地带，实现了社会主义核心价值观在民众中的"正当化"，成为连接民众与社会主义核心价值观的重要载体。

（一）呈现社会主义核心价值观的民生内容

社会主义核心价值观作为全党全社会统一的指导思想、共同的理想信念、强大的精神力量和基本的道德规范，并非超验而纯粹的"宗教性价值"，而是与民众日常生活紧密相关的"世俗性价值"。"国家'富强、民主、文明、和谐'的价值目标，社会'自由、平等、公正、法治'的价值取向与个人'爱国、敬业、诚信、友善'的价值准则"并非来源于乌托邦式的空想，而是深深植根于民众日常生活的现实世界，可细化为更为细微、具体的个体层面的核心价值观："富强、民主、文明、和谐"可分解为个人富裕、个人权利、个人修养与人际和谐，"自由、平等"作为基本人权而"公正、法治"作为保障基本人权得以实现的理想社会环境，"爱国、敬业、诚信、友善"则是民众个体对国家、对事业、对承诺、对同胞邻里的基本态度与情感。民生新闻呈现了民众对于社会主义核心价值观的个人期待与梦想，反映了民众对于美好社会和理想生活的憧憬与追求：通过个人奋斗而非非法手段得以勤劳致富，公民的基本人权、政治经济权利与个人尊严得到国家与社会的尊重与保护，每个公民参与到国家的公共事务的治理，其民主权利得到伸张，得到他人的关爱与尊重，与自然、他人、社会、国家关系的和睦、融洽和主观幸福感与客观福祉的共同提高；公民自由权利得以最大程度实现，教育、医疗、就业公平公正，法律面前人人平等；对祖国河山、生活环境与历史文化等的珍爱，热爱本职工作、诚实待人、信守承诺；善待亲友、他人、社会与自然。民生新闻将社会主义核心价值观所呈现的"国家梦"分解、细化为民众个体所憧憬与追求的"个人梦"，将国家梦想与民众期待紧密结合，体现了社会主义

核心价值观的民生取向与民本追求。

社会主义核心价值观在民间的牢固树立、在民众中的自觉养成并非依靠单方面向民众灌输、宣传就能达成，急需以改善人民群众最关心、最直接、最现实的利益问题——"民生"问题作为出发点和落脚点。民生新闻展现了收入、分配、就业、教育、住房、社会保障、医疗卫生等事关百姓生计来源、生活质量与生命安全的民生状况，传达民众"学有所教、劳有所得、病有所医、老有所养、住有所居"的民生诉求，体现着对民生的高度关注与极度重视；民生新闻不仅真实展现经济体制变革、社会结构深刻变化与利益格局深刻调整下产生的"城乡区域经济发展不均衡，人口资源环境压力大；物价不断上涨，就业困难；教育、医疗成本高，人民群众难以负担、贫富分化严重"等民生问题，而且深刻挖掘反映民生问题的事件、现象背后的社会原因与制度原因，为政府改进、变革、创新政策与制度提供参考，彰显着对民生保障与改善的热烈关切；民生新闻通过微小事件细微洞察社会环境与民众心态，化解社会负面情绪与民众负面心态，引导民众建构奋发进取、理性平和、开放包容的理性心理。对民生的关注与重视体现了民生新闻"重民爱民"的报道取向，保障民生、改善民生的报道追求则体现了民生新闻"为民而生"的报道目标。民生新闻通过"民生"内容与"民生"问题，将民众与社会主义核心价值观紧密相连，将社会主义核心价值观转化为民众共同认可与积极践行的价值观，成为社会主义核心价值观大众化的重要途径。

（二）建构社会主义核心价值观的民本叙事

民本思想，包含"以邦为本"的治民思想和"以民为本"的重民思想。其中，治民思想中的民本，即将民众作为国家生存、稳固和发展的根基，国家施行"安民、保民、养民、教民"和"富民、利民、惠民"等措施，其目的在于"本固邦宁""斯得天下"，其实质在于维护国家对人民的治理，体现了国家的执政理念与政治智慧，可视为"治理取向的民本观"；而重民思想中的民本，则将人民的利益视作国家和社会的价值主体，国家、社稷皆为民而设，"爱民、安民、亲民、济民、恤民"等实际行为更多出于伦理道德的自觉和内心责任的驱使，民本成为一种文化信念与精神理念，可视为"道德取向的民本观"。

如何向民众陈述、传递社会主义核心价值观？传统新闻与民生新闻表现出不同的叙事取向与叙事路径，也显现出对民本思想不同层面的侧重。

传统新闻对于社会主义核心价值观的叙事体现为国家叙事、典型叙事与宏观叙事，隐含了"以邦为本"的国家意识；对于社会主义核心价值观的解读和阐释，传统新闻秉承了国家宏大叙事的模式，遵循国家为本的价值立场，向民众传输正确的"历史是非观、道德善恶观、社会正邪观、伦理荣辱观与审美美丑观"，其目的在于强化主流意识形态、形成共同信念并整合多元社会思潮，留下了鲜明的国家叙事烙印；传统新闻常采取典型报道式的叙事模式，将国家层面、社会层面与公民层面的社会主义核心价值观融入典型人物的先进事迹之中，使先进典型成为社会核心价值观的凝结者、体现者与引领者，以期示范、引导、修正与教育民众追求崇高的精神境界和高尚的道德情怀；基于国家叙事的视角和典型叙事的模式，限于规范化的叙事观念、模式化的叙事类型与成规化的叙事规则，传统新闻对于社会主义核心价值观的阐释与读解更为宏观，限制了叙事视角的向度、叙事细节的展示和叙事深度的探询。

相对于传统新闻，民生新闻对于社会主义核心价值观的叙事则呈现为民间叙事、平凡叙事与微观叙事，彰显了"以民为本"的重民意识；民生新闻还原了被国家宏大意识所湮没、遮蔽的民间叙事与日常叙事，呈现价值哲学、道德哲学中"应然"的社会主义核心价值观如何融入民众个体情感、经验并转化为民众日常生活中的"实然"价值观；民生新闻善于从我们生活周围的平凡人物、微小事件和生活细节中发现并挖掘社会主义核心价值观的点滴内涵并进行多样化表达，避免了典型报道模式对于社会主义核心价值观的"刻模"与"固化"；基于对于社会主义核心价值观的民间叙事的视角和平凡叙事的模式，民生新闻微观呈现了社会主义核心价值在民众个体生活体验、意识、记忆、情感中的印记，将社会主义核心价值观的深刻内涵回归现实的社会生活语境并融入民众日常生活体验，从"一沙一世界，一花一天国"中无数微小的"沙"与"花"中表现社会主义核心价值观的深邃主题，增强了核心价值观在现实社会中的生命力和对民众的凝聚力与感召力。

（三）彰显社会主义核心价值观的民众话语

在表层的生产机制层面，话语即"表达"，即"怎样描述"。传统新闻对于社会主义核心价值观的叙事沿袭了官方的宣传话语：在话语主体上，以国家、党和政府以及哲学社会科学家作为社会主义核心价值观的权威定义者和诠释者；在话语方式上，采用与官方高度统一的宣讲式、布道式的标准化、权威性话语。作为政治话语系统中的典型话语，单调、僵化的宣传话语与民众丰富、生动的日常生活话语系统存在较大的疏离与隔膜；对社会主义核心价值观泛道德化的生硬宣传与民众日常的情感体验脱节，无法用情感力量引发民众产生价值共鸣，形成自觉认同并建构精神信仰。民生新闻对于社会主义核心价值观的叙事则基于民众话语：在话语主体上，民众成为社会主义核心价值观生活化、大众化、通俗化的多元阐释者与积极建构者、影响者；在话语方式上，凸显了世俗化、地域化、多元化的民间话语魅力，强调民众对于社会主义核心价值观的现实阐释、利益表达与权利诉求。民生新闻巧妙地将社会主义核心价值观的国家话语、抽象话语转化为民众话语与具象话语，既讴歌了民众在追求和践行社会主义核心价值观过程中的坚守与执着，也真实传达了民众如何认识社会主义核心价值观与自身生存和自我发展的关系、民众如何对待社会主义核心价值与个人日常生活价值的关系与冲突，以及民众在践行社会主义核心价值和形成社会主义核心价值观过程中的困惑与问题、愿望与需要，实现了国家政治话语、社会精英话语向民间草根话语的下移。民生新闻的民众话语更有利于社会主义核心价值观的大众化表达，更有利于核心价值观由政治语义场融入民间语义场，更能激发民众的理性认知和情感认同。民生新闻的民众话语成为社会主义核心价值观内化为民众思想和行为的基础和前提。

从更为深层的社会语境层面，正如福柯所说的"话语即权力"，话语不仅表现为文本，更是"权力关系的产物"和"权力本身的组成部分"。就社会主义核心价值观相关的议题而言，民生新闻改变了专家话语、精英话语对民众话语的遮蔽和精英话语权对民众话语权的垄断，前所未有地赋予民众相同的话语表达权力和更为广阔、开放、自由的话语表达空间。对于我们要建设什么样的国家、发展什么样的社会、塑造什么样的个人，社会主义核心价值观为民众的思想和行为提供了价值标准和价值尺度，民生新闻则赋予民众读解、评价社会主义核心价值观的主动权力，让民众能够畅所欲言地表达对于社会主义核心价值观的理解和评价、认知与情感，诸如社会主义核心价值观当前的实现情况、社会主义核心价值观所呈现的理想图景与现实生活图景存在的差距、如何弥合差距并在民众生活中内化社会主义核心价值观等，体现了对民众话语权的充分尊重。通过民生新闻，民众被组织动员起来为社会主义核心价值观的民间建构提供意见与建议，政府则能够通过民生新闻挖掘民众对社会主义核心价值观的价值认知、价值选择与价值判断。民生新闻为民众与政府建立起沟通与交流的互动空间、形成政府与民间的双向对话机制，促进社会主义核心价值观由政府向民间的传播、核心价值观向民众共同价值观的转化。

三、民生新闻：丰富、深化社会主义核心价值观的民间内涵

民生新闻既汲取了传统文化的道德价值观精髓，又包含了现代政治价值观的民间化内涵，既呈现了民间社会的多元价值观，又凸显了核心价值观的引领与整合作用，不仅向民众传递着社会主义核心价值观的精神特质，更丰富和发展着社会主义核心价值观在民间的深刻内涵。

（一）传统道德价值观的传承与现代政治价值观的大众化

社会主义核心价值观汲取了传统文化中的优秀道德价值观。中国优秀传统文化博大精深而源远流长，形成了以"儒家思想为主体、道家思想与佛家思想为辅助"的核心价值观。其中，儒家价值观对国人的影响最为广泛深刻，主要表现为"讲仁爱、重民本、守诚信、崇正义、尚和合、求大同"。虽然传统文化会随着社会变革和时代变迁在整体或局部上不断变革、演进，但优秀传统文化的核心价值观作为其内核会通过文化内化机制而得以沉淀和积累，经过"知识的汇聚"和"行动的记存"而保留下来，形成国人独特的价值基因而世代相传，具有超越时空的强大力量。民生新闻正是通过寻找传统道德理念与民众当前生活、经历、内心精神世界相"勾连"与"搭挂"之处，弘扬契合时代精神、符合人民需求的中

华优秀传统文化的核心价值观，以实现道德教育与价值引领的双重目标。例如，仁爱的价值理念，既是传统文化核心价值观最重要的道德价值，也是文明、和谐、爱国、敬业、诚信、友善等现代社会主义核心价值观的源泉。民生新闻展现民众情感上对他人的关怀、同情、怜悯与行动上对他人的帮助、扶持和奉献，以及对弱势群体的关爱与救助，彰显民众爱亲、爱他的无私利他精神；民生新闻报道市民解救动物、收养流浪猫狗的行为与事迹，以培养民众爱护动物的道德情感与道德责任，激发其保护动物的道德习惯与道德行为；民生新闻倡导市民对于居住小区、公共场所等生活环境的保护与对河流山川的热爱，将仁爱之心由人、物推衍到我们生活的城市与自然；倡导公众"节约资源、减少污染、绿色生活"的消费伦理观，从生活与消费中自觉树立对自然资源的保护意识和节约意识。民生新闻更将反映社会冷漠的事件与现象引入公众舆论，激发公众共同反省和拷问自我的道德与良知，依靠社会力量共同培育仁爱之心、共同构筑道德堤坝，汇聚人们向上向善的道德力量。民生新闻在传承传统道德价值观、建构中华民族共同的精神家园方面，起着至关重要的作用。

社会主义核心价值观也吸收了现代社会政治价值观的合理内核。中国公众的政治价值观受"中国传统的政治价值观和马克思主义政治价值观的影响最深"。其中，中国传统的政治价值观核心在于"崇拜个人权威，以德治、人治为主，漠视个人权利"，马克思主义政治价值观中的"自由观带有强烈的集体主义色彩，民主观与国家及其统治紧密联系"，它们对于维护社会的稳定和促进国家的繁荣发展曾经起到过举足轻重的作用，但与当前中国政治民主化、社会法治化、权利个体化的政治体制改革目标和个人与社会共同发展的需求相背离。中国现代政治价值观中的"民主、自由、平等、公正、法治"等价值理念正是对传统政治价值观和马克思主义政治价值观的革故鼎新，能够改变传统政治价值观对于民众的消极影响。民生新闻倡导民众对于民主、自由、平等、公正与法治的自觉追求，并对现代政治价值观进行大众化阐释与传播：它展现社区居民对政府公共事务、社区公共事务的积极参与，以及对公共权力的控制与监督、对治理权的分享和建构，以陶冶和培养民众的政治参与意识与民主参与观念，推动民众由"消极公民"向理性参与公共事务的"积极公民"转变，促进国家、社会的共享共建和公众与政府在公共治理中的良性互动；民生新闻敢于触碰"社会痛点"，真实揭露法律、教育、医疗、就业、住房拆迁中存在的不公平现象，反映民众对于公平正义的呼声与渴望，引导民众掌握理性维权的策略与方法，培育民众的社会公平意识、自由平等意识与理性维权意识，成为社会公正的倡导者、守护者与践行者；它通过生动的新闻现场、通俗的案例解析弘扬法治精神并传播法治文化，让民众感受公平正义的力量，激发民众内心对法治的信仰与尊崇，引导民众成为法治的自觉遵守者与坚定捍卫者。

（二）民众多元价值观的呈现与核心价值观的引领、纠偏

价值观多元化已经成为当今社会的客观存在。不同文化背景、不同社会阶层、不同生活环境和不同利益诉求的民众个体，能够强烈感觉到彼此之间价值观的差异；同时，在同一民众个体的精神世界中，也包含传统价值、现代价值与后现代价值、本土价值与外来价值、区域价值与全球价值、个体价值与社会价值、国家价值的冲突、矛盾、渗透与融合。民生新闻呈现了民众对于房价物价、食品安全、就业福利、医患关系、三农问题等社会热点问题的关注与评价，呈现出人们多元的思想观念、价值取向与行为方式，传递民众对于美好生活和社会主义核心价值实现的向往与期待，彰显了新闻媒体对民众自由权、平等权的充分尊重，有利于民众培养公民意识、培育多元价值并繁荣多元社会文化。对于极易引发争议的社会热点话题，民生新闻则主动设置议程进行关注，以宽容之心对待"异质思维"，为民间的声音与话语提供了一个自由表达的空间，折射不同价值观在当代社会背景下的激烈交锋。例如，对于"身份歧视如何废除、潜规则是否要遵守"等话题，民生新闻广泛调动民众力量进行理性探讨，促进民众通过理性交流形成价值共识、通过沟通协商建构共享价值。

中国社会正处于社会转型期与矛盾凸显期的关键时刻，多层、异向、异质的多元价值观如果缺乏沟通与认同的基础，极易造成民众的价值断裂、价值迷失与价值紊乱，引发社会冲突与动荡，对人民的安定团结和国家的和谐发展构成巨大威胁。同时，从公众的思想观念看，"既有自主意识、竞争意识、效率意识、平等意识、开放意识、创新意识、民主法治意识等积极进步的价值思想观念，也有自由主义、极端个人主义、小团体主义、享乐主义、消费主义和为所欲为等消极有害的价值思想观念"。在利益多元、思想多样、观念多变的时代，需要社会主义核心价值观引领、整合多元价值观，为民众的社会认知和社会行为提供标准并指引方向。对于民众价值观出现的偏差与混乱，需要社会主义核心价值观加以矫正和纠偏，以引领社会思潮、形成价值共识并构建民众认同。民生新闻在呈现民众多元价值观的同时，更注重通过延展性报道、调查与评论等方式，对偏差与混乱的价值观进行分析、反思，阐扬民众积极进步的价值观念，批评消极有害的价值观念，展现民众所具有的社会主义核心价值观之美。例如，对于老人摔倒没人扶、人际关系冷漠、社会诚信缺失等道德困境，民生新闻以"最美女教师"张丽莉（为营救学生致双腿截肢）、"最美司机"吴斌（重伤不治前力保乘客安全）、"最美妈妈"吴菊萍（徒手接坠楼女童而骨折）等动人事迹，以及社会各界对于民众善举义举的鼎力支持和积极帮助的大量延展性报道，激发民众将内心对于正义、善良、关怀的追求转化为现实的道德行为，引领民众价值观向社会主义核心价值观转变。民生新闻主动揭示社会中的道德问题，通过深度调查了解民众的道德困境，通过深刻评论确立社会主义核心价值观的价值坐标，发挥着对于民众多元价值观的引领与纠偏作用。

综上所述，民生新闻依赖与苍生百姓的天然血脉关系，民生内容、民本叙事与民众话语，以及传扬社会主义核心价值观的传统与现代内核、呈现民间多元价值观与凸显主流核心价值观等优势，丰富、深化了社会主义核心价值观的民间内涵，成为联系民众与社会主义核心价值观的重要载体。鉴于民生新闻在社会主义核心价值观的民间传播与社会主义核心价值体系民众建设中的重大理论价值和迫切现实意义，学界应大大加强、深化相关议题的研究，以促进社会主义核心价值观转化为民众日常价值观，引导人民为国家梦、民族梦与个人梦的实现提供共同的精神支柱与理想信仰，实现国民对国家、社会、民族、政府的情感认同与价值认同。

（载《当代传播》2014 年 4 期）

论新闻模态与广播特质

——以中国新闻奖广播获奖作品为例

事实是真实存在的具体客观事物，"新闻是新近或者正在发生的，对公众具有知悉意义的事实陈述"。依据新闻事实认识把握现实世界，使得新闻本质上成为认知理解现实世界的主要方式之一。

综观第二十二届中国新闻奖广播获奖作品，各类参评节目形态如消息、评论、专题、系列报道、新闻访谈、新闻直播等，不仅体现了叙事、说理、阐释、谈话等丰富多彩的报道样式，而且节目内容较好地建构了反映社会现实的思想图式，把作为新闻实体的事态与意态结合起来，较好地再现事态、意态及其表现形式的总和——即新闻的"模态"。

任何新闻报道创作的过程，实际上就是记者应该如何认识客观事物，以及怎样借助于一定的篇章和传播手段进行表达的过程。因此，认知与表达这两个问题处理得好，作品创优就会出彩，否则，作品就不具备竞争优势。引入"模态"的概念分析获奖节目，目的在于通过拆分认知与表达这一对问题的不同侧面，探讨如何构建新闻报道的认知结构，如何对新闻事件进行主客观统一的阐释，以及广播媒介的个性化传播手段怎样得到更好的彰显等问题。

事实倾向的模态：社会进步的效益性与主客体统一

客观世界瞬息万变，每时每刻发生的许多事件所包含的事实都存在固有倾向，事实的倾向指事实的利害关系涉及公众利益以及社会发展问题。事实利害的客观性引起记者的关注，再现这类事实就具有了新闻报道的倾向性。

首先，把对受众的有益需要与社会发展结合起来把握报道倾向。在有限的时间内，展现事件冲突的发展并不是新闻报道的主要目的，目的结果是要找到合理的解决问题途径。所以，选择事实的倾向必须有助于解决社会问题，能够呈现化解某些社会矛盾的答案，对受众有益与促进社会和谐发展是相互联系统一的。新闻事实的倾向不能孤立体现，"还必须同科学认识以及社会需要结合起来，社会需要指新闻报道除了满足受众需要之外，还包括促进社会进步要求的效益性"。

上海人民广播电台新闻广播访谈节目"每天 70 吨地沟油哪里去了"是一档

充分体现媒体舆论监督，反映记者客观理性新闻敏感度的作品。选题切中时弊，既是社会公众关注的热点，也是政府工作的重点，为政府积极献言献策，推动政府改善工作中的不足。

黑龙江人民广播电台系列报道"居上"，其含义是"安居工程后来居上，民生保障至高无上"。作品立意高远，深刻揭示了在经济并不发达的黑龙江省，保障房建设为什么能够成就全国第一，如何实现全国第一的深刻答案。节目主题重大，但报道视角精巧，用细腻真实的笔触记录了相关各方的民生理念与攻坚克难的态度，以及黑龙江保障房建设的创新举措。

其次，把事实的客观倾向与记者的主观倾向统一起来，建构新闻报道的意态。只有把事实的客观倾向与记者的主观倾向统一起来，新闻报道才能体现较为全面完整的意义，记者一定要按照事实本身的倾向表达自己的观点，不能主观臆造倾向，否则就是对客观事实的歪曲。

上海新闻广播990早新闻评论"严禁酒驾带给社会的启示"，反映了记者出色的洞察力、判断力、思考力。2011年5月1号起，我国刑法修正案（八）中，对"醉酒驾车"与"食品安全"都规定了严厉的法律条款，但是在同样的法律面前，却出现了两种截然不同的结果，全国"醉酒驾车"同比大幅下降，但是违反食品安全的违法行为却层出不穷，为何产生如此之大的反差？记者从这两种明显的社会现象入手，通过采访执法者、专家学者、地方官员等，解释了问题的现实性并提出应对的思路与观点。

把事实的客观倾向与记者的主观倾向结合起来，既包括直观的实事求是，更要注重辩证的、全局的实事求是，反映客观事物的相互关系与本质。如果新闻报道的事件处于较小的社会实践范围之内，报道对象比较稳定、简单，那么通过形式逻辑简单具体地反映事物本来面貌即可，无需加入太多主观能动分析的成分。显然，"严禁酒驾带给社会的启示"这篇评论所涉及的事实属于实践范围大的社会问题，除了客观反映事物的本来面貌，更重要的是通过辩证逻辑从社会整体联系、发展变化的角度进行考察，说明"严禁酒驾"与"食品安全"两类问题的全面情况、发展趋势和内在真相，建构事实的客观倾向与记者主观倾向相结合的完整意态。

福建广播影视集团新闻专题"大爱无声——一位记者眼中特殊的馒头店"，报道了石狮市一位好心的店主每天向弱势人群无偿大量赠送馒头的善举。然而几天的采访时间，记者却始终没有找到低调而不愿透露姓名的店主，店里的伙计面对众人的好奇，向记者坦陈不堪受到质疑而备受煎熬的实情。记者并未有意在节目中遮掩这一真相，而是直截了当按照事实原有的面貌表达自己的观点，指导人们的善恶观，体现正确的新闻思想，做到新闻倾向的主客体统一。

事实品类的模态：事实重要程度与情节感人的故事

"事实的品类指事实的品味差异，多指事态链条派生出来的若干意义要素，如事实的重要性、相关性和新奇性，构成引人注目的显性模态。"选择这类事实并突出品类个性，是建构新闻意义的重要方法。

首先，事实品类的重要性，涉及意义重大、影响深远，能引起社会公众关注与讨论的重要事件。尽管记者对重要事实编码与受众对信息的解读并非完全协调一致，但是处于大体相同生活背景的人们对事件重要性的感受基本相似，所以，我们不能忽视事实重要程度在传播过程给予受众的深刻影响力，这是新闻报道建构意义的基本法则。

"中国之声"消息"陈炳德马伦纵论中美军事关系"，记者在 2011 年美国调整战略部署，高调重返亚太的国际政治外交背景下精心捕捉新闻主题，以中美两军联合召开记者会为新闻事件展开报道，简要深入的提问与细致生动的现场报道巧妙紧凑编排，反映了中美两军在一系列重大问题方面的交锋与共识，现场音响丰富，短暂的 3 分 56 秒时间内，记者选择最有新闻价值的材料，报道事实质朴明了，让听众迅速认清事实真相，这次中央人民广播电台独家报道内容被海内外多家媒体转载引用。

西藏人民广播电台节目"穿越西藏"，在建党 90 周年、西藏和平解放 60 周年之际策划实施，大型采访活动分赴西藏 7 地市进行采访，沿途以行进式报道的形式深入西藏的农牧区，通过小角度反映大成就，选择不同社会阶层采访对象，让受访人真实口述生活历经的巨大变化，涵盖西藏经济、社会、教育、文化、交通等各个方面内容，180 多篇连线和录音报道汇聚成一部深刻反映西藏和平解放 60 年的鸿篇巨制。

海峡之声的连续报道"7·23 动车事故大救援"，充分体现连续报道典型特点，时效性强、现场感强、信息完整、主题突出，较好利用记者亲历的优势，这篇报道是来自事故现场的第一条详细报道，对事故的及时救援起到重要作用。

其次，事实的品类富有情节性、生动感人，记者的报道要善于挖掘和运用戏剧性和人格化的材料，将新闻写得情感激荡、引人入胜。承德人民广播电台"真情永远"节目，讲述 15 年前李维贺夫妇的二儿子不幸病亡，其生前的同学河北农大园艺系果树 93（01）班的 26 名同学，约定不论在何种情况下长期承担赡养的义务。15 年内这些同学们不间断地轮流寄出了 15 张汇款单，用爱心写下了 56 封书信，15 年后当李维贺夫妇生活境况好转之后，走上了"千里寻亲"之路，与身处天南地北的 26 位同学团聚的真情故事。

关乎普通人的生活故事，也许不包含较强的时效性和冲突猎奇等因素，但是新颖的报道意态在于帮助人们认识感悟，看似平凡之中不平凡的人性光辉。吉林人民广播电台消息"调车员王连军的中秋夜",真实描述了一位普通调车员的一个夜班,让听众深刻体会到铁路一线职工的艰苦和奉献精神,产生了深深的情感共鸣。

吉林交通广播访谈节目"一碗热馄饨 温暖众人心",报道长春市一位行乞老人经常在一家馄饨店吃饭时错把"游戏币"当硬币付钱,而店主始终没有戳穿他,坚持以热腾腾的馄饨维护老人尊严的故事。这期节目引发了强烈反响,许多听众被馄饨店主平凡而高尚的心灵深深震撼,引发了人们关于慈善、道德和尊严等话题讨论。

事实角度的模态:报道的主要次要角度与层次组合

首先,建构新闻的意义,依据事实的本来面目把握事项之间的联系,同时也是一个选择判断新闻事实并且进行复杂分析的过程。通过主要角度把主要事项纳入新闻中,才能准确全面报道事实。如果突出次要角度、抛弃主要事项,等于背离新闻事实的本来面目。

新闻节目的编排体现出各类内容主要与次要角度的区别有致,要求主题集中,重点突出、内容丰富、形式新颖。河北新闻广播节目"第一民生",编排一个主题"熊猫血小伙张延北手术",采用消息、专题、访谈重点打造,篇幅集中;一条主线"校车安全"采用快讯、报道、评论相互呼应,脉络清晰。

时间上的先后次序、形态上的链式连接,这是济南广播电视台录音报道"公安微博危机公关十小时"的鲜明特点,节目在巧妙构思的时序化递进结构中展开,以时间动态变化为主要角度,通过十个时间结点串联的主要脉络,抓住济南公安微博与网络舆论的双向互动的主要内容,按照"发生、影响、反作用"的结构顺序自然发展,产生济南公安微博与网络舆论交锋的动感和悬念。凭借过去、现在和未来的时间线索,延展广播新闻叙事的空间,为听众搭建一条认知新闻事件的时间隧道,身处其中的他们不仅可以追溯新闻事件的根源,也可以展望新闻事件未来的可能影响。

其次,新闻事件中往往包含多个侧面,从多个不同角度观察,可能表现出事实不同的面貌与意义,从而建构整体宏观的意态。

湖北广电总台新闻直播节目"同饮一江水、共有一个家"在整体新闻报道策划中,直播紧扣一个"家"的角度,实现湖北台、中央台、河北台、天津台、十堰台、新浪网等七家新闻媒体互动,由一个普通移民搬家到数十万移民搬家再至这场波澜壮阔的国家行动,展开南北对话、广播电视网络互动、南北媒体互动、内外迁移民互动、干部和移民群众互动的跨媒体、跨时空大主题大制作。通过突出"家"的特定角度,在较为广泛的空间内,进行多角度的观察比较和思考,具备宏观意义的报道特征。

广播传播特质——声音形象说话与话语的情感功能，只有在新闻传播共性规律基础上，广播新闻报道的个性特征才能够得到更好的体现。

首先，注重听觉效果与编排形式，精心处理音响报道。选择具有视觉表现潜能的典型声音符号，借助能够唤起综合感觉体验的声音符号，强调激发受众内视能力的声音符号，在广播新闻报道中，用典型现场环境音响、人物语言音响，可以让广播新闻更具有形象性，为听众提供更为宽广的想象空间。

黑龙江人民广播电台消息"黑龙江大小兴安岭林区全面停止主伐"，报道亮点在于会议新闻中采伐现场音响的巧妙运用，表现了老伐木工人的情怀和林区人民甘于奉献的品质。

其次，善于用声音形象说话，综合运用语言、音响和音乐深入、具体、详尽地报道新闻事件，注重开掘事件的深度。描写、抒情、议论、音乐、音效等都作为叙事的手段，表达方式较为灵活。

深度报道方面，充分采用"解说＋音响"的"包裹式技巧"，这是广播新闻叙事用来表现深度的一种非常有效的方法，以录音访谈的形式，把大量的新闻背景和情节细节穿插进报道，新闻的落点在于解读，让新闻故事与解读互动，揭示新闻事件的本质，加上恰如其分的音乐萦绕，使主题得到升华。云南经济广播专题"启封历史的记忆——滇缅公路保护调查"通过声音的艺术表现形式，在时空与历史的轨道中，深入调动听众情感，引领他们体悟人生真谛。

再次，采用表达鲜明的广播新闻话语方式，一定的思想感情成为播音员主持人的支配主线，播音员语气的色彩和分量引发与语言内容相应的思想意图，体现广播话语的情感功能、鼓动激励功能和美学诗学功能。

江苏广电总台新闻广播专题"福份书记——周广智"，聚焦被拉萨市委授予"新时期援藏干部的楷模"的周广智，记者在与周广智同行的十天时间内，进行了相当深入的采访，收集了近八小时录音素材，浓缩为十四分钟的节目，其中饱含崇敬与深情的叙述，亲切质朴的话语带给听众热忱感动的力量，展现了周广智舍小家为大家献大爱，一心为民的公仆情怀。

"走转改"活动与广播新闻报道创优只有深入社会基层的观察与采访，才可能形成对客观现实的能动反映，写出真实、准确、生动的新闻报道。第二十二届中国新闻奖广播节目评选的实践证明，"走转改"活动实施的意义在于记者编辑通过艰苦的实地采访过程，磨砺锻炼才智并积累报道经验，拓展报道的广度与深度。

陕西广电总台系列节目"搬得广厦千万间"，记者在长达十八个月的采访中，从最南端的安康到最北端的榆林，奔走八百多公里，掌握了大量生动翔实的第一手素材，跳出常规成就报道的局限，展现了一年来各方面通力完成这项惠民工程的壮阔画卷。

广西人民广播电台系列报道"百色经验树起全国中小煤矿新标杆"，记者在

"走转改"活动中到百色矿务局和右江矿务局亲身下矿采访，通过讲述矿工的故事、凝练主题，具象化"百色经验"，使听众一听就明白。

综上所述，优秀的广播新闻作品必然经历从"物"（客观事实）到"意"（新闻的意化），再到"文"（新闻写作与广播个性化传播的全过程），"物""意""文"三者的有机统一，才能够形成一篇导向正确、思想精深、制作精良、栩栩如生的报道，这是广播新闻创优的重要标志。

创新电视新闻主题报道的途径

——以央视《走基层·我这十年》系列报道为例

为迎接党的十八大胜利召开，中央电视台开播了《走基层·我这十年》系列报道（以下简称《我这十年》），选取普通人物，倾听普通人的故事，用他们的亲身经历反映"科学发展共建和谐"的重大主题。这组系列报道用双人称叙述新闻内容，以故事化结构新闻文本，在大时空中展现国家巨大成就，遵守电视新闻艺术法则，多个创新亮点使厚重的主题宣传报道为观众所喜闻乐见。

一、用双人称叙述新闻内容

1. 叙述主体：双人称并行叙述

《我这十年》采用第一人称视角和第三人称视角并行的叙述方法。"记者手记"以第一人称的"我"引出报道人物，记者成为直接叙述人；解说词采用了第三人称的叙述视角，记者是间接叙述人。在双人称叙述视角时，《我这十年》以清晰的声画逻辑成功地实现了一系列转换，从而使双人称叙述并行不悖。

《我这十年》采用"记者手记"的方式，非常注重对报道人物进行点评。这些点评大部分居于新闻的开头部分，既表达立场传递观念，又增强了解释性、引导性。"记者手记"将话语权下放给新闻所要报道的人物时，大量使用报道对象个性化的语言，特别是他们的"内心独白"，不但丰满了人物形象，达到了其他表达方式不能达到的深度，而且高度凝练，便于观众对"新闻人物"事件全方位立体式的理解。比如，在报道孟宏伟时，"记者手记"引用了孟宏伟的话，"孟宏伟说，得意时，他曾经抱怨过父母太老实本分，大难之后却看到，这对在中国农村最普通的父母身上，却有着令人钦佩的勇气和坚忍"。这样的引语符合人物的心理，触及了触及了人性的复杂深处。

2. 叙述语言：进行时的大众语态

《我这十年》中，新闻事件没有按历时性的顺序——数来，而是以一个有价值事件的时间为起点，按事件因果逻辑以"现在进行时态"讲述。如"超级农民"王化永十年中经历的事除了水稻肯定还有很多，但记者选用了与水稻有关的事例来介绍。从王化永与水稻连在一起这个时间点开始，记者先后重点介绍了闹出笑话、发明斜插水稻法、三次冲击亩产 900 公斤试验田失败、第四次试验田验收前一天下暴雨、面临验收考验、成功种出中"样板田"、受到奖励等新闻事件。调用资料镜头、使用三维动画、采访当事人、最大还原当时情景，突出了趣味性，淡化了时间要素。

《我这十年》没有用精英话语或者是主流意识语态来报道，而是尽量用平民化、大众化的口常语言。记者用生活化的语言提问，用串讲的方式说新闻，大量采用生活气息浓郁的同期，对年长采访对象以"老"字头来称呼，平民化语态得到了突出演绎。比如，曾经 34 次参加听证会的崔盐生老人，听说要上电视，让记者帮助他选择穿什么衣服，这样的生活情景很显亲切，同期对话中出现了多次笑声、语气叹词重复，极为生活化。

二、以故事化组织新闻文本

1. 表达方式：故事化结构新闻话语

《我这十年》在以第三人称讲述时，借鉴了我国古代章回体小说的形式，按新闻人物故事的内部逻辑分为几个部分，一个人物的故事组成连续报道，注意设置悬念，增加新闻的吸引力，具有可看性。《我这十年》善于把握新闻人物成长的社会环境背景，善于将"十年"中这些新闻人物与新闻事件的前因后果都挖掘出来，在"为什么"的新闻要素上下功夫，多个新闻小故事形成新闻事件"链条"，一个新闻中有数个故事小高潮，跌宕起伏。而"记者手记"中有"悬念式"的点评，播音员也有"悬念式"串词点评，也为《我这十年》增加了吸引力，沾染了故事的元素。如对退役军人金文元的系列报道，系列之一《金司令：我的"战场"在荒山》的"记者手记"说："副司令在我的印象中是一个很大的领导，他会不会有官架子？会不会好接触？一位获得那么多荣誉的副司令，在山上开荒种树长达八年，现在的他，又会是一个什么样子？"一连三个问句，让人欲罢不能。其结尾的播音员串词点评是"应当说，老金应该歇歇了，但闲不住的他，又早早地规划起了自己的第二场战役，明天我们继续关注'我这十年'——'大成村的金司令'"。有了"战役"观众为什么不看呢？

2. 表达内容：普通中国人的故事

《我这十年》"倾听普通中国人这十年的故事"，尽可能把个人、家庭口常生活的小发展融入党和国家的大发展中，把国家的发展体现在普通人的寻常感受中。如在《王化永：要做别人不敢做的事》中，"超级农民"王化永说，"我看到党中央、国家下大力气关注农村，农业有发展前途"，"我的个人发展方向也应该放在农村，跟着党和政府的政策走是没错的"，和袁隆平合作同一份事业，"不是偶然的，而是自己的判断与选择"。这样的政策讲述很有逻辑，令人信服。

《我这十年》以真实的生活为依据，叙述人物注重前因后果，用镜头关注他们的欢乐、烦恼，捕捉人物精神观念的动态变化，人物内心世界、思想变化和精神活动表现充分。如《老孟一家的故事》，分为《孟宏伟：病榻上的坚强》《孟宏伟：趴在炕头做生意》《孟宏伟：牛羊卖出来的传奇》三个部分，不仅介绍孟宏伟一家生活发生变故的原因、经过和结果，还着力于表现这一家在精神上的痛苦与欢乐，从自信乐观到绝望自杀再到重拾信心，从意气风发到遭遇不幸再到艰辛奋斗，从令人羡慕到令人惋惜再到令人敬佩，将老孟一家人精神状态的变化轨迹和邻里乡亲对这一家人的看法评价双线条式地描绘出来，深深地打动了观众。

三、在"十年"大时空中展现国家重大成就

1. "十年"架构广阔时间

如果说《我这十年》用"这"突出了新闻内容的指代性与指向性，增加了新闻的深度，那么"十年"的时间概念则架构起了广阔的空间与时间环境，为大容量地传播有丰富思想内涵的新闻事件、有立体感和纵深感的新闻人物创造了条件，便于记者在这个广阔的时空环境中展开对新闻人物与事件多层次的开掘，报道社会生活本质，达到微观真实与宏观真实的结合。如对老孟一家人的报道，完整地讲述了孟宏伟从意气风发的年轻工程师到陷入绝望的高位截瘫病人，再到成为带动整个地区共同致富的百万富翁的事，并且点出主题：正是因为国家社会的快速发展，才使老孟一家人重新回到了正常的生活轨道，过上了好日子。

2. 小切口展现大主题

与其他主题类新闻报道相比，《我这十年》切入视角独特，内容丰满，形式生动活泼，做到了"大主题、小切口"。如"超级农民"王化永原本是一位成功的企业家，转而种植水稻后并没有获得多少经济收入，但他和袁隆平合作，利用一技种田、利用一学种田，把水稻亩产量提高到900多公斤，为中国农民种出了"样板田"，他的经历所折射出的是全国"三农"的巨大发展，主题重大。还有新闻《警察"猫哥"谭小龙和他的父亲》，将成都市公安局青年警察谭小龙的工作方式和他父亲的做了对比，以此来映照我国人民群众生产生活方式的巨大变化。

四、遵守电视新闻艺术法则

《我这十年》遵守电视新闻的艺术法则，十分注重电视技术和艺术手段的运用，在文字语言、视频画面、有声语言表现上达到了较高的水平，同时精心选择适合电视媒介表现的报道对象，提升了重大主题新闻报道的质量。

1. 电视手段达到较高水平

《我这十年》除了主标题外，还有与播出内容同步的滚动标题，形式多变活泼，内容亲切清新，富有生活气息。新闻的导语、解说文字生动，口语化特点鲜明，以全新的、更为平等和互动的姿态面向广大受众传播。

《我这十年》的字幕运用十分广泛且类型多样。标题字幕除了同期之外一贯到底，停留时间长；屏幕下方滚动字幕着色醒目；同期声字幕准确，弥补方言难懂的不足；强调解说内容的字幕方便观众理解，避免产生疑问；说明电视画面地点的说明性字幕成功转换时空环境，使整期节目更具条理性。如新闻《74岁12年34场听证会》中，除了屏幕下方滚动字幕、变动的时间字幕、角标字幕"朝闻天下"和挂标字幕"走基层·我这十年"等共有字幕外，还有标题字幕"74岁12年34场听证会"、解释说明性字幕"备受鼓舞的第一场听证会"，各个人物的同期字幕同步播放。特别是使用杭州电视台报道第一次听证会的新闻资料画面时，字幕"2000年杭州电视台播出画面"和字幕"备受鼓舞的第一场听证会"在同一画面上叠加使用，并对资料画面上原有的杭州电视台的台标做了淡化处理，这一体贴入微的做法，在视频画面上完成了逻辑转换，避免观众在第一次杭州听证会与现在的事实之间产生误解。对第一次听证会的结果也以字幕"2002年杭州市决定大部分公园免费对游客开放"出现，起到了强调作用。

《我这十年》在播音员播导语时，用抠像的方法，抠出报道人物神情较好的静帧画面，静帧画面加上与播音员背景相近的浅蓝色框，看上去轻松舒服。"记者手记"的视频特技做得也很成功，采用了中心划像和翻页的特技，中心划像强调了画面重点区域，翻页符合人们读书时的真实动作。镜头画面色调明快，有些画面还采用升降臂拍摄，大气磅礴，一些三维动画也做得相当精美。在采用双人称叙述方法时，记者十分重视过渡镜头的使用，在"记者手记"之后，总有采访记者与采访对象共处同一现场的过渡镜头，逻辑清晰。《我这十年》画面的编辑节奏也掌控得好，大多数画面的时长在3秒左右，节奏上很符合观众视觉和心理习惯。

2. 报道对象助力新闻质量

《我这十年》是主题新闻宣传报道栏目，聚焦的是国家发展的重大成就，所选择的报道对象以展现国家发展与普通百姓之间的内在联系为主。这些报道对象以独特的身份、波折的经历、积极进取的精神、乐观自信的人生态度等自身魅力，为新闻质量增色不少，进一步引起了观众的兴趣，给观众以力量与鼓舞。

（载《电视研究》2012年第12期）

日本媒体涉华报道的传播视阈

——以《朝日新闻》报道为例

从 2006 年安倍晋三访华的"破冰之旅",到近年的"融冰""迎春""暖春",再到 2010 年 9 月前夕,中日关系都被人们以"面向未来"的积极心态观望。但 2010 年 9 月钓鱼岛"撞船"之后,两国关系再次进入"寒冬"。本文以《朝日新闻》2010 年 1 月至 9 月钓鱼岛"撞船"事发前后的报道为例,从传播现象、传播规约、传播效果三维视角进行剖析。

一、传播现象

笔者择定《朝日新闻》为研究对象有两个原因。第一是国内影响力,《朝日新闻》虽然发行量位居第二,但读者群中中产阶级占很大比重,对政治文化拥有话语权。第二是相对客观,在众日本媒体中,《朝日新闻》是"在记者冷静地中国观察基础上进行的……传递了一个较为真实的中国形象"[1]。此外笔者将研究对象界定为一种国际传播。"国际传播的简单定义是超越各国国界的传播,即在各民族、各国家之间进行的传播。"[2] 这种界定有利于避免研究的语境紊乱。

(一)题材内容分析

本文综合了国际报道传统题材和 2010 年度特色题材,将《朝日新闻》涉华报道分如下几类(见表 1):

表 1 《朝日新闻》2010 年 1~9 月份各类题材报道数量比较分析

报道题材	一月	二月	三月	四月	五月	六月	七月	八月	九月	百分比
经济	7	1	6	3	4	11	12	7	6	20%
军事		1	1	4	4	2	2	2	4	7.11%
文化	1	1				1	3		3	3.20%
灾害	1		1	6	3		1	6	1	6.76%

---

① 刘林利:《日本大众媒体中的中国形象》,中国传媒大学出版社,2007 年版,第 158 页。

② [美]罗伯特·福特纳:《国际传播——全球都市的历史、冲突及控制》,刘利群,译,华夏出版社,2000 年版,第 5~6 页。

续表1

报道题材	一月	二月	三月	四月	五月	六月	七月	八月	九月	百分比
旅游	1			4	1	6	2		2	5.69%
世博会		1		4	4	1	1		2	4.62%
政局	1		2			2	2	1		2.84%
人权		1	4	2				1	1	3.20%
外交	2	5		3	6	6	4	2	36	22.77%
在日华人	3					3		1	2	3.20%
台湾问题						3			1	1.42%
历史问题	1	4								1.77%
其他社会问题	3	4	8	13	5	5	6	4		17%
合计（篇）	20	18	22	35	30	35	37	26	58	281

虽然涉华报道种类繁多，但从稿件的细节中可以发现，"政治"的阴影始终尾随其后。9个月共有涉华报道281篇，平均1天约1篇，涵盖了9个月中我国发生的多数大事件。从横向考量，外交题材最多，其次为经济题材，属于传统题材的台湾和历史问题较少。从纵向考量，1~8月，报道量呈徐升后降态势，到9月份报道量大幅跃升，主要为外交题材的突进。此外，1月和2月围绕的主题是《中日共同历史研究报告》。

延续"政冷经热"和"战略互惠关系"一路主脉，经济题材一直是日媒报道的主轴，9个月中关注热度依次为：人民币升值、房价、汽车销售、日系工厂投资环境、两国GDP倒置。附加政治意义是经济报道的一大特色，如6月3日报道的"高房价"，认为是日本的"反面教材"。6月21日的社论评价人民币升值，指责中国有"升值恐惧症"。8月4日报道中国高铁出口："中国高铁的出口会促进政府的海外战略，这一战略旨在让中国商品逐渐占领国际市场。""撞船"发生后，经济题材中暗示的战略意义更加浓厚，如9月16日报道"海尔提出'战略商品'向日本宣战"。由此可见，尽管日本媒体热衷于"客观报道"，但"经济为政治服务"是它们的原则之一，经济新闻指涉"政治"，主观性就在所难免。在某种意义上，这也是日本政府的期望。"政府也通过会议向所有记者提供完全相同的信息和已写好的、可即时刊发的新闻通稿。……这种新闻报道根据记者们的判断是客观的，因为那确实传递了官方通稿中的官方观点。"[①]

1~8月的外交题材中，《朝日新闻》80%篇数关注中国和朝鲜、美国、韩国的关系，以及这种关系对日本的安全战略和经济战略的重要影响。9月份关注重

---

① ［日］石川旺：《当今日本新闻业的实用主义》，张弦，译，载《国际新闻界》，2007年第2期。

点转为中日关系。"撞船"之前的报道仍然风和日丽，9月3日还报道了中国领导人祝贺日本驻华大使到任，用友好语气陈述了中日之间的"经贸关系"和"历史互通关系"。"撞船"发生后，态度大转弯，当天就借外交部发言人秦刚将任驻英公使之题，谴责中国国防费不透明、在南京大屠杀等问题上态度强硬。根据地缘政治理论，日本的战略重点在亚太地区，而美、中、朝、韩四国又为重中之重。外交题材在国家之间的侧重正是对日本战略关系的体现。

表1的"其他社会问题"不仅数量上占比17％，而且"问题"也具有"暗示意义"：日本人在华贩毒、富士康员工连环跳楼、有毒饺子案告破、拐卖儿童案件、谷歌中国遭遣等，这些问题有的与日本有直接关系，如饺子中毒导致日本人死亡，有的与日本有间接关系，如富士康员工跳楼导致日本在华企业面临压力，有的与日本无关系，如拐卖儿童等社会案件。

从这些题材中可以看出，政治是各类题材中绕不开的因子，"国际传播的政治因素是其本质固有的……这是因为政治因素跨越了国家和民族的界线，是因为不加控制的信息威胁到了知识垄断这一政权统治的基础"①。媒体对题材的选择是呈现事实和建构历史的关键机制，民众在经年累月的媒介熏陶和刺激下，对被报道国的历史记忆形成模式，达成社会共识。从另一方面看，报道国与对象国的关系认同是题材选择的前提，不同的关系导致媒体选择不同的题材，采取迥异的角度。"国家间的结构性冲突主要体现在三个维度：历史性冲突导致的误解和敌意的不断延伸；文化价值观的差异导致的相互戒惧之心和不安全感；国家利益的目标追求和定位冲突。"② 国家间的冲突规定了题材选择，历史记忆、文化差异、国家利益三个维度相互交织、相互渗透，2010年《朝日新闻》1～9月报道的题材选择，正是此三维的组合和引申，并形成自己的独特倾向。

（二）倾向性分析

本文将文本对象归纳为负面、中性、正面三种倾向，遵循题材内容、感情色彩和现实效果三个标准，综合社会环境各因素，从客观结果的角度评判负、中、正倾向。必须承认，倾向性评判具有一定主观性，因此必须对三个指标进行综合，但仍会出现争议之处。尽管如此，我们仍能从下表中相对客观地分析日本对中国事件的倾向。

---

① ［美］罗伯特·福特纳：《国际传播——全球都市的历史、冲突及控制》，刘利群，译，华夏出版社，2000年版，第8页。

② ［美］小约瑟夫·奈：《理解国际冲突的理论与历史》，张小明，译，上海世纪出版集团，2002年版，第335页。

表 2　《朝日新闻》2010 年 1～8 月份报道倾向性分析

	一月	二月	三月	四月	五月	六月	七月	八月	百分比
负面	7	7	17	15	6	20	11	11	41.97%
中性	11	10	5	17	15	14	14	13	44.64%
正面	2	1		3	9	1	12	2	13.39%

从表 2 中可以看出，负面新闻 3 月和 6 月最多，这与三月的全国人大和六月的人民币升值幅度缩小有一定关系。3 月全国人大召开，其中的话题给了《朝日新闻》很多引申空间。如反腐工作报告，日媒必会放大中国的腐败现状，如 3 月 12 日报道最高人民检察院在全国人大做的报告，分析了腐败的严重性。

正面新闻数量有限，集中于 5 月和 7 月，题材多为经济和旅游合作。6 月的一则正面报道较为独特，占据半个版面，但它实质是一份《三国演义》DVD 的广告，详尽介绍了故事中的 20 位英雄形象和优秀演员，笔者认为它传递了中华文化中的义、礼、仁等概念，对中国持肯定态度，因此将其归纳为正面报道。9 月"撞船"后，媒体的风向标发生了转向。

表 3　《朝日新闻》2010 年 1～9 月份报道倾向性分析

	一月	二月	三月	四月	五月	六月	七月	八月	九月	百分比
负面	7	7	17	15	6	20	11	11	48	50.53%
中性	11	10	5	17	15	14	14	13	9	38.43%
正面	2	1		3	9	1	12	2	1	11.04%

9 月份负面新闻多达 48 篇，负面题材大多数由"撞船"突发事件引申而出。如世博会题材的日本偶像剧组 SMAP 上海公演被终止、社会题材的杭州日本人学校被扔砖头、旅游题材的中国一万人旅行团取消。

国际传播的倾向性影响因素有很多，但突发事件是优先因素，国际传播学者伊藤和科齐瓦把影响因素归结为两类："一是地理、历史和社会文化等先决条件，二是当前的国际关系……在影响现有的传播活动中，'当前国际关系'比地理和历史条件更为重要。"[①] 可以看见，不管中日之间的经济融洽和政治回暖迹象如何，"撞船"激活的"休眠火山"才是要解决的当务之急，这也是 9 月份负面报道飙升的主要原因。

二、传播规约

在中日关系中，无论是"破冰""融冰""暖春"，还是 2010 年 9 月的"冰

---

① 关世杰：《国际传播学》，北京大学出版社，2004 年版，第 26 页。

封"，媒体都无法回避来自"制度"的约束。这里的"制度"，定义为对传播的约束力量和规范模式，来自国家、文化和媒介本身三个层面。

（一）国家对媒介的规制

第二次世界大战后在美国"空降自由"媒介管理体制下，日本媒体逐渐成为"第四权力"，在监督政府方面发挥了很大作用，比如1992年8月22日《朝日新闻》对当时自民党头号人物金丸信受贿5亿日元进行报道，导致金丸信政治生命结束。但是与自由相随，媒体强烈的一律性也很明显。这种"一律"来自于国家对媒介或有形或无形的规制。

报道必须维护国家利益，这在日媒中早已得到默认。"60年代以后，随着民族主义的抬头，在表现的自由方面，日本的大众传媒也开始受到来自各个方面的压力。与自由和公正相比，国家和利益集团的利益显得更为重要。"[①] 在此之前，必须澄清的前提是，国家是什么？国家利益是什么？"国家是一个或多个文化或族群所组成的单一的拥有主权的政治实体或社区。"[②] 从这个概念可以理解，国家利益涵括了全体人民的政治、经济各方面利益，而并非仅仅政府利益，但是在"撞船"发生后，《朝日新闻》报道代表的国家利益，某些时候只是政府利益，至少只是一少部分右翼分子的利益，而非全体国民利益，必须区分二者关系才能进行分析。

国家利益规定了媒体的题材选择和倾向性选择。在《朝日新闻》的涉外报道中，中国报道为数最多，其他依次为美国和朝鲜，这是战略利益的约束。正面报道在5月和7月数量最多，这是经济利益规定的。5月日政府宣布7月将"放宽赴日游客签证"政策，媒体必须说服国民接受中国游客，以期在经济上获利。几个月来对中国货币政策的攻击，也是经济利益所规定的。

除国家利益外，对异质意识形态的歧视，也规约了日本媒体的报道手法。《朝日新闻》的意识形态"指挥棒"有以下几个表现手法：

直接评论：如通过"谷歌事件"评论中国人权；通过孟学龙等人物评论中国的"官场不倒翁"现象，这些评论直指社会制度的利弊。

传递外界声音：《朝日新闻》多处转述西方国家的声音。或政府意见，或媒体报道，但前提是必须符合自己的意识形态需要。如在1月23日的"谷歌事件"报道上，转载美国的对人权问题、社会公平的疑虑。

通过图片符号暗示：符号的暗示意义传递的信息比直接评论更有说服力，如4月25日刊登的一张福建省某市的图片，一边是豪华别墅，一边是破旧民房，强烈的视觉冲击使人对"社会不平等"留下深刻印象。

① 诸葛蔚东：《战后日本舆论、学界与中国》（修订版），中国社会科学出版社，2003年版，第303页。

② 《科林斯最新英语词典》，北京大学出版社，2000年版，第507页。

（二）文化对媒体的"软禁"

文化作为一种"软权力"，与国家力量相比没有强制性，但其潜移默化的影响却无时不在。然而，对文化的理解却有千百种，笔者认为最便于理解的是联合国通过的《墨西哥城文化政策宣言》中对文化的解释："从最广泛的意义上讲，文化现在可以看成是由一个社会或社会集团的精神、物质、理智和情感等方面显著特点所构成的综合性整体。"① 日本的武士道精神、先进的科技文化、岛国心理和双重情感，正是对文化概念的诠释。

"日本的文化主体是由中国输入的中国文化，以及经过中国加工的部分印度文化。但是日本有选择地将其进行'日本化'。中国文化、印度文化衍生的是'文'、日本文化产生的是'武'。"② 从"撞船"报道中，我们可以看到日本媒体中"崇武"的影子，对暴力的宣扬，对沉默的蔑视，将中国政府的矜持和冷静当成怯懦。

日本文化另一个强烈特征即"岛国文化"，这种文化导致日本无安全感和排外意识浓厚。《朝日新闻》对于领土的担忧表达充斥版面，5月4日《中国海军关心西太平洋》，指出中国十倍于日本的人口总量导致资源需求的膨胀，给日本国土带来威胁。还有报道认为中国资源消耗过大，环境破坏严重，担忧中国消耗完自己的资源之后，将对日本本土资源进行争夺。

钓鱼岛"撞船"发生之后，生存空间需求从暗示上升到明辩。

日本心理文化演绎得最微妙的莫过于"菊与刀"式的双重性格。"日本人既好斗又和善，即尚武又爱美，既蛮横又文雅，……而相互矛盾的气质都是在最高的程度上表现出来的。"③ 在这种心理文化的折射下，中日关系曾出现"政冷经热""对抗合作"等诡谲景象。媒体版面中，"两面性"凸显在观点和立场中。

双重观点：同一题材观点迥异。2月10日《朝日新闻》称赞世博会中国馆貌如官帽，其状雄伟，4月1日友好地报道了中方的准备工作。而4月30日攻击中国在世博期间"监视少数民族"，5月1日又指责中国利用世博会搞"资源外交"。在玉树地震报道上，前后几天的观点也完全不一，这种相悖恰恰与日本人的矛盾心理相宜。政治上敌视导致冷淡处理，经济上依赖又致使亲热报道，在人性关怀、人类文明、自然保护等方面表现出积极心态，而一旦这些方面与中国社会结合，又衍生出复杂意义。

双重立场：类似话题结论相反。4月1日《朝日新闻》报道日本人赤野光信在华贩毒被判死刑，报道对中国的死刑现状和司法制度做了深度解剖，称中国为

---

① 董云虎、刘武萍：《世界人权约法总览》（续编），四川人民出版社，1990年版，第1240页。
② 周宇豪：《权力与博弈——信息时代的国际政治传播》，中国传媒大学出版社，2008年版，第223页。
③ ［美］本尼迪克特：《菊花与刀》，孙志民、马小鹤、朱理胜，译，浙江人民出版社，1987年版，第2页。

"死刑大国"，认为死刑是不文明行为。而同年1月31日《朝日新闻》对三名中国留学生作案的报道，日法院一审判决死刑，该报大肆描写作案过程，刻画作案细节，评论学生不应该辜负父亲送子"接近先进国家"的心愿，全文只字未对"死刑"文明与否进行讨论。立场来自于国家身份，但心理文化的培养也起到决定作用，双重性格给了媒体评判自身和评判他人双重标准，同时也让它对这种双重立场不以为意。

也有学者用"岛国心理"来阐释这种双重立场，认为"由于受狭隘的岛国文化心理的影响，在国民中存在比较普遍的排外观念……因此日本的媒体也非常容易利用外国人犯罪的报道，迎合国内保守势力的需要"①。这种解释也有一定合理性。

（三）传播规律对媒体的引导

与国内传播一样，国际传播同样遵循着传播规律，综观2010年前9个月的《朝日新闻》，我们不难发现一些常见的传播规律起到的微妙作用。

1. 通过"议程设置"引导舆论

美国学者麦库姆斯与唐纳德·肖提出的议程设置功能主要思想为：媒介报道什么，受众就关注什么；媒介越重视什么，受众就越关心什么。《朝日新闻》在钓鱼岛"撞船"后发表了8篇中方中断关系的报道，包括"中方访日延期""日本团演出被取消"等；另有4篇关于中国人反日游行、打砸日本人学校的报道。而中国游客在日本遭到围攻、日本国民过激的"保钓"行为，却在议程设置中"落选"了。

2. 制造"框架"营造舆论

1980年传播学家吉特林提出框架理论，"此理论论述新闻记者在对一个事件立下框架的同时，也在受众心中为此事件'定格'，当一新闻记者在选取信息、制定新闻角度、撰写报道时，无形中为此事件设定框架"②。笔者分析认为，版面的框架结构是《朝日新闻》营造舆论气氛的一种常规手段，如报道中国全国人大会，开会的消息放在右上角，但同版面则被反腐问题、分配不均等可能在人大会上讨论的话题占据，形成强有力的舆论。这个"框架"本身就具有象征意义，它要求记者通过线索搜寻与之有关的其他信息，形成结构模式。

3. "坏新闻即好新闻"

新闻传播学者李希光认为，目前我国的传媒正在被"坏新闻即好新闻"这一传播规律纠缠，形成"舆论怪圈"。《朝日新闻》的报道也何尝不是如此，所有的涉华报道中，"坏新闻"占了绝大多数。"坏新闻"在中立、正面、负面三种倾向

---

① 丁世涛：《中日涉案报道中道德差异比较研究》，载《国际新闻界》，2009年第3期。
② 鲁曙明、洪浚浩：《传播学》，第十七章，翁玮阳、赵心树：《政治传播学》，中国人民大学出版社，2007年版，第456页。

性报道都能找到，比如 5 月 13 日报道汶川地震后灾民的生活，用图片和文字刻画了他们在逆境中乐观向上的精神，属于正面报道，但却是一条"坏新闻"。在中立和负面报道中，"坏新闻"的数量更多。《朝日新闻》热衷于"坏新闻"，排除国家利益和意识形态的干扰，就是传播规律的引导："坏新闻"确实更具有吸引力，这基于人们对自身环境的关注。

三、传播效果

关于国际冲突中大众传播效果的"有或无"，在学界一直存在争议，但是笔者认为，一国国民关于国际事务和国家政策的主要信息渠道是类似于《朝日新闻》的主流媒体，而政府在主流媒体的国际传播中又具有强势主体地位，因此主流媒体能在舆论社会中围聚"大多数"，1974 年德国社会学家纽曼在"沉默螺旋"理论中论证了"大多数"的潜力，"第一，个人意见的表明是一个社会心理过程……第二，意见的表明和'沉默'的扩散是一个螺旋式的社会传播过程……第三，大众传播通过营造'意见环境'来影响和制约舆论"①。根据这一理论，"大多数"会越来越多，传播效果也逐步趋强，在一定程度上，甚至能成为"公共外交"手段。

但是这种理论只解决了传播效果的"有无之争"，却并没有解决传播效果的"好坏之争"，即实际效果的积极或消极，有学者承认积极性，如程曼丽教授认为，"在突发性的重大实践中，传播效果不但是可测的，基本上也是可控的。原因在于，首先，突发性的事件，特别是与民众切身利益密切相关的事件发生后，出于自卫的本能和规避风险的需要，受众大都会倾向于接受并相信权威信息源提供的信息"②。也有学者持怀疑态度，"现代化的传媒手段虽然能以极富感染力的方式报道国际上的'突发事件'，但由于报道往往从事件表层切入，忽略了事件发生的历史背景和冲突的演变过程，以局部的表面真实取代事态的深层真实，因而就导致了决策的复杂化"③。

对于实际效果的积极或消极，可以根据《朝日新闻》这段时间的报道来观察。由于缺乏条件在所在国进行问卷调查和实证研究，只能从内容上考察其产生的社会效果。"国际传播的效果研究往往考虑国际上的一些事件对受众的影响……依赖于媒介内容产生作用的方式。"④ 从内容角度来研究传播日本媒体涉华报道的实际效果，主要有以下两个层面。

（一）对中国形象的建构

日本民众对中国形象的认识绝大部分来自于媒体所建构的"拟态环境"，而

---

① 吴文虎：《传播学概论》，武汉大学出版社，2000 年版，第 278 页。

② 程曼丽：《国际传播学教程》，北京大学出版社，2006 年版，第 209 页。

③ 刘继南：《大众传播与国际关系》，北京广播学院出版社，1999 年版，第 190 页。

④ 刘继南、何辉，等：《中国形象：中国国家形象的国际传播现状与对策》，中国传媒大学出版社，2006 年版，第 34 页。

媒体的倾向又给受众形成对中国的"刻板印象"。受众的"刻板印象"形成之前，媒介自身就受到"刻板印象"的支配，因此多数情况下这种"印象"是不客观的，主要原因是"行为"主体和"行为解释"主体的分离。"政府形象的他人传播，是客观公正还是主观片面，是接近'实态'的形象还是被美化或歪曲的虚拟形象，不仅取决于社会传播中隐藏在'解释政府行为'背后复杂的政治、经济和意识形态的力学关系，而且取决于不同国家、不同媒体记者的价值取向和文化认同。"① 综合所分析的文本，我们可以看到中国形象的"三棱镜"。

1. 经济潜能强大但发展不平衡

《朝日新闻》的报道中塑造的中国经济形象是潜能强大，对日本经济和世界经济具备影响力。经济形象总体是积极的，中日有广阔的合作空间，中国庞大的市场是日本经济赖以生存的基础。连续报道了中国汽车销售量的攀升，可以看出这是媒体的兴奋点。同时承认中日之间的经济竞争关系，如中国高铁走向国际就让日本感到压力。

中国经济也有许多负面形象，如过度开发，导致灾难频发，环境在经济发展中受到严重破坏。投资环境也有恶化趋势，各地都有罢工现象，特别是富士康"跳楼事件"之后给外资企业带来压力。多篇罢工报道还配有员工呼喊加薪的图片，以此加深受众对中国形象的记忆。

2. 政治缺乏民主但有意改善

9个月的报道中，中国政治形象被"妖魔化"：腐败严重、人权受限、权力支配一切、在国际社会仍具有冒进潜能。通过在日华人影射中国政治形象的篇幅较多，采访在日华人对日本自由的赞美，隐喻中国政治的种种弊端。人权报道和在日华人报道共18条，基本上都是对"缺乏民主"形象的建构。

2010年的《朝日新闻》对中国政治形象的建构也有积极的一面，强调中国政府在积极改善"弊端"。6月10日报道《中国共产党干部留学热》，指出中国政府认识到了交通、环境管理方面的问题，与新加坡南洋理工大学建立对接关系，中共党员开始开拓国际视野、学习危机管理意识、学习劳动集约型和高附加值产业的管理。

3. 社会矛盾丛生和基本道德沦丧

报道中有大量关于拐卖儿童、各类凶杀案、有毒饺子、有毒奶粉、春运乘客越窗的报道。从中可以看到中国社会的投影：治安混乱、食品安全问题、公共管理落后等。而在这些事件报道的采访中，将根源归结为地区之间的贫富差和社会层次之间的贫富差距在继续加大，导致社会心理不平衡和民众基本道德沦丧。

---

① 刘小燕：《中国政府形象传播》，陕西人民出版社，2005年版，第53页。

（二）对日本决策的影响

日媒报道中国的各个领域所发生的大事件，并通过客观表达的方式做出分析引导，传达给受众后，受众终端又做出反馈。具体到《朝日新闻》，它的多数受众为高级白领以上市民，其中不乏企业和政府高层，因此对经济和政治上的决策影响也是情理之中。

1. 提供微观信息

在时下的国际传播过程中，传受双方都在从"通过望远镜看对方"过渡到"通过显微镜看对方"。在"地球村"社会，受众看到的不仅是对方的轮廓和容貌，而是他的每一寸皮肤，以及皮肤上的毛孔和皱褶，并且能通过周围的环境察觉到出现皮肤病的具体原因。媒体的国际报道正是出于这种功能，给本国政府和企业提供的微观信息，是影响本国政治和经济生活的重要指标，能给政府和企业决策提供依据。从上述文本中可以看出，《朝日新闻》基本上每天都在为日本企业提供经济参考信息，包括中国投资环境变化、中国市场动向以及中日合作趋势。如6月24日报道"中国两个本田工厂再停业"，让在中国投资的日本企业的高层们了解了中国钢材涨价原因、劳资关系变化等等微观层面的信息；在政治上，《朝日新闻》对中美关系、中朝关系以及政府高层动向的关注，也给日本政要们提供了相关信息，如9月2日报道"中国文化部长蔡武访台"，让与台湾联系密切的日本政客看到了中国大陆与台湾地区的合作进展。

2. 影响决策过程

在国际传播中，不仅媒体提供的微观信息能够成为决策的参考指标之一，媒体报道本身也能成为政府和企业决策的压力。媒体设置的话题，引导的观点，能够在国内制造舆论空气，让社会观点往特定的方向倾斜，政府和企业在决策过程中不得不考虑这些"民意"。钓鱼岛"撞船"发生后，《朝日新闻》屡屡报道中国的"强硬"态度以及日本人在中国受到的攻击，无形中暗示了日本政府应当采取强硬措施进行对抗。此外，9月23日报道"迫于外交压力，中国停止向日本输出稀土"，建议日本向印度等国寻求稀土资源出路，减少对中国的依赖。9月25日报道"在野党指出'释放中国船长'是日本的'外交'失败"，实质是媒体在通过在野党的观点谴责政府的政策，迫使政府继续坚持钓鱼岛的强硬政策。

综观《朝日新闻》2010年1~9月的涉华报道，至少可以得出三点结论：第一，日本媒体在国际报道中受到政治侵袭明显，或者说它本身就是一种政治手段，因此对中国保持着距离感和悸惧感，这是国家利益和文化制度所规约的，这一特征致使日本媒体的涉华报道对两国关系有消极影响。第二，在具体利益驱使下，或两国关系转折的标志性事件发生后，风向标又会有略微摆幅，但不会偏离两国关系的基本框架。第三，为应对日本媒体的涉华报道，我国媒体更应尊重国际传播规律，参与国际重大报道，掌握国际舆论话语权，正面消解他国的"妖魔化"，同时为本国的政府决策和国民生活提供有效信息。

[载《重庆邮电大学学报》（社会科学版）2011 年第 4 期]

第二编

媒介批评：持续开拓与批评反思

以人本立场感知时代　以精品意识传播文化

习近平总书记在文艺工作座谈会上的讲话是在新的历史条件下对于文化建设尤其是文艺工作的重要指示和深刻阐述，其中"以人民为中心"的创作导向为进一步繁荣发展社会主义文艺事业提供了重要的思想指引。电视文艺作为电视节目形态中最为活跃和最具表现力的样式之一，凭借电视这一大众传播媒介具有广泛的社会影响力，极大丰富了人民群众的精神生活。尤其是电视文艺精品，更是以高超精湛的艺术表现力和丰富深刻的思想内涵，在陶冶观众情操的同时也引领了社会风尚。电视文艺作为我国社会主义文艺工作的重要组成部分，工作者需要深刻领会习近平总书记讲话精神并在创作中以此为指导，进一步强化价值导向和艺术品位，真正创作出无愧于时代和人民的精品，为社会主义文化事业繁荣发展贡献力量。

人本立场：平凡视角激发情感共鸣

"坚持以人民为中心"是习近平总书记讲话中有关文艺创作导向的核心思想，这在根本上依然是对"文艺为什么人服务"这一问题的深刻回答，这是现阶段文艺工作始终不能偏离的价值指向。生活是一切艺术创作的根基和源头，而生活中的人是文艺创作表现的主体。正如习近平总书记在讲话中强调的："艺术可以放飞想象的翅膀，但一定要脚踩坚实的大地。文艺创作方法有一百条、一千条，但最根本、最关键、最牢靠的办法是扎根人民、扎根生活。"就电视文艺节目而言，不管是电视剧还是电视文艺栏目，其中人的对象意识是其创作的核心要素。因此，从作为接受主体的人出发，将其认知、审美体验作为电视文艺内容创作的一种研究方向和范式，不仅符合习主席所提出的"坚持以人民为中心的创作导向"要求，而且也是从电视文艺传播效果出发优化节目内容、提升节目水平，使电视文艺节目更加符合观众需求的最优路径。近年来，一批诸如《中国好声音》《艺术人生》等贴近群众、贴近生活、贴近社会的文艺栏目受到观众欢迎。例如，2014年热播电视剧《父母爱情》展现了海军军官江德福与资本家小姐安杰的近半个世纪的生活历程，创作者将强烈的戏剧冲突与情感张力内涵于剧中人物身上，以自然亲切的笔触描摹真实的家庭生活，整体的审美风格力求生活化。剧中自然亲切的叙事风格和立体丰富的人物形象使观众产生强烈的情感认同，让他们在观看过程中潜移默化地完成对作品的现实批判，也进一步获得一定的审美愉悦。在这里，电视文艺发挥了观照生活和启迪人生的审美超越功能，引导人们重新思考亲情的价值和幸福的含义。

社会生活中的平凡个体中常常蕴含着质朴的情感世界和高尚的精神品质，一个个凡人善举、一次次真情关照，无不书写着真实的人性光辉，而这些恰恰是电视文艺创作的基本内涵和价值追求。电视文艺将镜头对准社会万象，聚焦身处其中的平凡个体，在命运起浮中透视坚强，在困顿挫厄中彰显力量。电视文艺因为具有电视这一大众媒介形式，因而具有更为广泛的社会传播影响力。创作者必须将创作对象的个体情感和观众的个体感受融入自身的创作思路之中，将观众的认知本能、认知机制作为电视文艺创作的考虑因素之一。首先，从创作对象的角度而言，电视文艺要获得良好的社会效益，需要敏锐并准确地捕捉具有普遍性和典型意义的屏幕形象并展现其精神世界，以此折射具有时代烙印的社会风貌，这样才能让观众产生一种共同的认知语境。认知语境的建构有利于推动观众生成进一步的情感共鸣以及运用"他者之镜"完成自我审视。因此，个体的选择必须注重层次性、丰富化、立体化，尽量还原真实的社会个体，同时要满足不同认知层次的观众的多元需求，提高引发认知本能的共鸣概率。电视剧一直在电视文艺中占有较大比重，同时也广为观众所喜爱，其中重要的原因是在电视荧屏中所表现出来的真实的际遇经历与世人情感。例如，电视剧《原乡》以独特的视角聚焦去台老兵这一特殊群体，通过路长功、庄力齐的人性觉醒描写思乡之情的感染力，生动刻画了思乡主题。整剧营造了一种悲情氛围，观众在观看剧中人悲欢离合的同时也获得了情感体验。

习近平总书记在讲话中强调，"艺术的最高境界就是让人动心，让人们的灵魂经受洗礼，让人们发现自然的美、生活的美、心灵的美。"艺术性是电视文艺的本质属性和审美追求，它是艺术表现力和艺术感染力的综合体现，既体现为精湛的艺术技巧，更体现为丰富深刻的思想意蕴。这种平凡的叙事角度更能够引发受众的身份认同与情感共鸣，调动受众积极参与，所起到的正是"随风潜入夜，润物细无声"的审美效果，而这正是电视文艺节目艺术功能和艺术价值的体现。"在文化大发展大繁荣的进程中，虽说百花齐放，但应牢记花开的目的是余香他人。"余香他人，就是要引发受众的接受认知，在充分的情感认同中潜移默化地感受电视文艺节目中的文化内涵和价值导向。

时代感知：前沿导向引领正面潮流

文艺创作在一定层面是对社会发展与时代变迁的艺术性观照和创造性描绘，社会风貌的体察与时代精神的书写是文艺创作的一种自觉追求，更是文艺作品品质的重要体现。随着生活水平不断提高，人们满足物质生活的同时对文化产品的质量、品位、风格等也提出了更高的要求。习总书记在文艺座谈会上提出：文学、戏剧、电影、电视、音乐、舞蹈、美术、摄影、书法、曲艺、杂技以及民间文艺、群众文艺等各领域都要跟上时代发展、把握人民需求，以充沛的激情、生动的笔触、优美的旋律、感人的形象创作生产出人民喜闻乐见的优秀作品，让人民精神文化生活不断迈上新台阶。文艺创作唯有关注现实、贴近生活，才能把握时代动向，才能不断开拓创新符合时代要求、满足群众需求的作品。作为文艺工作者要自觉肩负起神圣使命，聚焦现实生活，体现时代要求，坚持把社会效益放在首位，任何时候、任何情况下都要严肃认真地考虑自己作品的社会效果，做到对人民负责、对社会负责、对未来负责。

电视文艺作品的提升发展需要不断寻找符合受众的现实需求、能够满足其精神审美需求的作品源泉，优化节目形式，创新节目语言，丰富节目内涵，使电视始终保持引领正能量的核心地位。电视剧《我在北京挺好的》以农村姑娘谈小爱的奋斗历程为背景，刻画大时代变革中小人物的奋斗和成长，展现了以谈小爱为代表的异乡人群体对美好生活的渴望与追求，通过该剧观众也能够感受到美德并没有被金钱淹没，奉献仍然是时代的主流。《星光大道》《中国梦想秀》等节目真正体现了百姓舞台的节目立意，更体现了"以艺术书写梦想，用梦想点亮希望"的价值追求，观众从中感受到的是乐观积极的生活态度。《梦想星搭档》《为了你》等节目更是将娱乐精神与公益理念相结合，将娱乐节目与社会脉动共振，关切社会热点，真诚传递正能量，展现出独特的人文色彩。从这一意义来看，电视文艺凝聚着电视观众的向善意识，为传递和弘扬积极的价值理念积蓄着力量。①

当前电视文艺节目创作以及传播受到来自诸多其他媒介艺术形式的冲击和挑战，但是电视作为当前社会信息传播的核心媒介之一，因其长期积累起来的品牌影响力以及强大的内容生产能力，仍然拥有较为坚实的受众基础和充分的收视优势。《爸爸去哪儿》虽然引进国外版权，但创造性地结合实际加以改造，既保持了原版节目的亲子主题，又增加了亲切生动的本土风格，一度引发了"爸爸"热。该节目在精致化的视听语言创新上也具有一定的典型意义——其中漫画式的字幕、声效、剪辑方式无不增加了节目的表现力，丰富了电视文本层次。而这种创新理念在原创节目《一年级》中得以延续并完善。创作团队对于情节与悬念的设置、人物状态的精准捕捉都更为成熟。节目整体的包装设计亦是达到了高度的精致化和标志化，其中移轴摄影机、高清运动摄影机等技术的保障，使电视这一媒介的艺术表现力得以进一步强化。而在这些技术背后则是节目创作人员对于校园成长主题、师生关系等情感的准确把握和精准构思。

面对冲击与挑战，作为传统媒体的电视也在积极应对，力图在与新兴媒体的

---

① 欧阳宏生、徐明卿、张雯雯：《综艺节目盛宴与隐忧》，载《中国电视》，2014年第2期。

融合发展中焕发活力，这也在不断激发着电视文艺工作者的创作热情和理念更新。2014年中国金鹰电视艺术节颁奖晚会首次将互联网主题引入艺术节；利用移动互联网的平台优势，湖南广播电视台旗下的芒果TV在互联网颁奖晚会直播中引入"电视弹幕"，用户在观看晚会直播的同时，只要通过各端口（电脑端、手机端、平板端）参与互动留言，就有可能以"弹幕"的形式出现在芒果TV的直播画面中。这是电视晚会直播与互联网技术融合的首创，凸显了电视积极与新媒体联合以实现突破转型的努力与尝试。

精品意识：文化品位传承民族精髓

文艺作品的传播与流传，在于其对文化的挖掘与传承。习近平总书记在文艺座谈会上的讲话中强调"中华优秀传统文化是中华民族的突出优势，是我们最深厚的文化软实力"，文艺作品要提升影响力和引导力，需要潜下心来深入开掘那些历经涤荡而沉淀下来的厚重的民族文化内涵。"培育和弘扬社会主义核心价值观必须立足中华优秀传统文化"，作为电视文艺工作者，不仅需要一种善于萃取民族文化精髓的洞察力，同时需要能够将民族文化精粹通过电视视听语言加以创作和表现，进而提升观众的文化审美感知能力。"我们用文艺填充心灵的时候，更要注重是优秀文化在充实、还是垃圾文化在充斥，是在用正能量提升人生、还是在用负能量消解人生。"电视文艺工作者在对待传统文化时需要加强自身的文化修养，明辨精髓和糟粕，把握好导向的意识，从正能量的电视文艺作品中传播中国优秀的传统文化。

电视文艺节目的精品意识体现在将中华传统文化的精髓运用多元的电视视听语言符号进行整合，形成一部部制作精良、画面精美、思想深邃的精品电视节目。电视文艺精品节目的共同点就在于对于中国传统文化的准确阐释和艺术性表达，运用精湛的电视手法充分调动受众的观赏积极性，引发对具有悠久历史的中华民族的文化认同，体味蕴含其中深厚的文化积淀，在受众喜闻乐见的同时实现了中国优秀文化的传承与弘扬。此外，《梨园春》《首届中国京剧少儿电视大赛》等节目，集中体现了电视人对传承传统文化的责任意识和弘扬文化自信的担当意识。讲述历史、传承精髓，奠定了中国电视文艺节目的坚实根基。正如习总书记所言："要尊重艺术规律，充分发挥创造精神，充分发挥艺术想象力，贯注理想主义激情，重视典型形象塑造，反映民族的、大众的审美习惯和趣味，形成鲜明的中国特色、中国风格、中国气派。"优秀的电视文艺节目无疑都具备了这种创造性的文化继承精神，在将高品质的文化内化于节目中的同时完成了中国风格的塑造。

"讲好中国故事"是当前我国文艺创作的迫切任务，一方面是对主题内容的提炼，另一方面也是对叙事技巧的要求。从人的认知角度来说，由于故事本身就是作为一种以人为主体的普遍存在，因而无论在任何时代，故事都能够充分调动人的认知欲求，观众通过自我的角色对位、情感的共鸣，从而将故事本身的文化内涵潜在地内化于自我。同时由于故事本身的普适性和时代感，从而成为一种能够包纳整个民族共同体的隐形文化纽带。电视文艺创作必须要善于讲故事，要将能够充分体现中国传统文化精髓的故事挖掘出来并结合电视媒介的视听话语特征进行当代式地改写与传播。同时还要结合当下的社会现实和时代特征不断创作新的故事，使得中华文化得以传承并与时俱进、历久而弥新。电视剧《十送红军》以长征为缘起讲故事，把意识形态诉求隐含在艺术表达当中，在戏剧呈现和情节结构上下足功夫。每个故事单元都首尾呼应、环环相扣。这个被导演毛卫宁称为"击鼓传花"式的叙事方式，情节的关联度和黏合度非常高。十个独立的故事、十组不同的人物和十场不同的战役，见证了瑞金出发、湘江战役、遵义会议、四渡赤水、飞夺泸定、吴起会师等长征路上的全部旅程，不仅满足了人们对于故事的渴望，而且还满足了人们的信仰巡弋和价值探寻以及审美期待和视听愉悦。[1]

　　"讲好中国故事"内在的基础是加强文化自信，汲取文化养分的同时还要将中国的优秀文化产品传递出去。因而优秀的电视文艺作品还应当具备一种国际传播意识，在内化民族文化的同时观照跨文化传播的可能性，提升中国的文化软实力。对此习总书记同样有要求："借鉴世界各国人民创造的优秀文艺。只有坚持洋为中用、开拓创新，做到中西合璧、融会贯通，我国文艺才能更好发展繁荣起来。""中西合璧、融会贯通"具有方法论的指导意义。但是如何做到这一点，这既需要电视文艺创作者具备较为广阔的国际视野，更需要创作者具有高超的文化融合能力。其中"体用"亦是需要深入思考的问题——开掘具有世界普遍认同性的价值，寻求能够激发世界共同情感的文化元素，塑造具有人类共同特性的人物形象，以世界性的语言诉说中国特色的故事。正如习总书记所言："应该用现实主义精神和浪漫主义情怀关照现实生活，用光明驱散黑暗，用美善战胜丑恶，让人们看到美好、看到希望、看到梦想就在前方。"电视文艺创作要将时代感与民族性结合，通过个体的观照视野获取大众的认同，乃至世界范围的认可。

　　总之，当前的社会文化背景对电视文艺创作提出了更高的要求，在推动社会主义文化建设繁荣发展进程中需要进一步释放活力。文艺工作者应当深刻学习并领会习近平总书记的讲话精神，以人本的情怀观照生活，以敏锐的笔触感知时代，以精品的意识深化内涵，创作出无愧于时代和人民的作品。

（载《电视研究》2015 年第 1 期）

---

① 杨洪涛：《革命历史题材电视剧的一曲赞歌》，载《中国电视》，2014 年第 9 期。

媒介批评与广播电视宣传管理

序　言

　　人类的新闻传播发展史是一个反思与觉醒、创造与沉淀的过程。其中诞生的"媒介批评"概念古已有之，且影响巨大。随着新闻事业的发展，这一概念被不断解构与重构，一些共识特点得到学界与业界广泛认可。如"媒介批评"是以媒介为研究对象，以解读新闻及媒体为支撑点，并在解读过程中评价其内在的意义和对社会的影响，产生出理性而客观的思考。媒介批评关注文化思潮与社会走向，是对新闻传播媒介及其各要素进行评价与解读的过程。

　　具体到广播电视领域，媒介批评的功能与作用主要有督导匡正、艺术审美、文化建构这三重功能，这些功能共同的目的在于揭示大众文化的现象的起因、发展、脉络、路径等，以客观而理性的态度来净化文化环境，提升文化的品质与格调，并站在精英文化的基础上引导某一文化现象的传播与提升。应该说，广播电视实践呼唤着具有中国本土特色的广播电视媒介批评的兴起与深化。因此，加强媒介批评在广播电视领域中的作用，既有促使媒介逐渐走向成熟与深化的客观意义，也有社会广大受众在信息爆炸中，在精英文化的渴求与平民文化的共识矛盾中，希望有着更为专业与理性的知识来引导受众心理需求的主观意义。在此背景下，广播电视批评也随之赋予了新的含义。本文从中国广播电视媒介批评特色、宣传管理中的媒介批评两个大方面分析与阐述了在新时代下，媒介批评在广播电视传播管理中新的拓展与作用。

坚持中国广播电视媒介的批评特色

一、坚持中国广播电视是党、政府、人民喉舌的批评原则

　　我国广播电视是中国共产党领导下的舆论宣传工具，是党、政府和人民的喉舌，无论是我国的广播电视的自身活动还是宣传管理，党性原则都是我国广播电视的首要原则与基本准则。在广播电视宣传管理中，党性原则主要体现在其管理

被纳入国有事业的管理范畴，其管理体制、人员编制等一直是国家行政管理体系的一部分，事业发展由各级政府实行直接领导。

而在广播电视批评中，坚持党性原则也是其首要原则。我们应该看到，中央和各级广播电视部门既是社会效应优先的新闻传播部门，同时又是面对市场化的事业管理部门，在这一基本问题不变的基础上，加强管理的结构性与效率性，解决由管理分散带来的结构松动、力量分散、重复建设、人员构成、效益不足及资源浪费等实际问题，坚持无产阶级政党的领导就起到了在我国广播电视社会主义现代化建设中的决定性、领头性与权威性作用。目前广播电视批评已经从单纯的监督与指正变更成为指导与提升的功能，广播电视批评更应该坚持党、政府、人民的喉舌原则，坚持以党性的原则去指导与调整媒介生态——始终坚持传播与指正节目文本或者意义中偏差于党的方向、任务、目标与规定的广播电视节目，对于电视中有关党的路线、方针、政策的信息有解读错误的地方进行纠正。

二、坚持中国广播电视真实性与新闻价值性相统一的原则

电视批评要求电视作品同它所反映的事实要具有一致性，无论是新闻性作品，还是文艺性作品，都要求它们具有真实性，即事实的真实性或者艺术的真实性[①]，媒介批评也同样要求坚持真实性原则，即表现在新闻报道中的时间、地点、人物、事情、原因等都经得起核对与推敲。详细地说，则是指其在实际的媒介考察与创作中应立足于客观事实，不是以独立的、片面的、孤立的方式去考察。同时，也不是从抽象的理论出发，而是具体问题具体分析，一切从实际出发方显评析工作的客观性与公正性。

而所谓的新闻价值性囊括了时新性、重要性、显著性、接近性与趣味性"五要素"，要素越多则新闻的价值就越大。广播电视批评的价值体现在首先应端正批评意图，即意图不可受到其他因素的过多干扰与控制；其次，广播电视批评应兼顾新闻性，批评内容与对象都必须要新鲜且具有时效性；再次，批评内容或者针对对象必须要有一定的社会影响力，内容应关乎国计民生。我们应该明白，广播电视批评是对媒介生态进行规范，对某种媚俗化、过度娱乐化的文化现象及由此产生的人类集体行为模式进行改造，并警醒这种文化思潮与文化现象，明确媒介批评公有制为主的性质，坚持传播与解读最核心及主流的文化及信息。

三、坚持中国广播电视思想性与批评艺术性相统一的原则

广播电视批评应该坚持思想性与艺术性的统一。在思想性建设方面，广播电视批评应坚持传播社会主义精神文明建设的成果，大力倡导社会功能、家庭伦理、职业美德、社会公德等优秀传统与文化，提高全社会的安定与团结。同时，

---

① 欧阳宏生，等：《电视批评学》，四川大学出版社，2005 年版，第 300 页。

广播电视批评应该对不同民族、不同群体的精神产品进行分层次、分类别的价值判断，不可用"一刀切"的方式来评价各地文化，但对那种迎合部分人不健康、不正当的精神需求，制作那些不利于社会主义精神文明的东西，不管有何种理由，都必须坚决抵制并严肃批评。

在批评艺术性建设方面，首先，现在无论是广播电视作品还是广播电视批评，其自身的艺术品位都有待提升——广播电视批评必须保证自身的批评有一定的品质，有一定的艺术性，不能是非主流的、无深度的、过度娱乐化的、一次性消费的批评，更不能是有偿性批评，坚持广播电视批评自身品质乃文化建设的首要方针。其次，在信息爆炸时代，受众在消费媒体产品之前都会去了解相关信息与评价，在任何传播中公正客观都是广播电视批评的基本准则。再次，内容上广播电视批评也需要广泛涉及教育、科学、文艺、学术、体育、军事等各方面内容，并在各方面形成自己独特的广播电视批评品牌，塑造起媒介批评的品牌基础。

四、坚持中国广播电视"二为"与"双百"相统一的原则

面对广播电视发展新的趋势和政策，我们还应坚持国家对文学艺术和科学技术的基本方针，即"二为"与"双百"。"二为"方向是指文学艺术要"为人民服务、为社会主义服务"。"双百"方针则是指"百花齐放、百家争鸣"。具体地说就是，在文艺创作上，允许不同风格、不同流派、不同题材、不同手法的作品同时存在，自由发展；在学术理论上，提倡不同学派、不同观点互相争鸣，自由讨论。

媒体创作如此，广播电视批评也应该如此。广播电视批评中的"二为"方向与"双百"方针的关系，就是一种辩证统一的关系。因为只有坚持"双百"方针，媒体才能得到繁荣发展，媒体繁荣发展了，才能更好地服务于人民的利益，服务于社会主义社会的各项事业，我国的科学研究才能兴旺发达。我们认为，"二为"方向和"双百"方针分别向两个主体提出了要求：一是党和政府在领导大众传播广播电视的事业中，要努力坚持"二为"方向和"双百"方针，即既要注重为广播电视的发展创造宽松和谐的社会环境，又要注重加强对整体媒体行业的科学发展方向的引导和规范；二是媒体批评或者媒体研究工作者在自己的科学研究工作中，要努力坚持"二为"方向和"双百"方针，即既要刻苦钻研、勇于发表自己的真知灼见并展开争鸣，又要努力使自己的研究方向和理论符合人民的利益和社会发展的需要。

五、坚持中国广播电视弘扬主旋律与提倡多元化的原则

弘扬主旋律、提倡多元化是坚持为人民服务、为社会主义服务的总的指导思想的具体体现。首先，弘扬主旋律是社会进步的内在要求。《中国电视论纲》指

出："弘扬主旋律，就是大力提倡一切有利于发扬爱国主义、集体主义、社会主义的思想和精神；大力提倡有利于民族团结、社会进步、人民幸福的思想和精神；大力提倡用诚实劳动争取美好生活的思想和精神。相反，一切格调低下，宣传色情暴力的东西当然是与主旋律背道而驰的。"① 其次，弘扬主旋律就是要反映中国共产党领导下建设有中国特色的社会主义伟大事业，反映中华民族全面振兴的伟大时代精神，弘扬一切正能量的东西。再次，广播电视批评中坚持弘扬主旋律这一评判标准将大大有利于电视艺术的繁荣。

广播电视批评同时也应该重视多元化。首先，以"多元化"的开放心态去接受电视的各种创作，鼓励并支持那些具有思维个性与艺术个性的电视节目。其次，在批评的形式、内容、风格、载体上不拘一格，大胆创新，凸显批评自身的特色。再次，通过批评来引导创作者与受众，架起两者之间的桥梁，从而促进电视文化的和谐发展。应该说，在广播电视批评中题材多元化，就是要根据观众的不同文化层次来引导创作者们创作出丰富多彩的节目，并始终弘扬主旋律，有意识地用高雅电视文化去影响、引导观众。

六、坚持中国广播电视社会效应与经济效应相统一的原则

我国广播电视所从事的一切活动必须以党和人民的根本利益为重，这一基本原则决定了中国媒体节目的传播、管理、经营等活动中必须坚持社会效益为主，必须以社会效益为最高准则。媒体想要以社会效应为最高原则，就应始终坚持以正面的宣传报道为主，坚持弘扬马克思列宁主义，坚持"三个代表"重要思想、八荣八耻荣辱观、中国梦等主旋律文化，提升自身系统从业人员的职业道德，发挥社会效应最大化的趋势与原则。随着市场化的兴起，广播电视也应逐步加强经济效应的提升，进行大规模的市场盈利活动，从市场盈利中赚取广播电视集团发展所需要的资金，为广播电视集团（企业化经营）的发展奠定了基础。

广播电视批评需要兼顾社会效应与经济效应的批评方式。广播电视批评坚持社会效应最高原则，就是要用辩证唯物主义和历史唯物主义的观点进行分析与鉴别文化的从属、支流，进行文化的分类与提纯。同样，广播电视批评需要兼顾经济效应，因为经济基础决定上层建筑，广播电视批评需要在被市场认可后才能发挥其功能。需要注意的是，这里的经济效益是指广播电视批评进入市场化以后，被市场所认可而产生的经济效应，并非指广播电视批评从业人员为了经济利益而降低广播电视批评的品格与质量而产生的"扭曲"的经济效应——如"有偿"广播电视批评的现象。

---

① 杨伟光：《中国电视论纲》，中国广播电视出版社，1998年版，第41页。

发挥媒介批评在广播电视宣传管理中的作用

经历十几年的发展，媒介批评取得了长足的进步，传统的媒体诸如专业期刊、电视栏目、电视专著、网络栏目等层出不穷，利用网络为载体的诸如专门的批评论坛、博客、微博、微信等新媒体也如雨后春笋一般快速出现。目前，我国的媒介批评已经初步具备了整体性与连续性，开始形成了有规模、有组织的批评体系，其中不乏中国广播电视批评论坛、中国电视批评论坛等专业性的批评建设平台的出现。从选题看，媒介批评则主要集中于三点：一是评析媒体发展中存在的问题，如业务探索、虚假新闻等；二是对媒体人传播行为的指正，如职业道德、拍摄方式等；三是对新闻作品的分析，如新闻美学、新闻意义等。从具体的文类分析看，批评主要集中于两类：一是理论探讨，从学理性的层面来分析评价新闻业务的种种，如概念、成因、治理等；二是实践反思，以具体新闻事件为例子来分析与强调媒体的行为缺失，提出中肯建议等。

有学者将媒介批评分为五个层面：针对新闻与广告等媒介产品的文本层面、针对媒介活动中从业人员的传播行为的行为层面、针对某种带有普遍性的媒介现象的现象层面、针对媒介体制问题的体制层面和针对媒介文化的文化层面。① 目前，媒介批评所采用的批评方法则主要有社会学的批评方法、比较电视的批评方法、心理学批评方法、系统学批评方法、符号学批评方法、结构主义批评方法及文化研究的批评方法等。经过近二十年的发展，上述批评方法都逐渐成熟并形成了一套话语体系和思想，代表着不同角度看到媒介的视野。它们为分析媒介作品、电视现象提供了不同的方法论工具，代表了不同的文化价值取向，为我们理解和认识不同的媒介文化提供了多种维度。这些方法被运用于广播电视的批评实践中，共同构成了多视野、多话语的当代电视批评的现实格局。② 同时，诸如符号学、结构主义批评、文化研究批评等在 20 世纪 80 年代引入中国，被视为现代批评方法。与传统批评方法相比，现代批评方法最大的不同是把意义看作是读者解读文本的产物，质疑并批评传统的判断文本的标准与方式。应该说，不管媒介批评如何变化，我们的最终落脚点还应是在如何运用媒介批评来对广播电视进行管理。

在我国，各级广播电视一直被政府的相关管理部门所管辖，其管理方式也基本实行"条块结合"的双重领导，即从中央到省及以下广播电视机构之间实行直接的纵向对口领导，而各省（自治区、直辖市）政府以及省以下各级政府对所属

---

① 叶晓：《新闻专业期刊媒介批评的话语实践分析——以〈新闻记者〉之"媒介批评"为样本》，载《中国报业》，2013 年第 4 期。

② 欧阳宏生，等：《电视批评学》，四川大学出版社，2005 年版，第 180 页。

的广播电视机构实行直接领导。在长期的广播电视管理中，形成了宣传为中心、事业为基础、管理为关键、队伍为根本的优良传统。对于广播电视的管理，我们应该明确，只有抓住了管理这个关键，才能为宣传中心提供良好的服务，并赢得社会效益和经济效益的良性互动和整体优化。建立健全广播电视事业的管理体制，无疑是对广播电视事业实施正确、合理、科学而有效的管理的必要前提。①

纵观我们目前的广播电视事业，虽然取得空前发展，广播电视无论是规模、还是数量上都提升了一个档次。但目前广播电视事业管理中也出现了结构失衡、力量分散、重复建设、效益不高、资源浪费等问题，严重制约了中国电视事业的健康发展，面对这样的状况就需要媒介批评的督导和匡正。媒介批评需要运用自身的专业性与学理性，逐步梳理与纠正广播电视管理中的混乱问题；逐步修改与提升广播电视节目中的低俗现状；逐步变更与扩大广播电视管理中的"正能量"，促使广播电视事业在面临新媒体等多重竞争下能够进一步凸显其先进性。

同时，随着媒介自身主体性的加强，媒介从业人员的素质与专业也成为众矢之的。此时媒介批评的作用也进一步彰显。应该说，媒介的可持续发展的内力就来源于从业人员不断提升的素质。媒介批评需要向媒体从业者们强调媒介传播中正确的政治导向，强调精神文明建设成果，应服从于全党的工作大局；媒介批评还需要向媒体从业者灌输开放的美学意识，坚持电视艺术的审美本质与参与性、当代性、多样性的美学意识；媒介批评还需要要求媒体从业者们有成熟的思维意识，具有诸如形象思维、联想思维、逻辑思维等从事媒介行业的基本思维能力。

我们需要转变一种思维，媒介批评不仅仅需要在节目本文上提出对节目的纠正与提升，在广播电视宣传管理上媒介批评更需要对目前存在的管理问题进行批评与指正。进入21世纪，管理的问题已经深刻影响到广播电视自身的发展，如果广播电视系统想要有更大的发展与提升，就必须正视并且积极改正这些问题。在事业上，应该确立鼓励机制、强调自律和调控相结合的发展机制，旨在建立起健康发展、科学分工、运行高效的广播电视事业体系。明确基本的性质不变的情况下，尽可能地改变由管理权带来的结构松散，力量分散，效益不高及资源浪费的情况。

媒介批评应站在广播电视管理者的角度，明确指出问题并提出相关的、切实可行的整改建议，为广播电视管理者们提供决策依据。这里需要注意的是，媒介批评在广播电视管理中不仅是起到监督批评、匡扶指正的作用，还应为管理者们提供相应的信息，包含问题、意见、整改、修正等一系列关于广播电视管理的信息，成为管理者们的"智库"，使广播电视面对新市场化条件，面对其他媒体的竞争时，能够突出自身特色，明确自身目标，从而实现在市场上的不败。

（载《中国广播电视学刊》2014年第7期）

---

① 欧阳宏生，等：《广播电视学导论》，四川大学出版社，2007年版，第263～264页。

从法兰克福批判到大众文化建构

——21世纪中国电视文化研究理念的嬗变和趋向

从20世纪末到21世纪初，中国广电行业发生了深刻的产业化转向和电视研究理论的嬗变。它不仅深深烙下了文化体制改革的印迹，同时也体现出社会转型反思调整时期，困扰中国电视研究发展的各种社会因素及文化思潮。在电视文化研究领域，研究理论从单纯地引用借鉴国外电视理论，到在冲突与协商、对话与抵制中内化为自身的修养和理论创造力，最终发展为对中华文化与文化工业融合后的大众文化的认同与建构，形成了中国电视文化研究的独特路径和景观。

一、批判逻辑的去势与坚守：电视研究的文化精英主义

中国电视文化的研究最早发端于文学研究，批评者大多来自于文化思想界，受过文学理论训练，属于精英人文知识分子。电视最早出现在西方，当电视在中国真正成为广为普及的大众化媒体时，西方学者对电视文化的研究已日近成熟，自然地，中国关于电视文化影响和效果的理论主要来源于西方的大众传媒研究。从葛兰西到阿尔都塞，再到法兰克福学派、英国文化研究派、北美经验学派、后现代、女性主义、后殖民等当代西方的文化理论与批评方法，被先后引入和介绍到中国，随即被运用于当代中国电视文化研究实践中，成为当代国内电视文化研究宝贵的学术资源。

（一）三种研究范式

1. 法兰克福学派的批判理论

法兰克福学派对以电视文化为代表的大众文化抱着激烈的批判态度，其理论观点明显带有对现代传媒的批判色彩。法兰克福学派认为在资本主义社会中，大众传媒在貌似中立的技术形态的掩盖下，对普通大众起着"奴化"或"教化"的意识形态功能。他们将以电视为代表的媒介文化作为大加鞭挞的对象，"探究对媒介进行意识形态歪曲的各种系统性形式以及媒介与更广泛的所有制、权力与权威体系的联系"①。代表人物马尔库塞认为，社会可以借助各种媒介和舆论工具

---

① ［美］尼克·史蒂文森：《认识媒介文化》，王文斌，译，商务印书馆，2001年版，第3页。

加强对人们心理的控制和操纵，使人最终丧失"内在的自由"，成为"单向度的人"。丹尼尔·贝尔在1978年出版的《资本主义文化矛盾》中，尖锐地指出"整个视觉文化因为比印刷更能迎合文化大众所具有的现代主义的冲动，它本身从文化意义上说就枯竭得更快"，对电视文化的影响持一种极其消极的态度。

2. 文化研究学派的文化层次理论和受众研究

英国文化研究学派矫正了法兰克福学派有些极端的批判精神，将注意力更多地集中在对大众媒体接受者的研究上，从早期的威廉姆斯、霍加特到当代的霍尔、莫利的编码解码理论，以及约翰·费斯克的研究观点，主要是通过对电视接受者进行跟踪研究，进而发展了媒体的大众接受理论。文化研究是研究文化通过意识形态间的斗争产生的方式，其主要目的是"揭示权势集团的意识形态被不知不觉地维持下来的方式和抵制他们的方式，从而破坏这种剥夺了某些集团权利的权力制度"①。这种研究通过对微观层面的追踪和分析，一方面深刻地揭示了电视文化对社会的消极影响，"媒体，尤其是电视，一方面造成一种多样性与客观性的假象，而实际上它们却是统治秩序的工具"②；另一方面，文化研究学者也看到了由于意义解读和选择的不同，对立的意识形态产生的可能性，因此，这些学者在更为全面的视野中对电视文化所代表的媒体文化的巨大影响进行了阐释。

3. 以麦克卢汉为代表的技术媒介影响力研究

以麦克卢汉和波德里亚为代表的观点基本上是技术决定论式的。20世纪60年代电视机在西方社会已经广泛普及，对社会文化和生活产生了深刻的影响。在对电视的社会影响进行深入思考的基础上，加拿大学者麦克卢汉提出了"媒介即信息"的观点，并做出了未来全球将变成一个"地球村"的预言。这一观点强调的是，媒介的重要效果来自于它的形式而非内容，即文化载体本身，"媒介塑造和控制着人际联系与行动的尺度及方式"③。在此基础上，波德里亚进行了更进一步的分析，他认为电视带来的不仅是画面，而且是它所造成的新的关系和感知模式、家庭和集体传统结构的改变。他的理论虽有偏激之处，但其核心理论如"漂浮的能指"和"仿真"现象等抽象的概念，在现代电视和网络媒介的发展中已经越来越得到验证。

上述三种有关大众媒体的研究范式构成了国外电视文化研究的基本框架，也深深影响着中国电视文化研究。在批判理论的视野中，电视几乎成了扼杀个性、

---

① ［美］斯蒂文·小约翰：《传播理论》，陈德民、叶晓辉，译，中国社会科学出版社，1999年版，第423页。

② ［美］斯蒂文·小约翰：《传播理论》，陈德民、叶晓辉，译，中国社会科学出版社，1999年版，第422页。

③ ［加］麦克卢汉：《理解媒介：人体的延伸》，见张国良主编：《20世纪传播学经典文本》，复旦大学出版社，2003年版，第374页。

压制民主的罪魁祸首；而文化研究者更多地注重接受者自身的主动性；技术研究者则将注意力放在媒体技术的决定作用上。西方学者对电视文化的研究一直走在前沿地带，目前西方社会已经由现代社会转向后现代社会，电视文化研究也印染上了明显的后现代印迹，并开始影响21世纪中国电视文化的研究。

（二）法兰克福学派对大众文化的批判及转向

大众文化批判理论是法兰克福学派的重要核心。法兰克福学派将电视文化看作文化工业和大众文化的代表进行批判，认为文化工业是巩固现行秩序的"社会水泥"，以居高临下的态度严厉批判文化工业。法兰克福学派的鼎盛时期是20世纪50年代，其对当代资本主义社会、对发达工业社会的批判，揭示了现代人的异化和现代社会的物化结构，特别是意识形态、技术理性、大众文化等异化的力量对人的束缚和统治。法兰克福学派对大众文化和文化工业所持的批判立场是文化精英主义立场，针对市场化进程中出现的大众文化蓬勃发展的状况，法兰克福学派的批判学说曾是一柄利刃。当法兰克福批判理论引入中国时，正值中国进入社会转型时期，批判语境极为相似，因而自它传入中国始就与中国人文知识分子的精英主义立场一拍即合，批判者很快就找到了批判矛头和批判对象，深得当代中国学术界青睐。

而且，由于资本主义与社会主义意识形态间的矛盾，法兰克福学派将文化纳入意识形态范畴进行审视，以马克思主义批判思想进行传播研究，在中国社会语境里受到天然的欢迎和赞同。法兰克福批判理论因而成了中国人文知识分子进行电视研究的重要理论，批判的视角使他们时刻保持着对现有秩序和意识形态的警惕与批判，以守望天使的身份对现存社会中貌似合理的一切提出质疑，并进而挖掘出这种貌似合理的事实的根源。批判者背后的精英文化姿态彰显无疑。

法兰克福学派对大众文化的批判，是对西方文化价值危机的深刻反思。但是，随着20世纪70年代资本主义媒介商业化的发展，资产阶级文化价值危机的语境已经变迁，法兰克福学派开始举步维艰，不得不逐渐走向解体。被视作法兰克福学派正统继承人的施密特认为，法兰克福学派的批判理论在70年代的发达工业社会条件下依旧有效，而哈贝马斯则强调法兰克福学派的传统批判理论同现代社会条件的不适应性。与法兰克福对社会环境的影响相类似，自20世纪90年代始，伴随着文化思想界的秩序整顿和邓小平南方讲话所开启的第二轮经济体制改革热潮，在伸手可触的经济利益面前，原有的社会意识形态结构及其价值观念，都已经被建基于市场经济理论之上的实实在在的"富裕"梦想所取代。中国电视研究的精英文化姿态批判也出现了"去势"，法兰克福批判因为其纯理论与非功利的特性而受到打压与扬弃。精英人文知识分子在社会公众中的影响力逐渐弱化。世纪之交，中国人文知识分子内部引发了"人文精神失落与否"的社会大讨论，成为电视文化研究文化精英主义批判走向式微的分水岭。

二、电视文化研究的逻辑起点：电视文化的价值

传媒学者之所以关注电视文化，是因为电视具有文化价值，电视文化渗透于人们的生活细节中，具有强大的舆论导向、资讯服务、娱乐游戏、艺术审美、知识教化功能，并对社会、家庭和个人产生了巨大、广泛而深刻的影响。尽管电视具有的价值多种多样，但它表现出来的主体价值却是多种因素角力的结果，它实现的路径也是通过具体的内容得以承载。

（一）电视文化场域中的角力

电视文化不是单一文化所能阐释，它是集主流文化、大众文化、精英文化、消费文化等为一体的多元共生文化。在这些文化中，何种文化发挥主体价值是一种角力的结果。事实上，电视文化是一个经济、政治、社会及文化势力交汇的冲突性文化场，在这个场域中，既有主导话语对受众的引导欲望，也有受众的"狂欢"欲望。这里借用系统解构的方法，将作用于电视媒介的力量分为投入者、媒介自组织者、接受者三方。[1]

首先是投入者，包括权力投入、财力投入、文化投入，与此对应的是政府、广告客户、文化精英。三者既有合作的必要和愿望，又部分地存在矛盾和冲突，这种复合身份直接造成为数众多的节目制作主体的身份认同危机与角色冲突。其次是媒介从业人员，即媒介自组织者。一方面，媒介从业者拥有话语权，在文化身份认同上，他们将自己视为精英，常常有抵制市场霸权或官方意志的意识；另一方面，媒介自组织者的精英地位来自对资源的占有，这种占有是临时性和赋予型的，使他们在现实中往往毫不反抗地服从于市场逻辑和官方意志。再次，角力的第三方是接受者，即观众。每一位观众在收视之前，就已经被所处的现实的政治、经济关系建构过，个体生存环境的差异，使他们的心理需求及使用电视的动机也不尽相同。

在电视文化的场域中，多种力量交汇并相互角力，试图争取自己最大的主动权。造成这种现象的重要原因之一，是中国电视改革的模式，即以市场经济为原动力，经由政府发动与认可，在政府的控制下，由传媒机构具体操作的改革。市场与权力在立场、目标之间的种种矛盾自始至终存在于这一改革的全过程之中，而社会转型期各种社会力量的此消彼长，又使得矛盾、冲突和妥协的过程更为复杂多变。在这样的大裂变中，由于参与者的复杂性和改革过程的不可知性，各种力量要想取得最终的平衡，势必要经过一个艰难的冲突和协调过程。市场逻辑所要迎合的是观众的眼球和注意力，而作为权力投入者的政府，则有着自己的话语需要和政治控制要求，所以电视文化场域中角力各方错综复杂的斗争归根到底是

---

[1] 欧阳宏生：《电视文化学》，四川大学出版社，2006年版，第154页。

要解决市场逻辑和主流意识之间的和谐共处问题，从而做到以最佳的资源配置最有效地实现电视文化的主体价值。

（二）电视文化主体价值的实现

电视文化的价值是多元的，实现途径却是单一的，即通过电视节目这一唯一的载体，表现多样的价值。由于电视节目丰富的表现形式，其主体价值实现的力量也各有侧重。

1. 电视新闻实现主流意识形态传播

新闻节目独特的社会作用和自身价值决定了它在电视节目系统中的重要地位。电视新闻是电视台赖以生存的基石，也是电视文化最重要的表现形态之一。它参与文化的构建和文化的弘扬，影响观众的文化选择，培育观众的文化品格。

电视新闻承载主流意识形态，以正确的舆论引导人。电视新闻作为对国内外新近发生事件的如实报道，是一种主要的社会舆论工具。中国一直十分重视电视新闻的传播功能，并明确要求电视新闻工作者要"把坚持正确的舆论导向放在工作的首位"。我国电视新闻中旗帜鲜明的意识形态性质一直是电视主流文化的核心。因此，电视新闻不可避免地要成为一种意识形态的载体。电视传播媒介对社会、对人的影响主要通过舆论导向来实现，即通过传播国内外各类新闻信息，创造良好的舆论环境，为社会提供和谐发展的外部条件。电视新闻通过对正面、负面新闻的客观报道，以具体生动的画面信息，潜移默化地发挥着规范人们精神观念和社会行为的作用。

此外，电视新闻承载主流文化价值观，培养健全人格。主流价值观弘扬什么、反对什么都会通过电视新闻的议程设置得以表现。一个健全的人格结构包括认知结构的真、伦理结构的善、审美结构的美三位一体和谐统一。电视新闻通过对真、善、美的客观报道，实现着对主流意识形态的传播。

2. 综艺节目成为电视娱乐的承载体

电视是意义与快乐的承载体和激励体，而文化则是这些意义与快乐在社会中的生成与传播。[①] 综艺节目是电视文化的一个分支，它以主流文化为主体，又由文化的多元化构成复合体，因此，在电视综艺节目中，主流文化、精英文化、大众文化、民族文化、娱乐文化甚至商业文化都能找到自己的空间。但作为一种具体的节目形态，综艺节目文化构成中最重要的代表是健康的娱乐文化，执行的主要功能是电视文化的娱乐游戏功能。

在《大众传播的游戏理论》一书中，美国学者威廉姆·斯蒂芬森认为大众娱乐的实际功能是一种高度发展的主观游戏形态。大众传播是一种游戏，是普通人在业余时间以主体性的方式进行自由体验的一种娱乐。游戏是一种愉悦的生活方

---

① ［美］约翰·菲斯克：《电视文化》，祁阿红，等，译，商务印书馆，2005年版，第5页。

式，也是一种艺术的创造形式。电视综艺节目作为电视文艺的重要组成部分，它承担起愉悦观众的任务。

电视综艺节目中的娱乐文化分为轻松的娱乐文化和严肃的娱乐文化两种类型。轻松的娱乐文化往往以节庆晚会、游戏类综艺节目为载体，严肃的娱乐文化往往以高雅艺术的演出实况转播、具备严肃主题的晚会等为载体。严肃的娱乐是一种高级的娱乐，具有严肃的娱乐性的艺术是一种更高级的艺术，这种艺术通常具有更深刻的内涵和更高的审美价值，如中央电视台 2010 年的春节联欢晚会和文化部主办的"你好春天——文化部 2010 年春节晚会"，就体现出两种不同的娱乐文化。中央电视台的春节联欢晚会以通俗节目为主，采取现场直播的方式，着意营造"欢乐、轻松、温馨、亲切"的气氛；文化部主办的春节晚会则荟萃了不同时期的各种艺术形式的精品节目，追求风格典雅、精致，采用了录播的方式，是一台高品位、高格调的晚会。

3. 电视剧使主流文化与大众文化辉映与互补

电视剧是综合了文学、音乐、戏剧、美术等多种艺术形式的综合艺术。在电视剧的文化构成中，大众文化的存在和发展是不容否认的重要事实。电视剧是电视传播媒体以宣传为主的方针指导下的产品，宣传主流意识形态是其重要职责。同时，它也是大众文化的产物，通俗性、娱乐性是其追求的主要目标。在实际发展中，我国电视剧中占主导地位的主流文化和大众文化同生共存，相互排斥又相互融合，是辉映与互补的关系。

在我国电视剧的发展历程中，主流文化一直占据十分重要的地位，电视剧也成为我国党和政府意识形态宣传的重地。江泽民同志曾指出："文艺是民族精神的火炬，是人民奋进的号角。我国广大文艺工作者要努力创作出弘扬中华民族的民族精神和我们时代的进步精神的作品，创作出无愧于我们时代、无愧于社会主义祖国和人民的优秀作品来，用以教育人、鼓舞人和鞭策人。"对电视剧工作者的身份而言，他们首先是党的新闻工作者，其次才是电视传媒的文艺工作者。

电视剧文化构成中的另一重要文化是大众文化。它具有以下特征：第一，信息和受众的大量性。第二，文体的流行性和模式化。第三，故事的类型化。第四，观赏的日常性。第五，效果的愉悦性。[①] 20 世纪 90 年代以来，随着我国市场化改革进程的深入，电视剧在所有电视节目形态中最早实行了制作和播出分离体制，成为中国电视节目中市场化程度最高的节目类型。电视剧作为一种文化产品，越来越显示出它的娱乐特征和商业属性。电视剧的生产虽然是大规模的工业生产，从策划、投资、制作到宣传、发行、进入实际消费，具有"文化工业"的某些特点。但是，由于文化背景、历史环境的差异，我国的"大众文化"既不同

---

① 王一川：《当代大众文化与中国大众文化学》，载《美术广角》，2001 年第 2 期。

于法兰克福学派 20 世纪 40 年代批判的那种作为"文化工业"的大众文化，也不同于我国五六十年代所提倡的大众文艺，而重点强调一种日常化的文化形态。

三、市场逻辑的征服与屈从：文化产业化中的大众文化建构

把文化和产业联系在一起，是中国当代市场经济发展过程中最具社会影响力和发展活力的思维方式之一。将文化视为产业，并将其作为拉动中国经济未来发展的支撑点，它折射出人们对文化概念的认知转变，同时也反映了人们对产业经济概念适用性的时代理解。文化产业化的改革浪潮和建设进程自 2000 年首次提出始，广播影视便是其主要内容之一。在这一进程中，持文化工业批判理论者有过批判和担心，他们认为，文化和产业原本就在终极价值取向上存在着相当大的差异，再加上市场实践主体的逐利动机和生存发展需要，难保他们不会因为商业目的，而放弃其所应该坚持的"社会效益第一"的原则。然而，文化产业化最终形成了统治性的思维方式。实施文化产业战略，就像一辆战车，一旦向前就势不可挡。剩下的只是给价值观的解构与重构留足时间。

（一）电视文化市场逻辑的着力点

当下，电视文化与文化产业语境已经融合为紧密联系的整体。一方面，文化产业战略为电视文化的生存提供了无可逃避的氛围，使得电视文化必须去积极适应文化产业化的逻辑并在其中寻找发展空间；另一方面，文化产业本身也受制于电视文化这一当今大众文化工业的代表的发展程度。在某种意义上说，电视文化在构建产业的同时又在积极地与产业共舞。

西方电视文化一开始就是作为文化工业、娱乐工业进入资本主义市场体系的运作之中，其产业属性无可置疑。而在中国，对电视的市场属性、产业属性、商品属性的认知却是经历了较长时间逐渐认知而最终形成的。而这一过程恰恰和中国市场经济的发展和消费意识的崛起同步。因此，市场逻辑的逐渐清晰为电视文化走向产业化发展指明了路径。

1. 对利润的追逐

与计划经济时代的纯事业型电视体制及运作模式相比，市场化的电视要直接面向市场、面向受众，电视节目的制作和播出就要充分考虑到受众的接受心理与审美期待：正因为它是一种产业这个明显的事实，所以它最关心的是销路，其产品必须打入市场。在正常的活动过程中，销路的要求优先于所有其他考虑。大众文化产品的生产者私下里也许和其他人一样十分关心美学价值与人类现实，但是，作为生产者的角色，他们必须首先考虑商业利润，很多时候，在审美价值与经济效益不可调和的状态下，消费社会的逻辑通常是先考虑经济效益。

办电视必须有机敏的经济头脑，要有商品意识，也就是要善于将电视节目作

为商品来经营，通过电视节目来创造利润。否则，电视媒体就难以维继、难以生存。① 与计划经济时代把电视高度政治化、意识形态化不同的是，在文化产业的市场逻辑中，电视被市场化、产业化。它们作为一种起主导作用的新意识形态，成为制约或推动电视发展与繁荣的重要力量。如果说以往强调的是电视的事业属性、意识形态性，如今则突出了电视的产业化、营利功能。

有学者认为，当今社会，似乎一切都已商品化。就是文学艺术形态也都纳入了商业文化之中。文化生产与经济生产日益结合，文化商品化了，商品也文化化了。因此，对文化进行分析，就不得不考虑其商品生产的逻辑。② 资本运作，强化了文化的消费意识。文化的消费化，使人失去原有的主体性，无意识地变成消费主体。由此，一切文化产品也就打上商品生产的印记，不可避免地进入商品生产的流程。既然文化都商品化了，那么，文化产品必然会变成大众可以消费的产品，变成所谓"迎合大众趣味"的商品化的消费品。对经济利益的追逐，使电视文化在这场奔跑中不得不放下"精英"的姿态，贴近受众，迎合受众。

2. 对受众兴趣的迷信

由于最大限度地追求经济效益，电视尽其所能地扩大它的消费群体，无论哪种类型的电视节目，最终都必须转化成收视率，电视文化不得不转向消费文化和大众文化。很多电视节目为了迎合一部分受众的需要走向低俗、搞怪、搞笑，有的甚至是感官刺激。

由于电视媒体的产品化、市场化，使得大众作为消费者具有了首要的选择权和评判权，受众开始成为传播活动的中心。"受众兴趣是一切之先"，成了电视台信奉的座右铭。"时尚＋娱乐"的传播模式普遍成为各电视媒体信奉的电视文化定位，追求最大的经济效益的目标支撑着电视业的发展。赢得尽可能多的受众来提高收视率成了电视的必然选择。"在市场经济下，媒介是作为一种文化消费而存在的……电视台就是一个企业，以追求利润最大化为原则，收视率是评判节目好坏的尺度。"③ 电视观众作为节目的消费者和"看不见的指针"在电视产业的发展中发挥着越来越重要的作用。商品化大潮使电视在作为国家宣传喉舌的同时，更要不断满足消费对象（观众）的需要。电视传播关注得更多的是"消费群体"，它需要尽量提供不同的文化商品满足不同阶层消费者的欲望。于是，电视业与观众在很大程度上成了推销者与被推销者的关系，观众喜欢什么、欣赏什么成了电视业传播策略的首要议题。

3. "存在即合理"

今天，大众文化以不可阻挡之势在全球范围内发展壮大。2005年，"超级女

① 高鑫：《"超级女声"：电视本体理念的思考》，载《现代传播》，2005年第6期。
② 高鑫：《管窥未来中国电视文化》，载《当代电影》，2002年第6期。
③ 陈默：《电视文化学》，北京广播学院出版社，2001年版，第8页。

声"吸引了众多观众，也成就了电视研究领域不容回避的"超级女声"现象。该节目也成了21世纪以来电视文化研究批判逻辑与市场逻辑交锋的主阵地。"电视当然可以制作精英文化，使其承载更多的文化意蕴、深沉的人生哲理、厚重的生命意义、多重的审美品格。但是电视的主体，应该说还是一种大众文化，这绝不是对电视文化的贬斥，而是愈发强调它充分体现了人民大众的意愿、向往和需求。这又有什么不好呢？"① 电视研究学者高鑫曾发出过这种呼吁，也客观地反映出当时电视研究者思维的一种转向。实践也表明，在消费社会中电视文化求得生存的必由之路只能是走产业化的路子。因为电视文化的生产者从经济利益考虑需要推动电视产业化，电视文化的消费者由于对消费品附加值的追求反过来又促成了电视的产业化。

（二）电视大众文化建构

从电视的市场化、产业化角度看，电视节目一旦成为商品，它就要服从市场行情与商业原则的调控。电视文化要折算成经济效益，首先必须转化成收视率，电视文化不得不转向消费文化和大众文化。远离精英，追逐大众，是市场逻辑下电视文化发展的不二选择。因此，大众文化是一种典型的带有明显功利目的的商业文化和消费文化。

即便是高雅艺术，通过电视荧屏的再现，也能够轻而易举地走进寻常大众。电视文化从本质上讲是一种大众文化，不仅其传播对象是大众，大众化节目是电视内容的主体，而且电视文化现象必须依托于大众而呈现。只是由于中国过去对电视产业属性的忽视而阻碍了电视文化作为大众文化的发挥。自从电视作为文化产业的一部分被突出其产业属性后，电视文化的大众文化属性便一再被强化和释放。因此，大众文化是现代工业社会的必然结果。文化产品的生产和消费逐步纳入市场经济的轨道是大众文化产生的直接原因，它是电视文化在当代经济方式下的必然产物。

大众文化是工业化和商业性的，其存在的前提是通过大众传媒工业化生产的、批量的、易复制文化。顺应市场化、技术化、全球化，以及生产方式的转换，是大众文化的内在要求。法兰克福学派将大众文化称为"文化工业"，正是缘于大众文化与工业生产的密切关系。大众文化的建构是以一种自下而上的最为普遍的审美追求和文化趣味为标志的。内容通俗、形式自由、更贴近受众现实生活的电视文化给受众带来愉悦和自由。电视节目形态以大众的审美要求和鉴赏能力为基准，而电视理念也建构于对大众生活的了解和把握基础之上。

但在这种背景下建立起来的电视大众文化的主体是一种处于消费时代或准消费时代的，由消费意识形态来筹划、引导，采取时尚化方式运作的当代文化消费

---

① 欧阳宏生：《21世纪中国电视文化建构》，四川大学出版社，2011年版，第48页。

形态，也就是说，消费文化、传媒文化等多种文化形式一同建构了当代电视的大众文化。[①]

大众文化一旦被建构起来，它就将沿着自己的路径和价值取向发展和演进。大众文化的重要功能——娱乐性便在市场逻辑的引导下释放、演绎、发挥。

四、新时期电视文化的博弈与趋向：公益定位的去功利化与娱乐定位的功利追求

娱乐和电视剧对吸引受众有着巨大的魔力，是电视台抢占市场份额的主要手段。舆论引导却是中国新闻事业重要的使命。在操作实践中，娱乐效应和社会责任常常成为电视台的鱼和熊掌。为争夺受众，提高市场关注度，在以自由化、市场化与全球化为标志的经济浪潮的裹挟下，电视媒体面临着商业利益和公共利益的平衡难题。在权衡与博弈中，电视文化能否回归和完成其与生俱来的功能和影响，实现其主体价值，已成为传播政策制定者与传播媒体组织者经常反思的一项课题。

（一）电视文化定位的多重分化

三十年前，中国电视全部是公益媒体。改革开放后，电视产品的商业属性日益凸显，产业化的浪潮将电视产品的公益属性掩盖、冲淡、模糊。新时期里，中国电视文化的定位出现了明显的分化，首先是中央电视台对电视文化公共性的强化以及对舆论引导的示范性作用。舆论引导的直接渠道是电视新闻，"新闻立台"是牢牢掌握信息传播话语权和社会舆论引导力的根本保证。然而，在实际操作层面，新闻节目投入大产出小，在赢利能力方面普遍不被看好。这与市场经济条件下，企业追逐的赢利标准背道而驰。因此，其他地方电视台不敢贸然效仿。

其次是娱乐定位的争相跟风：以湖南卫视、江苏卫视的娱乐走向为标志。湖南卫视"快乐中国"、江苏卫视"幸福中国"的电视文化定位，以及安徽卫视主打电视剧，都意味着娱乐作为电视文化的一部分内涵有日益被重视的趋向。

再次，传统卫视台"新闻综合频道"定位：在不改变过去电视文化定位的情势下，走多元创收路线，东方卫视是最典型的代表。2009 年东方卫视的办台宗旨是"新闻立台、文艺兴台、影视强台"，强调自身喉舌与产业两大媒体功能并举的电视文化定位。目前，我国大多数省级以上电视台和发达地区的城市电视台都在往这个方向努力。

最后是公益定位的去功利化追求：走主流路线，停播商业广告，提高自办栏目和自身的电视剧制作能力，节约社会成本，同时获取政府资助。目前，重庆卫视已经走上这一路线。通过公益频道倡导主流意识形态，弘扬主旋律，支持高雅

---

① 李立功：《理性的回归改革的突破——为我国第一个公益频道喝彩》，载《声屏世界》，2011 年第 7 期。

电视文化，为大众提供免费的电视产品和服务。这既是对在市场竞争中运行的商业电视频道的有益补充，又在方向、风格、品位等方面起到了导向作用。[①] 公益定位为中国公共电视的发展和为中国建立公、商二元化的电视发展体制做出了探索，但电视媒体能否在自身发展的体制、机制等方面随着商业广告的消失和公益栏目的出现而做出正确调整，使中国公共电视长足发展还有待考察。

上述四种电视文化定位各定其性、各归其位、各行其道，已基本建构起中国电视文化的大体格局。舆论引导是电视台必须完成的责任和使命，在产业化的推动下，电视文化的商业诉求日益凸显，舆论引导逐渐从新闻前台退隐至文化幕后。但是，中国的电视业既是大众传播媒介，又是党、政府和人民的喉舌；既有产业属性，又有政治属性和文化属性。它具有传播信息、社会教育、文化娱乐、产业经营等多种功能。过分强调某一属性和功能，忽视和放弃其他的功能都将使中国电视业走上歧途。

（二）公益与娱乐的博弈

在电视文化定位的分化中，公益定位与娱乐定位一直处于动态博弈之中，但在市场逻辑作用下娱乐势强而公益势弱，娱乐定位成了电视发展的一个总体趋向。在这种局势下，中国电视作为新闻单位的立论基础，"新闻立台"何以实现，文化如何谋求公共利益，既是一个十分重大的理论问题，也是一个极其重要的机制问题。

电视文化倡导的主旋律，实际上就是一种艺术化了的社会意识形态。[②] 电视作为文化产业是精神文明建设的重要组成部分，它的推广能够从更大的范围，更多的层面提高全民的文化素养，推进整个民族的文明进程。这是传媒的社会责任，但是需要在政府、社会的积极推动下完成。公益频道，是政府对电视文化社会责任进行强化的具体做法之一，旨在向公众免费提供电视产品和服务，最大限度地满足公众对信息服务、文化娱乐的需求，同时努力倡导主流意识形态，以实现电视的舆论导向、资讯服务、艺术审美、知识教化等多项功能为目标。电视内容注重文化深度和历史凝重感。重新解构电视台与受众的关系，进一步强化电视台的传播理念和社会责任。在传播主流文化和满足受众多层次的收视需求之间寻求最佳的结合点。

娱乐定位强调电视节目的娱乐化。电视娱乐化实际上包括两个向度：一是综艺娱乐类节目本身的勃兴，二是娱乐化向其他类型节目蔓延。[③] 例如《快乐大本营》《非诚勿扰》《天天向上》……娱乐定位的电视台开创的是电视的"娱乐业时

① 邢卓：《试论电视的文化属性在新媒介技术下的发扬》，载《新闻传播》，2011年第5期。
② 吴卫华：《从重庆卫视改版看我国公益频道的发展》，载《传媒》，2011年第8期。
③ 欧阳宏生、闫伟：《快乐有度 过犹不及——对当前"电视娱乐化"问题的再思考》，载《当代电视》，2010年第2期。

代"；在电视新闻领域，节目追求娱乐消遣的效果，用极具戏剧化的夸张手法组编故事，政治和娱乐合于一体，导致了各种意识形态和文化形式之间界限的消解；在电视纪录片领域，编导们具有强烈的讲故事意识，并调动所有的"娱乐"手段，把纪录片做得像故事片，吸引观众眼球。

在电视文化的诸多功能之中，目前看来，娱乐游戏功能被电视台放大，并成为电视功利化追求的工具，而舆论导向、资讯服务、艺术审美、知识教化等其他功能却由于其去功利化的文化定位特征而被电视台忽略或弱化。在市场逻辑的游戏规则下，电视朝着逐利的方向进行功利化追求是其生存的根本，留给电视研究者思考的是，如何在功利与非功利，如何在娱乐功能与其他功能之间均布其影响。

［载《山西大学学报》（哲学社会科学版）2012 年第 35 卷第 3 期］

当代电视文艺与社会形态

电视文艺是指以电子技术为基础，以声音和画面为传播符号，主要通过电视媒介传递信息，满足受众娱乐审美需求的电视艺术形式，包括电视剧、电视综艺节目、真人秀节目、音乐电视、电视音乐节目、电视舞蹈节目，电视文学节目等内容，是电视传播的主要内容（占整个电视传播量的60％以上）。而电视文艺又是社会生活的一个组成部分，是社会发展到一定程度后必然出现的社会现象，反映了一定社会的政治、经济、技术、文化水平。在当今"物质审美化""全球审美化""日常生活审美化"理念盛行，文艺与生活的关系产生巨大变异的条件下，考察当代电视文艺与社会生活各专业领域之间的关系，能够为电视文艺自身的价值预设、艺术视野以及审美超越寻找到现实依据。

一、"带着镣铐跳舞"：电视文艺与政治

政治作为一种社会现象和社会上层建筑，在社会生活的各个领域中占据主导地位和起主导作用，社会生活中的一切重大事件如阶级斗争的逆转更迭，政治方针的调整变化等，都对整个社会的生产生活产生重大影响。一定社会的政治统治常常决定和制约了这个社会的物质生产和精神生产活动，一切文艺活动都属于社会精神生产活动，在一定的社会政治背景中展开，并为一定社会的政治思想、制度所规约。

电视文艺作为某种思想上层建筑或社会文化现象的载体，是一种悬浮在社会结构之中的特殊审美意识形态，它的生产、传播与发展自然也脱离不了一个国家、政党或阶级的政治法律制度和政治思想观念的约束。作为一种被赋予美学特色的特殊意识形态，我国电视文艺也在长时间地承担着政治教化的社会功能，引导、规范、审查、禁止等构成了政治与电视文艺之间的常见关系。

我国电视文艺自诞生之日起就受到了国家政权的规约和干预，并在与政治的共舞中经历了一个曲折发展的过程。1958年，我国电视文艺伴随着中国电视事业而诞生，我国电视文艺为配合当时的时事政治形势，坚持"文艺为工农兵服务，为社会主义事业服务"的方针政策，播出了大批符合政治宣传精神的电视文艺节目。如我国第一部电视剧《一口菜饼子》，就是为了配合当时"忆苦思甜""节约粮食"的宣传主题而制作的一部教育人们珍惜粮食的政治教材。然而，到

了"文化大革命"时期，我国刚起步不久的电视文艺事业遭到"四人帮"文化专制主义的重创，成为政治的传声筒，图解政治和标语口号式的文艺节目泛滥成灾，"电视文艺的发展受到极大的破坏，充斥屏幕的是样板戏、语录歌、'文革'节目及偶尔一些带较浓政治色彩的外国文艺节目"①。在粉碎"四人帮"以后，随着社会政治经济形势渐渐好转，禁锢文艺创作的旧思想、旧教条得以破除，我国电视文艺事业开始复苏、发展。80年代末，我国政府提出了"主旋律"这一文化口号，号召文艺要歌颂党、人民和社会主义，由此诞生了大批具有"主旋律"特色的电视文艺作品。改革开放以来，党和国家对文化事业加大扶持力度，在贯彻"弘扬主旋律，提倡多样化"的中央精神下，我国电视文艺得以蓬勃发展并形成空前繁盛的良好局面。

我们从一定时期的文艺批评标准可以看出政治对电视文艺的影响。历来对文艺的批评标准大致有两个：一个是思想标准，一个是艺术标准。思想标准包含政治标准，政治标准要求文艺为统治阶级的经济基础和上层建筑服务。而我国的文艺批评又在很长一段时间受"工具论""服务论""从属论""喉舌论"等思想的影响极大，导致我国文艺批评重政治标准，而轻艺术标准的错误倾向。我国电视文艺属于文艺范畴，尽管起步较晚，仍然无法回避政治的影响。一个在艺术上即使再纯熟、精湛的电视文艺节目，如果经不起政治思想标准的检验，就会大大影响自身的传播效果。这样的例子在我国电视文艺发展历程中不在少数，如1980年，中央电视台拍摄的中国第一部电视连续剧《敌营十八年》因在内容上被疑为带有"资本主义精神污染"的成分而受到批判。同年引进的一部美剧《加里森敢死队》，由于涉及大量盗窃、犯罪、暴力等情节内容，引起当时一些青少年的盲目模仿而成为影响社会稳定的因素，播放到一半便因舆论哗然而遭到停播。当前我国的各种官方或民营影视审查机构在对作品进行审查时，首要的考量标准仍然是政治标准。同时，我国国家广电总局、中央电视台和一些省级以上电视台还设有专门的电视监播机构，一旦发现政治导向问题就及时采取措施终止节目播出。因此，我国电视文艺一直伴随着文艺批评的政治标准而成长。

政治对电视文艺的影响还体现在文艺体制改革、文艺方针政策对电视文艺事业的直接规范制约作用。文艺体制改革往往通过国家出台各种政策、措施来进行，而电视文艺政策通常由政府授权设置的专门单位来制定和执行，对电视文艺产品的生产、流通、消费和整个电视文艺事业的发展、规划进行有效的传播控制和整合管理。2007年针对影视作品中滥用吸烟镜头的现象，国家广电总局出台政策要求各级审查机构予以重视并严加审查。为响应2009年1月中共中央、国务院发布的《关于进一步净化社会文化环境，促进未成年人健康成长的若干意见》，国家广电总局积极贯彻落实，加强阵地建设、加强引导和扶持，加强对未

---

① 张凤铸、胡妙德、关玲：《中国当代广播电视文艺学》，中国传媒大学出版社，2004年版，第62页。

101

成年人节目的审查和管理，并于同年拟定了《未成年人节目监管细则（讨论稿）》，对未成年人节目的导向、主持人、语言文字等都做了详细规定。[①] 2011 年10 月，国家广电总局下发了《关于进一步加强电视上星综合频道节目管理的意见》（以下简称《意见》）即媒体及公众所说的"限娱令"，指出"凡在节目中出现政治导向、价值取向、格调基调等方面的问题，视其性质和严重程度，对该节目分别采取批评、责令整改、警告、调整播出时间以至停播等措施。"[②] 该《意见》再次强调影视作品中政治导向问题的重要性，并对广播电视过度娱乐化和低俗问题做出规定。可见，电视文艺政策通过各种审查、禁令，对电视文艺创作者、传播者进行思想政治上的引导，以保证电视文艺的创作、生产符合国家意识形态的要求。

但是，我们承认政治对电视文艺的制约和影响作用，却并不意味着我国电视文艺必须从属于政治，成为政治的附属品或传声筒。政治这种生活方式是与作为艺术生活方式的电视文艺截然不同的。政治生活为电视文艺提供了丰富的素材，如反映抗日战争和新中国成立前后国共两党政治斗争的"抗战剧""谍战剧"及大量经典改编的红色题材电视剧，反映我国改革开放进程中可喜变化与发展问题的"改革题材电视剧"和反思"文化大革命"时期政治动荡给人们带来精神创伤和剧痛的"伤痕电视剧""知青电视剧"等，而电视文艺在与政治进行适应性调节的过程中，不是消极被动地反映政治生活中的大小事件，而是对其所反映的政治生活做出了价值评判，并在与当代社会生活的生成性激活中积极地完成意识形态的询唤功能。电视文艺主要借助节目传递的伦理道德取向、社会价值观念影响人们的生活，而间接反作用于政治。如电视剧里常常塑造一些生动感人的艺术形象，通过他们思想、行为、命运的典型模范意义，潜移默化地引导受众接受作品的道德评价，从而提高社会成员的道德水平和精神境界。即使那些看似"纯艺术"的电视文艺节目，如电视诗歌、电视散文、电视音乐，电视舞蹈等，也是以真、善、美的内容与形式熏陶受众的心灵，这对建设社会主义和谐政治生活无疑具有潜在的积极作用。再如电视戏曲很多是对中国传统戏曲的电视化呈现，而传统戏曲中大多是一些劝善惩恶、强调因果报应的内容，因而电视戏曲的道德意味和政治色彩也较为明显。电视文艺正是通过自身的审美功能、认识功能和教育功能"寓教于乐"，作用于"人"，并通过人的力量改造社会促进生产发展，进而维护和巩固现有政治统治的。

可见，当代电视文艺与政治的关系是密切而又复杂的。当代电视文艺具有政治性，无法彻底超脱于政治，受政治的制约和规范。而政治体制必须尊重电视文

---

① 《2010 年中国广播电影电视发展报告》，新华出版社，2010 年版，第 151 页。

② 参见国家广电总局－首页－广电信息－工作动态（2011/10/25），http：//www. sarft. gov. cn/articles/2011/10/25/20111025170755801010. html。

艺发展的内在规律，合理引导当代电视文艺的发展方向。

二、自觉的价值诉求：电视文艺与经济

马克思说，人只有解决了温饱之后才会有过剩的精力从事艺术活动。电视文艺作为社会上层建筑，归根结底受经济基础的制约。从宏观上看，世界经济格局的整体形势、国家经济发展的战略方针、国民生产收入的社会分配原则，一定时期产业结构的调整升级等都会影响一国文艺的发展水平和态势。从微观上看，电视文艺作为一种特殊的精神产品，既具有社会意识形态属性，也具有商品属性、产业属性和经济功能。电视文艺节目的生产过程如同企业产品的生产过程一样，已渐渐形成了一整套成熟的工业化生产流程，从立项、投拍、宣传到播映都直接与生产、流通、交换，消费的各个环节发生经济关系。所以说，那些"文艺与功利无关""文艺与商品经济无关""纯艺术"的观点并不能完全反映电视文艺实践中的实际情况。

电视文艺节目与其他电视节目一样，是建立在"电视"这一特殊的视听化物质载体基础上的创作、生产，包括电视制播机构、技术设备、制度设施在内的一切物质基础设施，都是电视文艺生产活动必不可少的基础条件。没有这些物质技术条件做准备，电视文艺的创制工作就无法正常进行。我国电视文艺诞生在新中国成立不久、经济基础还很薄弱的 20 世纪 50 年代，电视文艺制播机构数量有限、设备简陋，各种基础设施建设还处于探索开发阶段，无论是从制作手法还是节目数量来看都无法和西方发达国家相比。在当时计划经济的条件下，市场发挥的作用也十分有限，电视文艺生产还主要依靠政府的扶持。"早期发展电视事业的经费来源主要是靠国家拨款，以后逐步发展成为以下几部分：国家（中央和地方）拨款；广播电视系统预算外收入（如企业利润留成和广告费收入留成等）；社会集资（包括企业自筹）和群众集资，等等。"[1] 而随着改革开放步伐的加快，我国社会生产方式的改变，社会主义市场经济体制的建立，各级各类电视台、民营电视制作公司、中外合资机构、大型传媒集团如雨后春笋般出现，投资主体趋向多元化发展，电视文艺生产的物质技术条件发生了巨大改变。

在全球化发展趋势和社会主义市场经济环境下，电视文艺生产既要受市场的驱动，也要受到市场的考验。改革开放以来，我国经济持续稳定发展，人们的生活水平得到大幅度提高，开始有了过剩的精力和资金消费文化产品，也由此带动了文化产业的繁荣。同时，电视文艺作为大众文化的一种，具有低门槛、娱乐性、快速消费等特征，使其具有广泛的消费市场。有消费需求的地方，就有生产潜能。于是，经济成为撬动电视文艺创作的有力杠杆，引来众多的投资者，生产了大量各种类型的电视文艺产品，使我国电视文艺获得了广阔的发展空间。从引

① 刘习良：《中国电视史》，中国广播电视出版社，2007 年版，第 67 页。

进技术到培养人才,从制作发行到节目播出,都需要吸收大量的资金投入。比如电视文艺节目创作之前就需要进行成本核算,预先投入一定的生产资料和资金,然后通过节目播出获取的广告收入作为再生产的资本积累。而市场运作中资金周转涉及的各种经济行为,如节目销售渠道、市场宣传手段等无不受到来自市场获利的原始驱动。国家也鼓励我国电视文艺的生产者、经营者在保证节目社会效益的前提下,追求经济效益的最大化,这是由电视文艺节目的商品属性所决定的。

在市场经济条件下,电视文艺产品同一切物质商品一样,需要投入劳动和资本,具有商品价值和市场价格,在文艺市场上交换、流通。市场犹如一个无形的指挥棒,通过维持商品生产和消费之间的供需平衡,自动依据市场规律做出调整。我国电视文艺生产一方面受国家文艺政策的宏观调控,另一方面也以市场为导向,遵循市场法则。那些经过市场检验不合格的电视文艺产品,终将被淘汰;而那些能够得到受众认可,能够给相关机构或个人带来相应经济回报的电视文艺节目,才能够在文化市场激烈的竞争中生存下来。因此,在一个新的电视文艺节目投入生产之前,应对受众消费行为及水平做好市场调查,并做出科学的分析和预测,了解当前及今后一段时间的消费需求,避免短时间跟风制作造成的节目质量低下。同时,也应该认识到尽管我国电视文艺生产受经济发展水平的制约十分明显,但它绝不是经济的附属品,不能完全受市场的摆布,而应把社会效益放在第一位,并反作用于社会经济。

恩格斯说:"文学、艺术等的发展是以经济发展为基础的。但是,它们又都互相影响并对经济基础产生影响。并不是只有经济状况才是原因,才是积极的,而其余一切都不过是消极的结果。这是在归根到底不断为自己开辟道路的经济必然性的基础上的相互作用。"① 电视文艺作品作为一种特殊的社会生产力,艺术地掌握世界并推动国家经济向前发展。21世纪,国家综合实力的竞争集中地体现在文化软实力的竞争上。电视文艺产品作为文化产品的一种,通过与经济的有机融合而找到自己的生长点,有助于扩大内需,打开海外市场,发展本国经济。近年来,我国电视文艺产品的销售量不断增加,显示出我国文化市场的大好前景。以2009年电视剧产业为例,"2009年电视剧销售收入达21亿元,比2008年的16亿元增加了5亿元,增长31.25%,增幅为2005年以来最高。品质的提高带来了播出权销售价格的拉升。2009年热播剧《我的团长我的团》,电视台首轮播出单集售价100万元,首播实现销售额4300万元,开创了中国电视剧首轮销售记录"②。

总之,当代电视文艺与经济的关系一方面是由电视文艺本身的性质、特点和

---

① 〔德〕恩格斯:《致符·博尔基乌斯》,见《马克思恩格斯选集》(第4卷),人民出版社,1995年版,第506页。

② 《2010年中国广播电影电视发展报告》,新华出版社,2010年版,第79页。

功能决定的，另一方面是由经济发展的运行规律和内在需求决定的。当代电视文艺与经济不可分割地交织在一起，越来越成为一种自觉的力量，推动经济、社会的发展。正确认识当代电视文艺与经济的关系，对于转变观念，开发文化资源，拓展文化市场，推进电视文艺产业的进一步发展具有积极意义。

三、在深度整合中互补互渗：电视文艺与科技

电视文艺是艺术与科技的结合体，带有与生俱来的技术性。科技作为一种社会生产力，在电视文艺生产中的应用十分广泛和深入，从电视文艺节目的制作、传播到接受各个方面，都离不开科学技术的支持和影响。"电视作为现代电子媒介，是现代科学技术高度发展的产物，是对高新科学技术具有很强依赖性的大众传播媒体；电视节目的采编、播出、传输、覆盖的每一个环节都离不开科学的发展、技术的进步。"[①] 科技的进步，对电视文艺事业的发展，对电视文艺美学观念的演变，都有着不容忽视的重要影响。可以说，没有现代科技，就没有电视文艺。

1895 年 12 月 28 日，法国卢米埃尔兄弟在巴黎卡普辛路一家咖啡馆放映了自己摄制的短片《火车进站》《水浇园丁》等，标志着电影的诞生。1936 年 11 月 2 日，英国广播公司（BBC）以一场宏大的歌舞晚会作为开场，率先开始了电视传播，标志着电视时代的到来。因活动摄影机和放映机的发明而诞生了电影；而电子传播手段的发展又使电视得以问世。可见，科学技术每一次重大进步，都为人类社会带来了意想不到的文明成果。我国电视文艺伴随着我国电视的普及而诞生，电视技术的进步为我国电视文艺的存在和发展打下了坚实的基础。从传统模拟电视信号到数字电视信号，电视传播技术的发展使中国电视依次经历了无线电视、有线电视、卫星电视和数字电视阶段。科技是电视赖以生存的基础，也是电视文艺无法忽视与超越的客观条件。文学艺术可以不依靠科技进行创作，而电视文艺节目创作却天然地离不开科技，没有科技的支撑，电视文艺节目甚至无法播映与保存。而且，在现代电视文艺节目创作中，科技已经不仅仅是一种创作工具或手段，而是作为一种重要的美学元素，内化为电视文艺的有机成分，参与到电视文艺作品的内容表达和美学建构。此外，电视文艺创制活动中所需要的一切机器设备如摄像机、录音机、编辑机，传播中所使用的一切工具载体如电视、电脑、手机等都是技术产品。从这个角度说，技术性是电视文艺的本体属性。

在电子计算机、信息高速公路、多媒体技术等高科技的冲击下，电视技术不断发展完善，推进了电视文艺创作手法的演进更新，同时也改变了整个电视文艺节目的表现效果。显微摄影、水下摄影等科学技术的发展使电视文艺对社会生活细节和亮点的捕捉，真正显示出"无微不至"的特性。虚拟演播室技术把虚拟技

---

① 刘习良：《中国电视史》，中国广播电视出版社，2007 年版，第 55 页。

术与电视相结合，在电视文艺节目制作中使用虚拟角色，创造虚拟表演环境，有效地解决了危险镜头的拍摄问题和大场面制作的困难。电视节目制作从线性编辑到非线性编辑，从直播、录播再到直播的上升发展过程，以及多画面、叠加字幕、三维动画、数码合成等新技术手段的广泛应用，无疑改变了整个电视文艺的面貌，使屏幕上呈现的一切物象愈加具有逼真的艺术效果。如近几年的春节联欢晚会，把 LED 电子显示屏融入舞美设计中，运用虚拟视频等多媒体技术模拟实景，取代刻板单调的传统布景，创造了一个立体动感的表演背景，使演员与背景无比自然地融合在一起，增强了节目的艺术性与真实感。

科技的进步还促使新的电视文艺形式得以产生。"科技是第一生产力"，在现代社会影视生产领域中尤其如此。现代复制技术的广泛普及和应用，使一切新的艺术形式批量生产与传播成为可能。落后的制作设备和技术，会直接影响影视生产的效率和效果。各大影视制作公司纷纷利用自身经济技术优势，不断更新配备影视制作设备，并对影视节目制作部门进行分工细化，使影视节目制作日益走向专业化、类型化生产。如在电视剧的类型化生产中，各种警匪剧、伦理剧、言情剧、历史剧等都形成了自成套路的制作模式。因此当一种新技术普及后，会改变创作者的创作思维和创作方式，并有助于推动新的节目形态的诞生。"电视与传播技术的每一个进步都给电视节目的发展开辟了更加广阔的空间。每一个节目形态的产生、发展都与技术提供的可能性密不可分。比如没有 ENG 的电视制作方式，就无法想象今天的电视新闻、纪录片等节目形态的出现；没有卫星传播等同步传播手段，也就不会有动人心魄的现场直播魅力；……"[1] 数字技术的发展，不仅使运用数码特效手段制作 MTV 得以实现，还使具有不同成像原理、传播载体的电视和电影有了融合的可能，并产生了电视电影这一新的艺术形式，显示出影视合一的大趋势。我们有理由相信，在新科技的推动下更多新的电视文艺节目形态还将诞生。

科技的普及应用还改变了受众的接受心理和美学观念。"对于 21 世纪的影视艺术来说，技术性与艺术性的综合更加明显，现当代科技革命的重大成果将被迅速应用到影视艺术的创作和生产中来，甚至使得影视艺术的生产制作过程与接受观赏方式都发生很大的变化。"[2] 高超的电视技术唤醒和启发了受众的艺术鉴赏力，使受众对艺术的心理期待越来越高。如在模拟信号电视时代，电视屏幕的清晰度不高，受众对一些细节无法观察得十分仔细；而高清数字电视却能使屏幕画框里表现的一切对象清清楚楚地显示出来。为了不破坏整个画面的真实感和受众对电视文艺逼真性的追求，以前使用过的一些制作粗糙的模拟道具，在高清显示技术环境下已不能再轻易使用。而高新技术下，电视文艺独特的拍摄手法、巧妙

---

① 张成华、赵国庆：《电视：艺术与技术》，复旦大学出版社，2004 年版，第 10 页。
② 彭吉象：《影视美学》，北京大学出版社，2002 年版，第 247 页。

的画面剪辑，精彩的电视特技改变了受众的美学观念，让电视文艺在人们心目中的艺术地位得到很大提升。

电视文艺体现了现代技术的进步，但电视文艺又绝不等同于技术。技术的应用不但应提高电视表现的视听效果，更应以更好地深化主题内涵为目的。使用特技功能，提高电视文艺节目的包装艺术本无可厚非，但如果以牺牲艺术性为代价片面追求技术性，过分夸大技术的作用，炫耀技巧，就本末倒置了。技术因素是影响电视文艺作品艺术构成的重要因素，但它并不是影响电视文艺艺术价值的唯一因素。而且技术的标准化操作、重复性对艺术创作所需要的独特性、创新性构成了挑战，很可能抹杀掉创作者的艺术个性。重视技术的作用，并不是对电视文艺艺术精神的否定。要纠正"唯技术"倾向，警惕现代"工具理性"对电视文艺人文价值的销蚀。

当代电视文艺与技术深度契合，一体化趋势十分明显。当代电视文艺依靠技术并熟练运用技术来创造文化成果；技术的发展使当代电视文艺节目更加精美多样，传播范围更加广泛，互动性和参与性更强。技术为当代电视文艺提供了支持和保障，当代电视文艺的发展又对技术提出了更高的要求。

四、自然更迭与融汇中的新生：电视文艺与文化

文化涵盖的范围极其广泛，一切可感知的社会生活现象其实都可以归属于文化。电视文艺作为特定群体集体创作活动的结晶，不仅是文化的重要构成成分，也是对文化声画并茂的形象表达。美国艺术家保罗·克利曾说："艺术是文化的花朵。"电视文艺作为一种新兴的文化艺术样式和一种重要的文化现象，是在文化这个母体系统里开出的一朵美丽奇葩。文化的发展演变必然会影响电视文艺的发展演变；电视文艺也以其独特的文化形态积极参与建构文化，并为文化的保存及传播做出了重要贡献。

一般认为，文化包括物质、制度、精神三个层面的内容。"文化在结构上是金字塔结构形式，在这个塔中，处于最顶端的是精神文化，处于中部的是制度文化，处于最底层的是物质文化。"① 电视文艺是文化的有机组成部分，属于精神文化的范畴，处于文化结构的最顶端，并在与其他文化形态的互动中发展演变。而在文化各子系统中，与电视文艺关系最为密切的自然是电视文化。电视文化处于多元文化的交汇场，当代文化的发展演变都在电视文化中有所反映。电视物质文化、电视制度文化、电视精神文化为电视文艺的发展提供了物质保障和智力支持，同时电视主流文化、电视大众文化、电视精英文化等也都成为电视文艺的主要表现对象。

文化影响了电视文艺的内容建构。文化作为人类改造世界过程中所获得的物

---

① 欧阳宏生，等：《电视文化学》，四川大学出版社，2006 年版，第 3 页。

质成果和精神成果，包含了丰富的社会内容，一切艺术形态都无法脱离文化而孤立地存在。中华传统文化博大精深，包含着深厚的儒释道文化精神，是我国电视文艺作品的主要题材来源和表现对象。如历史剧中的爱国主义精神、改革剧中的奋斗拼搏精神、家族剧中的仁爱伦理精神，都源自于中国传统文化的精髓。传统历史文化资源作为文艺创作取之不竭的思想源泉，也为电视文艺作品提供了各种各样的文化形象，这些文化形象蕴含了大量的传统文化信息。如电视剧《三国演义》《汉武大帝》《和平年代》《长征》中各种历史人物纷纷登场，从不同角度弘扬民族优秀文化，培育民族精神，传递了特定时代背景中复杂的历史文化信息。电视文艺作品犹如一面镜子，映照出了它所归属的文化样貌。地域文化中涵盖的自然风貌、人文景观、民族风俗习惯，文化心理特征等生动集中地体现出了民族文化的内涵，直接为地方电视文艺节目提供了丰富的内容源泉。这也是一些优秀的具有地方特色的电视文艺栏目能在全国范围受到欢迎，产生多重文化效应的原因。

同时，电视文艺作品的艺术品格也受文化的影响，它的最高审美境界应该是融合了视听造型与人文精神的文化美感。电视文艺的人文精神，体现了文化的本质追求和终极目标。没有对于人性的关注，没有对于真善美的讴歌，一味迎合部分受众的低级趣味，还会危及电视文艺自身的生存。而当前我国电视文艺节目原创性和本土特色的严重缺失，正是没有正确区分传统文化的精华和糟粕，对传统历史文化资源的利用缺乏深度和灵活性的表现。因此，提高电视文艺作品的文化底蕴，增加文化含量，需要不断吸收和借鉴中华优秀传统文化。

文化还影响了电视文艺的创作主体和接受主体。一切艺术品都是艺术创作主体思想、情感、理想、愿望在具体物质材料上的投射，是创作者所处时代政治、经济、哲学、道德、宗教、科技等文化现象的综合反映。电视文艺作品作为艺术品的一种，反映了时代的文化特征，是特定时代的文化产物。而艺术品要干预生活，对人产生影响，也必然借助文化这个中介和载体。电视文艺创作者处于一定时代的文化群落之中，受特定文化氛围、思想的影响，创作出打上自身文化烙印的电视文艺作品。而作为接受主体的受众由于其特殊的文化心理结构，形成一定的审美倾向和态度，对其中的文化信息进行选择性接受，从而产生不同的情感、心理反应和不同的社会效果。这也是电视文艺在传播过程中需要对受众的文化水平、文化地位、文化趣味，文化需求等进行受众定位的原因。可见，电视文艺作品作为一种文化缩影，受制于文化，成为创作者、传播者与接受者三方各种信息激烈交流碰撞的阵地，最终使某种优势文化因子得以继承发扬，促进社会文明的进步。

但是，电视文艺对文化也有反作用力，优秀的电视文艺作品对当代文化的建构和多元文化的丰富具有积极的影响。电视的公信力和电视文艺的大众性，使作为承载人类精神文化内核的电视文艺，成为重新聚合社会力量、重构当代文化精神的一个重要载体。不同时代、不同民族的文艺作品，渗透着不同的文化因子；同一时期不同地域、不同类型的电视文艺作品，也负载着不同的文化要素。电视文艺不仅反映了当代文化，反映了当代人的精神文化需求，而且在调节人们的文化心理，为地域文化的传播、弘扬提供坚实的平台等方面对文化产生重要的反作用。

作为一种文化中的意义载体，电视文艺必然肩负着重要的文化使命，并在形象地诠释文化、保存文化、传播文化方面做出了巨大的贡献。电视文艺作品集中、概括地记录了文化，并以其最大的客观性、逼真性反映了文化类型的完整性，摒弃了抽象的书面语言文字对大众的严格限制，通过声音和图像的直观形式使文化得以保存和广泛传播。特别是一些电视文艺纪录片和电视剧以影像的方式对我国非物质文化遗产的保存做出了巨大贡献，一些电视文化栏目如中央电视台的《文化视点》《读书时间》《中国风》等直接以文化为传播对象，对保存和传播中华传统文化以及提升频道和电视台的文化含量具有很大意义。

当代电视文艺既是文化的表现，也以文化为表现对象，二者既相互独立又密切联系。当代电视文艺不仅丰富和扩展了电视文艺作品的内涵和容量，而且为其发展演变提供文化条件；当代电视文艺是文化的一种特殊表现形态，为保存、传播文化做出了重要贡献。

［载《重庆邮电大学学报》（社会科学版）2012 年 9 月第 24 卷第 5 期］

论中国电视文艺的学理重构

处于纷繁复杂、多元动态的文化格局和社会结构中的电视文艺，其发展脉络、艺术实践、信息、传播接受范围和理论建构与文学、戏剧、广播、电影、新媒体等媒介有着千丝万缕的联系。作为一种媒介文化形态，电视文艺极其深刻地影响着人们，这种影响体现在人们的信息来源、生活体验、话语方式等方面，并最终促成意义的多元化、空间多层性和社会文化立体化景观。

电视文艺范畴与意义考察

电视是 20 世纪 90 年代以来最富影响力、发展最繁荣，至今仍为中国的"第一媒介"的大众传播媒介。据统计，从 1997 年至 2010 年，14 年间人均收视时长的日平均值为 179.25 分钟，表明我国电视观众每天收看电视 3 小时左右。它不但为广大观众提供了娱乐和知识，提高了普通民众参与社会公共事件的意识和热情，同时引起了商业、传媒业的积极介入，被社会多方面所看重，具有不容忽视的意义。而其中集娱乐、教育、认知等功能于一身的电视文艺在电视节目中占有很大的份额。据统计，全国电视台电视文艺节目占所有电视节目播出比重约52%，收视比重约 60%。[①] 另外，据著者对中央电视台和各省卫视台进行抽样调查发现，电视文艺节目占所有电视节目播出比重是 60% 以上。由此观之，电视文艺节目受欢迎的程度之高是其他电视节目形态难以望其项背的。每天全国如此巨量的电视文艺节目不间断地播出，为电视文艺研究者提供了广泛的素材和实践基础，针对这些电视文艺节目的生产流程的分析、内容评测和接受终端的价值判断和理性审视，不论从实践水平的提高、电视文艺学科建设，还是受众的文化提升、社会的和谐发展来看，都具有极其重要的意义。

（一）电视文艺与电视艺术辨析

电视文艺是伴随着电视艺术的出现而生成的，对其内涵的理解和特征的描述因实践的变化而有差异，呈现出动态轨迹，正如黑格尔说的："这种精神的运动，

---

① 欧阳宏生，等：《论电视艺术的学理重构》，载《现代传播》，2010 年第 4 期。

从单纯性中给予自己以规定性，又从这个规定性给自己以自身同一性，因此，精神的运动就是概念的内在发展：它乃是认识的绝对方法，同时也是内容本身的内在灵魂。"① 关于电视文艺概念的流变，有学者对此进行了梳理，尤其对之前几种单纯从统计学、发生学、美学考虑的定义进行辨析，并指出了它们各自的缺陷，从而认为电视文艺"就是指运用艺术的审美思维，把握和表现主客观世界，通过电视声画语言，发挥电视本体特性，塑造鲜明的屏幕艺术形象，给电视观众以认知、娱乐、教育、审美四位一体的综合艺术享受的电视节目类型"②。从而由生产、价值、形态等几个方面构成了电视文艺的定义，广为学界采用。

关于定义的方法，一般有两种：词语定义和实质定义。"词语定义"是明确某一词语表达什么概念的定义，其作用在于明确（规定或说明）一个词语的含义。在论述中，每个语词的含义是确定的。比如列宁从字源和意义上界定乌托邦："'乌'是'没有'，'托邦斯'是个地方。乌托邦是一个没有的地方，是一种空想、虚构和童话。"而"实质定义"重在揭示概念所反映对象的特性或本质，一般表示为"被定义的概念＝种差＋邻近的属概念"。如在"商品是用来交换的劳动产品"这个定义中，"劳动产品"便是"属概念"，将商品纳入一个大的概念中；"用来交换"便是"种差"，用来揭示商品的本质。在此，关于电视文艺概念的定义，我们采用实质定义的方法。首先，电视文艺的"属概念"是"电视节目形态"。其次，电视文艺按照一定的艺术思维和理念，创作的具有审美意味的节目，这也正是区别电视新闻、社会教育等电视形态的特征，即"种差"。因此，电视文艺，是指运用文艺的艺术思维，按照一定的理念，创作出来的具有审美意味的节目形态。

电视文艺与电视艺术，两个范畴有交叉、重叠，但更各具独特性。回溯电视批评史，刘树林、李泱主编的《电视文艺学》（辽宁大学出版社，1990 年版）和陈志昂主编的《电视艺术通论》（知识出版社，1991 年版）分别作为电视文艺学和电视艺术学的首部著作，在研究对象、论著框架、话语形式上大同小异，对电视文艺和电视艺术概念的理解、区分不甚清晰。这种状况，直至后来被广泛引用的张凤铸主编的《中国电视文艺学》（北京广播学院出版社，1999 年版）与高鑫的《电视艺术学》（北京师范大学出版社，1998 年版）中仍然存在——不论从定义的诸要素，还是本质属性的界说，乃至定义的措辞结构都极其相似。诚然，电视文艺和电视艺术的母体或艺术载体都是电视，都是依循电视声画语言的艺术规律，但作为两门独立的学科，必然有其独特的艺术规律，在学科定位、研究视角等方面存在差异：

第一，从学科脉络来看，电视文艺属于电视节目学，它与电视新闻节目、社

---

① 欧阳宏生，等：《论电视艺术的学理重构》，载《现代传播》，2010 年第 4 期。
② 欧阳宏生：《21 世纪中国电视文化建构》，四川大学出版社，2011 年版。

会教育节目、生活服务节目等构成了整个电视节目。相对而言，电视艺术学与电视传播学、电视美学、电视文化学、电视社会学等更侧重电视基础理论。由此得知，电视文艺是电视节目学中的一种，属于节目形态研究；而电视艺术更侧重于电视艺术的本质理论的研究。

第二，从研究视野来看，电视文艺区别于电视新闻、社会教育、生活服务节目，是以电视屏幕上播出的所有电视文艺节目为研究内容。电视文艺节目是研究中心。电视文艺节目的结构、分类、形式等，以及发展历史、本体、性质、任务、功能等都是电视文艺的研究对象。电视艺术研究包括对基础理论和电视艺术元素的研究。电视艺术的基础理论，研究电视艺术理论的历史，电视艺术与其他艺术之间的关系，电视艺术的特点等，更侧重综合、宏观、整体的把握和抽象概括。而电视艺术元素有电视艺术创造、蒙太奇手法、声画语言等，力图从社会文化现象、接受现象及大众传播手段的视角对电视艺术进行宏观和整体的研究。

（二）电视文艺研究意义考察

电视文艺研究直接作用于电视文艺节目的生产，为其提供借鉴和理论指导。近年来，电视文艺节目蓬勃发展，成为广大观众喜闻乐见的艺术样式。创作者从摸索、实践的感性认识阶段，逐步转向自觉地运用电视化手段。在这个过程中，不管是因为认识上的不足造成的教训，还是因为准确把握了时代审美、节目质量而取得的成就，都应得到研究。研究者要站在宏观的高度和微观的维度，对整个节目以及节目之间进行结构性、创造性的认识，总结出有章可循的"法门"，以及可持续性发展的开放性机制，为节目创作者提供参考和理论依据。

同时，电视文艺研究也是电视文艺的学科理论体系构建的需要。运用科学的世界观和方法论，从电视文艺实践活动的内外联系以及各种构成要素的相互关系中，探索和揭示文艺节目生产活动的客观规律，整理电视文艺研究的知识和成果，从而重构电视文艺学的理论体系。在50多年的探索发展中，电视文艺积累了巨量的节目、大量的实践经验和宝贵的人才资源，为电视文艺学科的理论形成和学科建设提供了厚重的节目资源和丰富的实践经验。而研究这些节目，无疑能够更好更快地实现电视文艺的理论化转化和学科体系化建构。

除此，电视文化是影响当今社会文化生成、格局的重要一脉，电视文化的优劣对社会文化的影响不容忽视。电视文艺在传播信息和提供认知的同时，以一种喜闻乐见的形式，为观众提供丰富的视觉盛宴和惊异的美学体验，在观众中产生了良好效果。但在消费主义的冲击下，电视文艺节目的文化质感逐渐被剥离，"三俗"之风屡禁不止，给社会文化的健康发展带来恶劣影响。因此，研究者及时发现这种现象，并予以正确引导，缓冲消极电视文化带来的破坏，营造一种良性的社会文化氛围更显得尤为重要。

电视文艺研究的多维审视

中国电视文艺研究流动于不同的话语形态、描述结构，并在不同的历史时期显现具有差异的理论景观。电视文艺本身的发展经历了从备受质疑到合法性确立的阶段，再到现在的多元化繁荣发展期，在这样一个曲折发展的过程中，研究者主要是从以下几个方面来展开研究的：

一、电视文艺本体理论的研究

所谓本体，是指事物的本身的原样。电视文艺的本体理论，就是关于电视文艺这一文化形态的性质、内涵、价值和功能的理论。针对电视文艺本体的研究最初来自回应质疑电视艺术合法性的外在环境和电视文艺本身发展的内在需要。电视文艺的形态特性首先是以电视剧艺术为切入点的。1958 年 6 月 15 日刊载于《光明日报》的《一口菜饼子》的海报可以看作是中国第一篇电视剧批评。而首次将电视剧作为独立的艺术形态加以阐释的理论文章是赵玉嵘的《电视剧浅议》，全文 7000 余字，谈到电视剧是"独立的艺术"，并对"电视剧的特点"进行了系统总结，同时还就"舞台剧的电视处理"以及"直播电视剧与电视剧影片"进行了分析和研究。[①] 而后研究视野从电视剧辐射至其他电视文艺节目。20 世纪 80 年代中后期，随着电视文艺的快速发展，电视文艺的通俗性、时空特征和教育功能、娱乐功能为研究者所认识，并且最终在电视文艺的声画系统、艺术属性和娱乐、教化、参与性、日常性的审美特征等认识上基本达成一致，比较有代表性的是张凤铸先生在《中国电视文艺学》一书中的论述，他从技术和艺术相结合的维度入手，认为电视艺术的本质属性是电视的艺术，是荧屏上视听结合，声画纷呈的艺术。接着又用比较学的研究方法进一步显示了电视文艺区别于传统戏曲艺术、电影艺术的审美特征。更为重要的是，"该书进一步从电视文艺的特性认识中指出必须要提高节目的文化品位，并且从人文关怀和精品意识两方面做了有益的探索和反思"[②]。

二、电视文艺发展研究

随着电视技术的不断改进，电视剧、电视综艺等节目的发展，电视文艺的影响力日益提升，对电视文艺发展历史的研究就显得格外重要。刘树林先生从政治、体制等社会学角度，兼顾电视文艺本身发展水平，首次将电视文艺发展划分为四个阶段，初创期（1958—1965）、停滞期（1966—1977）、复苏期（1978—

---

① 赵玉嵘：《电视剧浅议》，载《广播业务》，1964 年第 8 期。
② 张凤铸：《中国电视文艺学》，北京广播学院出版社，1999 年版，第 10、12、11 页。

1979）、发展期（1980—1988）。后来的研究，如张凤铸主编的《中国电视文艺学》，高鑫、吴秋雅的《20世纪中国电视剧史论》等，前三阶段的划分基本是沿用这种分期，介绍各个时期电视文艺发展的基本面貌，同时侧重研究重要的电视文艺现象的描述，对各个时期发展的典型特征予以阐释。第四个时期，随着电视文艺实践的推进，研究者关于繁荣发展阶段的时间限定上各有差异，阐释内容上也有所增添。关于台湾电视文艺的发展情况，李献文在《台湾电视文艺纵览》（中国广播电视出版社，1997年版）中分为《戏剧篇》《综艺篇》和《主持篇》，针对台湾电视剧、综艺节目和主持进行分期和论述，对台湾电视文艺的意识形态影响和节目艺术发展做了很好的梳理。

三、电视文艺的应用理论研究

学界集中对电视文艺的创作进行研究是从20世纪80年代开始的，并在电视文艺实践要求的条件下，大量的研究主要围绕电视技术研究、栏目和节目的创作研究、文艺节目的构成要素研究等方面展开。比较有代表性的是：《电视专题片创作》（高鑫，北京师范大学出版社，1993年版），《电视文艺节目的创作》（游洁，中国广播电视出版社，1999年版），《广播电视文艺编导》（项仲平、王国臣，浙江大学出版社，2003年版），《电视剧编剧艺术》（宋家玲，袁兴旺，中国广播电视出版社，2002年版），《音乐电视编导艺术》（杨晓鲁，世界知识出版社，2000年版），《电视剧理论与创作技巧》（陈晓春，北京大学出版社，2004年版），《电视剧制片管理——从项目策划到市场营销》（陈晓春、张宏，北京大学出版社，2005年版）等。这些著作或从宏观角度，或各种节目形态局部出发，或从策划、表演创作、经营、制片、管理等某一个环节入手，直接面对电视文艺实践，对电视文艺传播过程中运行的具体环节进行可操作性、有针对性的研究。

四、电视文艺节目形态的研究

电视文艺是电视剧、电视文学、电视音乐、电视舞蹈、电视戏曲等多种节目形态的统称。对每种节目形态的研究，诸如《电视剧原理》（曾庆瑞，北京广播学院出版社，1997年版），《电视文学概论》（刘树林，东北师范大学出版社，1985年版），《戏曲电视剧艺术论》（孟繁树，北京广播学院出版社，1999年版），《综艺娱乐节目主持概论》（刘洋，等，中国传媒大学出版社，2007年版），《从中心到相对——电视音乐传播价值论》（何晓兵，中国传媒大学，2007年版）等，以及各种以"电视艺术"命名的著作对各节目形态的专章专节的研究，皆主要从各种节目形态的审美特征、实践经验出发，极大地丰富了电视文艺研究的内涵。其中，电视剧是研究最为充分的电视节目形态，其中电视剧的类型与审美诸范畴的研究成果最为丰硕。电视剧类型的划分是理论界研究的重要内容，其中，曾庆瑞从文化学、审美学、社会学、叙事学、接受学、传播学共六个大的范畴对电视剧艺术文本类型进行了详细的划分，最为学界接受。而当下屏幕较流行的如家庭伦理剧、历史剧、谍战剧、战争剧、都市剧等类型受到关注，研究者一般从美学特征、生成的社会背景、受众接受等切入点入手，对叙述模式化、背景特定性、人物定型化的各类型剧进行独特解读。在电视剧审美范畴的方面，情节、人物、情感等审美范畴，尤其对情节进行叙事学上的分析和阐释出现了较多成果。

在半个多世纪的研究历程中，关于电视文艺的著作和论文可谓汗牛充栋，其中不乏深具见地之作，有开拓与创新之功。有的具有宏观视野与微观呈现，与哲学、政治经济学、社会学、心理学、文学、美学、传播学等学科保持密切关系，相互借鉴，进行跨学科研究；有的从理论上厘清电视文艺的本质特性及其操作规律，拓宽了研究的思维空间和学术视野；有的针对当下电视文艺发展的问题，提出了疗救的方法，观点新颖，具有操作性。可以说是形成了一定的电视文艺研究阵营和风气，但是，立足于现实需求和电视文艺节目的发展现状考察，仍发现不少问题亟待解决：

一是我国电视文艺学论著不能很好契合当今电视文化的艺术实践与教学实践。按照时间先后，我国现有以下几部电视文艺研究著作：《电视文艺》（刘树林、李泱主编，辽宁大学出版社，1990 年版），《中国电视文艺学》（张凤铸主编，北京广播学院出版社，1999 年版），《电视文艺》（何丹主编，中国广播电视出版社，2001 年版），《中国当代广播电视文艺学》（张凤铸、胡妙德、关玲，中国传媒大学出版社，2004 年版），《电视文艺学导论》（王艳玲编著，四川大学出版社，2006 年版），大多处于探索阶段，或只是简单的描述，其中张凤铸主编的《中国电视文艺学》被广为引用，是相对全面而有较强说服力的一部。但是其中有些著作时隔现在已有几十年，大量开拓性的电视文艺实践，尤其 21 世纪以来，诸如真人秀节目、"百家讲坛"现象、综艺节目的娱乐化、产业化等大量新鲜节目和现象都无法得到论述和总结。并且随着实践的深入，一些观点还需进一步厘清。除此，多为描述性的研究语态，对文艺节目和现象的描述性分析过多，在一定程度上讲，亦缺乏电视文艺创作规律和理论的沉淀与深华。

二是电视文艺研究生态严重失衡。纵览已有研究文本的内容分布和评判指向，当下电视文艺研究内部的关注视域、价值尺度存在严重的不平衡。从节目形态上来看，并非每种形态都能得到均力，其中电视剧可谓显学。各种类型电视剧的历史发展、情节叙事、审美特点、创作技巧、营销管理等均进入研究视野，并辐射至美学、文学、社会学、系统学等学科领域，显示出其研究的光明前景与无穷潜力。相比之下，电视文学、电视戏曲、电视舞蹈等节目形态在研究数量和质量上都显得严重不足，这种研究的弱化的原因是多方面的，其中很重要的一点，即节目本身无法为大多数人所接受和喜爱。接受的小众化，阻碍了实践经验的深广度积累和艺术的创新。从批评形态上来讲，批评文本多是零散化、片段化的。论文多为文本分析，着重探讨作品自身的艺术属性和思想属性。而对电视文艺的传播特点、经济属性、社会属性、文化属性等关注不够，从历史的角度、审美价值的深度批评还不够。

三是没有形成属于电视文艺的话语系统，有借鉴而无建构。这种缺陷源于缺乏对传统批评话语的本体性转向、国外理论的本土化转化和建构。电视文艺研究从生成之初便与文学批评有千丝万缕的联系，直至现在仍广泛运用于批评实践。中国研究以文艺美学为理论支点，定属性为文艺批评。中国固有的批评传统，以及由此产生的研究惰性，使得中国电视文艺批评没有形成立足于自身声画特性、艺术实践的批评话语，从而缺乏一种准确有力的剖析力，在后现代文化转型期若无法发出属于自己的话语空间，难以有衍生意义的可能和潜力。尤其 20 世纪 90 年代开始，诸如现象学、阐释学、接受学、心理学、文化批评等理论与方法缺乏辨析和本土化转化，而生硬地套用于电视文艺研究，造成不知所云的尴尬现象。"无论政治批评还是美学批评都是对来自电视批评以外的主流话语的阐释和演绎，因此思路受到限制，始终以一贯的形象出现在公众面前"，"长期以来并没有一套独立的批评话语"[1]，大量随想化的、零散化的、意义空洞的批评片断，尤其是新闻式的文字充斥于报刊，浪费宝贵的学术资源，破坏批评话语的良性形成。

除此，从社会学角度来看，一种科学有效的研究机制也亟待建立。"电视批评在多彩的创作实践面前却形成了一定的落差，电视批评的话语仍在传统语境中徘徊，始终未能形成新的、理性的、强有力的话语权威。"[2] 究其原因，中国的电视批评还未形成一套科学长效的研究体制，在电视文艺研究中，这个问题表现为：一是批评标准的混乱，传统的艺术和思想的标准无法很好地契合电视文艺研究。在评价一部电视剧的质量时，存在"暗箱操作"，而单纯地依据收视率来评价一部作品的优劣显得力不从心。具有权威的评价标准还未形成。二是批评主体的素质，这种素质的缺乏来源于电视批评教育的滞后，缺乏较高的专业知识、敏锐的审美力和批评技能，也来自于批评主体的薄弱的道德操守，成为"红包评论家""泡沫的制造者"。三是批评的滞后性。当下对西方理论的崇拜和与电视实践脱节的研究取向使得批评缺乏前瞻性，无法很好地指导实践和引导方向。所以，建立电视文艺价值判断的新的评价机制，促进文艺批评理论的发展，推动电视文艺批评实践的科学性、规范化，同时加强电视批评理论对于电视实践的前瞻性引导是当下亟待解决的问题。

电视文艺重构的框架与路径

因此，鉴于以上电视文艺研究现状的梳理，如何重构电视文艺的发展和研究框架，提出长效的发展路径和传播机制是亟待解决的议题。

① 欧阳宏生，等：《电视批评学》，四川大学出版社，2005 年版，第 50 页。
② 欧阳宏生，等：《电视批评学》，四川大学出版社，2005 年版，第 50 页。

在半个多世纪艺术实践中，形成了大量的电视文艺节目和颇有建树的理论研究，电视文艺的艺术语言、创作机制、审美规律和接受机制得到及时总结。但是电视文艺学科体系的建立仍存在明显缺陷。电视文艺学是否有自己独立的研究体系或整体构架，是评判它能否作为一门独立的学科、是否已经走向成熟的重要标志。同时，学科体系建设也是电视文艺学科发展的内在要求，"每一门艺术都要求一门独立的科学，随着对艺术知识的爱好不断增长，各门艺术科学的范围也就愈来愈丰富，愈广阔……每一门艺术乃至其中每一个别小部门也就愈需要有它自己的很详尽的专门的研究"①。

在重构学科框架之前，首先要厘清电视文艺的研究对象。在此，我们可以借鉴 M. H. 艾布拉姆斯在《镜与灯》中提出的"艺术四要素论"。电视文艺学作为一门研究中国电视文艺现象、传播活动的科学，其研究内容贯穿内容生产到受众接受整个环节。用"艺术四要素论"描述电视文艺的研究诸范畴，即电视文艺节目、节目生产、接受与世界（现实诸要素）。但是，要突破四要素之间的封闭性，形成一种开放、动态的艺术过程。因此，将电视文艺的诸要素进行整合，形成立足于电视文艺学的内部元素和外部环境的互动、联系的运动图。（如图 1 所示）

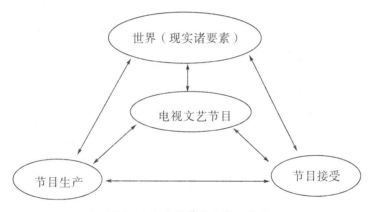

图 1　电视文艺学诸要素运动图

从上图可知，电视文艺研究形成了以电视文艺文本（节目）研究为核心，以电视文艺生态（社会）、电视文艺生产（制作）、电视文艺接受（受众）为枝干的研究格局，即电视文艺的生产到接受整个过程都纳入研究视野，形成一个包含万千，自成一体，又具动态、开放的研究体系。

接着，我们来看电视文艺学的学科体系。电视文艺学体系即指该学科特有的概念、原理、命题、规律等所构成的逻辑化的知识体系。那么如何构建电视文艺学学科体系，同时很好地契合电视文艺的当代实践呢？

---

①　乐瑛：《开拓性的理论探索——评〈中国电视文艺学〉》，载《现代传播》，2000 年第 3 期。

反观现代人文社会学科的学科发展，其中有以下几种视点切入和构建路径可能为电视文艺学学科体系建设提供理论参照：第一，从学科的基本组成部分来构架的话，包括"史""论"和"批评"三个方面，"史"即指电视文艺发展历史，以及电视文艺各节目形态的发展史；"批评"是根据一定标准，揭示节目作品美和缺点，而"论"即对电视文艺史和批评史中的一些现象和问题进行综合性的诠释。第二，从电视研究的基本内容出发。电视研究包括电视基础理论、电视应用理论、电视决策理论和电视史学理论，电视文艺研究也可以分成电视文艺基础理论、电视文艺应用理论、电视文艺决策理论、电视文艺史学理论四板块，当然这种分法可以将电视文艺研究囊括进来。但由于"电视文艺，是一门实践性创造性与受众关系有极为密切的艺术，又是多种高新技术和艺术相交融的综合艺术，同时也是需要多名创作人员、技术人员、制片人员能力合作的集体项目"①。所以这种分法无法突出电视文艺研究的独特性。第三，文艺学的学科构架方法。文艺学一般以文艺作品为研究对象，分为本质论、创作论、作品论、鉴赏论和发展论等几大板块。但是这种方法的不足之处在于，没有很好地关注现实要素。要适用于电视文艺学的学科构建，就要以更开放的视野，考虑电视文艺的政治、经济、技术等社会因素。

我们在第三种方式，即在文艺学学科框架的基础上进行调整，根据电视文艺的艺术规律、社会因素等实际条件来构建电视文艺学学科体系，即电视文艺本质论、电视文艺节目论、电视文艺创作论、电视文艺接受论和电视文艺发展论五个板块。（如图2所示）

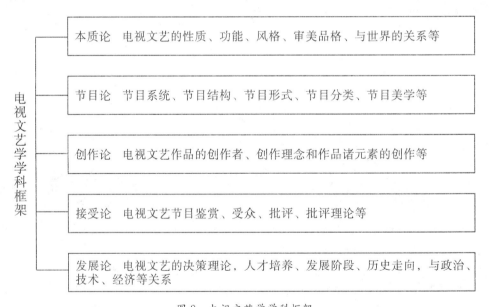

图2　电视文艺学学科框架

---

① 胡智锋：《电视审美文化论》，北京广播学院出版社，2004年版，第109页。

从上图可知，此理论体系一方面囊括了前二种构建方式诸要素，既有对电视文艺基础理论、应用理论、决策理论和史学理论等诸方面的研究，同时在电视文艺节目研究的基础上，提供了更多的动态的勾联，并且以"史"的眼光与"论"的基调进行梳理；另一方面，此理论体系是立足于电视文艺作为节目形态这一属性特征，将节目研究作为重点和中心，突出节目的基础性地位。并且发展论为电视文艺的实践性提供了更为动态、开放的学科框架。因此提供一个稳定的规律性和动态发展性、宏观把握和微观描述并存的理论体系。

此外，中国电视文艺研究和体系构建应该注意以下几点：

首先，全球化与本土化的动态平衡。全球范围的文化传播与互动日益频繁深入，传播全球化扩展了全球不同文化广泛的交流与共享，促进了不同文化之间互补性、关联性和依赖性的增强，使全球社会呈现出相互依存、共同发展的新局面。在这种背景下，国内电视文艺从具体节目的生产到节目营销，从经营理念到理论运用都大量借鉴、挪用西方经验和理论，致使许多节目小到服装设计，大到理论走向，都有模仿外国的影子。中国电视文艺应该注意全球化与本土化的平衡发展态势，一方面要立足于本国的状况，对西方经验和理论加以辨析的运用和创造，另一方面要确立中国电视文艺的实践、学术自足地位，提升节目水准，与国外进行开放的交流与对话，以积极的本土化实践为努力方向，充分参与到国际学界共同的"知识整合"当中。

其次，学科交叉的研究方法运用。电视文艺研究与各学科理论之间有着许多交叉与融合，这就为学科的发展寻求更多新的生长点。电视艺术本身就是艺术种类与电子技术结合产生的一种艺术形式，其中各艺术种类具有十分重要的作用，比如文学之于电视文学、电视剧。另外，中国电视文艺虽有几十年的话语实践，可真正进入理论化研究始于 20 世纪 90 年代，该学科的研究仍属于探索阶段，诸多的艺术实践得到有效的阐释，许多理论问题仍未言明，其他学科的话语方式和体系结构对这样年轻的学科来讲是弥足珍贵的。研究者的视野投射于社会科学、人文科学，甚至自然学科，从中汲取营养，为中国电视文艺的本土化和现代化开辟新的路径和研究思路。

总之，中国的电视文艺研究的理论框架、研究目标和实践途径等层面尚不够成熟，研究者要辩证地看待中国电视文艺的内在性质的规定性和实践发展的动态性，在继承学科的成果积淀的同时，更要以开放的姿态接纳新的艺术视域，这有利于我们理性、科学地审视传媒新生态环境下的电视文艺艺术实践，同时对我们及时发掘电视文艺学研究的学术增长点具有重要意义。

（载《现代传播》2012 年第 3 期）

论电视艺术传播中的人文困境

人文精神是指以人为本、体现人的本质属性的精神，是揭示人的生存意义、体现人的价值和尊严、追求人的完善和自由发展的精神。其核心是主张人的主体性，强调人的价值和尊严，重视对人类的无限关怀。人文精神要求我们注重对人本身及生存状态的关注，注重对人的存在价值，尤其是人的心灵情感的关怀，追求社会公平，关注个人权利与尊严。人文精神作为一种普遍的人类自我关怀，是电视艺术中的重要内容，也是我国电视现代化进程中的重要指征。

电视艺术传播与人文精神

高扬人文精神，重视人文精神在电视艺术传播中的地位和作用，是当下电视文化建设的题内之旨，同时有助于提升电视艺术的文化品格。自党的十六大、十七大以来，我国的文化建设提升到前所未有的高度，特别是十七届六中全会将深化文化体制改革，促进社会主义文化大发展大繁荣作为当下工作重点来进行。作为社会主义文化体系中的有机组成部分，电视文化的健康持续发展无疑有利于促进社会主义文化事业的繁荣。而其中人文精神的高举和弘扬也正是加强电视文化建设的内在要求。

21世纪的前十年是我国社会转型深入进行的十年，也是电视艺术不断深化发展与品质提升的十年。市场经济带来丰富的物质产品的同时，也带来许多与人自身精神高度相关的问题——如何协调物质发展与精神发展的关系，把握人自身的发展方向；如何使用物质产品，实现人的全面发展等诸多问题成为关注的重点。社会的急剧变革必然引起人们心态和观念的变化，加之全球化进程所带来的外来思潮的影响，人们的价值选择日趋多元，传统的价值体系不断经受着冲击逐渐松动甚至开始瓦解，然而新的价值体系还未建立，于是人们在高速飞转的时代车轮面前显得茫然无措，精神的空虚感和心灵的漂泊无依感愈发凸显。凡此种种，需要我们用人文精神来进行调节和观照，以保证社会肌体的正常运行。另一方面，科学技术的迅猛发展给人的工作和生活带来便利的同时很有可能导致技术霸权和物欲至上，使人逐渐沉沦在对技术的沉迷和依赖中走向异化和工具化，最终导致自我主体精神的丧失。这些问题也急需人文精神来整合和提升。因而在当下的现实背景下提倡人文精神构建既是构建社会主义和谐社会的时代命题，也是电视作为社会文化载体的职责所在：站在当代文化发展的制高点上，以和谐文化观充实我们的思想和心灵，以人文忧患、人文关怀来进行我们的电视艺术创作，努力推进社会主义和谐社会的建设，义无反顾地去建设中华民族共有的精神家园，去迎接并创造我们伟大民族文化的大繁荣和新辉煌。①

电视艺术中人文精神的困境

自 20 世纪 90 年代以来，广大学者针对电视艺术中人文精神及人文关怀的缺失问题展开了深入的讨论和研究，并取得了一定的成果。但时至今日，电视艺术中违背人文精神的现象屡有发生，并随着电视实践的发展不断生发出新的问题，仍然还未走出人文精神缺失的困境。

（一）创作主体人本意识的困顿

目前我国电视文艺的发展取得了瞩目的成就，无论是电视剧还是电视文艺节目的年生产量多年来不断创下新高，可以说是名副其实的生产大国。但是从人民的需求、时代的要求和对发展社会主义先进文化的追求来看，具有高艺术水准和广泛影响力的优秀作品还是很少，质量不高的问题异常突出，其中之一就是人文精神的缺失和弱化，暴露出电视文艺创作主体对人文精神、人文关怀的重视不够。

电视剧中的人文精神缺失在受众接受角度体现在对观众需求的忽视，呈现出低智化、低俗化、奢华风、滥情风的创作倾向，充分暴露出创作者对电视观众审美趣味和感受的忽视。人文精神包含有终极关怀的价值取向，表现对人的尊严、人格等精神价值的颂扬以及对人的精神世界的塑造。具体而言就是通过电视传播能够使观众陶冶情操，激励人们能够以更加饱满的热情和乐观的精神投入到创建美好的生活中去。这就要求电视艺术创作者处理好主题内容与表现策略的关系，说到底这关涉创作主体能否对电视的社会功能进行准确认识和把握的问题。特别是在对现实生活中存在的问题和发展过程中出现的弊端进行表现时需要谨慎对待。

在当下我国的现实题材电视剧创作中，创作者往往热衷于生活中充满矛盾和冲突的题材以及激烈、紧张的表现策略，却忽视作品中人性美的书写。如一些家庭伦理剧过于关注家庭生活当中的矛盾和冲突，倾心于渲染婆媳之间、亲家之间、新老两代之间的矛盾。虽有艺术创造或艺术加工的托词，但实则是艺术创作独立品格的沦丧与妥协——在收视率的指挥棒下，靠渲染夸张离奇的情节，复杂

---

① 黄式宪：《"选秀"狂欢与电视人文生态环境之忧思》，载《艺术评论》，2007 年第 11 期。

交织的伦理困境，激烈冲突的矛盾来吸引观众的眼球。本质上是艺术创作受到商业钳制，为博取收视率所采取的投机性艺术表现策略。这些家庭伦理剧创作旨向不但没有对"家庭和谐"这一核心价值进行维护和宣扬，反而表现为消解与虚化，不断冲击和挑战着中国百姓传统的家庭观念，造成观念上的混乱和不适。

又如，某些都市剧借着时尚的外衣，肤浅地展示都市光怪陆离的繁华景象和所谓的生活情调，而对当中真正反映时代大背景下都市人的精神状态和生活感受却采取了回避和漠视的态度。这种创作倾向主要是迎合了部分观众的虚荣心理，同时暴露出创作者的文化自卑心理，是创作者一种臆想式的自我陶醉。这些都市题材电视剧无非是商业意识与市场运作吹出的肥皂泡，看似五彩斑斓、光鲜亮丽的外表无法掩饰其内在的脆弱与空虚。

综合考察这些问题，我们发现当下的电视艺术生产面临着商业意识上扬，人文意识下沉的境地。由于创作主体缺乏对人文精神的关注、缺乏人本理念的核心支持，使得电视剧艺术创作在商业利益驱使下丧失了艺术创作中可贵的独立品格和精神守望功能，呈现出喧嚣和造作的生态景观：社会效益屈从于经济效益，审美价值让位于商业价值。虽然可能短时期内会获得商业回报，但是从长远来看，必然会对电视艺术品格造成不可估量的后果。因而高扬人文精神，关注人的生存状态，提升电视艺术品格成为建设健康的电视文化的必然选择。

（二）泛娱乐化对人文精神的消解

娱乐可以使人的精神和身体放松，以便更好地工作和生活，是人发展的必需活动，本质是一种对人性的追求与张扬。席勒认为："只有当人在充分意义上是人的时候，他才游戏；只有当人游戏时，他才是完整的人。"娱乐价值即在于它是人真正成为人过程中的基本需要。从这个意义上来说，娱乐正是人文精神的体现。中国电视的娱乐精神在经历了早期被压抑到20世纪90年代的爆发，逐渐发展到现在的泛娱乐时代。而随之而来的娱乐庸俗化、低俗化、媚俗化倾向暴露出电视娱乐节目中人文精神的困顿。"人所共知，中国文化传统里讲究'寓教于乐'，提出的就是一种文化规范。娱乐不应当是无度的、无节制的，而应当是注重人文精神坚守，并在审美陶冶上见品位的。而娱乐的失度、过度，则势必会走向'泛娱乐化'，导致电视媒体精神家园的失落，并造成电视文化主流价值观被冲击的种种负面效应。"[①]

泛娱乐化首先表现在娱乐边界过度泛滥，娱乐一切，一切皆娱乐，使得观众理性精神消解。其次表现在低俗化，过于强调身体感官快感，忽视精神美感。关于娱乐与审美的关系，仲呈祥曾经指出："从艺术美学角度看，一个急需澄清的误解是：误把观众视听感官生理上的一时快感，当成了艺术创作理应追求的精神

---

① 黄式宪：《"选秀"狂欢与电视人文生态环境之忧思》，载《艺术评论》，2007年第11期。

美感。艺术当然要给受众以快感，绕过快感就成了说教，那不是艺术，但仅仅止于快感，那也不是真正意义上的审美活动。精湛的艺术，必然通过快感达于受众心灵，令受众获得认识上的启迪、灵魂上的净化，求得人自身与外界的和谐，最终由快感而升华为美感。"① 可见，将娱乐快感与美感结合起来的娱乐才真正具有陶冶心灵、塑造心性的功能。因此，我们对于娱乐的追求急需人文精神的灌注。如前文所述，娱乐反映了人本质的追求，是人之为人的主体意识的基本反映，但是"泛娱乐化"却是一种审美误区，它对中国电视文艺乃至中国电视文化的整体发展，都产生了愈加明显的侵蚀作用。人们整日沉浸在毫无意义的娱乐之中，使得人的主体精神和理性精神消解退化。

（三）伪人文关怀对人文精神的背离

人文关怀是人文精神的集中体现，"是对人类自身的存在和发展过程中所遇到的各种问题的关注、探索和解答，具体表现为对人的生存状况的观照，对人的尊严和符合人性的生活条件的肯定，对人类解放和人的自由而全面发展的追求等"。所谓伪人文关怀，是相对于人文关怀而言的，就是虚假的、不真实的人文关怀，是指那些往往假借人文关怀的外衣，表面以尊重人性、关注人的发展为追求，实际上却有悖于人文精神内涵的态度和行为。伪人文关怀大致有两种表现：一是无意为之，创作主体对人文关怀的理解产生偏差以及在实际操作中发生失误；二是有意偏离，即假借人文关怀的名义去谋取其他的利益，其实质行为与人文关怀本意相悖。无论哪种情况，既然称之为"伪"，就必然造成对人文精神的损害。

伪人文关怀在我国当下的电视节目尤其是情感类节目中表现得尤为突出，而其中又以情感援助类节目表现为甚。情感援助类节目倡导交流和沟通，尊重和理解，其目的是通过电视媒介的参与，帮助当事人解决现实中的情感问题和矛盾，关注现代人的情感世界和精神世界的健康发展。可以说情感类节目的出现正是电视媒体彰显人文精神的积极实践，但是实际的情况却并不令人满意。

纵观我国当下电视荧屏的情感援助类节目，问题集中在媒介伦理规制、对当事人隐私权的干涉、法律意识淡薄、缺乏专业的情感专家或心理专家的指导等问题。部分节目热衷于揭露人们的隐私和阴暗面，放大社会及家庭矛盾，多围绕情感纠葛（婚外恋、多角恋）以及家庭财产纠纷（争夺遗产、房产）等方面策划选题。其中部分节目将某些扭曲的伦理观念无限放大，刻意追求夸张离奇的情节、紧张刺激的话题以及错综复杂的情感纠葛，不顾当事人的隐私权和内心感受，结果是在背离人文精神的道路上越滑越远。2011 年 4 月贵州卫视《人生》栏目因单纯追求收视率，不顾及当事人的心情和处境，放大个人隐私和社会的阴暗面，

---

① 仲呈祥：《艺术美学与构建和谐社会断想》，载《现代传播》，2005 年第 4 期。

缺乏同情心，被国家广电总局要求不得复播，即永久性停播。^① 2011年6月，石家庄电视台《情感密码》栏目播放了一期《我给儿子当孙子》节目，雇人表演了一个"不孝"儿子对父亲出言不逊、百般欺辱的故事，肆意渲染家庭矛盾，刻意放大扭曲的伦理道德观，误导了广大受众，造成严重不良影响，损害了广播电视媒体的社会形象，对此广电总局对石家庄电视台进行通报批评，并处以停播30天的处罚。这些乱象折射出，本应以弘扬人文关怀为旨归的情感类节目在人文精神上的失守，将其人文关怀外衣下的低俗、庸俗的品格暴露无遗。

人文困境原因及出路

造成当下电视艺术传播中人文困境的原因是复杂的，它与我国当下整体的社会文化环境密切相关，尤其与整个电视文化体系也有必然的逻辑联系。但是不可否认的是其中"人"的因素发挥着更为直接的作用：对于商业利益的过度追求而造成主体精神的放逐，社会责任、自律意识、自省精神失位；对人文精神内涵缺乏深刻的认识和准确的把握，导致或片面或歪曲的理解也直接造成人文精神的缺失；此外批评主体的缺席和失语客观上放纵了这一不良情况的肆意发展。

（一）人文困境原因探析

1. 经济利益驱使下的自我放逐

自20世纪90年代以来，我国的电视事业进入了市场化、产业化的发展道路，伴随着这一进程的深入，电视的经济属性愈发凸显。产业化是我国电视现代性转变的必然选择和增强综合实力的有效战略，但是并不能因为追求经济利益而付出弱化电视文化属性和抛弃社会责任的代价。时统宇早在2001年就曾强调："中国电视不仅需要强大的科学理性精神，而且必须有充满人文精神的机制判断。"同时他指出电视的全面发展包含了经济和文化的全面发展，"工业化的电视节目生产决不能以牺牲电视的美学属性为代价，任何商业化的包装也不应该使电视传播失去应有的人文关怀和诗性品格。这一点理所应当应该成为电视现代化发展过程中必须坚守的原则之一"^②。真正实现电视的全面科学发展就需要经济与文化两翼齐飞，经济效益与社会效益共举。

2. 对人文精神的片面理解

电视传播经历了由传者本位向受众本位的转变，反映出电视创作中以观众为中心的理念，这是尊重观众感受和态度的体现。但是目前电视节目中人文精神的

① 参见《〈人生〉被永久停播：遏制荧屏"三俗"须动真格》，http://www.chinanews.com/cul/2011/04-12/2967566.shtml。
② 时统宇：《电视传播不能弱化人文精神》，载《声屏世界》，2001年第10期。

缺失现状却恰恰暴露出节目创作者对人本精神和"受众中心"理解上的偏差：将其等同于一味地迎合观众，甚至不惜主动抛弃专业理念和理性精神；强化观众中某些低级的趣味和生理快感的宣泄，于是电视节目媚俗化、低俗化倾向愈演愈烈。因此对"以人为本""尊重人性"需要进行科学的认识，将观众需求与时代精神、价值诉求综合考虑，避免陷入自然主义和无政府主义的漩涡。

3. 电视批评的缺席与失语

电视批评在电视文化建设中具有重要的价值判断和引领功能。但是电视批评的现状却远远落后于电视实践，无法发出具有时效性和影响力的声音。这其中自然有电视批评机制的问题，但不可否认的是更与电视批评主体的集体缺席与失语有关。电视批评应当从产业批评、文化批评、艺术批评三个维度发力，建构立体式的批评结构，形成统一合力，充分发挥电视批评者的理性审视精神，强调人文精神的引领来纠正偏向，确保电视批评的有效性和影响力。

（二）创建电视人文生态

在探究了电视人文困境的原因之后相对应的出路也就明晰了。对于建构电视艺术传播中的人文精神需要电视传播的自律与他律相结合，共同创建一个健康有序的电视人文生态。具体可从以下几个方面来努力：

第一，政策制定与规制。来自政策层面的压力，有助于遏制电视传播中商业意识的无限泛滥。2011年10月24日国家广电总局下发《关于进一步加强电视上星综合频道节目管理的意见》，同年11月25日下发《〈广播电视广告播出管理办法〉的补充规定》，即通常所说的限娱令和限广令。这两个文件的出台反映出管理部门对电视观众的收视权利的充分尊重，主动采取政策手段来规制电视播出机构的不规范行为，及时对娱乐过度化、低俗化、节目类型单一化进行监管，满足广大观众多样化、多层次、高品位的收视需求。加强道德节目制作，增强电视的公益性质，强调社会效益优先原则以及营造健康和谐的电视文化环境，根本上就是对促进人全面健康发展的重视，透露出鲜明的人文关怀意识。

来自于政府职能部门的相关政策对于电视节目生产与播出具有强大的干预性和规制性，"限娱令"与"限广令"的推出就对电视生产传播过程中的盲目混乱现象起到了良好的整治效果，各电视台纷纷对节目制作播出的内容和计划做出调整。从2012年1月1日正式实施以来，能够明显感受到电视荧屏上令人欣喜的变化。

第二，制度创新与保障。科学完善的制度是电视健康发展的必要保证。建立健全权责制度，对于电视生产和传播中出现的问题，通过建立科学有效的电视节目评价制度进行调整和引导，逐渐摆脱收视率单一化的评价标准。目前多家电视台开始尝试建立和运行更为科学的电视评价系统，逐渐打破将收视率作为唯一衡量标准的评价模式，引入多元立体式的评价体系，其中增加了文化品格和人文关怀的考量内容，这无疑反映了电视制度科学的发展与进步。

第三，批评监督与引领。"批评机制是统筹电视文化各元素、校正其运行偏差的制度架构，它既规范着电视实践者、管理者和研究者的日常活动，也促进着不同电视群体与社会其他子系统之间的沟通与协作关系。"[①] 电视批评的功能表现为文本解读、价值判断和精神引领，即在对节目文本的分析基础上实现对节目价值倾向的判断，进而实现先进文化的引领功能。充分发挥电视批评的监督和引领功能，一方面需要尊重来自理论界的学术性的批评声音，彰显电视批评的学理性和规范化；另一方面还要积极拓展大众批评平台，充分聆听来自普通百姓的声音，这本身也是人文精神的一种体现。

第四，加强自律与自省。作为社会主义先进文化的宣传者和建设者，电视承担着重要的文化责任和社会责任，因而必须加强自律意识和自省精神，对于在生产与传播过程中出现的人文精神缺失的问题进行及时修正和改进。另外，电视艺术归根到底是"人"的艺术，是围绕着"人"这一核心元素展开的艺术实践，因而"人"的媒介素养水平也直接关系到一个节目的品质和文化追求。电视工作者要成为优秀文化的生产者和传播者，必须加强自身修养，做道德践行和人格操守的示范者。自觉践行社会主义核心价值体系，增强社会责任感，弘扬科学精神和职业道德，坚决抵制情趣低俗等不良风气。电视工作者要"深入实际、深入生活、深入群众，拜人民为师，增强国情了解，增加基层体验，增进群众感情"，共同营造风清气正、和谐奋进的良好人文氛围。

结　语

2011年"走基层，转作风，改文风"活动在电视新闻领域轰轰烈烈地展开，深入群众，了解群众，亲近群众，才能尊重群众，反映来自老百姓自己的声音，才是电视传播中对人文精神的集中体现和高度重视，也正是建设现代电视文化传播的精神指征。这给我们当下的电视文艺创作提供了有益的启示：尊重观众的审美需要，创作贴近观众生活的文艺节目，改变原来脱离群众、自我臆想式的创作思路和文本风格，尽量符合观众的审美习惯。但是需要明确的是，这里的从观众出发，并不是一味地迎合观众以及无原则、无底线的唯观众口味创作，而是需要文艺工作者真正深入生活，了解百姓心声，同时又能够剔除某些低级的趣味，以人文精神和人文关怀来引领创作旨向。当下在电视娱乐节目中涌现了一批彰显人文关怀的节目，如《中国达人秀》《中国梦想秀》《梦想合唱团》等，不约而同聚焦在"梦想"这一关键词上，关注普通人的梦想价值，彰显励志和公益理念，提升了娱乐节目的文化品格，同时也取得了不错的经济效益和社会反响。特别是公

---

① 杨状振：《21世纪电视文化及其走向》，载《现代视听》，2011年第11期。

益电视的提出是人文精神在电视中的集中表现，显示出电视媒体强烈的社会责任意识。

21世纪的第二个十年已经到来，虽然当下电视文化建设中还存在诸多问题和不尽如人意之处，但是更应该看到中国电视人的不懈努力和探索精神。作为历史变迁的亲历者和记录者，作为社会发展的参与者和反映者，中国电视将继续站在时代的潮头，以饱满的热情和积极进取的态度，高举人文精神大旗，去开创电视发展的新格局。

（载《电视研究》2012年第5期）

论"寓教于乐"

——从中国电视娱乐节目泛化说开去

当前，中国电视娱乐节目的发展，在消费文化、大众文化与市场经济的合谋下，不可避免地走上了过度娱乐化之路。娱乐泛化的现象，引起了理论界的忧虑。不少学者从政策与制度、受众需求、产业经营、媒介素养等层面对之进行探讨，希求对中国当代娱乐文化的理性化发展提出解决之道。娱乐节目的平面化、去深度性、狂欢、模仿、克隆、低俗、庸俗、恶俗等现象受到批判，而其人文内涵、价值诉求得到广泛关注。然而，这些探讨，都未能从本质上揭示何为真正的"中国娱乐精神"，只是从外围对娱乐泛化现象进行规范，对娱乐节目创作者来说，不具有指导意义。

笔者认为，从中国娱乐文化的发展来看，"中国娱乐精神"之本质离不开"寓教于乐"。"寓教于乐"是古罗马杰出诗人、批评家贺拉斯针对文艺作品的社会功用而提出的。他在《诗艺》中说："诗人的愿望应该是给人益处和乐趣，他写的东西应该给人以快感，同时对生活有帮助。"他认为诗既要给人快感又要对人有教益，二者缺一不可。而诗的教育作用和娱乐作用的关系应该是："寓教于乐，既劝谕读者，又使他喜爱，才能符合众望。"[①]"寓教于乐"也被国人翻译为"甜美而有用"。这一观点与中国儒学传统中"文以载道""尽美尽善"等文艺理论观念不谋而合，都提倡文艺即要"美"，又要"善""有用"，注重艺术形式与内容的统一，思想性与艺术性的统一。在当前，就是要注重文艺作品"思想性""艺术性""观赏性"的统一。

纵观古今中外文艺作品发展史，我们也可以感知，"寓教于乐"并不是一成不变的，而是随时代发展而发展的。其"教"的内容与"乐"的形式随着时代的变迁，会具有新的内涵。中国当代电视艺术"寓教于乐"之本质一在于"教"的内容：在当前的社会主义中国，其内容具有传承中华文化传统与弘扬新时代精神的崭新内涵，具有人文关怀之光与社会主义核心价值观之核；二在于"乐"的形式：其形式可以千变万化，丰富多彩，以使不同层次受众获得身心愉悦的娱乐与审美心理体验。"教"与"乐"互为表里，相互协调，共同推动中国电视娱乐节

---

① 马新国：《西方文论史》，高等教育出版社，2008年版，第53页。

目向健康良性化方向发展。

一、"寓教于乐"之"教"的内容

我们谈 "寓教于乐","教"的内容是什么？我们的电视应该制作什么样内容的节目？笔者认为：当前的中国电视节目应该注重思想内涵，而不限于题材。古今中外，天上地下，一切内容皆可入题。但是，无论何种题材，均应传递某种思想，这种思想，当是符合民族生存发展，促进社会和谐进步，推动中国特色的社会主义道路行进，有助于新时代社会核心价值观确立的思想，如，"仁爱"思想、"人文精神"，或 "民主、法制、自由、人权、平等、公正、和平、博爱"，或 "爱国、敬业、诚信、友善"等等。

1. "新仁爱"思想

"仁爱"是儒家思想的核心之一，孔子曰 "仁者爱人"，仁爱的本质是人与人之间的相互之爱。传统儒学将 "孝悌"看作 "为仁之本"，即践行 "仁爱"的起点，也就是说，仁爱之始是爱家人，爱自己的父母、兄弟，再推而广之，爱同学、同事甚至普通的陌生人。为了更好地践行 "仁爱"，孔子提出 "忠恕"之道，"己所不欲，勿施于人"。也就是推己及人之道。这也是儒家修身之道。孟子将孔子的 "仁爱"思想发展为 "仁政"思想。认为执政者如果能做到 "老吾老以及人之老；幼吾幼以及人之幼"，那么治理天下就是一件易如反掌的事情。要而言之，儒家为了实践 "仁爱"的理想，发明了一系列由己及人，由近及远的方法。[①] 这种实践仁道的方法论路径，在今天看来仍然有它的现实价值。

在当前文化全球化的背景之下，多元文化的冲突造成人们多元价值观的冲突。老一辈接受传统思想，遵行 "孝悌之义"，重视家庭伦理亲情；年轻人受西方 "自由、平等、个人英雄主义"思想影响，崇尚个性，追求自我价值的实现。旧的家庭伦理关系被打破。在这种境况下，我们的电视节目应传递新时代下的 "新仁爱"思想，将传统伦理亲情与新时代下 "平等、自由"思想相统一，既遵从孝道，又给予年轻人自由发展实现自我价值的空间，促进新型人际关系伦理的重建。从 1990 年的《渴望》到 21 世纪的《金婚》《嫂娘》《媳妇的美好宣言》等一大批家庭伦理剧对构建新时代下的新型人际关系伦理起到了重要作用，展现了新时代下的 "仁孝"思想，表达了人们对新 "仁爱"思想的呼唤与渴望。

2. 人文精神

人文精神是一种普遍的人类自我关怀，表现为对人的尊严、价值、命运的维护、追求和关切，对人类遗留下来的各种精神文化现象的高度珍视，对一种全面

---

① 吴根友：《试论当代儒学复兴的三个面向及其可能性》，载《新华文摘》，2012 年第 10 期，第41~42 页。

发展的理想人格的肯定和塑造；从某种意义上说，人之所以是万物之灵，就在于它有人文，有自己独特的精神文化。

人文精神的基本含义就是尊重人的价值，尊重精神的价值。"人文精神"是中国当代广播电视文化的核心理念，大力弘扬广播电视文化中的人文精神，是当代中国广电文化传播不可回避的责任和义务。具体来说，"人文精神"表现为两点。其一，对人本身的一种关注，这种关注主要集中在物质层面，主要关注人在现实社会生活中的生活需求和生存状态。其二，对人性的关注。这种关注主要集中在精神层面，表现为对人性中一些美好的方面，如人的尊严、价值、命运等的追求和弘扬，强调一种对理想人格的肯定和塑造，是一种更高境界的人文精神。[①] 中央电视台《百姓故事》用镜头记录普通中国人的喜怒哀乐，关注处于社会转型之中的中国人的生存状态；中央电视台《东方之子》所展示的各路精英，表现出建功立业的巨大气魄，充分发挥了人的本质力量；凤凰卫视《穿越风沙线》对人类生存环境的突出关注；以及当前一些民生新闻、综艺节目等都是对弘扬人文精神的探索。

3. 人类共识价值观

"民主、法制、自由、人权、平等、公正、和平、博爱是人类基本的价值追求，是人类文明发展的结晶，是人类宝贵的精神财富。它们不仅反映和代表了广大人民群众的理想和愿望，而且成为指引人类文明发展的明灯，是人们处理人与自然、人与社会、人与自我等关系的根本准则和治国理政、管理社会的指导原则。"[②] 这些价值观影响着人类的和平与幸福，影响着人类的前途和命运。传递人类共识价值观，应是中国电视节目中应有之义。

4. 社会主义核心价值观

党的十八大报告提出，倡导富强、民主、文明、和谐，倡导自由、平等、公正、法治，倡导爱国、敬业、诚信、友善，积极培育社会主义核心价值观。

这24个字，是十八大对社会主义核心价值观的最新诠释。社会主义核心价值体系是社会主义主导价值观的理论体系，其中的各个方面都贯穿着中国文化传统。如中国文化传统中的"刚健有为、自强不息""厚德载物、包容会通""见利思义、诚信为本""勤俭廉政、精忠爱国""仁爱孝悌、谦和好礼""克己奉公、修身慎独"等精神，通过改造融入了中华民族精神和时代精神之中。所以，社会主义核心价值观是中国传统文化精神以及现时代的时代精神的融合。社会主义核心价值观与人类共识价值观之间也有着千丝万缕的联系。它不是离开人类文明大道而是沿着这条大道前进的结果，是人类共识价值观的升华和特殊表现形式。

---

① 欧阳宏生：《电视文化学》，四川大学出版社，2006年版，第157页。
② 田海舰、邹卫：《社会主义核心价值观论纲》，人民出版社，2010年版，第214页。

以上四种价值观相融共通，共同构成当代中国电视节目"寓教于乐"中"教"的内容。我们的电视节目以此为导向，弘扬社会主义核心价值观，就不会偏离娱乐精神的本质。

但是，娱乐更重要的还在于"乐"。如果我们过于强调"教"的内容，强调"思想性""意识形态性"，观众就会产生"抵制"心理，巴尔特认为，快乐是反对意识形态控制的①，他们会用手中的遥控器关掉电视机。那么，用什么样的形式让人们在娱乐中既收获思想又得到快乐，既愉心又悦身？

二、"寓教于乐"之"乐"的形式

不同的人有不同的喜好，不同的人群有不同的"乐"的形式，不同时代有不同"乐"的载体，不同文化有不同"乐"的评判标准，"寓教于乐"之"乐"的形式难以细说。为简洁明了，在此将我国当前电视节目中娱乐表现形式归总如下表（见表1）。

表1　中国娱乐形式表现综览

类型	子类型	代表作品	娱乐元素与娱乐手段
娱乐化新闻节目		《晚间》《阿六头说新闻》《东方夜谭》	信息、民生、调侃、戏说、MTV、方言、表演、回避深度、世俗化
谈话类节目	脱口秀、人物访谈、音乐访谈	实话实说、鲁豫有约、艺术人生、面对面、幸福魔方、非常静距离、音乐不断歌友会	戏剧性话题、戏拟、场景或情节、互动、杂耍、搞笑、幽默、煽情、猎奇、窥私、悬念、滑稽、表演、游戏、参与、背景音乐、音效、道具等
音乐类节目		同一首歌、新视听、音乐风云榜、回声嘹亮、我爱记歌词	音乐、明星、主持人、竞争、才艺表演、脱口秀、互动、煽情、灯光、舞美、规则
综艺游戏类节目	综艺类、游戏类	快乐大本营、智勇大冲关、老公看你的、男生女生向前冲、年代秀	杂耍、互动、才艺表演、亲情、搞笑、煽情、游戏、访谈、悬念、灯光、音效、博彩、脱口秀、真人秀、狂欢、猎奇、戏说经典、滑稽剧、穿帮、模仿、益智等
真人秀节目	真实电视、真人选秀	生存大挑战、走入香格里拉、超级女声、中国梦想秀、中国好声音	综艺、益智、真实记录、人性展示、假定规则、奖金、亲情、即兴表演、窥私、互动、蜕变、奇观、包装、游戏、访谈、故事、悬念、猎奇、探险

---

① ［美］约翰·菲斯克：《电视文化》，商务印书馆，2010年版，第330页。

类型	子类型	代表作品	娱乐元素与娱乐手段
娱乐资讯节目	娱乐新闻、音乐咨询、时尚咨询、影视咨询	影视同期声、中国娱乐报道、娱乐无极限、娱乐新天地	互动、才艺表演、搞笑、煽情、游戏、访谈、扮演、博彩、脱口秀、真人秀、狂欢、猎奇、奇观、戏说经典、滑稽剧、穿帮、模仿、戏拟、益智、窥私、灯光、音效、字幕
益智博彩类节目		幸运52、开心辞典、赢遍天下	博彩、益智、规则（淘汰制）、悬念、互动、参与、知识、故事、主持人、主题、题库、游戏、亲友团、技艺展示、真人秀、舞美、音效、脱口秀
相亲交友类节目		玫瑰之约、非诚勿扰、幸福来敲门	俊男靓女、才艺表演、主持人、搞笑、煽情、游戏、访谈、扮演、灯光、音效、脱口秀、真人秀、狂欢、猎奇、奇观、戏说经典、滑稽剧、穿帮、模仿、戏拟、益智、故事

上表仅仅是列出一个大概类型和栏目，而中国娱乐节目类型多样，每种类型可产生几十甚至上百个节目。不同类型之间又相互渗透，杂糅，于是更多更新的节目类型诞生，更多的节目产生。对这众多的娱乐节目进行归纳，可见常用的娱乐元素有：竞争、游戏、故事、主持人、嘉宾、娱乐性的视听元素、滑稽、文艺表演、时尚元素的运用、音效、灯光、字幕等；常用的娱乐手段有：互动的场效应、复制与解构、话题设置的空间感、设置悬念与冲突、煽情、包装、营造真实情境、高额奖金刺激、丑的形态、节目设置使人性暴露、戏说等。可谓百花齐放，丰富多彩。部分娱乐元素与娱乐手段的使用增强了节目的趣味性与观赏性，如竞争、游戏、故事、悬念与冲突、包装等，但也有部分娱乐元素与娱乐手段的使用使得娱乐节目品格低下，缺乏艺术性与观赏性，如恶搞、丑的形态、戏说等。尤其是对英雄与崇高的恶搞，使得节目失去正确的价值观导向；对丑的形态的炒作，虽暂时博得收视率，但因节目缺乏一种人文关怀，也不能获得观众的认可，终究只能是昙花一现。

娱乐即使人欢娱快乐。娱乐节目中恶搞、丑的形态、戏说等不恰当娱乐手段的使用，表面上暂时赢得了收视率，然而实质上并没有使受众获得欢娱快乐的感受，这可以从当前对娱乐泛化现象的批判看出来。随着受众媒介素养的提高，这种节目必定会被市场淘汰。从根本上来说，这些节目的失当是对"教"的内容（即思想内涵）把握失度的结果，它们没有以正确的思想来指导艺术手段的选择。只有在正确思想内涵的指导下，千变万化、丰富多彩的"乐"的形式，才能带给观众无尽的审美愉悦。

三、"寓教于乐"之"教"与"乐"的关联程度

图1 "教"与"乐"关联频谱图

为了说明"寓教于乐"中"教"与"乐"的关联程度，我们将其放置在分别以"教""乐"作为两极的频谱图上加以讨论。如图1所示，最左端的"教"是一种只有"教化"而无"娱乐"的极端抽象，是一种"教"的绝对化假设；最右端的"乐"是无任何"教化"需求只有无限"娱乐"的极端抽象，是一种极乐化假设。频谱上的某点距两端点的距离，表示娱乐节目内含的"教""乐"成分比，可用"教乐比"称之。而"寓教于乐"区域，是"教"与"乐"基本平衡所在的假设区间，是管理者对二者的和谐统一的确认。一个节目如果过分偏"教化"，娱乐因素减少，就会流于说教，引起观众抵制的情绪；如果过分偏"娱乐"，思想性不够，又会出现过度娱乐的倾向，娱乐节目走向低俗化庸俗化；只有二者达到和谐统一，即达到一个平衡点，做到"寓教于乐"，才能创作出具有真正娱乐精神的娱乐作品。我们可以通过对中国娱乐节目的分析看出这一特质。

1. "教化"强化类节目

中国一向注重文学作品的"文以载道"功能，中国古代的"诗教""乐教"，是将"诗""乐"与"教化"结合，中国近代注重文艺作品思想性、艺术性的统一，也是"文以载道"思想的体现。中国电视节目自萌芽初始，就承继了这一思想。1958年5月1日北京电视台试播当晚，播出了中央广播实验剧团表演的诗朗诵《工厂里来的三个姑娘》《大跃进的号角》，北京舞蹈学校表演的舞蹈《四小天鹅舞》《牧童和村姑》《春江花月夜》，这些节目可以说在一定程度上注重了思想性与艺术性的统一、"教"与"乐"的和谐统一，也给观众带来一定程度的愉悦的审美心理感受。但是受当时的社会政治背景影响，这类娱乐性节目受到个别观众过于严肃的批评，其娱乐性没有得到更好的挖掘，这类节目也没能继续得到发展。在"教"与"乐"关联频谱图上，这类节目的平均教乐比位置处于偏"教化"的一端，但与"寓教于乐"合理范围差距不大，我们可称之为"教化"强化类节目（如图2所示）：

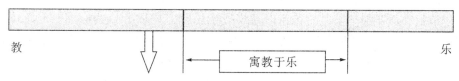

"教化"强化类节目"平均教乐比"

图2 "教化"强化类节目频谱图

2. "教化"扭曲类节目

这类节目可以"文化大革命"时期的"八个样板戏"为代表。"文化大革命"时期，电视成了"全面专政的工具"，"三突出原则"成为文艺创作的主要原则。文艺为政治服务。这种创作理念将先前基本适度的"教""乐"关系向纯教化的极端方向推进。

这类娱乐节目的"教乐比"与"寓教于乐"的合理范围差距极大，娱乐节目的平均教乐比位置极大地逼近纯教化端（如图3所示）。

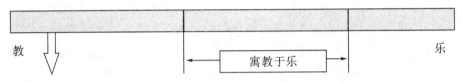

图3 "教化"扭曲类节目频谱图

3. 近"寓教于乐"类节目

中国实行改革开放以来，市场经济体制得以确立，电视走上市场化之路。随着世界范围内消费文化和大众文化的兴起，受众多元化的审美需求受到重视，电视娱乐节目得到迅速恢复与发展。相继出现了竞赛类节目、综艺游戏类节目、电视谈话节目、婚恋交友类节目、真人秀节目、娱乐咨询类节目，另外还有娱乐电影电视剧等，"乐"的形式逐渐丰富多样。其中不乏"教乐比"适当的节目，如中央电视台《综艺大观》，综合了各个艺术门类，高举"综艺性、娱乐性、观赏性"的大旗，定位于各层次、各年龄段电视观众，具有丰富的知识性，并注重人文精神、注重节目的趣味性，采用现场直播、竞猜、异域风情等娱乐手段，因而广受关注，收视率居高不下，可为中国早期"教乐比"适当节目的代表。随着社会的发展，人们对娱乐节目的要求越来越高，单纯的知识性、趣味性节目已不能满足受众多元的审美需求，各电视台不断探索，新的娱乐节目层出不穷。如中央台《幸运52》《挑战主持人》《实话实说》，湖南卫视《快乐大本营》《欢乐总动员》等。2011年中央电视台《梦想合唱团》、深圳卫视《年代秀》，2012年浙江卫视《中国好声音》等娱乐节目自觉以弘扬社会主旋律、注重人文精神为己任，采用适当的娱乐元素与娱乐手段制作娱乐节目，在社会上也引起了较好的反响。

总体说来，随着政治环境的逐渐宽松以及电视市场化的进程发展，部分电视娱乐节目"教"与"乐"的关系向"寓教于乐"方向回归成为必然。但总体说来，这些节目中"教"的内涵还有待扩展，"乐"的形式还有待丰富。我们把这类娱乐节目称之为"近'寓教于乐'类节目"。这类节目的"教乐比"与"寓教于乐"合理范围之间差距大大缩小，平均教乐比位置接近寓教于乐合理范围边界（如图4所示）。

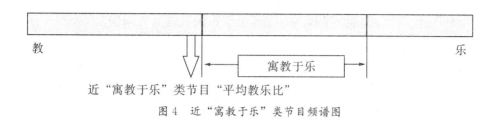

近"寓教于乐"类节目"平均教乐比"

图 4　近"寓教于乐"类节目频谱图

4. "过娱乐化"节目

随着物质的丰富，在现代生活压力下的广大受众对"娱乐"的渴求日益增长。为了追求高收视率，电视节目不断增加"娱乐"元素以吸引受众眼球，娱乐节目开始向"纯娱乐"方向迈进，从而产生"过娱乐化"现象。例如重庆电视台《第一次心动》，因其比赛环节设计丑陋粗糙，评委言行举止失态，节目设计缺乏艺术水准、内容格调低下，演唱曲目庸俗媚俗而被国家广电总局叫停。2012年，江苏教育电视台因某节目中嘉宾爆粗口而造成了不良社会影响，也遭到勒令停播命运。这类娱乐节目，将"教化"让位给"娱乐"，平均"教乐比"位置超过"寓教于乐"合理范围，逼近纯娱乐端（如图5所示）。

"过娱乐化"节目"平均教乐比"

图 5　"过娱乐化"节目频谱图

经过对中国娱乐节目的总体分析，我们可以看出，娱乐节目"教""乐"之比与时代紧密相连，受时代影响较大。同时，某一时期娱乐节目的"平均教乐比"位置也不是固定的，总是在"教""乐"两极间震荡。当前，党对国家的正确领导使中国政治经济文化不断走向繁荣，2011年党的十七届六中全会通过了《中共中央关于深化文化体制改革推动社会主义文化大发展大繁荣若干重大问题的决定》，2012年党的"十八大"对社会主义核心价值观进行具体阐释，这标志着中国进入了一个前所未有的文化大发展的机遇期。为此，笔者认为：当前中国电视节目出现"娱乐泛化"状况并不可怕。随着政策的完备及理论界对"娱乐精神"讨论的日趋成熟，娱乐过度必将在不久的将来得到遏制，娱乐节目"平均教乐比"位置在近期将会改变走向，再次向教化端移动而进入合理"寓教于乐"范围。我们欣喜地发现，当前一些电视台已在探索社会效益与经济效益兼具的中国娱乐文化之路，电视节目出现了由"娱乐至上"向"娱乐与审美并重"的创作理念的逐步回归。近两年中央电视台《梦想合唱团》、深圳卫视《年代秀》、浙江卫视《中国好声音》、湖南卫视《天天向上》等节目融知识性、趣味性、娱乐性、观赏性于一体，受到广泛好评，可看作是娱乐节目由"娱乐至上"向"娱乐与审美并重"创作理念回归的探索。2011 年年底，国家广电总局颁发了《关于进一步加强电视上星综合频道节目管理的意见》(限娱令)，要求卫星频道以新闻宣传为主，要扩大新闻、经济、文化、科教、少儿、纪录片等多种类型节目的播出比例等，防止电视节目过度娱乐化，从政策角度规范了娱乐市场。种种迹象表明，中国娱乐文化健康发展时期已经拉开序幕。但是，我们也要看到，中国娱乐文化的健康发展之路，也不可能一帆风顺，在未来一定时期内，它一定还会在"娱乐至上"与"注重教化"两种创作理念之间震荡，最终在政策的引领、制度的规范、理论的引导、创作者的自觉坚守等合力下，达到一个娱乐与审美的平衡点，最终形成娱乐文化的高潮。

上述分析使我们认识到：秉承"寓教于乐"观，找到新时期"教"与"乐"的平衡点，以新时代下新的思想内涵作引领，不断开拓新的娱乐形式，满足受众多元化的审美需求，使中国娱乐节目走上健康的良性发展之路，这是我们每一个电视工作者不可推卸的责任。

[载《贵州民族大学学报》(哲学社会科学版) 2013 年第 3 期]

国内电视偶像建构 30 年

——青少年亚文化视域下的一种观照

随着全球化与现代化进程的加剧，当下中国社会正处于传统/现代/后现代、东方/西方/全球化、主流/精英/大众的并峙、胶着、对话、整合的拼贴状态中。在多元文化交相混杂下，作为最没有历史负担、最活跃、最激进的青少年亚文化，在国内文化版图上占有重要席位。心理学家埃里克森说："在任何时期，青少年首先意味着各民族喧闹的和更为引人注目的部分。"[①] 电视媒介与青少年的关联性毋庸置疑，青年文化与电视传播文化更是不分你我，电视偶像便是二者绝佳的代言。电视偶像以致力于追求艺术的娱乐性和感官的快适性为旨归，对青少年群体的精神生活建构起着不可替代的作用，在媒介融合时代迅速成长起来的"80 后""90 后"迎来了一个电视偶像的奇观时代。国内近 30 年来的电视偶像建构，呈现出明显有"中国特色"的青少年亚文化。"青年亚文化在当代显示出的变迁，突出地表现为抗争意识弱化，取而代之的是以狂欢化的文化消费来抵制成年人的文化。"[②] 立足于电视偶像的话语实践，从青少年亚文化视域入手，聚焦于改革开放以后 30 年的电视偶像运动，对电视偶像文化与青少年亚文化的关联全景式观照与思考，无疑有益且必须。

80 年代以来电视偶像建构的流变表征

一、从"明星"偶像到"民星"偶像

改革开放以来，中国经济极大增长、物质高度繁荣、社会万象俱新，意识形态由"泛政治化"走向"微政治化"，社会的宽容度与接纳性越来越大，民众的精神诉求得到普遍尊重。20 世纪 80 年代以来，中国电视偶像从无到有，市场经济体制建立后更迎来了飞速发展，偶像与对偶像的崇拜不再是封闭在潘多拉盒子

---

① ［美］埃里克·H·埃里克森：《同一性：青少年与危机》，孙名之，译，浙江教育出版社，1998 年版，第 12 页。

② 陆扬：《文化研究概论》，复旦大学出版社，2008 年版，第 316 页。

里的禁物。同时，偶像在民众的精神生活中扮演着重要的角色。溯回民间记忆，时光流转，荧幕流变，电视偶像数度更迭但从不冷场，而蔚为大观、精彩绝伦的四幅大幕亦在这三十载光阴中徐徐拉开：

第一幕，晚会时代。主角为央视春晚、《正大综艺》等。

CCTV"春节联欢晚会"自1983年举办以来，给全国人民留下了无数难忘的集体记忆和割舍不断的"春晚情结"。有"精神年夜饭"之称的"春晚"开创了中国电视的诸多第一：第一次采用直播形式；第一次与观众电话互动；第一次请港台演员上节目；第一次请专家研究观众"笑点"；同时它也成就了中国第一档建构偶像的电视节目，倪萍、周涛、董卿等主持人为亿万人所喜爱。

1985年央视主办的《金银场》开综艺娱乐节目之先河，之后有山西电视台的《场院游戏》、北京电视台的《午夜娱乐城》《蚂蚁啃骨头》《黄金乐园》，但都只是短暂的荧屏流星。20年前，对大千世界的热忱渴望与彼时物质生活的匮乏相对照，"去那花花世界"成为许多人的奢望，而《正大综艺》的适时出现弥补了这一缺憾。"旅游+竞猜"为主要环节，明星加盟、观众互动，为普通大众带来"睁眼看世界"的心动飞扬，那句"不看不知道，世界真奇妙"在周末下午陪伴人们纵览全球。随着电视快餐时代的到来，1990年开播的《综艺大观》高举综艺性、娱乐性、观赏性的旗帜红火了14年；《正大综艺》在2006年改版后开始承办吉尼斯中国之夜，这档于1990年开播、坐拥20年历史、播出时间最长、播出期量最多的大型电视综艺栏目，虽然还在持续活跃，但偶像制造已日渐式微，终于成了民众视像中的明日黄花。

第二幕，游戏时代。主角为《快乐大本营》《欢乐总动员》等。

绕开对港台娱乐节目的模仿，直接取道于欧美，湖南卫视1997年推出《快乐大本营》，勇开主持新风气之先河。"明星+游戏+表演"的节目形式引发了国内电视界的一场"综艺变革"，快乐旋风催生了全国近百档类似栏目。1999年央视开播的《欢乐总动员》是一档适合全家共赏的大众性电视节目，成功运作了"百姓上电视"的著名单元——"超级模仿秀"，成为民间选秀节目的前身，一时，综艺节目达到"南快北欢"的高峰期。然而，娱乐泛滥之时节目颓势也日渐明显：游戏环节被指抄袭国外，国内节目不断重复他人或自我重复，模式化、同质化的面目引发受众的"审美疲劳"。

第三幕，竞猜时代。主角是《幸运52》《开心词典》等。

在英国《谁想成为百万富翁》等著名电视节目的影响下，央视于1998年推出融娱乐与竞猜为一体、场内外互动的益智节目《幸运52》，"观众+答题游戏+巨奖"的模式，彻底颠覆以往陈规，明星退出娱乐舞台，让位于普通观众。五花八门的题目选项，高额奖金下的谁主沉浮，充满玄机的主持人提示，如履薄冰的闯关过程，实现梦想后的意外表现——种种元素的聚集，使得观影者与参赛者感同身受，从而保持高度的关注度与忠实度。2000年央视的《开心辞典》首创了

"家庭梦想"概念，在益智的同时给更多的普通家庭提供了表达情意的机会。该节目一直葆有较强生命力，主持人王小丫的一句"你确定吗"一度成为很多人的口头禅，直至今日"有奖竞猜风"仍大为盛行。

第四幕，竞秀时代。主角是《超级女声》《星光大道》《非诚勿扰》等。

对英美真人秀节目《老大哥》《美国偶像》等节目进行移植并本土化改造，2004 年湖南卫视推出的《超级女声》是一档以音乐选秀为外壳的娱乐性节目，"想唱就唱"的理念、低门槛的海选机制、大众参与投票的淘汰方式、"全民快乐"的娱乐理念，引发全国收视狂潮并带动媒介融合下的广泛参与。东方卫视于 2004 年推出《我型我秀》，2006 年是中国的选秀年，央视连续推出《梦想中国》和《星光大道》，中国的电视节目自此浩浩荡荡拉开了"民星"时代的序幕。湖南卫视借"超女"东风，及时推出《快乐男声》，星姐选举，青春偶像剧，打造出一批极具人气的偶像新贵，并通过推出影视歌三栖偶像，创造出成熟的造星机制。大陆的电视偶像不再只是港台、日韩明星，本土偶像迅速上位。从港台四大天王、王菲、周杰伦、SHE、Super Junior－M 到阿宝、李宇春、张靓颖、陈楚生，"民星偶像"与"明星偶像"并驾齐驱、平分秋色。

2009 年底以来，一种新的大众审美文本得以出现并迅速风靡，湖南卫视芒果台买下英国真人秀节目《take me out》的版权推出《我们约会吧》。江苏卫视推出的《非诚勿扰》引起广泛关注，电视相亲、速配、交友类节目开创了真人秀节目的新形式。在大众媒介与日常生活领域的全面互渗下，荧幕的神秘感消匿无踪，偶像生产的渠道更为多元化，在电视商业化、娱乐化的强力推行过程中，"民星"时代的大厦基石最终落成。

二、从小众"娱人"到全民"自娱"

无论是美国传播学者赖特的媒介四功能说，抑或麦克卢汉的"媒介即按摩"（Media is massage），都说明娱乐是媒介传播的重要功能。尤以惠而不费的电视为甚，娱乐没有圈，而电视偶像聚焦为最闪亮的明星。在"春晚"的黄金岁月里，能否上"春晚"，是明星偶像"大腕"和"小腕"的区别；而《正大综艺》中，明星亦是节目的不二主角，观众对"舞台"和"话筒"投去神圣的目光，他们是纯粹的看客。曾几何时，"春晚"、《正大综艺》作为最闪亮的大型综艺节目，睥睨中国电视圈，风头一时无两。百姓仰慕的目光落在明星般的节目主持人身上，沉稳如赵忠祥，帅气如程前，俏皮如王雪纯，知性如杨澜，妩媚如姜丰……20 世纪 90 年代是偶像明星最为活跃的年代，电视开始尝试"明星效应"最大化的种种可能，收视的重要驱动力在于展示明星作为普通人的常态，对嘉宾的戏谑，让其窘迫甚至出丑卖乖，从单一的偶像到多元化偶像，从仰视明星到平视明星，从庄重典雅到活泼轻快，从早期审美到后期审丑，从台下仰视到上台参与，电视偶像与平民的近距离开启了全民娱乐化的进程。

如果说《快乐大本营》还是以小众明星娱人为主导，那么《我型我秀》《快乐男声》《花儿朵朵》等造星梦工厂的火爆便引领了电视偶像的新范式。PK赛制遍地开花，聚光灯下草根攒动，偶像制造不再是"青歌赛"的专利，普通人速成明星的蝶变过程在大众眼前展现，"草根民星"迎来了不可思议的春天。新的电视偶像诞生的背后蕴含着新的流行文化，至此，电视偶像建构完成了从"明星娱乐平民"到"全民自娱自乐"的深刻蜕变。

三、从"化感"培育到"快感"释放

"化感"，一般而言，视民众为有待教化、规训、感化的群体。"化感文化是一种坚持反映论和一元真理论的政府文化，其终极目的是为了政府的政治合法性和道德正当性，在乎的是'民心'即社会效益。"① 这是"中国审美文化不同于西方审美文化的一个显著特点"②。不同时期的电视偶像生产不可避免地受制于主导型、支配型文化。缘于其时的社会、政治、文化语境，改革开放初期的电视偶像基本空缺；20世纪90年代中期以前的电视偶像主要用作"化感"培育，通过电视专题、电视剧、正面宣传等形式，适时推出先进典型、塑造道德偶像，为青年大众提供学习和效仿对象。早期的电视偶像乏善可陈，出现在荧屏上的仅有张海迪、阿信（引进日剧《阿信》的女主角）、孔繁森、李国安、徐虎、李素丽等人，其成长经历或先进事迹激励一代青少年奋进，对一代人的世界观、人生观、价值观产生了深刻影响；而宋祖英、彭丽媛等则是主导型文化下的全民偶像，对社会主体的传统艺术审美起着重要导向作用。

与"化感"相对应的是"快感"，约翰·费斯克的快感理论揭示着一个与感官、身体和日常生活过于密切的领域。"将这些商品用来创造属于他们自身的意义，即有关社会身份认同以及社会关系的意义，而从中获得快感。"③ 诉诸大众感官与生理欲望，快感文化有着解构权威、去中心化的后现代典型特征。一些深具娱乐精神、快感精神的电视偶像得以出现，传统偶像无法回避被解构、重构的命运，经典话语秩序、美学秩序、道德秩序、文化秩序遭遇了最大程度的嘲弄，"规范""法则"被轻薄。大众积极参与偶像建构，从而产生一种"我也有能力创造"的力量感与豪迈感，获取一种冒犯性、颠覆性快感，这是民粹与娱乐的胜利。如凤姐对《花儿朵朵》的参与，舞台上蝴蝶姐姐的吐口水、快男的"伪娘"风潮、"师洋"现象、芙蓉姐姐的《红楼梦》选秀，《非诚勿扰》马诺与朱真芳的雷人雷语……为了成为偶像（呕像）而博身体出位、语言出位，私人性的杯水风

---

① 张劲松：《化感文化、美感文化、快感文化——论当前审美文化的三种形态》，载《社会科学家》，2009年第8期，第155页。

② 周宪：《现代性的张力》，首都师范大学出版社，2001年版，第131页。

③ ［美］约翰·费斯克：《理解大众文化》，王晓珏、宋伟杰，译，中央编译出版社，2001年版，第84页。

波中充斥着俚俗、荒诞、油滑、戏谑的狂欢模式，一副逗人没商量的架势，可谓"娱，我所欲也"。

电视偶像建构的青少年亚文化诉求

一、抵抗仪式：父辈文化的疏离

"80后""90后"的"新新人类"成长于中国经济腾飞之时，他们具有市场经济和网络时代培养出来的民主意识和开放心态，他们的地盘还烙着父辈耕耘的痕迹，而父辈的旗帜已不复在他们的战场。他们衣食无忧，但更渴望超越平凡、张扬自我。然而，现实与理想的脱节，自主性缺失与选择的不自由，使得青少年疏离了父辈文化，往往处于反抗与屈从、自负与自卑、自信与气馁等困惑和矛盾中，因而出现大批"kidadult"，即童心未泯的成年人。他们信奉的不是现实原则而是快乐原则，不是实际主义而是机会主义——电视上邻家少年一夜成名、灰姑娘变成了美丽的公主，就是典型案例。"周杰伦的 MTV、韩国影视剧等等，从某种意义上讲，这类文化的追逐和消费在青少年那里变成了一种对家庭、社会各种压力的'抵抗仪式'。"[1] 作为青少年喜爱的文化符号，电视偶像中隐含着诸多青少年亚文化因子，反映出作为社会非主流群体的青少年渴望打破社会阶梯架构的种种尝试和努力。传统的电视偶像生产受到了很大挑战，出于"销售青少年"的需要，电视节目在反叛方面做得越成功，就越容易受到青少年追捧，而掩盖在不羁、嬉皮、个性和我行我素背后的，永远是市场这只看不见的手。于是，偶像的表演汇集了嫁接、拼贴、混搭、狂欢、叛离、猎奇、饶舌、街舞等诸多元素，继而成为青少年竞相追逐的风格，"对风格的解读实际上就是对亚文化的解读"[2]。"智力竞猜和游戏节目是暧昧的，因为它们一方面由于深深植根于平等主义的仪式而表现出大众文化的某种乌托邦色彩，另一方面又体现出当代社会许多反乌托邦的价值观念和假设。"[3] 新的偶像制造以"零门槛"的草根姿态颠覆了以往"电视只属于精英"的陈规，给了青少年一个"只要你想，没有什么不可以"的神话，还等什么呢，就是你了，一起来玩儿吧，总有一天会看到挥舞的荧光棒……沉湎于感官享乐，父辈文化中品德的肃穆和人格的审慎已然成为历史的天空。

---

① 陆扬：《文化研究概论》，复旦大学出版社，2008 年版，第 317 页。
② ［美］迪克·赫伯迪格：《亚文化：风格的意义》，陆道夫、胡疆锋，译，北京大学出版社，2009 年版，中译本序第 4 页。
③ ［美］约翰·费斯克：《理解大众文化》，王晓珏，宋伟杰，译，中央编译出版社，2001 年版，第 171 页。

二、身份认同：偶像神话的迷狂

青少年阶段属于人的社会化过程中第二人格偶像崇拜阶段，即对父母的养育式依恋转化为对他人的认同式或浪漫式依恋，认同关系"是人与人、人与群体及人与社会之间的关系"①，认同要靠增加确定性来实现，换言之，认同，就是认异。电视偶像的时尚化、个性化、青春化、草根化，成为让"别样青春别样红"的文化向往。如青春偶像剧（以日韩剧为甚）以其青春靓丽的形象、诗情画意的风格、积极进取的精神满足了青少年感性化的审美趣味、个性追求，以及浪漫心理，从而获得了青少年的心理认同及其行为消费。

《超级女声》《快乐男声》最大化地利用了身份认同机制，醒目的名称、"想唱就唱"的口号，让这音乐之国的臣民快乐着偶像的快乐，"想唱就唱＝实现梦想＝青春偶像＝星途坦荡"的神话模式给予急于一夜成名的青少年以强烈的暗示。即使知道自己无法成名的青少年，也通过参与获得一段只属于青春的成长历练。而更名后的《花儿朵朵》更是一个巨大的媒介隐喻，在日常经验中，"花儿"的"能指"总和"青春、美妙、适龄、动人、招展、娇羞、明媚、被看"等"所指"联系在一起，然而不是所有女性都具有"花儿"的特质，女性总有美丑妍媸，但一旦参加《花儿朵朵》，你就是具备了以上隐喻的特质，赋予了女性对于自己是"花朵"的美妙想象与眩晕般的迷狂，哪怕是不那么"花儿"的"菜花甜妈""蝴蝶姐姐"。通过种种符号的刻意营造，无论参加《花儿朵朵》还是观看《花儿朵朵》的女性，都极容易产生自我同一性的可能。

在电视偶像构建背后隐藏着媒介与商业的合谋，电视媒体依靠偶像赚足了眼球，也赚足了真金白银，而受众对此并不关心，只是更狂热地投入到对偶像神话的关注中，原本"风格化"的青少年亚文化也从特立独行变为盲目从众。一个电视偶像的艺术生命力有多长？下一站将驶向何方？这些问题全然不在考虑之列，重要的是对偶像的消费使他们不被边缘化，也成了"时尚人士"，于是急匆匆赶赴下一场消费盛宴，在其中找到自我认同和群体归属感。对于粉丝来说，为电视偶像付出时间、金钱、泪水都是值得的，因此，电视媒介对中国青年追星亚文化的发展起到了推波助澜的作用。

三、身体快感：草根族群的胜利

中西方的历史是一部身体备受压抑的历史，西方在经历了一千年的清教传统之后，身体这个曾经被有意遗忘的命题得到了性解放意义上的敞亮与重新发现，身体被纳入消费计划和消费目的中，受到赞美、欣赏和把玩，并在广告、时尚、

---

① 崔新建：《文化认同及其根源》，载《北京师范大学学报》（社会科学版），2004 年第 4 期，第 102 页。

大众文化中粉墨登场，受到内驱力（情感、潜意识）作用的身体成了各种娱乐活动的最佳载体。

罗兰·巴尔特认为："身体为我们提供了一个抵御意识形态的有限的自由空间，属于身体的快感也就成为了意识形态的对立物，具有了积极的意义。"① 德国哲学家尼采认为，人们对自己的身体有着普遍的自恋情结，身体都有被展示的原始欲望。一些身体有机会在电视媒介上展示自己，而绝大多数的人们，如草根族群，就不能以偶像的身份展示自己，因此，草根们就在展示的身体群里寻找共鸣。电视偶像年轻、性感的身体则是最引人注目的视像，身体是快乐的，也是制造快乐的主要工具。身体从自然的造物演变为一种文化象征，大量的"身体秀"使身体成为仪式的客体，身体是凝视与被凝视的、能欲望的和所欲望的对象。电视从未像今天一样对人类的身体给予无尽的赞美。电视偶像强调身体呈现，用感性肉体取代理性逻各斯，青少年通过观看电视偶像而对其产生崇拜、追随之感，对偶像的精神消费，即是对他人"身体"的符号消费。"青春偶像"或"大众情人"的身体表征着人类自身最美好的东西。波德里亚认为这种现象在当前生产/消费的结构主题上促成了"作为资本的身体的实践，作为偶像（或消费物品）的身体的实践"②。

四、视觉狂欢：奇观乱相的偷窥

媒介环境学保罗·莱文森曾在其恩师麦克卢汉"地球村"基础上提出"三个地球村"概念，认为"电视是偷窥者的地球村"。根据影像的"后窗"理论，电视赋予了大众集体偷窥的合法性，借助电视偶像的视觉消费，人类集体无意识的渴望和欲望在奇观乱相中得以"使用与满足"，"视觉狂欢是媒介现象与表面形式的重要表现之一"③。而在苏联文艺理论家巴赫金看来，狂欢不分演员观众，人人自愿，个个参与，没有雅俗之分、官民之别，狂欢嘲笑一切等级差异，反对一切常规，亵渎所有神圣，颂扬平等和逆俗，百无禁忌，看重的是嬉笑嘲讽、疯癫迷醉和感官愉悦。阴柔俊美、削瘦颓感的男生、呈现中性之美的女生都是视觉狂欢的佳肴。如 2010 年《快乐男声》的"伪娘"现象是对狂欢景象中"粉雄时代"的最好注脚，留长发、穿短裙、踩高跟、画烟熏、描红唇、头戴蝴蝶结、宛如美少女的"男不男"选手成为 2010 快男的一大看点。"著姐"们的横空出世凸显了一个不争事实——青少年群体的审美诉求已毫无羞涩地踩着粉雄时代的拍子阔步前进。

① 罗钢、刘象愚：《文化研究读本》，中国社会科学出版社，2000 年版，第 40 页。
② ［法］让·波德里亚：《消费社会》，刘成富、全志钢，译，南京大学出版社，2001 年版，第 140 页。
③ 梁虹：《视觉狂欢与视觉权力——电子媒介影像的审美批判》，载《现代传播》，2006 年第 5 期，第 97 页。

当下国内电视偶像建构的文化意义

一、解构焦虑，张扬主体

现代性没有兑现工业社会向人们允诺的幸福，却带来了一大堆问题。如前文所言，青少年进入青春期后，常常陷入困惑、矛盾和不可自拔的心理冲突之中，出现分裂感和危机感。为了获得新的自我平衡，往往重新寻找一种"模特"作为自我平衡的对象。而电视偶像的"秀文化"则提供了实现自我平衡的心理途径，成为青少年情绪得以疏通的安全阀门——参与者从短暂的快感和欲望的虚幻实现中，获得暂时性的心理平衡。正是这种暂时性的心理平衡，帮助青少年实现和维护身心平衡，使其能在第二天重新面对学业的重负和社会的施压，重新进入秩序和他者的包围之中。因此，用"酷文化"来抵抗"苦文化"成为青少年的一种无奈之举，当榜样功能、教化功能被解构，电视偶像兴高采烈地抛弃了那些由意义、信念、价值强加给人们的重负，电视偶像宣泄了青春的激情，在一定程度上缓解了现实的心理紧张和内在焦虑，为处在生存压力下的人们许诺了一种文化解放，为青少年提供了情绪的释放与表达契机，于刻板的生活中打开了一扇自由天窗，还有个体成长过程中那段刻骨铭心的青春体验，温暖、抚慰了具有不同出身、不同经历、不同过往的青少年的心灵，深刻地影响、重塑了国内青少年的生活和理念。

二、发展个性，自我实现

个性是个体的性格、气质、兴趣、情感、意志、理想、信念、能力等的综合体现。"从心理发展阶段来说，青年期是迅速走向成熟而又尚未达到完全成熟的阶段。如果以人生观的确立作为心理成熟的标志，那么一般说来只有到了完成大学教育时，人生观才臻形成并趋稳定。"[1] 因此，青少年对自我个性的认识与实践处于"个性摸索"阶段，表现出心理上、行为方式上的不稳定性。青少年虚构自己的种种能力、气质、兴趣，并在自己周围人群搜索，希望能发现未来自己的现实模型，然后直接嫁接目标："我要成为一个像某人一样的人。"而电视偶像正好契合了青少年这一时期的独特需求，成为他们标识自我，展现未来的自我形象。当青少年说"某某是我的偶像"时，实际是在表白自我，张扬个性。这一个性格中包含着"我的地盘听我的、我选择我喜欢"的"别样"特征，偶像成为他们的精神领袖，把别人的愉悦想象成自己的，灵魂有所安顿，能暂时忘却不快，为改善不良的心理状态开辟了一条有效通道。同样的道理适用于社会不同年龄、

---

① 陆扬：《文化研究概论》，复旦大学出版社，2008年版，第304页。

不同阶层的人群。在偶像文化的背后，草根有草根的快乐，精英有精英的消遣，中收有中收的愉悦，确保每一个人都做一次自己的上帝。

三、文化重构，互补收编

大众传媒时代，电视偶像作为一种消费观、文化观、价值观的承载物，伴随生产力的马达与商业主义的桅杆驶进中国社会并迅速掌舵。偶像建构本身绝非坏事，某种程度上是一个社会走向多元的产物。因此，针对国内青少年亚文化现象的传播实际，笔者以为，尊重大众文化时代广大青少年的审美趣味，承认大众文化在多元文化环境中的积极功用，是我们应该持有的态度。但与此同时，我们也警觉地注意到，当下的电视偶像建构还多有痼疾，如电视媒介只追求"收视率"而非"绿色收视率"，将偶像作为引导和刺激消费的符码和工具，制造偏离实际的消费神话，导致作为媒介偶像的"人"和作为受众的"人"的多重物化与异化，其可能结果是"以人为本"的价值核心被消费主义僭越，价值理性被工具理性取代，性欲实现了对爱欲的颠覆，"植物性审美"向"动物性审美"的倒退，对未成年人的精神世界有极大的解构力、吞噬力，及"文化震惊"效果，对形成社会主义核心价值观造成巨大冲击。

综上所述，站在社会主义核心价值观建构的层面，不是对当下电视偶像进行一味的解构，而是考虑如何对当前的电视偶像进行文化重构。"从对抗到缓和，从抵抗到收编，这样的过程构成了每一个接踵而来的亚文化的周期。"① 关注"80 后""90 后"族群的文化安全，准确、系统、多维地关注、阐释、引导电视偶像文化、青少年亚文化已成为一个极其紧迫的现实问题。如何建构主流文化带领下的电视文化，如何建构融时代性、创造性、开放性为一体的青年文化，如何协调社会发展以及青少年的全面发展，答案背后所要求的实践求索过程与学术关怀精神，或许比答案本身的意义更为显在。

（载《现代传播》2011 年第 5 期）

---

① ［美］迪克·赫伯迪格：《亚文化：风格的意义》，陆道夫、胡疆锋，译，北京大学出版社，2009年版，第 100 页。

新世纪电视文艺受众理念的嬗变

 21世纪，随着我国政治、经济、文化、社会的发展和我国电视实践的不断深入，各种新节目类型的诞生、传播渠道的增加，新媒体传播环境的变化等等，构成了我国电视文艺传播的新景象，受众在电视文艺传播活动中的主体性地位日益凸显，参与性逐步增强。理性审视21世纪电视文艺受众及受众理念所发生的转变，对于增强受众的生产力和创造力，提高电视文艺节目的质量和形式，实现电视文艺价值增值具有不容忽视的意义。"受众"（Audience）一词，最早从西方翻译过来，是大众传播媒介如报纸、杂志、广播、电影、电视等信息的接受者，是考察大众传播效果的立足点，也是由媒介、社会与人的复杂关系建构起来的一切问题的交叉点。[①] 电视文艺受众属于传播学研究范畴，专指以电视文艺节目如电视剧、电视综艺节目、电视专题节目、电视文学节目为接受对象，通过电视、网络，手机等各种大众传播媒介，获取信息以得到审美享受的社会群体，包括传播者、内容产品、媒介和受众等传播要素，它们共同决定了传播效果的好坏。在21世纪，电视文艺受众在传播过程中的主体地位得到空前重视，受众作为电视文艺节目创制的目的、关注者和作用对象的传播意识得以增强，受众对电视文艺的接受方式，以及电视文艺对受众心理建构的介入等明显得到重视。电视文艺传播理念的改变带来了受众角色定位的转变，同时电视文艺受众自身的媒介素养与价值需求也随时代的发展而产生了潜移默化的变化，使我国电视文艺受众理念发生了一系列嬗变：从以国家政治意志为核心的单向度权力话语传播，到趋于多元辐射的娱乐化、平民化话语传播；从唯一媒介到趋向多平台媒介的接受方式；从价值终端到价值生成场的角色转化，等等，电视文艺受众地位从被动到主动，发生了质的变化。

主体地位：单向度传播趋向多元辐射

 西方的受众研究理论大体经历了从"作为靶子的受众、作为差异性个体的受

---

① ［美］约翰·菲斯克，等：《关键概念：传播与文化研究辞典》（第二版），李彬，译注，新华出版社，2004年版，第18页。

146

众、作为社会类别的受众、作为亚文化群体的受众、作为社会关系的受众、作为使用与满足的消费者的受众、作为商品的受众、作为解码者的受众八种研究视野"① 这样一个从传者本位到受众本位的发展演变过程。传者本位理论把传播者和传播对象区分为二元对立的两个结构要素，认为信息是从传播者开始沿着一定的信道方向传递给传播对象这样一个单向的信息流动路径，受众作为接受对象只能被动地接受信息。传播主体是信息的发送者，受众处于被动的客体地位。

我国受众研究落后于西方，并受西方传播思想的影响较大，经历了一个从"广播"受众到"窄播"受众，从接受型受众到参与型受众，从纸媒受众到网络受众的媒介受众理念演变过程。我国最早的受众研究起源于1982年的"北京调查"，直到20世纪90年代，在新的时代背景和媒介环境下，"受众中心论"才被正式提出来，受众的主体地位才逐渐得到重视。在我国电视文艺发展早期，电视作为党和政府的"喉舌"，占据传播的主导地位，在相当长一段时间内以强势的姿态进行传播。受众无法挣脱作为政治意识形态奴仆的地位，形成对电视媒介权威的崇拜心理，对其传播的信息不加分辨地接受，也无法做出有效的批判或反馈。这段时期，电视被当作主流政治意识宣传的工具，播出了大量政治色彩较强的电视文艺节目，如京剧《红灯记》《白毛女》，电视剧《一口菜饼子》《林则徐》等，形成"上传下达"的单向度传播模式。电视文艺传播者处于传播的中心地位，受众成为传播信息射中的"靶子"，或作为传播"刺激"的"反应"者，被当作传播施加控制的对象，毫无主见和选择信息的能力。媒体以宣传者、教育者的身份自居，播出何种电视文艺节目或播出多少，由媒体和管理者决定，形成"你播我看"的定势，受众没有自主选择的权利，处于"失语"的状态。这是由于传播者没有重视受众的价值需求，将传播过程看成是一个单向的、机械化的线性过程，这种单向度的传播模式造成了信息流动、传播能力与传播动机的不对称，也使受众成为扁平的、毫无批判能力的"单向度的人"。一方面这是计划经济时代电视主要依靠政府拨款生存，具有国家公器或国家代言人的作用使然；另一方面也源于信息资源的贫乏和节目产量较少，导致受众没有更多的选择余地。

改革开放后，特别是进入21世纪以后，受众的主体性、能动性逐渐得到重视，并在电视文艺传播过程中由"边缘"向"中心"地位靠拢。在市场经济条件下，收视率直接决定了节目的生存，而受众注意力资源成为各大媒体吸引广告商无往不利的法器。节目数量增多，产生了大量新兴的节目形态，节目声画质量提高，交易市场日趋完善，受众成为电视文艺节目的顾客或消费者，变成电视文艺服务的对象，成为传播关系中的主动一方。体现在电视文艺节目内容和形式上，是随着电视文艺受众理念的更新，受众的需求和爱好得到重视，主体性地位得以凸显。在节目内容方面，大量作品内容表现的是鲜活的生活经验，而不是枯燥的

① 蔡琪：《多维视野中的受众研究》，载《新闻与传播》，2003年第7期。

政治教条，题材表现内容扩大，更加生活化，人物形象塑造人性化，如 21 世纪初播出的革命战争题材电视剧《激情燃烧的岁月》《亮剑》《历史的天空》等并不避讳英雄形象作为普通人的一些缺点、弱点，是以个体受众而不是以集体受众为对象来讲述故事，大众化的个体取代了集体主义式的英雄崇拜，显得更加真实，因而也更容易赢得受众的好感。学者张同道在《中国电视传播观念的迁移》一文中说，中国电视的传播观念经历了一个从节目中心到栏目中心，再到频道中心的革命性巨变，它引导中国电视从传者中心转向受众中心。[①] 受众分众化与频道专业化趋势带来了传播渠道和方式的变革，成为影响电视文艺节目创作与传播的重要因素，使创作者和传播者更加注意当下受众的心理需求和审美倾向，以时尚化的包装、快节奏的叙事、多元化的互动设计改变了电视文艺节目的形式，进而吸引到更多受众的注意力。

从"传者本位"到"受众本位"理念的转变和大量电视话语实践，使 21 世纪电视文艺传播活动由单向度传播转向多元辐射的发展趋势。新技术手段所提供的视频点播、付费电视等服务让受众拥有了更大的选择权，受众可以根据自己的意愿选择看或不看，作为传者的一方其权威特权开始下降，平等、自由、自主的传播方式扩散开来。早期电视文艺灌输式、简单化的传播模式得以改变，传播效能渐趋对称与平衡，电视文艺受众的主动性和积极性得以增强，我国电视文艺受众的内涵也由早期的工农兵群众、观众、消费者扩大到如今的互动参与者、生产者。受众不仅可以通过数字电视、网络电视随时下载自己想要观看的节目，可以在网上发布网络影视评论影响节目再创作和再传播，而且可以亲身参与到节目创制的各个环节中来。受众迅速向制作者、传播者角色转换，既是信息的接受者，也成为信息的传递者，传播主体与客体的界限被模糊化，传播变得更加迅捷、互动性更强，形成一种多向度传播的趋势。电视文艺传播者与电视文艺节目，电视文艺节目与受众，受众与传播者构成了一个点面结合、互相作用的传播关系网。而且，媒体与受众之间点对面、点对点的多方式交叉结合传播，受众与受众个体之间点对点的传播，媒体组织内部之间的人际传播等也形成了一个互相勾连的关系网。在目前的电视文艺传播系统中，传播主体既是由编导记者、工程技术人员、演职人员等组成的从业者队伍，也是由广大受众组成的庞大机构，电视文艺传播过程已经不再仅仅局限于单向性的信息传递，而是形成了一个循环往复，环环相扣的复杂网络。

接受方式：唯一媒介趋向多平台媒介

电视文艺是以电子技术为传播手段，以声音和画面为传播符号的电视艺术形

---

① 张同道：《中国电视传播观念的迁移》，载《北京师范大学学报》，2001 年第 6 期。

式。自电视文艺诞生之初，其传播和受众接受的唯一大众传播媒介仅是传统的模拟电视。模拟电视的主要特点是线性传播，这种接受方式使受众处于消极被动的信息接受地位，主动性与能动性都较低。而随着互联网等新媒体的兴起，数字信息技术的迅猛发展，人类传播历史上出现了数字传播的革命性巨变。网络传输、手机技术、卫星传递、光纤光缆等先进通信技术被广泛应用，数字传播真正把麦克卢汉所说的"地球村"变成了现实。新媒体技术的普及应用和数字技术的进一步发展，拓展了电视传媒的发展空间，传统电视的终端用户不仅继续存在，手机用户，计算机用户，乃至其他新的终端用户都能接收到电视信息。数字电视、网络电视、手机电视、卫星移动电视等开始广泛出现于人们的日常生活中，受众本位理念在技术层面上得以付诸全面实践，多平台的媒介接受终端给受众带来了全新的收视体验。

21世纪媒介融合与产业化趋势不断优化升级，2010年全国试点推广三网融合，广播电视网、电信网、互联网进一步加速融合推进，使媒介内容日益产品化，媒介产品走向平台化。在市场驱动下，电视文艺生产向栏目化、类型化、专业化方向发展，并作为商业产品出售给手机、网络、移动电视的广告商，走上艺术品的产品化发展道路；新媒体作为科技创造的新媒介产品，发挥着信息传递的功用，而随着智能化、数字化的升级换代，电脑、手机、电视等视听多屏终端的融合，使影像传播平台得以多元化拓展，媒介产品成为平台化的信息互动空间。多样化的媒介接受平台，形成了一个多元、离散而又交融的新媒体公共领域，影响了受众群体的结构构成、娱乐方式、心理需求，成为集多重利益于一身的"交集主体"，使电视文艺受众身份变得更加复杂，接受方式更加趋于多元化。

数字电视代替模拟电视作为厅堂电视，面对的大部分受众仍然是传统的家庭成员，受众构成成员仍然包括一家人中各个年龄层次的人，如老年人、中年人、儿童。卫星移动电视是通过不固定的电视接受终端，使受众接受无线数字电视传播信号，包括车载电视、楼宇电视、广场电视等。移动电视主要的受众群体也比较庞大，公交车上被动观看的受众包括了各个年龄层次。手机电视，是随着3G技术的应用，以手机为载体接受信息的观影平台。其携带方便，设计个性，操作简单的特点主要针对年轻、白领受众群体。网络电视又称IPTV，是基于互联网协议的电视传播载体。大部分年轻受众通过网络电视观看电影、电视剧、综艺节目，网络电视迅速发展起来。目前应用较多的是PPLIVE网络电视、PPS网络电视、QQ网络电视、暴风影音网络电视、风云网络电视、沸点网络电视，以及迅雷看看等，大多采用P2P点对点传输技术，以直播或点播的形式，播出高清视频图像，对受众构成很大的吸引力。因此，在21世纪，根据不同的接受终端，安排受众的注意力资源，越来越成为媒体进行议程设置、开发受众市场的重要考虑因素。

多平台的接受模式改变了受众的娱乐消费方式。央视于2009年12月28日成立的"中国网络电视台",是传统电视正式进军网络电视的标志,具有里程碑的意义。"中国网络电视台"包括了传统电视各种类型的频道、栏目,如纪录频道、综艺频道,电视剧频道等,让受众不仅看到了传统电视节目的内容,而且可以通过点播、定制等方式选择自己喜欢的电视文艺节目。各省级卫视也纷纷成立自己的网络电视台,有些网络电视台因发展良好甚至开始独立于原先所隶属的电视机构,如湖南卫视金鹰网旗下的芒果电视台。电视娱乐文化因新媒体的普及而变得更加个人化和去中心化。"多媒体、链接、动画等新技术在网络电视上的不断增多,整合了受众信息接受平台的各项功能,加剧了'信息传播'向'信息传播娱乐化'的进一步转化,使网络电视文化更对应后现代主义的文化策略。"[①]受众可以随时通过鼠标点击,暂停、回放、快进等方式控制媒体播放的流程,使受众的娱乐接受方式更加灵活、自主性更强,更加具有"娱乐个人主义"特点。手机电视播放的电视短剧通常内容精短、情节集中、戏剧冲突强烈,内容刺激,以时尚化的传播方式满足了年轻受众的娱乐需要。受众在等待客户、搭乘公共汽车的间隙就可以方便地观看,这种随时随地享受娱乐的接受方式,极大地节约了人们的时间,使人与媒介及时共融,因此很受这部分人群欢迎。以新媒体为接受平台的受众显然颠覆了传统电视文艺观众的"受者"地位,成为真正意义上的娱乐主人。

多平台的接受终端也影响了电视文艺受众的接受心理。传统单一电视平台的接受方式,以及有限的节目资源,使受众更多地以严肃的姿态接受电视文艺节目。而伴随网络媒体而来的多平台接受终端,各种互联网视频如优酷、酷6、迅雷、土豆迅速崛起,搜狐、腾讯等门户网站也先后通过提供原创视频来进行内容生产变革,受众面对如此众多的信息终端和接收渠道,开始由"看电视"转向"用电视"。在"用电视"理念主导下,简单快捷的多渠道接收途径,使受众对电视文艺采取为我所用的态度,自我意识逐渐膨胀,电视文艺由精英走向大众,遭遇受众碎片化的接受。漫不经心地更换频道,随心所欲地下载视频,片段式地观赏抑或长时间无聊地沉浸其中,人与机器的关系变得紧密,而人与人之间的关系变得疏离。生产商为了迎合受众,不断进行内容生产的革新,在制作方式、节目编排、技术应用、生产售价方面不断调整,使受众在网络新媒体建构的新公共领域里,建立了一种区别于传统社会的虚拟社会交往模式和伦理道德规范。根据受众接受心理,从提高节目质量入手,在新技术环境下建立新型受众理念,树立以人为本的观念,才能真正满足受众的需求。

---

① 吴斌、刘娟:《网络电视传播的文化建构》,载《南京政治学院学报》,2003 年第 2 期。

价值生成：价值终端趋向价值生成场

电视文艺传播活动是一个以创作者为起点，包括传播者、节目、媒介与受众的完整运行系统。电视文艺节目包含审美价值、社会价值、历史价值、文化价值等多重意义，它们是推动人类精神生长的动力性因素。而节目价值生成是一个动态性的结构，既包括创作者与节目的价值生产关系，也离不开接受者与节目的价值阐释关系。马克思说："'价值'这个普遍的概念是从人们对待满足他们的外界物的关系中产生的。"① 这就是说，价值生成是一个交互作用的过程，没有"使用—满足"关系的建立，没有电视文艺受众对节目的需求和接受，就不能最终实现电视文艺节目的价值。

从接受美学的视角来看，电视文艺接受是受众主体与电视文艺文化产品之间的互相作用，受众的文化素质、价值观念和心理结构影响了对电视文艺的接受，电视文艺也反过来影响了受众这些方面的内在素质，二者构成彼此建构的关系。电视文艺受众既是某种文艺门类的接受者，同时也是节目意义和价值的生产者。创作者将其主体性精神，如自由与和平、真诚与善良、爱与美等价值理念加以客观化、对象化，并最终生成电视文艺作品的内在价值。在电视文艺"传者本位"理念下，受众被当作节目价值的接受终端，被动地接受并还原创作者凝聚在作品中的审美感受及价值观念，节目播出即意味着价值的实现，节目价值更多地指向创作者的创造性劳动。而在 21 世纪电视文艺"受众本位"理念下，受众的主体性与能动性得到重视。节目播出并不一定意味着被接受，而且受众对节目具有多种阐释的可能性，成为生成作品价值意义的决定性力量。根据霍尔对受众研究的"编码—解码"接受模式，一个经过创作者编码的文本可以通过三种方式来进行解读或阐释：一是"支配—霸权"立场，受众完全认同并接受媒体传递的信息；二是"协商代码"立场，即妥协式解读立场，受众根据自己的立场、观点选择性地接受信息；三是"对立码"立场，亦称为对抗式解读立场，受众对媒体传递的信息做出完全相反的解读。这说明，对同一个电视文艺节目，由于受众不同的心理结构、倾向性、生活经验、价值观等主观状态，会对大众传播媒介传递的符号化、系统化的信息产品进行重新编码，从而直接影响对电视文艺节目的价值判断并生成不同的文本价值。而电视文艺节目类型丰富，包含了主流、大众、精英等多元文化，不同的节目与受众也建立起不同的价值关系。电视文艺节目与受众到底发生何种价值关系，主要取决于受众的选择和发现。但无论节目对何种价值的追寻，受众采取哪种解读立场，电视文艺节目的价值均在受众的选择、接受过程

---

① ［德］马克思、恩格斯：《马克思恩格斯全集》（第 19 卷），中共中央马克思恩格斯列宁斯大林著作编译局编，人民出版社，1982 年版，第 406 页。

中得以生成和确证。受众根据自己的社会、审美经验，从既有的节目资源中解读文本、获取信息，并生产出自己的文化和意义。节目成为一个不断被赋予新价值的场所，电视文艺受众成为节目文本价值生成的主体。

从市场的视角来看，价值生成的过程不但是受众将媒介文本蕴含的社会意义不断激活的过程，也是创造各种新的物质、精神价值的过程。随着电视文艺受众主体地位的确立，电视文艺节目的消费价值得到了更好的实现。电视文艺节目播出后，受众通过互联网的各种社区、论坛、博客等发表意见，形成强大的舆论势力，提高了电视剧的知名度也扩大了其传播效果，使该节目实现商业价值。如电视文艺栏目《百家讲坛》主要通过央视国际网作为自己的主要传播阵地，同时利用栏目官方博客和主讲人的私人博客扩大传播效力，受众的点击和网络评论反馈，使电视台和各大视频网站各方均同时获得利益。又如电视剧《蜗居》播出后，在网络上出现一群自称"蜗牛"的电视剧粉丝群体，他们通过参与传播过程，从传者手中争夺话语霸权，较之传统型受众更加积极主动，更加渴望表现自我。[①] 受众的积极参与，不仅扩大了该电视剧的传播范围，也为下一轮播出及相关话题制作创造了潜在的经济价值。所以说电视文艺受众既是消费者又是参与者、生产者，消费着"快感"的同时，也产生了新的商业价值。

从节目制作来看，受众日益成为电视文艺节目的创作、播出和生产的主导力量，甚至参与到节目的制作过程中来，如《超级女声》《我爱记歌词》《星光大道》等节目完全由受众参与，普通受众成为节目的主要内容构成；受众还可以重新编辑、整理从网络上下载的电视文艺节目视频，并根据自己的理解和生产目的使视频再次投入传播过程。受众已成为价值生产的一股新力量，扩大了电视文艺节目价值生成的空间。这一方面是由于电视文艺创作逐渐由创作者的"诗意表达"，转化为以受众为中心的类型化生产。如武侠剧、历史剧、言情剧等类型电视剧已经形成了较为成熟的市场化生产模式，拥有大批新老受众；综艺节目为满足当前受众的娱乐化诉求，大量借鉴模仿国外模式，尽管节目质量参差不齐，但都是迎合"受众中心"的电视实践。另一方面，在以互联网为代表的新媒体技术支持下，受众参与到电视文艺节目的制作过程中来，受众从被动介入变成主动参与，使大众传媒不仅是一个接受信息的工具，也成为不断生产新价值与意义的有效平台。麦克卢汉说："那些包含了需由观众来完成某些过程的电视节目是最有效的。"[②] 在21世纪，网络翻拍互动剧《苏菲日记》、手机互动短剧《白骨精外传》《Y·E·A·H》《瞎猫遇上死耗子》《有你就有戏》《约定》等互动剧的诞生和发展态势表明，借助多媒体平台根据自己的意愿选择主次要演员，决定剧中

① 蔡骐：《社会性文本与粉丝型受众——解析电视剧〈蜗居〉及其粉丝》，载《现代传播》，2011年第2期。

② ［加］马歇尔·麦克卢汉：《理解媒介——论人的延伸》，何道宽，译，商务印书馆，2000年版，第382页。

人物的命运及剧情的发展，调动了受众的积极性也激发了他们的创造力。先进的技术及节目制作的开敞性，使受众可以随时与信息发布者进行交流，受众既是接受者也是创作者，直接参与节目价值的创造过程，改变了既有传媒价值实现的过程和途径，使蕴含在节目中的各种价值更容易得到实现，也使信息接受终端置换为一个价值生成场。互动剧的出现和发展，是传统媒体向现代媒体转型的结果，是受众的知情权、选择权、表达权得到尊重的一种体现，也是电视文艺分众化传播的又一次有益实践。因此，在以新媒体为平台的价值生成过程中，改善媒介客体的功能与属性，提高受众主体创造新价值的能力，将能进一步促进价值增值。

总之，21世纪受众主体传播意识的确立，使电视文艺受众的个体性得以彰显，文艺心理需求得到满足，其主动性与积极性在电视文艺话语实践中得到肯定和尊重。为此，进一步转变电视文艺受众理念，努力培养、提高和造就具有更高媒介素养的受众，开掘电视语言，通过各种高质量的电视文艺节目提高全民族的文化品位，自觉抵制各种粗制滥造的低俗节目，营造良好的电视文艺传播环境，对提升电视文艺受众文化身份、推动生成具主体理性的传播性受众，以及对电视文艺节目的未来发展，对当代社会风尚、娱乐文化氛围的重构都将产生重要影响。

[载《西南民族大学学报》（人文社会科学版）2012年第6期]

第三编

影视艺术：多元阐释与学理观照

"中国梦"的艺术影像塑造

——论现实题材电视剧创作与"中国梦"的文化机理

"中国梦"是实现国家富强、民族复兴、人民幸福、社会和谐的集体意识与内心渴求，是建立在文化自觉与文化自信基础上，既有现实性又有超越性的美好愿景和奋斗目标。它体现了一种精神力量和文化气质，凝聚了民族复兴意志，彰显了和谐发展的自信。现实题材电视剧作为社会发展与时代面貌的艺术写照，其血液里自然流淌着"中国梦"的文化基因，承担着传达国家意志、提升文化软实力、传播先进文化的作用。在实现"中国梦"的伟大历史进程中，其创作也随着时代特征的变化而呈现出不同的内涵与维度表达。因此，对我国现实题材电视剧创作进行"梦的解析"不失为观照"中国梦"的一种艺术镜鉴与独特视角。

现实题材电视剧承载"中国梦"的文化基因

由于电视剧影像媒介叙事的直观性、形象性和现实性以及电视剧接受传播方式的便捷性和普及性，电视剧对整个社会生活方式、理念和社会风尚具有巨大的影响。可以说，被布尔迪厄称之为"象征性实践"的电视剧话语生产和话语实践，不但可以建构人们的爱恨善恶以及家庭伦理道德观念，而且可以建构人们的生活模式、价值观念、知识和信仰体系。① 现实和历史表明，电视剧创作与社会发展紧密相关，成为蕴含时代精神与书写人们生活的现实图景。实现"中国梦"的伟大历程为电视剧创作提供了丰富多彩的艺术素材与精神给养，成为创作者孜孜以求的信念支柱和源头活水；同时，电视剧也在认知和审美等方面充分发挥着文化反哺的功能，为促进"中国梦"的实现提供艺术助力和文化支撑。

经过半个多世纪的艰辛探索，中国电视剧实现了从无到有、从复兴到发展、从壮大到繁荣的历史进程，最终成长为当下观众喜闻乐见且颇具影响力的一种大众文艺样式。我国电视剧始终坚持与时代同行、与人民同步的创作导向，不论在思想深度、题材选择，还是在表现形式、艺术风格、制作水平等方面都取得了巨

---

① 毛凌滢、欧阳宏生：《日常生活叙事：电视剧本体的回归与审美嬗变》，载《中国电视》，2009 年第 2 期。

大的创新与进步，其整体品格与文化影响力亦稳步提升。"中国梦"既是中华民族伟大复兴之梦，同时也是中国文化的强盛之梦。实现"中国梦"不仅需要提升经济实力，更要增强文化软实力。电视剧作为最典型的大众文化的传播载体之一，承载着对现实生活的审美化体现，也承载着一定的价值取向与相应的文化内涵。电视剧要彰显与传达"中国梦"的内涵，必须在尊重传统文化的内核基础上，聚焦当下中国的社会现实，汇集普通百姓的幸福梦想，为实现"中国梦"提供精神支撑。而作为电视剧"绝对主力"的现实题材电视剧，在创作与传播时也细致表现了人们生存境遇中的纷繁复杂而又真实可信的生命体验，将现实体知的"中国梦"浓墨重彩地嵌入人们的诗意境界，展现属于这个时代的脉动。

现实题材电视剧这一概念既具有广泛的内涵又具有现实语境的规定性。正如研究者指出的，从字面上来看只要是发生于当代、当下社会现实的生活内容，均在此概念范畴之中。从这一意义来说，现实题材电视剧是一个非常难以类分、难以界定的概念。① 但是在我国长期的现实题材电视剧创作实践以及观众的审美接受中，其内涵及艺术特性表现得较为稳定。概括说来，具有三方面的基本特征：其一，内容上关涉当下现实；其二，自觉的主流意识形态性；其三，严肃地关注现实的精神追求。② 因而在文本层面表现为广泛的社会性、鲜明的思想性和积极的导向性。同时，现实题材电视剧在审美表现上最突出的是其鲜明的现实主义特征，意味着要提倡一种关注现实、深入生活的精神。目前，我国现实题材电视剧的创作紧贴时代潮流，不断开拓题材范围，形成了家庭伦理、农村题材、军旅生活、青春都市等诸多类型创作蓝本，以直面现实的勇气书写着中国故事。

现实题材电视剧形塑"中国梦"的大众表达

从国家文化发展层面来看，电视剧肩负着社会教化、文化引领、推动发展、凝心聚力、传递正能量的社会责任和文化使命，在解读国家大政方针、提升国家文化软实力、塑造国民精神品格等方面发挥着重要作用。作为文化领域的领军行业，电视剧在发展壮大的同时，必须将社会效益放在第一位，坚持正确的文化立场和文化追求，弘扬社会主义核心价值观，成为先进文化的自觉引领者和实践者。③ 电视建构"社会知识"与"社会影像"，透过这些知识与影像我们才能对"种种人们曾经生活过的实体"产生认知，透过这些，我们才通过想象建构他们的及我们的生活，使之合并成为可资理解的"整体的世界"。④ 现实题材电视剧

---

① 胡智锋、张国涛：《现实题材电视剧三题》，载《中国电视》，2004年第2期。
② 金昌庆、易前良：《现实题材电视剧创作现状及其创新》，载《中国电视》，2009年第9期。
③ 唐志平：《反映现实生活 承载主流价值——国家新闻出版广电总局电视剧管理司司长李京盛访谈》，载《当代电视》，2014年第2期。
④ 汤林森：《文化帝国主义》，上海人民出版社，1999年版，第340~341页。

创作中所展现出来的对时代现象的思考、对人文风貌的展示、对特殊群体的勾勒、对群体情感的描绘都是对"中国梦"内涵的进一步丰富与提升，其中凝聚的是生活中人民对历史的反思、现实的探索及未来的把握，既是电视剧自身对于"中国梦"实现路径的体现，也是"中国梦"弘扬时代精神、凝聚中国梦想的内涵展现，两者相辅相成，共同深化着"中国梦"的时代命题。

从人民群众的精神文化需求层面看，"中国梦"归根到底是人民的梦，是每个中国人的梦。现实题材电视剧承载并抒写着当下国人的美好梦想与精彩人生。一方面，电视剧既能以造梦的方式满足人民对美好生活的向往，引导人民审美地认识生活、感受生活，从而获得知识、受到教育、享受愉悦。另一方面，现实题材电视剧也是"中国梦"理想的"释梦空间"，它以逼真的形式再现社会发展图景，通过反映改革发展进程中的种种成果与矛盾，进而唤起人们的情感共鸣和集体记忆。现实题材在一定程度上体现了党和政府全心全意为人民服务的宗旨，它的发展创新了电视剧的话语体系，成为蕴含和促进思想发展的新机遇。而利用现实题材电视剧来诠释"中国梦"、传播"中国梦"是时代赋予的重要任务，成为人民了解"中国梦"、认可"中国梦"、接受"中国梦"的最佳切入点和着力点之一。

从国际文化影响力的层面看，面对文化全球化与本土化、东西方价值观和审美观、传统文化和现代文明的冲突。当下的现实题材电视剧将艺术的触角渗入到社会发展与现代化进程中的各个层面，以饱满的创作热情和高超的艺术手法通过一系列影像的表达，努力建构着一个满载中国梦想的国家主体形象，并试图通过与世界各国文化的交流与合作，赋予其人类共同的价值追求和理想信念，从而向世界展示出一个积极良好的中国形象。

可以看出，在政治、经济、文化和社会"四位一体"的建设过程中，现实题材电视剧作然成为"中国梦"在艺术呈现文本方面重要的传播载体，同时也成为向国际社会展示中国形象的窗口。

现实题材电视剧体现"中国梦"时代解读

"中国梦"既具有强烈的现实性，也具有厚重的历史色彩。它是在中华民族争取民族独立以及实现复兴的伟大历史进程中的凝练概括。因而，它蕴含着各个历史阶段的共同价值追求与民族理想。新时期以来，随着改革开放的不断深化、体制制度的不断完善，人民的生活水平日益提高，中国在国际社会中的地位也不断提升。因此，国人对强国之梦的诉求与呼唤自然成为艺术，特别是电视剧创作的一个重要主题。以家庭伦理剧为例，这类反映社会与家庭伦理道德的电视剧将个人与家庭置于广阔的社会背景下，展现了改革开放以来，中国家庭人伦亲情与社会观念的变化。无论是《金婚》《父母爱情》中展现的传统家庭婚姻的幸福与坎坷，还是《裸婚时代》《咱们结婚吧》等新时代家庭的情感与磨合都是时代变迁中家庭文化的呈现，而在这点点滴滴中所展示出的中国家庭的和谐、幸福、奋斗、坎坷也正是"中国梦"的缩影与展现。

当代中国所处的发展阶段与基本国情，决定了全面建设小康社会是"中国梦"的根本要求。在农村题材电视剧中，客观而真实地展现了新农村时代农民勤劳智慧的"小康梦"，极具时代气息。同时，农村题材电视剧深入农民的精神世界，将视角聚焦在农村新一代的年轻人身上，他们用现代理念冲击着农村传统观念，无论是在生活方式还是在生产方式上，都为农村的改革注入了新的生机。更难能可贵的是，不少农村题材电视剧摒弃了农村剧"土、俗、烂"的传统叙事套路，以独具特色的地方文化及喜剧风格为载体，致力于对食品安全、生态保护这些现代文明的理念给予生动的形象化诠释，敢于触碰现代化进程中农村生活的深层矛盾，从农民角度进行思索，体现出日益成熟的公民意识，彰显出难得的土地守望态度与社会责任意识。

众所周知，电视剧基于其大众性和艺术性的文本特征，使其成为最为普及的媒介艺术样式，而电视作为主流媒体所建构生成的传播场域使得只有在电视上呈现与传播的信息才被视为主流，并被社会所接纳与认可。可以说，当代电视剧创作就是人民群众对中国梦的时代呼唤，呼唤着创作出属于自身文化特征、区别于其他民族的"伦理性"的文化范式的中国式电视剧。"中国梦"作为中国人民共同的梦想，自诞生之日起便将国家、民族与个人的命运紧密联系在了一起。其中既有社会发展带来的机遇与挑战，也存在社会转型期所经历的阵痛与反思，现实题材电视剧将这些种种表现加以记录，将其文化场域聚焦在这些现实矛盾中，使受众在剧中能够看到"再现式的自己"，从而展开关于自身、社会、民族、国家的种种思考。无论是关注养老问题的《老有所依》、反映医患关系的《心术》，还是触碰国企改革的《浮沉》、凸显中年危机的《人到四十》、探讨老年生活的《有你才幸福》等都凭借着接地气的创作态度与情节触碰着当代各阶层的人们对于现实困境及思维困境的核心思索，凸显着这个社会多棱折射下的人生百态。梦想源于现实，剧中人物的种种微小的梦想——住房、医疗、教育、亲情、爱情、友情等等，聚合起来就是这个时代的梦想呈现。

可以说，现实题材电视剧以小见大，我们不仅能够感受真实存在的鲜活生命，更能够体味共通的价值追求。在一个个故事中书写的就是个人命运在社会中的百转千回，深刻反映的就是个人在社会中每一个微小的"中国梦"。他们的奋斗、痛苦、迷茫与喜悦是真实呈现的，他们对于梦想的执着坚持与实现过程，也正是一代人对于"中国梦"的解读——将个人追逐幸福理想的愿景植根于艰苦奋斗的民族梦之中。

现实题材电视剧彰显"中国梦"价值内涵

"中国梦"既体现为国家富强、民族兴盛的宏伟内涵，也彰显着人民幸福、安居乐业的现实内涵，二者是协调一致且高度统一的有机整体。其实"中国梦"实现的过程就是每个个体的自我实现之梦，而关于这种深层次的内涵则通过现实题材电视剧的诸多人物塑造、情节编排、话语体系来得以呈现并解读，然后潜移默化地传递给观众。应该说，优秀的影视作品不仅需要展示人物生活的变迁，更需要呈现并且解读时代对于人物思维方式、文化意识的多重影响，来获得艺术和市场的双重认可，满足公众社会、政治和文化需求。其中突出的是对核心价值的彰显与强调。核心价值观是一个民族在发展历程中，依据政治制度、社会经济的基本属性，依据意识形态的本质要求，依据民族文化传统的深厚血脉，由国家正式确立的最基本的价值观念。[①] 党的十八大报告中以"富强、民主、文明、和谐、自由、平等、公正、法治、爱国、敬业、诚信、友善"概括社会主义核心价值观，并以此作为实现"两个一百年"奋斗目标和实现伟大"中国梦"的价值引领。现实题材电视剧同样也是以此作为创作的核心。

社会主义核心价值观从国家、社会、公民三个层面提出价值目标。"富强、民主、文明、和谐"是国家层面的价值目标，对这一目标的展现更多集中在以反映改革开放和现代化建设为主要内容的电视剧中。其中既有反映国企改革的《浮沉》，反映"广东精神"的《下海》，也有反映农村改革的《我的土地我的家》，反映文化体制改革的情感大戏《丑角爸爸》，以及反映商业深层伦理的《青瓷》《天堂秀》等。这些作品将创作的触角延伸到改革的各个领域，以严肃的现实主义创作态度直面改革开放进程中所遇到的诸多问题和矛盾，并努力探讨和呈现解决这些问题的方案。在体现社会主义核心价值观的深度和广度上都有新的立意与艺术表达。"自由、平等、公正、法治"是社会层面的价值目标，现实题材电视剧在塑造和追求这一价值目标方面发挥了重要作用。"爱国、敬业、诚信、友善"是公民个人层面的价值准则，是社会主义公民必须恪守的基本道德规范。近年来，我国电视剧在体现公民个人价值追求的过程中创作出了一大批影视精品。其中，《温州一家人》称得上是一部展现中国人道德群像的优秀影视作品。该剧以改革开放为背景，将镜头对准那些朴实无华的小人物，剧中周万顺、赵冠球、赵银花、四眼老师他们虽然性格各异，命运不同，却是同样的敢想敢干、不屈不挠，通过讲述他们的真情故事与心路历程，传播了"爱国、敬业、诚信、友善"的社会主义核心价值。这对现今许多迷茫的年轻人确立人生梦想很有激励作用，特别是当下"中国梦"成为全球中华儿女的共同期盼，这样的激励显得尤为

---

① 颜晓峰：《实现中国梦的价值引领》，载《光明日报》，2014年2月14日第01版。

重要。

结　语

　　"中国梦"既是对百年来中华民族振兴腾飞的渴望和追寻，又是对当下中国人对民族未来的期许；既是国人对共同命运中凝聚的感情和力量的表达，又是普通个人对希望和追求的表达。而将其综合为一体的现实题材电视剧通过对日常生活的影像化叙事，从社会现实出发来描述社会大时代变迁下普通大众的喜怒哀乐，体现出电视剧应有的社会责任感和使命感。纵观现实题材电视剧的创作现状，虽然还存在创作视野有待开阔、呼应社会现实的勇气应更加坚定、艺术表现手法还需要锤炼等现实困境，但我们依然能够期待现实题材电视剧的创作能愈加贴近生活，贴近百姓，创造出更多符合本民族心理结构和中国式人文情怀的精品佳作，构筑属于国家、民族与人民的"中国梦"！

（载《中国电视》2014 年第 7 期）

21世纪中国谍战剧创作的瓶颈及突破

在当代类型影视剧蔚为大观的生产播出浪潮中，21世纪中国谍战剧无疑是其中最为引人注目的类型之一，从《誓言无声》（2001）、《潜伏》（2008）、《黎明之前》（2010）、《借枪》（2011）、《一触即发》（2012），《神秘人质》（2013）到《锋刃》（2015）等大批谍战剧不断刺激着人们的收视热情，而当前谍战剧市场良莠不齐的艺术产品也引来众多争议。由于中国电视观众对谍战片素有独特的心理偏好和文化情感，因而探讨当前以谍战剧为代表类型的电视剧突出的内在冲突机制，对当前谍战剧突破创作瓶颈乃至重识当代电视剧中存在的叙事悖论不无裨益。

一、日常性叙事与强调冲突、节奏的影像化叙事之内在冲突

电视剧作为一种大众化艺术，表现出对"日常生活"的关注与贴近，是一种具有日常生活特性的叙事艺术，具有戏剧冲突较平缓、节奏较慢、故事较长等特征。新谍战剧诞生于21世纪电视剧类型的多元融合背景下，日常生活叙事成为其文本话语构成的一个重要方面，"日常性"成为谍战剧在21世纪话语环境下新的叙事策略。谍战剧中塑造的大量小人物英雄，表现的家族情感与人物命运，展现的大量家庭生活场景、办公室生活场景等，都离不开电视剧日常生活叙事的基调。这种采取"日常性"叙事的以家国同构的传统伦理建构形成的日常生活叙事流，通过对家常事、小人物的"自在性"呈现，试图建立一种区别于宏大叙事的温和叙事情调，并在一定程度上满足了当代受众的消遣性收视心理。

然而，纵观21世纪十多年来谍战剧的创作实践，不难发现，谍战剧中的日常性叙事常常与谍战剧作为一种逻辑性、推理性、悬疑性、节奏感都较强的类型化叙事本质冲突，日常性叙事与过多的生活化场景减弱了谍战剧的叙事节奏感与情节密度，在大量文本呈现中存在故意拉长注水的叙事痼疾，有些剧作甚至就是披着谍战外衣的家庭伦理剧或言情剧。新谍战剧日常生活叙事本身存在难以克服的内在矛盾，比如对日常生活不厌其烦地重复叙事、欲望化书写等本身就是对宏大革命理想的一种自动消解，日常生活叙事很容易走向背离文化与深度的叙事泥沼。

与日常生活叙事相对的是理想化叙事或曰超越性叙事。电视剧的理想化叙事

建立在与日常生活相对的诗意生活基础之上，既表现为创作者对现实与人生的强烈关注，也表现为创作者对诗意生活的创造性想象，并体现为创作上的一种"自为性"特征。谍战剧理想化叙事作为一种超越性叙事，一种充满各种差异与诗性的特殊叙事，一种聚焦于革命神话建构的美学叙事，它关注的不是日常生活的琐屑与世俗，而是关注文本神话建构的美学逻辑，并从宏观上对日常生活的必然性做诗意化的哲学思考，如《黎明之前》《暗算》《借枪》等谍战剧在艺术的诗意追求上无疑具有理想化叙事的特征，试图借助宏大的革命叙事内容来展现个人命运的微妙变迁，影像意涵丰富精彩。"好的艺术以娱乐艺术所没有的方式和程度来扩充意识。大多数时间中的大多数人和有些时间中的所有人，都愿意使他们的经验、理解、判断和决定的习惯得到证实和满足，而不愿扩大和变化，这说明好的艺术并不总是流行的。"①

当代电视剧的审美化叙事是借助现代传媒技术与文化大工业生产的批量化生产方式发展而来的，"日常性"与"理想化"的叙事悖论在影像叙事的不同层面都有所体现，而二者的矛盾性在谍战剧的叙事机制中体现得尤为明显。谍战剧中"日常性"与"理想化"叙事的内在矛盾主要表现为琐碎/简洁、柔和/强力、日常/历史、感性/理性，世俗/梦想等多种叙事话语的对立冲突。它们既表现在叙事情节的累赘与否，也表现在人物台词对白的简洁与否；既表现为叙事节奏的冲突，也表现为叙事内容的冲突。包括《密使》《尖刀》《风语》在内的大量谍战剧中，日常生活与革命理性存在矛盾，解决的方式大多表现为背叛或牺牲，情节上为拉长故事而使叙事节奏拖沓缓慢。

因而，能够恰到好处地处理好日常性与理想化的关系，谍战剧才能体现其自身的叙事特色。电视剧叙事要解决这一悖论，关键仍在于创作者叙事技巧的提升，正如大众文化与精英文化并不绝对对立与排斥一样，谍战剧在处理日常性与理想性上可以继续融入日常生活叙事的温和情调，也不必刻意排斥对亲情、友情、爱情等日常家庭生活内容的适度展示，但尤其应该注意的是不应让日常性遮蔽了理想性，并坚持谍战剧叙事的诗性特征，否则谍战剧将失去自身的特色而变成家庭剧、言情剧或者其他剧种，从而消解了自身的个性而走向灭亡。

二、历史感与游戏化叙事策略的背离融合

谍战剧的叙事内容往往是对中国近现代革命史上一段政治史和军事史的折射和反映，历史叙事是谍战剧的一种重要的叙事内容或叙事手段。无论是采用"历史的故事化"还是"故事的历史化"手法，谍战剧历史叙事都不可避免地承载某种历史感、真实感和庄重感。而谍战剧中显然不只是历史叙事，与历史叙事相对的是其中的游戏化叙事，这从谍战剧整体叙事结构和风格上呈现出"庄重"与

---

① ［英］梅内尔：《审美价值的本性》，刘敏，译，商务印书馆，2001年版，第40页。

"诙谐"两种叙事话语的并置拼贴可以看出。庄重感是历史叙事带来的，而诙谐感则是游戏化叙事所产生的。游戏化叙事为制造娱乐化的审美效果在叙事中占有相当比重，并在后现代消费主义意识形态的操纵下呈流行化叙事趋势。

这里所谓的游戏化叙事，是指运用拼贴、反讽、戏拟、混搭等后现代主义表现手法消解革命历史叙事的庄重性与神圣感而追求游戏化、狂欢化的喜剧性效果。这种叙事方式不拷问和追求历史的真实性，旨在通过情节的编排、人物的设置以及叙事技巧的变换制造娱乐化的观赏效果，让英雄在死亡游戏中经受一次次灾难、失败、背叛、甚至死亡的考验最后获得重生，同时对敌我人物关系进行"神魔"共舞或"神魔"难分的叙事设定，带给观众类似狂欢的审美体验。因而，在当下这个追求快感、搞笑和视觉感官享受的娱乐化时代，谍战剧以游戏化叙事消除了历史本来具有的时间感和庄严感，有意忽略真实革命斗争的漫长性与艰苦性，而将地下革命变成好玩儿的杀人游戏，在一场场高智商的连环杀人推理游戏中建构一个自成体系而又自我封闭的游戏文本，让历史成为一个盛装着现代娱乐文化新酒的旧酒瓶。

巴赫金在欧洲民间狂欢节文化的基础上建立了其"狂欢化"诗学理论，而狂欢节的主要特点是：无等级性、宣泄性、颠覆性、大众性。[1] 新谍战剧的游戏化叙事将"英雄"拉回到民间，打破革命历史叙事的神圣等级禁锢，取消现实与历史的客观距离，将英雄与平民、崇高与粗俗、伟大与渺小竭力糅合在一起，文本中"历史"的意义变得不确定，"革命"成为一种狂欢的新方式，一场场精彩演绎的暴力拼杀与肉身死亡只为博取受众宣泄性的世俗快感。"狂欢"成为游戏化叙事必不可少的手段：一是人物角色的混搭。比如《潜伏》中成熟内敛的余则成与野蛮无知的翠平的混搭。二是人物性格、命运的混搭。比如《黎明之前》对反面人物的性格塑造颠覆了传统的敌特形象，通过"正反同体"的性格特质揭示人物的多面性和人性的复杂性。而《枪花》中姐妹花命运的混搭，则表现出后现代主义特有的荒诞感。三是话语的戏谑反讽，如《一触即发》等剧中人物言语的调侃戏说，《内线》中敌特军团话语对自我的反讽等。四是人物身份的多重混搭，如《锋刃》中黄渤扮演的沈西林佩戴多重人格面具。还有大量谍战剧将言情、武打、悬疑、家庭、伦理、革命等叙事元素碎片化拼贴，将滑稽喜剧情节与崇高的革命悲剧性拼贴在一起，形成整体叙事风格的后现代混搭特征。

维护大众享受大众文化快感的权力，对于确保若干生活领地及体验的不同社会功用并对抗压服大众那套规范与惩戒的体制有一定意义。[2] 游戏化叙事通过言语的戏谑、话语的混搭、情节的反讽对历史叙事建立的庄重表达进行娱乐化消

① 朱立元：《当代西方文艺理论》，华东师范大学出版社，1999 年版（增补），第 264 页。
② ［美］约翰·费斯克：《理解大众文化》，王晓珏、宋伟杰，译，中央编译出版社，2001 年版，第65 页。

解，制造滑稽效果与荒诞色彩，让受众在忍俊不禁的同时抛开意识形态的历史性主导进而产生狂欢化的审美体验，是对大众娱乐权力的尊重，具有其积极意义。但这种游戏化叙事的方式与策略化实践使其与国家主导意识形态规约的历史叙事形成内在叙事机制的冲突，游戏化策略使历史叙事主导的革命"信仰"被空泛化、虚无化，意识形态的确定性意义被模糊化，核心价值无从建构，能指符号与所指意义不和谐，导致革命历史的统一性和恒定性被无限消解。巴赫金在研究古希腊罗马文化产生的庄谐体文学的文体特征时指出，"故意为之的杂体性和多声性，它们拒绝史诗、悲剧、庄严的雄辩、抒情诗的那种修辞的统一（严格说是拒绝单体性）。对它们来说，有代表性的是：叙事常用多种语调，庄谐结合"①。谍战剧中历史感与游戏化的冲突，其实是内容与形式、意义与方式、现实主义与后现代主义的冲突。事实上，历史感与游戏化的庄谐并存并非不可能，关键是能否处理得当。如何运用叙事手段平衡、处理好"故事的历史化"与"历史的故事化"之间的关系显得十分重要，为迎合一时的流行娱乐趣味而肆意解构历史，消解历史意识、历史深度无疑将"历史"在文本中的存在意义推向了消失的边缘。

因而，要解决历史叙事与游戏化的矛盾关系，未来谍战剧叙事应注意超越纯粹感官娱乐的阈限，肯定历史的合理价值与社会意义，通过历史背景下人性的深度拷问和思索，建构一种具有历史自足性的，具有审美趣味与文化深度的悬疑化革命历史叙事系统。

三、模式化叙事范式与独创性追求之间的平衡两难

路易斯·贾内梯指出类型片是"一种集中和组织故事素材的适当方式，各种类型片的区别是在风格、题材和价值观念方面各有一系列特殊的程式"②。21世纪中国谍战剧作为一种较为成熟的国产类型剧，已经形成了一套相对稳定的叙事程式或制作模式。在宏观结构上，谍战剧有一套固定的叙事套路，如整体结构模式、人物关系模型、叙事母题设置、故事时空背景及影像风格、价值定位等方面都形成了独特的程序模式。在微观结构上，如谍战剧对人物性格的处理，对一些情节段落、插曲、悬念冲突，故事结局的安排等，都存在一些共同的公式特征。

从整体叙事模式来看，谍战剧的总体叙事线索模式有：家族复仇模式如《螳螂》《一触即发》，革命理想模式如《智者无敌》《暗算》《黎明之前》，英雄成长模式如《潜伏》《最后一枪》，人物命运模式如《誓言今生》《风筝》等。在具体的情节编织中，21世纪谍战剧又往往融合悬疑推理、新英雄主义、革命浪漫主义等多种类型剧叙事模式，形成类型杂糅的新模式，而在叙事情节的具体展开过程中又少不了跟踪、盯梢、偷窥、刑讯、暗号、密码、叛徒、策反、美人计等吸

---

① ［苏］巴赫金：《诗学与访谈》，白春仁、顾亚铃，译，河北教育出版社，1998年版，第142～143页。
② ［美］路易斯·贾内梯：《认识电影》，焦雄屏，译，中国电影出版社，1997年版，第223页。

引眼球的模式化情节要素。在叙事风格的整体模式上，21 世纪谍战剧普遍呈现一种充满怀旧情调的色彩，追求暴力美学的形式感和男性化的阳刚美学风格，影像剪辑速度较快，叙事大多较为流畅而富有节奏感。在主要人物关系的设置上，一般在二元对立的叙事模式基础上进行多元矛盾冲突的变异处理，以国共两党或中外两国的革命与反革命、侵略与反侵略斗争为主要冲突模式，构成一个英雄与反英雄的多重制衡关系，同时穿插各种副线，如爱情线、亲情线、家族线、正面战场线、查找我党内部叛徒线等。其中人物关系模式中的爱情模式，就有苦情悲剧式如《告密者》中龙飞与戴秀雅、《一触即发》中阿初与和雅淑，《内线》梁东哥与楚香雪的爱情等；有欢喜冤家式如《潜伏》中余则成与翠平，《剑·谍》中方滔与慕容无暇，《五号特工组》中马云飞与高寒的爱情等；有办公室恋爱式如《掩护》中的高志华与宫丽，《螳螂》中马天啸与陈丽红的爱情等；还有唯美初恋式如《黎明之前》中刘新杰与顾晔佳，《断刺》中唐栋与李赫男的爱情等。对谍战爱情的演绎涉及初恋、暗恋、痴恋、苦恋甚至第三类感情等方方面面，人物对爱情的处理方式也有浪漫式、激情式、游戏式、神圣式等各种方式，可谓将言情剧里五花八门的爱情模式统统演绎了一遍。在对敌特人物的爱情或情感处理上，也统统是人性化处理，他们扮演类似的社会角色，具有近似的个性、行为动机和生活信仰，大多猜忌多疑又感情真挚，信仰坚定又充满温情，总之这些荧屏上的敌特普遍都是既可恨又可爱的形象。

然而在 21 世纪谍战剧创作的繁荣盛况中，新谍战剧的基本叙事模式已被过多复制滥用，很多跟风之作在情节模式、人物关系、论证方式、人物个性、模式要素上都大同小异，让受众感到千篇一律，产生审美疲劳。如果不摆脱现有模式化的桎梏做进一步艺术创新，谍战剧必将面临穷途末路的危险。

阿里斯泰戈说："创作有和产业法则截然不同的法则。艺术是个体存在，是个性，是差异。然而产业则要求一致化、规格化、类型化。"[1] 叙事模式化与独创性是新谍战剧内在叙事机制中存在的一对明显矛盾。然而，艺术独创性又不是一个与类型化商品生产绝对静止、对立的一个概念，而是伴随类型化、商业化、模式化的不断发展演进而随之变动的艺术创作理念。比之于早期反特片英雄主义的创作手法，新谍战剧采用平民化视角的新英雄主义手法体现了一种反类型化程式的独创性；比之于脸谱化、单一化的敌特人物，新谍战剧采用人性化的手法塑造敌特人物是一种艺术创新；比之于单一叙事类型的悬疑推理模式，新谍战剧采用多种类型模式的融合表达也是一种独创性。而且，新谍战剧将悬疑推理与时代、政治、历史相结合，不仅突破了早期反特片的"反特"类型模式，而且是对涉案剧、警匪剧等同类题材电视剧的独特创新。然而，从未来发展的眼光来看，当这些新的模式被大量复制滥用后，新模式又变成了老套路而不再讨好于不同受

---

① ［意］基多·阿里斯泰戈：《电影理论史》，李正伦，译，中国电影出版社，1992 年版，第 284 页。

众的新胃口，模式化与独创性在发展变化了的传受环境下产生新的矛盾对抗。"由于大众文本的'生产性'特征，它总是介于两种不同倾向的张力之中，它既承受封闭意义的压力（文本制作的意识形态性局限和设定意义），同时又提供意义开放的可能性（不同的观众各取所需）。"① 要解决这一叙事上的冲突悖论，只有寻找到新的突破点才能实现谍战剧创作的良性新陈代谢。因而，既要继承谍战剧的"类型"模式与其产生一定的相似性，又要打破当前谍战剧创作的模式化规律，从叙事主题、叙事人物、叙事技巧、影像形式等方面进行再次、多次创新。

一是未来谍战剧的创作者要注意避免对谍战剧类型叙事的定位不清或定位过多，类型融合与增加新元素并无错，但不必刻意追求类型元素的面面俱到，而应找出该剧在同类型题材剧中的核心竞争力并突出一二个叙事亮点。二是增强创作者的艺术素养，从文化模式创新入手"讲好故事"。比如在迎合大多数受众的审美、道德取向的基础上又超越这个水准，在作品中提倡某种具有时代性的新思想、新文化、新道德。三是进一步重视人物心理空间的开掘。西方悬疑题材影视剧不仅对高科技、爱情演绎、悲情叙事等发挥到一个高度，对戏剧冲突进行多维开掘，还特别重视推理的细节与逻辑，突出人物的意识流动与心理变化，未来谍战剧创作中可做适度借鉴。

总之，针对目前新谍战剧的创制现状，创作者应在坚持类型核心价值和类型风格的基础上对新谍战剧做进一步的叙事文化创新、价值立场创新及叙事话语策略创新，有意识地突破当前谍战剧创作的瓶颈，才可能进一步开掘出具有个性化、风格化与民族化的中国谍战剧审美范式。

参考文献：

1. 欧阳宏生. 电视艺术学［M］. 北京：北京大学出版社，2011.

2. ［美］詹姆斯·费伦. 作为修辞的叙事［M］. 陈永国，译，北京：北京大学出版社，2002.

3. ［美］约翰·菲斯克. 电视文化［M］. 祁阿红，等，译，北京：商务印书馆，2005.

4. ［英］斯图尔特·霍尔. 表征——文化表象与意指实践［M］. 徐亮，陆兴华，译，北京：商务印书馆，2003.

5. ［英］梅内尔. 审美价值的本性［M］. 刘敏，译，北京：商务印书馆，2001.

（载《中国电视》2015 年第 10 期）

---

① 徐贲：《影视观众理论与大众文化批评》，胡克、张卫、胡智锋：《当代电影理论文选》，北京广播学院出版社，2000 年版，第 357 页。

21 世纪以来我国电视剧创作的问题与反思

　　21 世纪以来，中国电视剧创作发生了深刻的文化转向和模式变革。在作品质量、视野形成、类型剧探索上取得了显著成就，并深深烙印上了时代变革的痕迹。审视和梳理 21 世纪以来的创作路径，经历了从借鉴到原创、从独立到融合、从引用到内化的过程，但在其繁荣背景下也隐藏着对于文化意蕴、受众认同、题材选择等诸多问题的模糊认识和盲目实践，因此有必要进行相应的反思。

一

　　我国电视剧在精品剧目产量、剧目全球化视野以及类型剧的文化生成上，都有着不同程度的突破与创新，建构起了电视剧的独特文化，形成了电视剧创作的繁荣景观。

　　据国家广播电影电视总局电视剧司数据，2012 年全年全国生产完成并获得《国产电视剧发行许可证》的剧目共计 506 部 17703 集（2001 年为 8000 余集）。现实题材剧目共计 284 部，历史题材剧目共计 216 部，重大题材共计 6 部，分别占总比例的 56.13％、42.69％和 1.19％。从数量、创意、产业等诸多方面我们都能看出 21 世纪以来中国电视剧产业的飞速发展。

一、艺术精品的永恒魅力

　　电视所体现的"精品质量"不能被简化为节目制作的某个具体方面（如工匠式的专业主义）或者某个具体节目品类，所谓的"质量"是指如何利用公共服务的组织形式来提供满足公众社会、政治和文化需求的精品剧目。[①] 从 2000 年开始，几乎每年我国都会产生一些对公众思想影响巨大并且经得起时间磨砺的优秀剧目，这些剧目或许题材迥异，或许类型不同，或许风格多样，但不可否认的是，它们都获得了艺术和市场的双重认可，成为我国电视剧创作史上的艺术精品，带给我们美的欣赏与深度思考。

---

　　① ［美］詹姆斯·卡伦：《媒体与权力》，史安斌、董关鹏，译，清华大学出版社，2006 年版，第246 页。

《激情燃烧的岁月》中革命青年用激情和爱展现了属于他们那一代人的青春，塑造了石光荣这样坚毅果敢，具有革命浪漫主义情怀的英雄人物；《康熙大帝》用宏大的历史叙事还原了一个真实的"千古一帝"，赋予了帝王属于人的喜怒哀乐与悲欢离合；《武林外传》则用戏谑和夸张的方式描述了人们心中的另类江湖，在特色鲜明的人物中让观众感知生活的本质；《金婚》中携手一生的平凡夫妻，在磕磕绊绊中体会到人生的酸甜苦辣，以小见大，展现出新中国五十年的历史；《潜伏》则利用影视语言与独特结构的双重构建展现了谍战剧独特的文化生成，突出了类型剧的创作模式与精品效应……它们所展现出来的魅力深深影响了当今的受众，闪耀着艺术的光芒。

这些优秀作品集观赏性与思想性、艺术品格与市场认同、细节描述与恢宏叙事于一身，多种艺术风格相互交融，体现出社会责任感与历史使命感，体现了我国 21 世纪电视剧创作的高水准，展现了我国电视剧创作中多元发展且创新求变的景观。

二、全球化视野的扩展与形成

2001 年，中国加入 WTO 开启了中国电视剧参与和加速全球化竞争的趋势。在这样的大背景下，中国电视剧开始了从创作到发行，从制作到营销的全面整合，以突出本土特色为亮点，兼顾世界电视剧的大潮流，加快了中国电视剧的全球化进程。

纵观目前的电视剧创作，其体现全球化的方式主要有两种。

第一是通过翻拍并融入本土特点等方式，借鉴世界上其他国家，尤其是欧美国家电视剧的创作模式和元素。如湖南卫视的《丑女无敌》翻版自美国流行电视剧《丑女贝蒂》，《回家的诱惑》翻拍自韩国电视剧《妻子的诱惑》，《爱情公寓》翻拍自美国经典情景喜剧《老友记》等等。虽然翻拍的方式与技巧有待商榷，但在一定程度上融入了本土特色与元素的翻拍却踏出了参与全球市场的第一步，有助于中国电视剧学习国外的先进经验，也有助于中国电视剧创作的自我审视和提升。

第二则是直接参与全球电视剧的制作，直接与世界级的电视制作机构合作，并进行大陆以外发行。近年来，《媳妇的美好时代》在坦桑尼亚的热播，《越王勾践》创下售至海外市场的最高价，以及《甄嬛传》在台湾的热播……从这一系列现象能够看出中国电视剧在创作上更加注重海外市场，更加注重以全球化的视角来审视创作内容。

三、类型剧的文化生成

媒体文本的多义性正是基于市场的需求所产生的，是为了适应社会转型期受众群体的多样化口味而逐渐形成的。经过多年发展，我国电视剧在这一过程中已经形成了伦理剧、历史剧、魔幻剧、军旅剧等多种类型剧，每一种类型剧都形成了较为独特的文化特征，形成了令学界和业界共同关注的艺术现象。

我国类型电视剧所形成的层次性、多样性、自主性与现代性也离不开当代中国社会的文化语境，其文化生成是在与受众审美心理、大众媒介的互动与社会文化背景的交融中逐步形成的，每种类型剧在文化生成中所体现的历史意义、价值深度与娱乐感性给中国电视剧的创作注入了新鲜的血液，也给电视观赏带来了新的氛围与气象。

以家庭伦理剧为例，这类反映社会与家庭伦理道德的电视剧根植于广阔的社会背景，展现中国家庭、社会观念的变化。从前些年的《金婚》《中国式结婚》《结婚十年》到近期的《媳妇的美好时代》《金太郎的幸福生活》《婚姻保卫战》《满堂爹娘》《老牛家的战争》等等，荧屏上的"媳妇婆婆、家长里短"，在社会上引发极大的关注和讨论。这类电视剧凭借着"接地气"的影视表达和新颖的戏剧结构、类型化的创作方式并吸收了爱情剧、偶像剧中的诸多元素，兼顾主流文化与大众文化，因而吸引了各方关注。

不仅仅是家庭伦理类型剧的文化生成，历史剧、谍战剧、魔幻剧、军旅剧等都形成了自身独特的文化特征，并影响了中国电视剧创作的潮流与趋势。这一切的背后既有着中华民族五千年所形成的、区别于其他民族的"伦理性"的文化范式，又有着受众主体意识的增强、主体地位的提升等动力元素。

二

创作模式的固化、文化意蕴的单薄、题材选择的偏执、受众认同的缺失、精品的日趋减少……看似繁荣的屏幕背后隐藏着中国电视剧创作的问题与颓势。

电视剧基于其大众性与草根性的媒体文本特征，使其成为大众传播中最为普及的传播媒体。它需要一定的范式和类型才有益于传播，但我们需要明白，这并不意味着简单的概念化图解、公式化创作和模式化符号的堆砌和滥用。它需要从众多创作方面进行梳理和整合，并在此基础上创新与突破。

（一）创作模式的固化导致文化意蕴的单薄

1. 主题开拓——浅层的理想主义与盲目的乐观主义

优秀的影视作品需要展示的人物生活的变迁，以及时代对于人物思维方式、文化意识的多重影响。但很多类型剧对于主题的挖掘和开拓还停留在表面上，仅仅停留在模式化的创作格式中，追求一种戏剧化的效果，而非现实化的矛盾冲突。同时，题材"跟风"现象较为严重：《金枝欲孽》火了宫斗剧，一时间满屏的"尔虞我诈"；《潜伏》火了谍战剧，一时间满屏的"谍影重重"。

不仅如此，在后现代主义思潮的影响下，无论是创作者还是受众都倾向于"娱乐化"的体验，娱乐元素的运用使得类型剧少了庄重、大气、高端的视听呈现。在农村剧、英模剧、抗战剧等某些特定的类型片中，更是表现出一种盲目的乐观主义，一味以夸张、娱乐、戏谑的方式进行展现与演绎。盲目的乐观主义与浅层的理想主义描述带来的是受众对于历史的模糊与冷漠，失去了对其品味的余地与审美的空间。

2. 叙事策略——夸张的情节设置与固定的模式套路

目前我国大多数的类型电视剧沿用的依然是中国传统的戏剧化的叙事策略，强调情节化，在跌宕起伏的故事中配以悬念、铺垫等技巧，并以一定的传奇色彩来凸显人物形象与性格。只要是宫廷剧、穿越剧，就一定会有后宫争斗、尔虞我诈，展现"古代厚黑学"；只要是农村现实题材电视剧，表现的多是农村物质条件改善后农民生活幸福的小片段，鲜有表现他们对于城市化的迷茫和痛苦；只要是抗战题材剧目，就是英雄人物智勇双全，总能化险为夷……这样的叙事策略已经成为固定的模式套路。

在一些电视剧中，故事越编越离谱，场面越来越繁杂，但却忽视了情节的合理性与真实性，叙事变成了片段式的戏剧表演，失去了剧情展开时本应有的冲突张力，无法唤起题材对于观众的共鸣。在 2013 年 6 月底出台的我国广电的内部整合方案中，明确提出对抗日剧、涉案剧、古装剧等一系列电视剧题材的播出进行新的限制，尤其是对于抗战剧的过度娱乐化更是用了"人物偶像化、敌人脑残化、战争武侠化、抗日游戏化"来形容。除此之外，还要求加大现实题材剧的创作力度，要创作出更多贴近生活、贴近实际、贴近群众，能展现丰富多彩现实生活、表现改革开放时代精神、真正"接地气"的优秀电视剧作品。①

3. 人物塑造——类型化的人物与单一的表现

当代社会中，大众传媒所提示的"象征性现实"对人们认识和理解现实世界发挥着巨大的影响。② 在电视剧中，真正能够打动人心，引发人性共鸣的是其塑造的一个个鲜活的人物，石光荣、白景琦、李云龙、许三多……一些有层次、有深度的经典人物给观众留下难以磨灭的印象，但从总体上看，电视剧人物塑造依然有着类型化的特征与单一的表现，缺乏多层次与复杂性的立体表现。

在追求社会和谐发展过程中，其中包涵着社会结构、文化取向和价值系统的现代转变，而最根本的体现便是在人身上，即人通过这一过程从物质到精神达到理想的标准，实现人的价值观念、知识结构的根本转型。③ 近年来，我国在电视剧人物刻画方面存在特征千篇一律、缺乏个性的张力的现象，简单地赋予人物群体性特

---

① 何珊：《限的不止抗日神剧还有古装剧》，载《信息时报》，2013 年 5 月 21 日。

② ［英］詹姆斯·库兰、［美］米切尔·古尔维奇：《大众媒介与社会》，杨击，译，华夏出版社，2006 年版。

③ 孔朝蓬：《论模式的突破与文化意蕴的彰显——近年来东北农村题材电视剧创作反思》，载《当代电视》，2007 年第 4 期。

征，形成人物的简单化、类型化。在不少剧作中，主人公往往扮演了英雄、模范的角色，其自身本该更加复杂的情感、心理历程和立体化的性格层面被平面化、娱乐化、片面化地简单处理，其本身所具有的文化意义和个性特征被淹没和忽视。

4. 文化意蕴——缺失的本土气息与特色文化

在中国文化源远流长的进程中，形成了独特的东北文化、京津文化、江浙文化、闽南文化、川渝文化、藏羌文化等等，而独具特色的地方文化是我国电视剧创作取之不尽用之不竭的灵感源泉。但纵观我国的电视剧创作，具有本土化叙事风格、突出地方特色的作品少之又少，缺乏对优秀地方剧的扶持与挖掘。

目前，电视剧对于不同地域独特的生存观念和精神特质的挖掘还缺乏深度，对于优秀的地方文化缺乏深刻的展现，因此得不到市场和受众的认可，这是区域题材电视剧需要进一步思考的问题。同时，特色文化的缺失也是电视剧文本创作的一大问题。盲目的照搬西方文化，简单的拼凑，缺乏对于所独具特色的文化的媒体呈现，既是中国电视剧自身的损失，也是传统文化的损失。更为重要的是，正确把握和处理电视剧的通俗性与商业性、思想性与艺术性之间的关系，不以数量而是以质量赢得美誉度才是电视剧长期发展的立足之本。

（二）题材选择的偏执导致受众认同的缺失

选择一个好的题材对于一部电视剧的成功至关重要，它将决定电视剧受众市场的认同程度，但如何将题材进行合理化的呈现则是对创作者功底的考量。目前我国电视剧市场已经形成了抗战剧、谍战剧、家庭伦理剧、军旅题材剧、宫廷剧、穿越剧、翻拍剧等数十种以题材为划分的类型电视剧，在繁荣电视剧市场的同时，也带来了定位不清、界限不明的状况，造成了受众认同的缺失。

1. 主旋律电视剧：题材的狭窄与品格的单调

主旋律电视剧作为对于国家和政府有着纪念性意义的特殊剧种，兼顾着政治性与商业性的双重标准。近年来，主旋律电视剧发展迅猛，出现了《辛亥革命》《五星红旗迎风飘扬》《永远的忠诚》等一批优秀作品，但该类电视剧对于题材选择的狭窄、呈现文本的单调等缺点也得以显现。

我们的主旋律电视剧的题材多为献礼剧、英模剧、抗战剧、谍战剧等几种类型，所选择的人物和叙事方式也多为影响巨大的历史性事件，或具有非凡人格的英雄模范，以宏观叙事配以特定人物细节，展示其主流价值观。因此主旋律电视剧往往缺乏一种平民性、亲近性的媒体呈现，让受众难以产生情感共鸣。

2. 现实题材电视剧：乱象的夸张与叙事的繁杂

电视建构了"社会知识""社会影像"，透过这些知识与影像我们才对于"种种人们曾经生活过的实体"产生认知，透过这些，我们才通过想象建构他们的及我们的生活，使之合并成为可资理解的"整体的世界"，而现实题材电视剧的此种功能更加明显。但目前我国不少现实题材电视剧所描述和展示的社会现实情节夸张、人物低俗，大部分现实剧将婆媳关系、半路夫妻、大龄剩女、子女关系等元素杂糅，过分地凸显了一些人性的阴暗面来增加戏剧效果。不仅如此，在一些农村题材或者工业题材剧中，往往只是片面地展示物质上的发展与繁荣，却缺乏对于发展过程中人性的奋斗、挣扎、彷徨等进行复杂而立体的心理刻画，缺乏对于人性真正的剖析与呈现。这些对于构建"虚拟社会"中的和谐文明是非常不利的。虽然可以明显感到目前现实题材剧已经遇到了创作瓶颈，但也依然有《北京爱情故事》《裸婚时代》等佳作的问世，仔细分析这些作品，或许能从题材选择、叙述模式、情节表现、情感突出等方面给予创作者们一定的反思。

3. 历史题材电视剧：扭曲的历史史实与娱乐化倾向

历史性电视剧凭借其特殊的选题、恢宏的叙事和广泛的受众基础而广受欢迎，但近年来，越来越多的人在评价其流行文化的质量时，放弃了传统的文艺批评标准，取而代之的是一种以受众愉悦为基础的价值评判体系。

在一些历史题材剧中，宫斗剧、穿越剧等成为一种文化现象。该类电视剧围绕着后宫争斗，描述的情节比历史更"精彩"，胡乱的情节设置，多人的情感纠结，对于历史的胡乱篡改和单纯的娱乐化刺激使其变成了仅仅只是穿着历史外衣的现代剧，而历史只成为一种符号化的故事背景而已。而翻拍剧也存在为了收视率而片面追求娱乐化的倾向，虽然在一定程度上有着创新与突破，但更多是源于规避市场风险的考虑，带来的是消费经典的倾向。

4. 受众认同的塑造：情感投射与心理归属的缺失

电视在勾勒社会的"地图"、提供概念类别和参考框架上具有很大的影响力，而人们正是通过这些来理解社会的，正像霍尔说的那样，媒体能够产生"意识形态"上的影响。电视剧的受众认同也具有重要作用。我国主旋律电视剧"宣教式"的选材与表现，由于缺乏一种平民化的呈现，让受众产生了抵触情绪；现实题材剧的乱象繁生与夸张叙述，过多呈现社会的艰难与黑暗，让受众在猎奇之后产生了厌烦之感；历史题材胡乱编改与过度的娱乐化倾向，也让受众产生了迷茫，使优秀的传统文化所产生的凝聚力进一步削弱与减低，带来的是受众娱乐历史的现状……

传播学研究证明，传媒可以通过有选择性地强化或者弱化文化中的某些元素来影响公众舆论。目前我国电视剧的繁杂现状造成的是受众的情感投射与心理归属的缺失，其刻意凸显某些元素带来的是受众对于中国文化和社会现状的认同缺失，带来的是受众对于党和政府的公信力的轻视与怀疑，也带来受众对于自身文化和存在意义的失望。

三

期望电视剧题材进一步松绑，创作者苦练内功，探索电视剧创作的意义的重构，寻觅艺术的真诚。在反思的基础上，进一步推动电视剧的发展。

新时期我国电视剧批评的主导话语，经历了从"改革开放"到"反资产阶级自由化"再到"时代精神"，最后到"所有积极、健康的内容"的变化。[①] 这一变化无不寄托着电视剧创作者们对其更好发展、更优创作、更精播出的期待与渴望。

（一）期待题材松绑

电视剧创作归根到底在于题材的选择，电视剧题材的更新与拓展是其创作的基础。题材的进一步松绑，不仅是局限在已有的类型剧中，而应该从更加宽阔的领域中去发现优秀题材，以扎实的创作心态和发现美的眼睛探索新的未知的领域。

广电总局在近期的南昌内部会议中指出，要进一步加强类型剧的创作。在这方面可以像香港或者海外的电视剧创作机构学习，加强如职场剧、医疗剧、商战剧、科幻剧、情景喜剧、现实剧等方面的创作，有了空间，更要用足空间，学会探索新兴的类型剧的创作模式。

于 2011 年热播并激起年轻人共鸣的现实剧《裸婚时代》，将高房价下年轻人对于生活、爱情的态度进行了展现，鲜明的人物特点，平实的叙事风格，巧妙的情节设置使得该剧引起了广泛关注；2005 年的结合古典武侠与现代特色的《武林外传》、2012 年火透大江南北的《爱情公寓》都是具有中国特色的情景喜剧，也引起了广泛的关注与共鸣。

（二）苦练创作内功

除了题材的松绑，对于电视剧创作"内功"的修炼还需要进一步扎实与提升。从文本的历史内容角度分析，目前很多电视剧都存在常识性的错误问题，究其原因是其创作者的不严谨。2009 年央视的开年大戏《走西口》在黄金时段播出，但里面众多常识性的错误让人愕然：有个情节是袁世凯复辟前，田青受包头县长诬陷入狱，但根据历史考究可知，包头于 1926 年（民国十四年）才设县，而袁世凯复辟是 1915 年，所以当时的包头根本不可能存在县长。此类常识性错误既是对观众的误导，也是对历史的漠视。

从文本的专业知识角度分析，一些电视剧编剧并非医学、法律等特殊领域的专业性人才，甚至不曾彻底了解过相关专业的知识。因此，在编写该类题材电视剧的时候往往存在对专业类知识的误读，如 2012 年被称为"中国首部医疗励志电视剧"的《感动生命》，里面的专业知识就为观众所诟病：在抢救一名心脏衰竭的病人时，司马主任说："赶快准备 10 克速尿，抽 200CC 的血。"但实际上在临床急救中，速尿的使用量应在 20 毫克到 80 毫克之间，10 克速尿足以致人于

---

① 熊国荣：《电视剧批评话语中主旋律内涵的流变》，载《现代传播》，2012 年第 1 期。

危险之中。①

从以上举例均可看出，电视剧创作质量尚需进一步夯实，不能浅尝辄止，否则误导受众。而这一切都需要创作者对其创作内功的锤炼。

（三）探索意义重构

作为一种大众文化样式，电视剧艺术往往通过借助特定的题材类型、特定的人物形象和叙事结构等方式来解释和减轻大众生活的郁闷和生存焦虑，并由此产生情感共享和认同。② 对于电视剧创作而言，就需要探索意义的重构和寻觅对于艺术的真诚。

第一，创作文本与叙事模式的重构。从创作文本分析，电视剧的意义建构绝对不是简单靠"语境"就能完成的，在很大程度上与其叙事相关，其叙事题材的选择、叙事技巧的设计、叙事的风格确定等，都在一定程度上决定了受众的认同与意义的重构。在创作过程中，题材的选择往往决定了电视剧能否将受众引入其独特的叙事结构中，并成为最终将一定的价值观传播给观众的决定因素。

我们欣喜地看到一部分电视剧已经开始了这样的尝试与创新：《潜伏》中除了保留原有的谍战剧类型特征外，还将言情剧、推理剧甚至偶像剧的情节纳入其中，实现了多种类型叙事的融合；而《奋斗》《我的青春谁做主》则采用了多线叙事，通过三个主人公的故事来对比、推进整个故事情节。当然整体上看，我国电视剧依然存在着叙事模式的差距，也有待进一步提升。

第二，受众趣味与人物设置的重构。总体而言，21 世纪热播电视剧对受众的心理补偿主要体现在对于娱乐诉求、爱与信任、归属与英雄主义情节的满足上。③ 而受众的心理补偿不仅仅来自于叙事模式、故事情节，更多的是受众将自身的兴趣折射到剧中人物身上，即受众趣味的"投射"。这种心理投射主要反映在剧中的主人公身上，观众通过这种欣赏与认同的过程来释放现实生活的压力和对于美好生活的向往。而在这个"投射"过程中，电视剧人物所凸显的个性、品质、风格、情感等对于受众的认同具有极为重要的影响。

需要注意的是，目前我国受众的趣味出现了低俗化、娱乐化、草根化的趋势，电视剧中人物也开始迎合受众口味，对此我们需要对其人物设置进行重构的思索。正如麦克卢汉所言，媒介对所承载的内容具有强烈的反作用，它是积极的，能动的。从某种程度上讲，人类在创造了媒介的同时，媒介也开始塑造这个社会。对于电视剧人物设置的重构不仅能够在一定程度上提升受众的趣味，也能进一步提升受众对于社会，对于自身文化的认同。

---

① 《沈阳日报》综合整理：《专家为医疗影视剧挑错　部分常识错误太低级》，2012 年 4 月 24 日。

② 邢虹文：《重建意义系统与受众认同塑造——对近年来我国电视剧创作繁荣的思考》，载《电视研究》，2010 年第 10 期。

③ 刘婷、赵晓倩：《集体心理寻唤：新世纪电视剧创作与受众心理互为关系研究》，载《当代电影》，2009 年第 7 期。

（四）寻觅艺术真诚

在 20 世纪八九十年代的文化语境中，许多具有知识分子色彩的电视剧导演用一种强烈的民族身份的焦虑来热切呼唤民族艺术的复兴。1987 版《红楼梦》、1994 版《三国演义》、1998 版《水浒传》等经典电视剧的出品无一不是历时多年，凝聚心血，其创作的严谨和对于艺术的真诚让人动容。他们以坚强的信念、千锤百炼的创作技巧以及大胆的开拓进取精神为我们留下了一个时代的精品。

虽然在新时期，影视作品表现出转型后的艺术特征，以草根和平民为叙事主体，以纪实为其主体风格，但这不表明可以忽略对艺术的真诚。时下追求虚名、追求形式、追求短期效应的人越来越多，不少导演的"创作谈话"，其内容焦点多是这部作品有如何的"大尺度"突破，什么样的题材容易获奖以及种种片场的花边绯闻等等，其浮躁功利之心喧嚣尘上，其艺术真诚与传统精神逐渐丧失。

失去对于艺术的真诚之心，失去对于传统文化的敬畏之心，首先导致的便是创作方向的偏差，使得一切环节功利化，所谓的题材撞车，情节雷同，其归根到底在于对于艺术的"懒惰"——懒得去制作精品，畏惧其创作难度大，拍摄要求高，而对于鲜活的人物塑造，更是纸上谈兵。缺乏对于艺术的进取精神和真诚的态度，电视剧胡编乱造的现象自然就会浮现出来了。

如果说电视剧的创作是一次认识社会与重构环境的机会，那么中国的电视剧创作无疑承载着历史重任。虽然存在着种种问题，但站在新的起点，我们依然期待电视剧创作者们用心记录下属于我们这个时代的进步与感动。

参考文献：

1. 宋洁. 论中国电视剧的崇高范畴 [M]. 北京：中国传媒大学出版社，2009.
2. ［英］奥利弗·博伊德·巴雷特，克里斯·纽博尔德. 媒介研究的进路 [M]. 汪凯，刘晓红，译，北京：新华出版社，2004.
3. ［英］麦奎尔. 大众传播理论 [M]. 北京：清华大学出版社，2006.
4. 欧阳宏生，李戈. 从法兰克福批判到大众文化建构——21 世纪中国电视文化理念的嬗变和趋向 [J]. 山西大学学报（哲学社会科学版），2012（3）.
5. 欧阳宏生，李戈. 21 世纪以来中国电视批评的若干思考 [J]. 现代传播，2010（8）.
6. 李城，欧阳宏生. 21 世纪中国谍战剧的文化生成 [J]. 现代传播，2013（1）.
7. 徐明卿，田义贵，欧阳宏生. 电视剧：创作突破与多元繁荣 [J]. 中国广播电视学刊，251.
8. 周涌，冯能彦. 电视剧创作的现实主义突围 [J]. 现代传播，2005（3）.
9. 孔朝蓬. 论模式的突破与文化意蕴的彰显——近年来东北农村题材电视剧创作反思 [J]. 当代电视，2007（4）.

10. 万镜明. 寻找失落了的传统文化精神 [J]. 中国广播电视学刊，2007 (5).

11. 胡智锋，李立. 转型期影视创作的世俗化取向（对话录）[M]. 北京广播学院出版社，2001.

12. ［英］特伦斯·霍克斯. 结构主义和符号学 [M]. 翟铁鹏，译，上海：上海译文出版社，1997.

13. 崔刚. 重构中国"宏大叙事"——浅析当下部分电视剧创作的文本及价值指向 [J]. 现代传播，2009 (2).

14. 邢虹文. 重建意义系统与受众认同塑造——对近年来我国电视剧创作繁荣的思考 [J]. 当代电影，2010 (10).

（载《现代传播》2013 年第 10 期）

电视剧：创新突破与多元繁荣

    2011年是中国共产党成立90周年和辛亥革命100周年，围绕这两大历史事件创作的献礼剧成为我国电视荧屏一道令人瞩目的风景。同时，现实题材电视剧和历史题材电视剧创作呈现出新的探索，穿越剧和翻拍剧也成为本年度电视剧创作值得关注的现象。纵观2011年中国电视剧创作情况，可以明显感受到电视剧创作者在弘扬主旋律与追求多样化、尊重艺术创作规律与创新求变等方面做出的努力和积极实践。题材上视野更加开阔，不仅注重对旧有题材的深度挖掘，而且致力于新鲜题材的开拓。无论在主题表现还是在艺术风格、艺术手法上都呈现出多元和谐、求新求变的景观。

一、主旋律电视剧：拓展题材范围，提升艺术品格

    为纪念中国共产党成立90周年和辛亥革命100周年而创作的献礼剧成为本年度电视荧屏的主要内容。既有革命历史题材，又有现实题材，这样就组合为一种立体式的表现结构，将历史与现实结合，呈现出具有外在延续和内在呼应关系的电视剧文化景观，展现百余年来近代中国曲折发展之路和共产党人的艰难探索与努力实践。

    献礼剧：史诗风格与青春书写。这一类的献礼剧将重大革命历史题材作为表现对象，集中展示中国的历史命运以及中国共产党人的积极求索。在尊重历史真实的基础上进行艺术化创作，气势恢宏，场景广阔，具有厚重的史诗风格。特别是在历史真实与艺术真实，青春书写与理想崇尚，宏观叙事与细节展现，历史呈现与人性张扬等方面做到了和谐统一。

    《辛亥革命》是为纪念辛亥革命100周年而创作的献礼剧。这部电视剧首次全景式展现了辛亥革命波澜壮阔的历史画面，彰显了革命先驱为探索国家发展、民族存亡而上下求索的爱国情怀和崇高理想。《五星红旗迎风飘扬》将视角聚焦于知识精英创造"两弹一星"的历史事件，从而拓展了重大历史题材的时空范围和表现对象。该剧以纪实的手法和现实主义创作风格，为新中国科技国防事业做出杰出贡献的科学精英立像，让观众体味深蕴其中的爱国情怀和奉献精神。

    本年度重大革命历史题材献礼剧创作不再仅仅是进行宏大叙事，展示重大历史的发展面貌，而是立足于塑造历史环境下人的形象，展现人在历史进程中的主

体地位以及人与历史的双向互动，历史呈现不再刻板空洞，增添了生动和丰富的内涵，表现出革命历史题材创作的视野进一步拓宽，在探索历史与艺术结合的道路上又迈进了坚实的一步。

英模剧：纪实风格与人性书写。《永远的忠诚》以小岗村党支部书记沈浩为原型创作，塑造了一位为了人民利益无私奉献的基层党员形象，彰显出中国共产党为人民服务的宗旨和党员的先锋模范作用。作品在如何将正确的思想导向和主流价值观与观众审美趣味结合起来方面做出了有益的探索。在人物塑造上突破以往英模的符号化、平面化弊端，以纪实的手法生动立体地展示了一个实实在在、有血有肉、有情有义的党员形象。

抗战剧：深度开掘与英雄书写。以往我国抗战题材电视剧多集中在国家层面，对民间抗战关注较少，《中国地》的出现打破了这一现状，拓展了抗战题材表现范围。该剧将民间抗战作为叙事表现主体，将其融合在国家民族大背景之下，彰显中国人民的抗战活动。它的突出之处在于，一方面弘扬民族大义和爱国情怀，另一方面在微观层面展现人物的生动的内心世界和生活遭际，构建"家国"叙事结构，形成强烈的戏剧感染力。《永不磨灭的番号》开创了抗战剧新的叙事风格，李大本事身上草根英雄的智慧和幽默给人印象深刻，同时张扬的英雄主义和家国情怀也令人难忘。《中国远征军》真实还原了远征军抗战历史，洋溢着爱国主义、英雄主义和浪漫主义情怀，书写了一部家国命运与英雄传奇的史诗。在抗战题材中值得注意的是《小小飞虎队》，这是继《小兵张嘎》后又一部少儿抗战题材电视剧，表现了三位少年在战争年代的成长故事，对于当下青少年的爱国主义教育具有现实意义。

谍战剧：叙事突破与传奇书写。《黎明前的暗战》《借枪》《风声传奇》《刀尖上行走》等谍战剧在叙事模式上进行突破式的探索，将革命英雄主义价值理念与日常叙事结合起来，在真实平凡的日常叙事中书写平凡英雄传奇。另外，谍战剧的叙事技巧更加成熟，惊险、悬念元素运用更加自如。

总之，2011年主旋律电视剧突出特点表现为，一是以现实主义的纪实手法观照历史和现实，注重对事件中人物的刻画和塑造，彰显人物在事件中的地位，将人的塑造置于历史背景之前；二是题材不断拓展和深入开掘，愈发重视艺术性，积极探索富有艺术魅力的创作手法和表现手段，真正做到好看，实现电视剧的有效传播；三是努力提升文化品格，凸显文化自信，特别是对中国共产党创造的红色革命文化的自信。这些无不深刻反映了当下主旋律电视剧在追求艺术真实和生活真实统一、思想性和艺术性结合、弘扬主流价值观与提升文化品质并重等方面的理念诉求。

二、现实题材电视剧：透射社会万象，注重日常叙事

2011年的现实题材电视剧可谓异彩纷呈，所表现的社会生活愈加广阔，对

于人们关注的热点问题、社会心理等都进行了不同角度的观照和思考。

家庭伦理剧：多元透视与开拓创新。家庭伦理剧无疑是当下我国观众最欢迎的电视剧类型之一，充分反映出创作者贴近实际、贴近生活、贴近群众的创作理念。近年来，随着家庭剧逐渐走向成熟，创作趋于类型化，如何突破和创新成为创作者面临的难题之一。在2011年度的家庭伦理剧中涌现了一批杰出之作，在叙事策略、人物塑造、创作模式上均有所创新。此外，如何提升内在的品质也一直是影响家庭剧进一步发展的关键因素——能否将视野从柴米油盐的家庭琐事中提升出来，进而思考真正能够打动观众的要素。在这方面《幸福来敲门》和《老马家的幸福往事》做出了一些有益的尝试。"幸福"和"家庭"在中国人的思想观念中具有天然的密切联系，这两部剧都以"幸福"作为关键词，尝试给出自己对于"幸福"的理解和感受。《幸福来敲门》融合了多种叙事元素，生活的柴米油盐、大龄剩女、半路夫妻、婆媳关系、与继子女关系等等，各种矛盾交织呈现出了丰富的戏剧张力。《老马家的幸福往事》同样聚焦"幸福"，它以一个家庭30年的风雨历程来反映人们对幸福的追求和理解，该剧在一定程度上提升和深化了幸福观，表现出创作者对当下社会现实和人们精神世界的现实观照，凸显社会时代意义。两部剧作浓郁的年代气息也唤起了观众的怀旧情结，以期在对往事和历史的追忆中，抚慰当下躁动而功利的心灵，折射出当下处于转型期人们的社会心态。

都市题材剧：现实观照与时尚引领。都市情感剧，仍然秉承关注时下的品质，反映现代都市生活中的现象。反映20世纪八九十年代出生的人的情感生活和婚恋观念的《裸婚时代》、透射现代都市男性情感生活的《男人帮》、表现夫妻双方家庭因处不同地域而发生文化和观念碰撞的《双城生活》、以轻喜剧的风格描述知识分子生活的《你是我的幸福》等，都可以看出创作者对迅速发展变化的社会生活的敏锐捕捉。此外，都市情感电视剧的时尚化处理愈发凸显，集中代表为《男人帮》：一是时尚的外在表现如服饰、家居等，二是时尚的内化如生活方式和思想观念等。该剧播出后一度被评为都市男性着装指南。

在经历了前两年大龄剩女题材的热度之后，2011年仍然出现了《李春天的春天》《钱多多嫁人记》等都市剩女题材电视剧，虽有创新之处但仍反映出当下电视剧创作资源遭过度开发和重复开发的现象。

工业题材剧：时代情怀与人性张扬。《钢铁年代》《师傅》等剧作将创作视角投射到工人和工业题材上，使得电视剧的题材范围进一步扩展。《钢铁年代》塑造了一批新中国建设初期艰苦奋斗、甘于奉献的钢铁工人形象，热情讴歌了爱国情怀和集体主义精神，同时整部电视剧都洋溢着浓郁的理想主义和英雄主义色彩，为2011年的电视荧屏增添了几分刚健硬朗的男性气息。

农村题材剧：题材拓展与多样风格。《乡村爱情交响曲》作为已经形成品牌的"乡村爱情"系列的第四部作品，延续了该系列的喜剧风格，继续讲述象牙山这一东北村庄中男女老少喜怒哀乐的故事。该剧上映后受到广泛质疑，尤其针对植入广告和情节拖沓等现象展开了批评，甚至被批为伪现实主义，忽视了农村的根本矛盾，忽略了农民最真实的感受。这反映出乡村爱情系列面临着创作题材扩展和艺术创作水平提高的现实挑战。近年来一直是"东北风"占据农村电视剧的主要阵营，而2011年南方农村电视剧《春暖南粤》的出现令人欣喜，无论是在题材内容还是艺术风格上都丰富了当下农村题材电视剧的创作。它以现实主义手法对南方农村生活进行考察，在以轻松幽默的东北风为主的农村电视剧中显示了可贵的现实主义精神，丰富了艺术风格。具有现实主义风格的农村电视剧还有《湖光山色》，集中表现农村现代化过程中的矛盾和冲突。《女人当官》《女人的村庄》等将农村女性作为主角进行叙事，在塑造鲜活人物形象的同时，也折射了农村在现代化进程中的现实问题。农村女性形象的集中发力，展示了农村电视剧创作新的转向。

军旅题材剧：主流价值宣扬与青春主题书写。2011年度军旅题材电视剧在题材选择、表现类型、叙事模式上都有所突破，以《我是特种兵》《第五空间》《大学生士兵的故事》为代表，都不约而同将视角聚焦在"80后"军人这一群体上，对青春、励志元素的注重和运用成为剧作突出的特点，表现出青春化的创作模式，在探索倡导主流价值观与提升作品的可视性方面做出了努力。

三、历史题材电视剧：演绎多样风格，凸显娱乐倾向

历史题材电视剧在2011年电视荧屏上的表现相较于前几年来说趋于平稳，但在对历史故事、历史资源的开发和利用上呈现出明显的娱乐化倾向，甚至出现忽视历史基本史实，一味追求新奇和怪异，暴露出在创作中对历史文化不尊重的现象。

宫廷题材：集中在权力争斗与情感伦理纠葛。这一类型的电视剧表现出强烈的消费主义倾向，渗透着明显的商业运作痕迹。曲折的情节设置，迷离的情感纠葛，形成独特的叙事文本特征，类型剧的特征逐渐成熟。历史题材跟风现象严重，从《武则天秘史》到《美人天下》，直至《太平公主秘史》《少女武则天》《女人天下》等，都围绕"女皇"（特别是"武则天"）这一题材进行创作，折射出电视剧制作的无序和过度开发现象，其背后无疑是资本的流动和商业利益的驱使。

穿越题材：穿越题材在继续了上年的表现后热度不减，尤其是随着《宫》《步步惊心》等剧的播出，逐渐成为一种文化现象。穿越剧的出现丰富了电视剧的类型，也拓宽了电视剧的表现空间，但是存在的问题也不可忽视，尤其是不顾历史真实的改编，单纯追求新奇刺激，"历史"只是呈现为一种符号化的故事背景。

此外，反映少数民族题材的剧作，如《奢香夫人》演绎了彝族女英雄奢香夫

人的故事，拓展了历史剧的题材范围，浓重书写民族大团结的宏大主题，成为 2011 年历史题材电视剧中少有的严肃作品。

针对 2011 年电视荧屏充斥的宫廷剧和穿越剧，国家广电总局下发通知，从 2012 年 1 月 1 日起，各卫视黄金档不得播出宫斗剧、穿越剧、涉案剧、照搬照抄国外剧；在 10 月之前也不再接受批准宫斗剧、穿越剧等剧集的立项申请，显示了有关监管部门对当下电视剧创作问题的关注和处理。

除以上类型外，《新水浒传》《新还珠格格》《再过把瘾》《新亮剑》《新永不瞑目》《新玉观音》《新拿什么拯救你我的爱人》《新萍踪侠影》《回家的诱惑》等翻拍剧成为 2011 年一个醒目的现象。其类型涉及历史故事剧、言情剧、抗战剧、武侠剧等，虽然都有不同程度的创新和突破，部分翻拍剧也获得观众的认可，但是其规避商业风险，消费经典的倾向也不言而喻。

（载《中国广播电视学刊》2012 年第 2 期）

大传媒时代文学创作的泛影视化现象

在大传媒时代中，各种媒体形态不断离散与融合，任何传媒的商业价值不再局限于组织内部，不再单一与孤立，它们在整个行业甚至社会范围内寻找、整合其他力量，搭建一个新的共享的传播平台。在这个时代中，文学创作是否还能独善其身？

米勒曾在《论文学》中断言："文学的终结就在眼前。文学的时代几近尾声。该是时候了。这就是说，该是不同媒介的不同纪元了。"[①] 莱恩·考斯基马认为，所谓数字新媒介的兴起，给人们带来了对媒体的强烈恐慌感，他连续发问："书籍会消失吗？阅读会死亡吗？文学将不复存在吗？"[②]

在大传媒背景下，文学当然不甘"终结"，投靠影视成为其嬗变的主要路径之一。"泛影视化"，即以影视为表现载体，将人类一切文明尽可能地在其中以特定形式进行表达，其边界已突破影视文化本身的界限。"泛影视化"的文学创作不仅将影视当作借势传播的工具，而且还营造出一个有别于文学自身和现实世界的媒体世界，成为人们观察、认识社会的途径，不断影响着人们的思想意识、价值取向和生活方式。

一、文学创作泛影视化现象的生成

文学创作的泛影视化现象，彰显大传媒的时代特点，希利斯·米勒将其描述为"特定的电信技术王国"。在宣读德里达的《明信片》时他悲观地认为，"整个所谓文学的时代（即使不是全部）将不复存在。哲学、精神分析学都在劫难逃，甚至连情书也不能幸免"[③]。他的文学终结论断成为传统文学观念消解的一种象征。

首先，媒介技术的演进是文学观念转变的重要诱因之一。人们对数字文本的接触和使用愈发密集，逐渐剥夺文学书本在阅读中的基础地位，然而，文学不一

---

① ［美］希利斯·米勒：《土著与数码冲浪者——米勒中国演讲集》，易晓明编，吉林人民出版社，2004 年版。

② ［芬］莱恩·考斯基马：《数字文学：从文本到超文本及其超越》，单小曦、陈后亮、聂春华，译，广西师范大学出版社，2011 年版。

③ ［美］希利斯·米勒：《全球化时代文学研究会继续存在吗》，载《文学评论》，2001 年第 1 期。

定非要以书本的样态存在。"从口述到莎草纸卷轴，到羊皮卷，再到手抄本的演化过程中，文学已经幸存下来了，没有理由相信在机器时代和互联时代它就会消失。"在大传媒时代中，人们看到文学创作正向着不同方向奔去：传统的印刷文学仍不断壮大，出现了印刷、数字、影视载体并行的出版，诞生了与生俱来适合数字化、影视化的文学。"文学—纸质化""影视—荧幕化"界限的模糊，使新一代作家的创作不拘传统，游走于文学与影视的边界之上，《小时代》引发的争论便是其具体体现。《小时代》的情节内核既是畅销小说的基础，也是同名电影的支撑。在获得上海国际电影节某单元"最佳新人导演奖"和"最佳影片奖"后，作者、导演郭敬明向质疑自己的"上一代"开炮，认为他们是"旧观念"的代表，作品中的"物质化"是他希望放到文学、电影和更大的层面去讨论的东西。针对文学观念转变导致的界限模糊，米勒指出："新形态的文学越来越成为混合体。这个混合体是有一系列的媒介发挥作用的，我说的这些媒介除了语言之外，还包括电视、电影、网络、电脑游戏……诸如此类的东西，它们可以说是与语言不同的另一类媒介。"

其次，文学创作的泛影视化现象，与文学存在方式的嬗变——图像转型有密不可分的关联。从文字"阅读"转向视像"读图"，是"电信技术王国时代"制造出的后果。图像转型是媒介技术发展到一定阶段的产物，随着数字技术、多媒体技术、网络技术的升级，图像文化骤然兴起，迅速向社会各个领域渗透，印刷媒体、电子媒体、数字媒体纷纷创造富有冲击力的图像吸引人们的眼球。图像文化的兴起绝非偶然，它与人类进入消费社会、高科技传播手段的普遍运用、视觉表达和欣赏的独特性，以及视觉生产的运作方式密切相关。

图像转型指涉的是视觉化的兴盛。在全球化的背景下，文化走向视觉化，消费者借助视觉寻求信息、寻找意义、体验快乐，当代文化开始充分展示其后现代特征。对此，尼古拉斯·米尔佐夫曾说道："如今则需要把视觉的后现代全球化当作日常生活来加以阐释。"[①]《智取威虎山》原是小说《林海雪原》中的一段故事，作为经典文艺代表作，早已被改编为戏剧（戏曲）、电影、电视剧、动画片等不同的文本样貌，而徐克执导的同名电影则利用3D拍摄技术营造出别样的视觉刺激，利用商业大片叙事与红色经典"暗通款曲"，一时成为文化热点，影射着后现代视觉审美的转型。

这些现象代表着不争的事实：图像开始挤占文字一统天下的领地，成为人类信息传播的重要工具和一道文化景观，社会审美文化正从"文字主导"向"图像主导"转型。[②]泛影视化的文学符号与传统的文学符号相比，其覆盖范围远远超出了文字符号所构造的"想象共同体的边界"。在泛影视化文学的图像符号不断

① ［美］尼古拉斯·米尔佐夫：《视觉文化导论》，倪伟，译，江苏人民出版社，2006年版。
② 蒋述卓、李凤亮：《传媒时代的文学存在方式》，广西师范大学出版社，2010年版。

刺激下，受众在日常化的感官刺激与享乐中，认同了影视的话语权力，也认同了影像符号的文学言说。

再次，泛影视化的文学大行其道还同消费主义有着千丝万缕的联系。在消费社会中，伴随着消费文化的崛起，视觉化的需求和生产成为这个时代的重要特征，没有哪个时代像今天这样充满着视觉符号：人们不再满足于文学中文字符号所带来的美感，层出不穷、花样翻新的影视符号吸引了人们的眼球。如果说电影《红高粱》《菊豆》《大红灯笼高高挂》《活着》是早年文学"影视化"的精品，不仅使电影导演张艺谋，也使作家莫言、刘恒、苏童、余华更加走红，那么，最近热播的电视剧《何以笙箫默》则代表着"影视化"的滥觞，这部改编自热门网络小说的电视剧虽然收视飘红，却遭到吐槽一片，不少业内人士更愿将其评价为一部为影视化而影视化的"营销剧"。而此前，脱胎自网络小说的低成本电影《失恋33天》一举拿下3.5亿票房，改编自同名网络小说的电视剧《步步惊心》掀起收视热潮，无不体现着消费主义视觉文化的特征：不仅将视觉化的生产和消费纳入物质和文化生产的各个环节，而且使之成为社会文化的普遍现象，矗立于时代的舞台中心。①

在这一背景下，文学由静态的文字语言载体逐步向动态的影视图像载体转变：大量传统文学作品被改编、拍摄成影视产品，同时，文学越来越贴近影视的创作模式——在创作过程中，就考虑到文学作品生成影视产品的可能性，其写作方式呈现出明显的影视化特征：追随影视，以场景转换形成基本结构；追随影视，以人物对话构成场面，减少对人物复杂内心世界的描写与流露；追随影视，追求通俗化、娱乐性的描写。这些现象背后的动力源于"图像增值、文字减值"的同时发生。②

由此，文学已经由过去单纯的文字形式扩大到了以文学性为标志的包括影视在内的新形态文学。文学性存在的领域不再局限于文字之中，其外延已经扩展到电影、电视、摄影、广告等图像艺术以及与之相关的文化领域之中。这些后起的新型艺术样式，都不同程度地吸取了文学的思维和方法，与文学呈现出交叉互动的发展趋势。如今，文学的跨媒体传播随处可见——网络媒体、影视作品、手机内容甚至电脑游戏，都以不同的方式传播着文学，电视散文、电视专题片和电视文艺节目中的相声、小品、戏剧、戏曲、歌曲等，都有着文学性的内涵。

文学创作的泛影视化现象，还与当代社会与文化的审美世俗化密切相关。所谓审美世俗化，实质上就是对审美崇高化的一种否定陈述，这种审美选择涵括审美日常生活化与日常生活的审美化两种形态，有感性主义与消费主义的命题表

---

① 管宁：《传媒时代的文学书写》，江苏大学出版社，2010年版。
② 杜书瀛：《文学会消亡吗？——学术前沿沉思录》，中山大学出版社，2006年版。

述，审美世俗化同现代主义与后现代主义所张扬的享乐原则如出一辙。[①]

审美世俗化催生了阅读中感性美学的上扬，人们在日常生活里的视觉满足刺激着"视像"或"图像"的生产与消费，重感性、轻理性成为当代美学现实的呈现，人们的审美不再指向理性主义下的精神理想，蜕变为追求视觉形象和身体快意的"图像的狂欢"。电影《白鹿原》《风声》《色·戒》《小时代》《归来》公映后，均引起了重读和抢购原著的风潮，仿佛文学作品一旦与影视发生关系，其销量、知名度都将飙升，这种文学"依赖"影视走出销量困局的现象，使人们不得不承认感性美学正成为大传媒时代的一种潮流。

为此，阿莱斯·艾尔雅维茨在《图像时代》中指出，图像正在成为后现代社会最日常的文化现实，而且学术史上所谓的"语言学转向"迅速地被"图像转向"所取代，后现代社会的最大特征就是图像统治。利奥塔则在《话语，形象》中指出，文学的品格应当是图像性的，由于图像的结构性，文学也应该是后现代性的。语言与图像的不相容性此消彼长，使"语言的式微与图像的狂欢"成为当代必须面对的残酷文化现实。

二、文学创作泛影视化现象的技术表征

电子媒介改变了世界，也改变着文化格局、文化生态和文化场。"媒介革命"创造了崭新的文化产业——媒体产业、电影产业、电视产业、音像产业、广告产业、IT 产业乃至娱乐产业、体育产业和表演艺术产业，形成了专业化、现代化、全球化的大众传媒新格局。然而，麦克卢汉确认为，"技术的影响不是发生在意见和观念的层面上，而是要坚定不移、不可抗拒地改变人的感觉比率和感知模式"[②]。在大传媒时代，文学创作泛影视化现象的技术表征首先表现为人们感知文学性的方式不断受到影视的影响，从而发生改变。

电影媒介以逼真的声画元素去再现生活，它通俗化的表达特征对文学剧本提出了通俗化要求，也对文学的通俗化进程产生影响，它所具有的文学性为电影文学形态的诞生提供了基础，大量改编自文学作品的电影，影响着文学作品的流通和读者对文学作品的接受，也潜移默化地影响着作家的写作。而电视媒介在传播上具有共时性、传真性和连续性的特征，以及视听兼容、深入家庭、高度综合的优势，作为"扬独家之优势，汇天下之精华"的媒介，电视吸收了各种传播媒介、各个艺术品种、各大文化门类的养分，逐步成为媒介家族的霸主。电视节目的发展导致电视文学形态的出现，其通俗性赋予了电视文学和改编作品的日常性、家庭性、通俗性，电视融文学、音乐、舞蹈、绘画、雕塑、戏剧等多种艺术于一体，极大地激发和满足公众的日常消费需求。由此，影视不仅"通过改变文

---

① 张邦卫：《媒介诗学：传媒视野下的文学与文学理论》，社会科学文献出版社，2006 年版。

② ［加］马歇尔·麦克卢汉：《理解媒介：论人的延伸》，何道宽，译，商务印书馆，2001 年版。

学所赖以存在的外部条件而间接地改变文学"，而且"直接地就重新组织了文学的诸种审美要素"①。

受此影响，以纯粹的文学形式呈现的作品越来越处于边缘地位，与此同时，在影视媒体之中处处闪现着文学的身影。在这个时代，文学许多时候被媒介作为一种文化母本和文化元素，经由合乎文化消费市场需要和现代人审美趣味的加工，成为形形色色的媒介文化产品。

文学创作泛影视化现象的技术表征还表现在以影视改编为代表的多元化的文学性建构上。作为重要文化形式的文学，除了在图像社会边缘化之外，其本身也在通过两种方式走向图像化，一是全面"图说化"，二是自觉成为电影、电视创作的"前脚本"。②

著名导演塔尔科夫斯基在《雕刻时光》中写道："导演工作的本质是什么？我们可以将它定义为雕刻时光。如同以为雕刻家面对一块大理石，内心中成品的形象栩栩如生，他一片片地凿除不属于它的部分——电影创作者，也正是如此：从庞大、坚实的生活事件所组成的'大块时光'中，将他不需要的部分切除、抛弃，只留下成品的组成元素，确保影像完整性之元素。"③ 影视与文学，作为两种不同的媒介，在感知和体验世界的方式上极为相似，它们都以回忆、保存或创造时光为己任，文学的美学元素、精神内涵经由影像转换后，其审美效果必然在移植、删减、改造、延展和伸发过程中发生一系列变化。从电视剧角度来看，中国电视剧的开山之作《一口菜饼子》便是根据《新观察》杂志上的同名小说改编而成，由此可以说，文学作品改编相伴中国第一部电视剧的诞生。而中国第一部电视剧即以文学作品作为创作母本的这一做法，为日后的中国电视剧创作开辟了一条重要途径。

针对文学的影视改编，布鲁斯东曾写道："人们可以通过肉眼的视觉来看，也可以通过头脑的想象来看。而视觉形象所造成的视像与思想形象所造成的概念两者间的差异，反映了小说和电影这两种手段之间的最根本的差异。"④

时至今日，与既往不同的是，文学越来越多地被作为一种元素组合到影视作品中。尤其是近年来，文学作品更多地被分解或被当作一种元素组合到影视作品之中。在以往文学影像改编中，通常遵循的是忠于原著并高于原著的准则，即在主题内涵、美学风格、人物形象等方面严格遵照原著，并以是否忠实于原著来衡量其改编的成败。围绕着文学原著与影视作品之间的"忠实"与否问题的纷争总体而言，有这样三种观点：第一，文学作品经典与否，决定影视改编忠实的程度，认为名著、经典是集体记忆的积淀，必须充分尊重；第二，忠实的对象的区

---

① 金慧敏：《媒介的后果：文学终结点上的批判理论》，人民出版社，2005年版。
② 彭亚非：《图像社会与文学的未来》，载《文学评论》，2003年第5期。
③ ［苏］塔尔科夫斯基：《雕刻时光》，人民文学出版社，2003年版。
④ ［美］乔治·布鲁斯东：《从小说到电影》，高骏千，译，中国电影出版社，1989年版。

分问题，认为改编要忠实文本的精神思想内涵，而在具体的细节、情节、人物结构上可作改编；第三，从文学作品获得文学性的方法上去忠实，而非拘泥于文本内容本身。

在当下的文学影像改编中，以往所遵循的忠实于原著的审美原则，或不再被严格遵循，或被完全抛弃。文学作品已然在一种新的规则下被植入影视作品之中，成为商业影片增加票房的手段。其中最典型的莫过于完全颠覆传统电影改编原则的《大话西游》式的影片，它对被时间和传统固定了的文学文本结构、意义与阐释符码进行了彻底的颠覆，它肢解了《西游记》的元素，掺入大量后现代式的情节和对白，在九十年代后期观影的青年人中成为一种文化上的图腾。

伴随"改编热"的兴起，文艺界涌现出一批横跨文学与影视的"双料作者"，如以《一场风花雪月的事》《永不瞑目》《玉观音》《拿什么拯救你我的爱人》《一米阳光》等小说和电视剧闻名的海岩，以《王贵与安娜》《双面胶》《蜗居》《心术》等小说和电视剧闻名的六六等人。二月河的《雍正王朝》《康熙王朝》《乾隆王朝》等小说虽不是亲手改编成电视剧，但也撰写了《胡雪岩》等文学剧本。

在消费社会中，一批年轻的作家以极个性化和另类率性的写作来表达自由的性情和内心的感受，而这种独特的文学表达却很快被影视机构所利用，甚至他们也主动迎接商业操作，把文学作品迅速炒作、包装成时尚的文化产品。2014年上映的电影《后会无期》由韩寒执导，这部作品虽未曾出现在其出版列表之中，与其小说《一座城池》却有异曲同工之处，个中人物因某种缘由，纷纷奔上未知的旅途。这部票房超过6亿元的电影和郭敬明的《小时代》一样，从一开始便都有着极强的目标人群，《小时代》打造的是"少女之梦"，《后会无期》营造的则是"文青之爱"，皆是"作"出来的电影。

这类现象背后一个重要的含义是：在伴随消费社会的出现而形成的后现代文化及其与之相应的后现代消费文化语境中，艺术创造的目标指向已从创作走向生产，开始兼有作品和商品的属性。在艺术作品创作中，人们考虑的是如何运用艺术技巧与强化主题内涵、人物性格和美学效果，其目的在于创造与欣赏；在文化产品生产中，人们考虑的则是如何将艺术技巧服务于可以吸引大众的奇观、时尚和社会普遍心理，其目的在于消遣和娱乐。

此外，近年来，对红色经典文学作品的影视化"重写"也是热议的话题。其原因在于，在新的时代语境下，人们对积淀着深厚历史内涵的红色经典有再阐释的冲动；另一方面，红色经典具有的知名度和影响力，成为商业影视可以利用的重要元素。除了遵循改编原则之外，红色经典中拥有的审美特质，在媒介时代更多地被作为不同元素加以利用，成为市场卖点。可以说，当代"红色经典"影视改编的始作俑者仍是市场。

三、文学创作泛影视化现象的当下批评

今天，图像不断地改变我们的生活方式，同时也塑造着我们的观念和价值，从这个意义上说，图像比人类历史上的任何时期更具有权威性和影响力。[①] 瓦尔特·本雅明曾在《机械复制时代的艺术》中预言："新的技术、新的生产消费方式也将创造出一种全新的生活方式，因而对文学产生根本性的影响。"[②] 借由"影视化"尝到活动图像吸引力和消费市场回报率的甜头后，文学创作影视化不断掀起高潮，在 2014 年度，网络小说影视化写作和改编几近白热化，相互借鉴、跟风复制、一拥而上成为不可回避的事实，其背后是文学创作影视化的工业化生产现象浮出水面。

无可否认，工业化复制为大众提供了丰富的影视作品，将大众与影视化后的文学通过影像"互动"起来，把影视的"传播"与"参与"融合成为不可分割的一体。但同时，按照本雅明的观点，机械复制下的文学影视化也制造了"世物皆同的感觉"，消解了文学作为古典艺术的距离感和唯一性，从而导致了其"灵光"——艺术美境的消逝。传统的文学的阅读固然可以让人领略文字"诗性"，带给欣赏者无限的想象空间，但其前提是有足够的时间、足够的文化背景、足够的审美能力和怡然的心境。在快节奏生活和无处不在的压力影响下，多元化、影像化、便捷化、铺天盖地、多姿多彩的内容，使现代人无暇顾及传统文学作品，而更热衷于轻松的影视观赏。

与此同时，泛影视化的文学创作正或多或少导致都市背景下青年文化性的异化。现代都市生活场景不是以单一的，而是复合的结构相互融汇的世界。城市是消费社会中消费文化存在和生长的土壤，商场、大型超市、展览馆、影剧院、歌舞厅、夜总会、餐厅、酒吧等场所，为消费文化提供了形形色色的存在方式和空间。然而，从文化意义上看，现代都市已经不是传统的消费中心，而是以其文化创造为轴心旋转的文化生命体。人们在尽情消费的同时，又不时地玩弄符号游戏，盛行着各种追求超越个人主义的运动，强调情感与美的鉴赏，把悠然自得提升自身情趣当成最高的享乐。[③]

这种社会文化的倾向不可避免地影响置身其中的青年作家，他们经历了商品社会中繁复多样的消费形态和生活景象，使他们的人生体验具有了全新的内容，形成了与传统有所区别的价值观和审美取向。他们中的一些人，不再把写作当作内心情感和理想价值的真实表达途径，也不再将写作视为人文关怀和社会承担的表现方式，而是有意识地运用这个工具，实现其名利双收的现实需求。而当他们

---

①　周宪：《视觉文化：从传统到现代》，载《文学评论》，2003 年第 6 期。

②　[德] 瓦尔特·本雅明：《机械复制时代的艺术》，李伟、郭东，译，重庆出版社，2006 年版。

③　高宣扬：《流行文化社会学》，中国人民大学出版社，2006 年版。

敏锐地感受到社会文化氛围、艺术生产规则、某种写作风格发生变化时，转眼间便能聚集成一批观念和风格近似的群体。而另一批青年——他们的读者和观众中的很多人也自觉或不自觉地落入了对时尚阅读的认同和趋附之中：影视和文学作品中的人物无不崇尚物质生活，热衷于追求品牌，追逐即时的感官享受，永远离不开时髦的消费场景。

因此，文学界不断流露出担忧情绪：文学创作的泛影视化是否会导致文学艺术意义，尤其是教育意义的衰退？影视审美的日常生活化是否会削弱文学的"诗化"，剥夺文学艺术的感染力？商品化、影视化的文学是否会导致文学个性的丧失，造成意义的流失？

其实，文学的影视化过程中并不仅仅流通着利润，也产生和流通意义、快感和社会身份，所有受众仍旧能从中获得意义和快感，他们选择的不同文本，映射出他们多元的文化价值观。从传播来看，文学影视化的流通量越大，意义的影响面越大，社会效益也会越大，为了赢得更多的交换和流通机会，文学创作具有认真思考其艺术价值和社会意义的内在动力。而作为商品，文学创作也必须树立自己的品牌，保证质量精致优美，才能吸引到更多的消费者。因此，我们不能只看到文学影视化背后资本运作、消费文化和各种可能存在的负面影响，对其所产生的传播影响力、艺术感染力预估不足，对当代青少年的知识面、接受力、判断力和"内化"实力预估不足——文学作品在被接受者"内化"和"心灵化"之前，仅仅是一种包含了许多不确定性和空白的框架，需要接受者的理解、体验、加工、补充和创造，溶进受众的人生经验和审美经验、思想和情感、倾向和评价。

回顾文学创作影视化发展数十年的演进历程，可以发现几个不同路径和特点：一是被影视化的文学作品，多是经典名著、畅销书等，具有相当卖点；二是文学作品在被最终影视化之前，已有改编为其他成功艺术作品的基础；三是文学作品往往随着改编电视剧的成功而紧接着推出电影及其他艺术类型；四是借由影视作品的成功，再衍生、推出文学作品；五是越来越多的作家亲自担任影视编剧，加强了文学创作与影视创作的内在联系。

可以预见的是，"图像化"仍将不可避免地成为未来审美文化的推动器，继续扩大人们的感官经验，使大众通过"读""听""看""观"自然而然地将现代传媒视为现实的世界，并以感性直观的介入把握这个世界，文学也无法例外。如何在大传媒时代择善而从，仍是文学创作中需要审慎考量的问题。

（载《学习与探索》2015 年第 12 期）

历史题材电视剧的审美接受范式

　　我国的历史题材电视剧最早出现于20世纪80年代，自一登陆荧屏就受到了观众的热烈追捧，并渐渐发展形成各种类型化的电视历史剧作，具有极强的本土性和民族性，体现了民族集体无意识长期积淀下来的文化和心理诉求。无论是具备专业历史知识的受众，还是历史知识模糊者，都有一种渴望重温历史或了解历史的需求心态，并在长期的艺术观影活动中，形成了对不同题材电视剧的不同期待视野和接受程式。这种接受活动既具个体性，也具群体性，而历史剧文本的本体规约性，也使审美接受过程在一定的范围内进行，因而形成特定的欣赏范式。历史题材电视剧使观众与历史文本处于一种区别于真实历史的特殊意向性关系之中，受众在日渐积累的历史影像欣赏经验中提炼、内化，建构起对历史题材电视剧的独特审美接受范式或者说接受图式。"图式是指代表着一般经验和文化知识的各种复杂类型的认知结构。它们包含着同类现象的一般特征和个性特征，比如说相似的对象、事件、情境和话语。情感和态度也包括在图式之内。"[1] 这个图式不是一成不变的，而是随着时代环境、社会历史观，以及受众的审美接受观的变化，各种题材电视剧文本之间的相互交流、融合、碰撞，分化而产生出新的特点。本文透过历史题材电视剧的本体属性，结合时代社会发展特征，分析了受众基于文本规约的审美视点、传统文化语境下的符号化审美接受程式、原型效应和审美接受倾向，试图对该审美接受图式做一简要探析。

一、传统模式与接受视点：文本规约下的审美期待

　　审美接受视点是受众与艺术现实之间建立起的美学关系，不同审美视点带来不同的审美接受可能，使文本无比丰富的内在审美形态以不同的方式被感知。尽管艺术与现实的缝隙无法完全弥合，受众还是会在欣赏过程中，努力通过对历史文本呈现的客观世界的内心化、体验化、情态化来观照现实，达到超越时空的审美体验。在对历史题材电视剧的接受过程中，对其故事、对白、人物、情节、风格、影像等文本本身的内在规约性感知，构成了几个基本的审美接受视点。

　　世界银幕剧作教学大师罗伯特·麦基说过："人类对故事的胃口是不可满足

---

　　① ［英］罗杰·迪金森，等：《受众研究读本》，单波，译，华夏出版社，2006年版，第184页。

的……我们讲述和倾听故事的时间可以和睡觉时间相提并论—即使在睡着以后我们还会做梦。……故事是人生的设备。"① 历史题材电视剧通过一个个动人的历史故事，吸引受众不断在宏大历史叙事与个体想象之间寻找平衡，受众的欣赏视点与批评视点也相应地在落在其情节叙事形态上。因此，对历史真实与艺术虚构的认识会影响受众的接受态度。对于历史正剧自然会采取客观严肃的审美态度，对戏说剧则会采取游戏娱乐的姿态，对改编剧往往会看它是否忠实于原著。历史正剧在民族宏大历史的叙述中把握现象真实与本质真实的辩证关系，努力还历史以本来面目。在叙事方式上以三人称全知全能叙事为主，力图展现恢宏历史与民族气质，把宏大叙事的意识形态与国家、民族、时代、政治有机地融成了一体。同时，建立在真实基础上的艺术虚构——合理的个体想象叙事，包括对历史人物个体命运、个人情感、具体行为方式的合理想象，也成为构成其艺术魅力不可或缺的部分。于是，在历史题材电视剧中，民族宏大历史与个体想象叙事的有机融合，形成大事不虚、小事不拘的审美格局。事实上，把历史人物的个人命运融合进时代宏大背景的抒写成为历史剧普遍的创作手法，创作者如能在细节的合理想象中营造一种历史本质的真实感，就能在虚实之间以强烈的艺术张力吸引观众的注意。

强烈的情节化倾向的戏剧冲突是保持观众注意力的重要元素。这和历史剧以叙事为主的表现方法有关，也与受众求新、求奇、求异的心理有关。在历史剧里总会以一个或几个人物为中心，围绕矛盾冲突的开端、发展、高潮、结局来渐次展开故事情节，其中有些为观众所熟知的历史典故穿插其间，单线或多线并进，形成一个闭合式的线性结构。由于观众多已知道故事的大概发展走向和最终的结局，所以对矛盾冲突如何激化推进就格外有兴趣，创作者也往往会注意细节的雕琢，及演员表演技巧的锤炼，对历史人物的心理表现是否到位成为衡量表演是否成功的标志之一。随着历史剧创作的不断成熟，戏剧冲突也由外部的事件冲突转向人物内心的情感冲突，刺激观众的情绪体验。此外，较为集中的故事场面、大起大落的情节转折、完整流畅的叙事情节、合理的艺术细节想象及利用突发事件推动情节发展，穿插展示人物的机智权谋，是历史剧吸引观众普遍采用的情节设置模式。

在叙事接受视角上，历史题材电视剧和家庭伦理剧、青春偶像剧等以情感为主打的女性视角不同，它呈现出以男性视角横扫历史长河的宏大胸襟和气魄，受众接受男性视角的同时就更容易认同其建构的主流价值观。历史题材电视剧的创作者大多为男性，男性视角有时又体现为某种程度上的客观理性，把感性的细节推向历史必然性的逻辑理性。对宏大历史题材的驾驭，对自我与历史关系的清醒

---

① ［美］罗伯特·麦基：《故事—材质、结构、风格和银幕剧作的原理》，周铁东，译，中国电影出版社，2001年版，第13页。

意识，对"自我"身份的超越，都有赖于对历史逻辑的理性深刻把握。男性视角主导的历史剧，更容易被人们预期为对人类共识价值观的抒写，卿卿我我的儿女情长在历史正剧里被淡化，人们更期待看到历史的智慧经验与人生哲学的真谛，生命意识与儒家情怀被建构在宏大叙事当中。人们在历史剧中，不仅要重温历史，还要感悟生命，获得精神上的升华。而历史正剧大多体现了儒家的救世情怀，满足了观众的入世愿望，消解了性别的差异，以一个强者的胜利姿态来缝合历史的差异。当然，其中有一些女性导演的历史剧作，用女性独特的叙事手段给历史剧增加了一抹温柔的亮色，如李少红的历史诗剧《大明宫词》，但主导历史剧的仍是宏大、悲壮与灿烂、豪迈相辉映的男性视角。"历史"这个词赋予其本身更多的英勇豪迈与慷慨悲歌，女性的婉约细腻与历史的宏图伟业刚柔并济，男性视角与女性叙事同构共生，创作者借此抒发豪情，观看者借以自激自励。

此外，还有典雅的语言与对白带来的距离美感。历史题材电视剧的艺术感染力很大一部分来自其语言魅力，包括人物的对白、独白和旁白。人物对白为推动情节发展、塑造人物性格、揭示主题思想提供了全面而生动的视角；独白则对展示人物心理活动提供了较好的方式；旁白则对叙事发展脉络起到一个引领和勾勒的作用，往往交代了故事发生的背景和一些重要的叙事线索，而这样的语言往往更见精练典雅，多用第三人称叙述，如《天下粮仓》的旁白；也有用第一人称叙述的，如《大明宫词》中太平公主用苍老的声音回忆往事。无论是哪种话语方式，历史正剧诗剧中的语言大都倾向于文言典雅，这样的语言更加符合帝王将相的身份特征，又由于与现代汉语较有距离而产生一种陌生化的美感。历史剧中使用简洁的古汉语无疑增添了历史的韵味，而文言词汇、排比句式、华丽比喻等的大量使用，又烘托了历史场景，如《大明宫词》般绮丽华美的语言足以营造诗意的历史画面，具有很强的观赏感，使受众在叙事与抒情的影像变奏中得到满足。

二、历史符号与接受程式：传统文化语境的审美意蕴

历史题材电视剧显在的典型人物形象、潜在的传统文化因子都是吸引大批受众的重要审美元素，它将一个个影像的切片自动连接成有意义的形式，营造一种陌生化的古典美风格，而具有与其他题材电视剧不同的审美意蕴。当代西方符号论美学的代表人物苏珊·朗格提出艺术作为一种特殊的符号创造着"有意味的形式"，历史题材电视剧中的各种艺术符号与受众的情感结构具有同构关系，形成了独特的接受程式。

中华传统文化符号在历史题材电视剧中最引人注目的是历史人物。历史题材电视剧通过二元对立的方式设置人物形象，忠奸善恶往往是分明的，接受者在不断累积的欣赏经验中渐渐形成符号化的接受模式。历史剧中的主角往往是男性，而且具有英雄特质，具有典型的理想人格范式，成为普通老百姓仰视的对象，也满足了观众对逝去的光辉岁月的追忆和对救世英雄的崇拜心理；同时英雄也要有

普通人的一面，除了要克服重重困难才能建功立业外，还有儿女情怀，也要忍受常人所不能忍之痛苦，让观众对英雄人物产生亲近心理。历史题材剧中也还有很多代表草根阶层的英雄人物，如《还珠格格》《神医喜来乐》《李卫当官》《万历首辅张居正》等剧作中塑造的平民英雄形象，各种英雄人物就化作了一个个现代励志符号，不仅赢得中老年受众，也得到了青少年观众的喜爱。与英雄相对的是人物符号是美人。美人在历史剧中是一个欲望符号，是故事情节的助推器，也是男性观众欲望投射的对象。她们不仅年轻貌美，且能歌善舞、知书达理、温柔贤惠，集中华妇女温良恭俭让的传统美德于一身，成为男性的贤内助，美女＋才女模式也成为受众期待的审美范式。此外，贤臣与奸臣是历史剧里维系情节的一对主要矛盾，是牵动观众感情的平衡符号。当奸臣占上风时，观众为之扼腕叹息；当贤臣占主导时，观众则感到欢欣鼓舞。这对平衡符号直接制约着情节的发展方向，决定着高潮的涨落，矛盾的最终解决是正义压倒邪恶，历史在明君的指引下向前发展，观众获得大团圆的观影快感。

在历史题材电视剧中，作为叙事情境的历史文化意象，既有光彩夺目的历史人物，也有一些独特而神秘的历史意象，这些历史意象因时空的久远和文化的积淀而散发出恒久的魅力。不同朝代的不同文化风貌，为历史人物的活动、历史故事的展开提供情节空间和环境背景，那些或隐或显的传统文化符号，构成历史题材电视剧重要的叙事情境，并为观众勾勒出一个如幻似真，让人陶醉的民族文化意境，如服装、宫廷建筑、古代宴饮、文化礼仪等。"历史剧以历史上曾经发生过的重大历史事件为依据，一方面要求严格遵循客观的历史真实，一方面又要求电视剧创作者能从历史事件中开掘出富于艺术家个性的主题意蕴。在美学追求和艺术表现上，要求能突现所反映时代的审美理想，再现与那个历史时代相协调的人物、场景以及各种细节等。"① 这些历史意象由庞大的中华传统文化符号群组成，共同构成一个令人向往的乌托邦世界。观众只要一看电视剧里的人物穿什么式样的衣服，就能判断出是哪个朝代的历史剧。《汉武大帝》《昭君出塞》里的汉代服饰，《贞观长歌》《杨贵妃》《唐明皇》里的唐朝衣装，异彩纷呈，让人眼花缭乱。细心的观众还能从电视剧里的服装研究出不同时代的文化特征。宫廷建筑的巍峨壮观与金碧辉煌昭示着古代先民的勤劳和智慧，也是历史剧里一抹必不可少的风景。皇宫大院、亭台楼阁、车水马龙，渲染出中华泱泱大国国泰民安、丰衣足食的恢宏气象，不断刺激观众的富贵梦想乃至民族自尊心和自豪感。宫廷宴饮也是渲染皇家气派的一个符号，古代饮食文化渗透其中。中国历史剧虽没有韩剧《大长今》那般细细展现，大部分历史剧却也有很多集体宴饮的大场面，如《康熙王朝》里的千叟宴，既渲染了皇家的声威，也凸显了康熙大帝的英雄气概。而东方礼仪在历史剧里成为一个亮点。各个朝代的人见面时不同的见礼方式、不

---

① 王云缦，等：《电视艺术辞典》，学苑出版社，1994年版，第49页。

同的问候词、不同的参拜礼仪、古代器物的摆放陈列等都是古代文化的一部分，历史剧把这些东方独特的文化理念、审美特征，融合进人物服装、道具、表演之中，构成了一个传统文化的重要组成部分。历史人物与历史情境交相辉映，共同组成一个神秘陌生而又似曾拥有的文化符号体系。

在消费社会下，受众的审美接受观念也从国家意识形态功利性主导到各种价值观功利性兼容再到娱乐消费型认同转变，民族审美心理结构与时代审美心理结构受到西方后现代观念的冲击，"历史"又成为一个消费符号，是当代人欲望投射的对象，形成针对历史的霸权式欲望审美。正如鲍德里亚所说："这个崭新的时代埋葬了传统的历史，但这些历史却被制作为特殊的符号供人消费。"① 审美接受主体以一种超性别的视角去观看历史剧，观看历史剧就成为一种身份的消费象征，代表着成熟、理智或深刻。于是，混合着政治文明与权力崇拜、传统文化与封建糟粕的历史题材电视剧，由于其多重解码的可能性，造成不同的接受效果，符号化历史消费面临审美趣味低俗化的挑战。

三、当代意识与接受倾向：多元话语交汇的审美阐释

历史题材电视剧是运用多种艺术技巧，汇合各种当代价值观念，迎合当下观众的审美趣味建构的具有多维阐释可能的审美接受空间。西方文艺理论思潮不仅影响到历史剧的创作，也影响了受众的审美接受范式。新历史主义的接受范式使受众得以对历史剧作"互文性"解读；结构主义的接受范式使受众得以从二元模式中把握历史剧的深层内涵；解构主义的接受范式使受众得以碎片化、多元化的方式理解戏谑历史剧的审美特点。各种自觉或不自觉的，专业或非专业的历史镜像解读、阐释方式并存，显示了受众媒介素养的提高，也丰富了具有当代特色的接受范式。

从 1982 年的《武松》等名著改编的历史剧肇始，到 80 年代中后期《杨家将》《红楼梦》《努尔哈赤》的播出，再到 90 年代历史戏说剧风行荧屏，以及 21 世纪播出的《汉武大帝》《康熙王朝》《雍正王朝》《天下粮仓》《大明宫词》《贞观长歌》等，都体现了时代环境变化下历史题材电视剧对受众审美接受倾向的迎合。"'历史'远离了当代中国各种敏感的现实冲突和权力矛盾，具有更丰富的'选择'资源和更自由的叙事空间，因而，各种力量都可以通过对历史的改写来为自己提供一种'当代史'，从而回避当代本身的质疑。历史成为获得当代利益的一种策略，各种意识形态力量都可以获得历史的包装而粉墨登场。"② 融合了当代各种意识形态的历史题材电视剧，使观众在审美过程中形成一种"心理定向"，自然会根据自己的需要把历史故事解读成各种办公室政治、反腐倡廉政策、

---

① ［法］让·鲍德里亚：《消费社会》，南京大学出版社，2000 年版，第 100 页。
② 尹鸿：《冲突与共谋》，载《文艺研究》，2002 年第 2 期，第 8 页。

草根英雄形象等。通过受众的创造性审美想象，历史剧发挥了其借古喻今的社会功效。历史题材电视剧因为融合进当代意识，体现了时代风貌，不仅特别能够赢得男性观众的青睐，而且也吸引了越来越多的女性观众。创作者通过重新塑造女性形象，把女性从传统妇女三从四德、忍辱负重的落后观念中解放出来，赋予历史女性时代风采，也更加人性化、立体化。《大明宫词》中的强势而充满母爱的武则天，娇蛮而又柔情似水的太平公主；《天下粮仓》中聪明果敢具有"白骨精"特征的柳含月；《贞观长歌》中敢爱敢恨的安康公主等，都展现出新时代女性的特征，使传统的女性形象罩上了现代意识的光环，凸显了女性地位的提升，很大程度上迎合了女性观众的收视心理。此外，从同一历史题材的不同时代改编剧也可以看出当代人的历史意识。大众的审美期待随时代的发展发生了极大的变化，对蕴含深刻主题思想和人文关怀的作品仍深切期待，渴望能够看到同时具有娱乐、教育、知识、思想和审美的历史剧作，改编剧过分娱乐化、后现代化将会导致历史题材电视最终失去观众。

历史原型是潜伏在当代意识中的一种特殊文化形态，也是以主题内涵的形式影响受众接受潜意识的内在动力。荣格把集体无意识的内容称为"原型"，认为原型是人类普遍性心理经验的长期积淀的结果。根据这一观点，文艺母题属于原型的一种。自古以来，文艺作品中对有关生命意义、事业成就、理想幸福的讨论就从没停止过，历史题材电视剧对历史母题的时代演绎，强化了其主题内涵，因此更容易引起观众的共鸣。这种具有"主体间性"的欣赏关系，与人们的心理结构有关。"格式塔学派的研究就向人们宣称，人们面对着的世界和情景是有着自身特征的，而且只有以正确的方式去感知，才能把握这些特征，观看世界的活动被证明是外部客观事物本身的性质与观看主体的本性之间相互作用。"① 在历史题材电视剧中对生命意义的追问，表现为一种对民族品格、民族精神的坚守。传统文化中自强不息、坚忍不拔、修身齐家、爱国主义等民族精神品格在历史剧中表现得十分突出。这样一种高洁的情操具有十分重要的当代价值，对当今社会各行各业的人们坚守岗位、努力为人民服务具有精神激励和示范作用。对事业成就的追求除了表现为一种权力意识，更多地间接抒发了一种现代人渴望成功、渴望建功立业的理想情怀。历史题材电视剧对理想幸福的认识，表现为对理想、爱情甚至是人生境界的追求。要像清官一样淡泊名利又能逍遥自在，要坚守自己的梦想，要追求真挚的爱情，做到身心的自由对现代人来说是一种奢求。历史剧里那些虚无缥缈的爱情之所以感动人，那种宁静致远的人生境界之所以让人赞叹，实在是因为现代人离真正的幸福理想愈来愈远了。可见，原型效应是现代人对人类童年的梦幻，通过对"从前"故事的追忆、移位、变形来释放精神上的压力。按照弗洛伊德精神分析学的有关论述，就是创作者与观众共同建构具有真实感的

---

① ［美］鲁道夫·阿恩海姆：《艺术与视知觉》，中国社会科学出版社，1984年版，第6页。

"白日梦"。

总之，在当今多元文化并存的时代背景下，受众对历史题材电视剧的审美接受视点具有文本规约性，接受程式具有符号化特性，接受倾向具有时代化审美特征。同时，也应该注意到当代受众的审美过程具有模式化、碎片化的特征，这一方面是由于历史剧创作者价值导向上陷入他者化、殖民化泥沼，如过分美化历史或丑化国人的创作倾向；另一方面是审美主体的客体化、异己化，被现代物质社会所异化后形成的盛世情节或厌世避世心理。因此，在坚持历史剧艺术创新的同时，还要坚持正确的价值导向，培养受众高级的审美趣味，尊重受众的审美接受特征，从而产生积极的接受效果。

（载《中国电视》2012 年第 1 期）

论电视综艺节目模式创新

    近年来中国电视综艺节目更注重体现文化品位和知识内涵，具有中国特色的电视综艺文化特质逐渐显现。模式创新注重家庭观念、公益元素，总体风格体现为温情与和谐。本文通过梳理 2011—2013 综艺节目模式的创新与发展，分析中国综艺节目模式的创新成效、发展瓶颈并探讨解决之道。

一

    2011 年，各大卫视竞争焦点从以电视剧为主过渡到电视剧和原创栏目、主题活动共同发力的竞争格局。新节目更多关注人性、健康、幸福，体现"以人为本"。节目理念上更注重"用更人性化，更富有生命、道德和情感的元素来影响人们的生活方式"①。2011 年，卫视频道新节目呈现如下特点：

（一）同类型节目注重理念细化，但叙事策略和悬念设置偏弱

    2010 年上海东方卫视推出《中国达人秀》，促使同类型的电视节目潜力爆发。2011 年东方卫视依托《中国达人秀》的影响力开发新节目《谁是大人物》。山东卫视《中华达人》通过民间技艺展示中华文化。中央电视台推出大型民间才艺秀《我要上春晚》。深圳卫视推出《达人喜乐会》，希望挽留尽可能多的深圳达人；天津卫视推出《到梦空间》，寻找北方特色的中国达人。虽然在概念提炼上有所差别，但是数档达人秀的选秀对象相似，节目选拔环节和嘉宾数量及点评方式基本一致。全国范围内一时涌现出许多有故事有独特性的草根达人，"达人"的真实性遭到质疑，观众产生审美疲劳。

    此外，都市男女情感危机成为家庭婚恋节目关注的重点。江苏卫视推出的家庭谈话节目《欢喜冤家》在国外流行节目《婚姻裁判》的基础上，围绕"家和万事兴"的中国理念进行话题争论与调侃，在环节设置上也进行了必要扩充。天津卫视推出《爱情保卫战》，以情感综艺的形式，展示"后婚恋时代"的情侣的困惑与矛盾。东方卫视于 2011 年底推出《情有可缘》，作为《幸福魔方》升级版。新节目加入了更多心理治疗环节，呈现了更多创新互动元素。而节目中特设的

---

① 李林容：《电视娱乐文化的发展趋势探析》，载《新闻研究导刊》，2011 年第 1 期。

180英寸超薄触控大屏为其增加了创新互动元素。

此类节目的最大悬念设置均放在情侣是复合还是分手。在叙事过程中强化细节呈现，以讲述、再现的方式突出跌宕起伏或匪夷所思的故事。与其说是在客观解决社会矛盾，不如说是以更为戏剧化的方式呈现个案，在满足受众窥探欲的同时完成故事真人秀。

（二）混搭使用模板元素，组合创新节目模式

2011年节目创新力度比2010年略强，然而节目存活率偏低，节目所引发的市场效应并不强烈。

深圳卫视《年代秀》引进国外大热综艺节目"Generation show"的模式，通过游戏竞赛的方式，以标识性社会生活细节的展现唤起观众的年代记忆。以年代为特征将嘉宾分成不同阵营的方式迅速得到其他电视台的克隆。山东卫视《歌声传奇》节目通过几代人共唱经典老歌的方式唤起观众的集体记忆。中间融入了对抗比赛、明星励志故事讲述等环节。安徽卫视季播节目《黄金年代》以年代歌舞秀结合影像、实物、音乐表演和时尚秀和评选来唤起观众的年代记忆。同样借用代际元素的还有河北卫视《明星童乐会》，以明星艺人回忆童年生活唤起观众共鸣。综艺节目中突出"年代"主题，将不同时代的生活记忆和文化体现于节目。作为2011年综艺节目整体创新的亮点，由于符合观众渐变的审美心理，也得到了良好的市场效应。

浙江卫视的公益圆梦类型的真人秀《中国梦想秀》则是英国BBCW频道《就在今夜》（"Tonight's the Night"）的中国版。节目最大的亮点同样是每一期节目都由若干个小故事构成，精神慈善是一大看点。

河南卫视和江苏卫视分别推出以"创意"为核心元素的综艺节目。河南卫视《创意时代》是一档大众创意秀节目。江苏卫视《谁是创意王》邀请普通人上节目展示自己的生活小发明，目的是帮助具有创造天赋的老百姓实现梦想。但在环节设置和话题构建上还不足以构成原创性栏目，更多的是组合创新。

河南卫视《魔亦有道》是国内首档情景魔术秀栏目。挖掘魔术的情节性，魔术表演小品化等创新传统的魔术表演为魔术注入新的活力。不过，就节目环节设置来看，魔术大师表演时尚、潮流的最新魔术，百姓魔术师互动，观众投票等方式，依然没有突破当下流行的对抗式电视模式。

二

"电视娱乐从早期的追求轻松休闲到后来的媚俗迎合，在这个发展过程中，经济利益的侵入和商业逻辑的运作模式越来越多地取代了原来的审美形态和节目概念，使以电视综艺节目为代表的电视节目越来越成为一种经济狂欢和'秀'场

游戏。"① 广电总局 2011 年 10 月下发《关于进一步加强电视上星综合频道节目管理的意见》，直接促使 2012 年成为上星综合频道集体改版年。过度娱乐化倾向得到明显遏制。与 2011 年相比，新闻类节目增加了三分之一，七类被调控的娱乐性较强节目减少了三分之二。

节目类型上，歌唱真人秀、职场真人秀、科学试验和创意秀得到更多关注。规则设置上，"对抗"仍为节目创新的重要出发点，包括草根挑战互动、明星挑战互动、真实对抗竞争、音乐舞蹈竞技活动等。节目诉求上，不少节目颠覆娱乐导向，选择深挖社会话题。卫视综艺节目创新呈现以下特点：

（一）新节目注重理念创新，提升审美格调

广电总局《关于进一步加强电视上星综合频道节目管理的意见》，传达了电视媒体应"重回公益"的信号。"各地方卫视明确重回公益则意味着对过去数年广电管理体制改革中出现问题的一次反思与调整。"② 公益与慈善元素深度介入综艺节目模式创新的过程中。

江西卫视综艺节目《红星闪闪》，与《红歌会》一脉相承，在传播红色精神的同时贯穿公益主线，体现人文关怀。湖南卫视歌唱真人秀《天声一队》定位为全国首档大型直播音乐竞赛类慈善节目。江苏卫视《梦想成真》定位为励志情感类综艺节目，将才艺表演、明星访谈、草根圆梦相结合，主题积极向上。山东卫视《天籁之声》也将歌唱选秀与公益事业紧密相连。山东卫视明星真人秀《纵横四海》，采用海外取景、探险冲关的方式，是一档内容为通过明星挑战极限来救助弱势群体的全外景公益挑战类节目。

弘扬社会主义核心价值和中华传统美德成为各频道的自觉追求。山东卫视推出的音乐综艺节目《歌声传奇》通过几代人同唱经典好歌，勾起时代记忆，弘扬优秀音乐文化。湖北卫视综艺节目《我爱我的祖国》，通过明星和其家乡团一起现场答题，唤起思乡情和爱国情。四川卫视音乐节目《中国爱大歌会》，以"爱心传动中国"为理念，讲述音乐背后的感人故事并倡导奉献爱心。

强化中华传统美德的新节目如：中央电视台《身边的感动》、北京卫视《好人故事》、上海东方卫视《大爱东方》、湖南卫视《平民英雄》、山东卫视《天下父母》、辽宁卫视《中国好人》、河北卫视《真心英雄》、广西卫视《让爱住我家》、重庆卫视《重庆好人》、贵州卫视《好人好事》、陕西卫视《孝影贤声》、新疆卫视汉语频道《真情关注》等。

奥运元素成为节目创意启发点。如浙江卫视户外益智闯关真人秀《心跳阿根廷》属于版权引进的节目，但是，在 2012 年伦敦奥运会的背景下推出来，中间

---

① 欧阳宏生、闻伟：《快乐有度、过犹不及——对当前"电视娱乐化"问题的再思考》，载《当代电视》，2010 年第 2 期。

② 杨状振：《限娱令：机制回调后的卫视变局》，载《南方学刊》，2011 年第 6 期。

加入奥运元素创新。此外，还有北京卫视《越猜越开心》将奥运元素与闯关、明星故事融为一体，应景性和娱乐性都很强。

（二）节目模式引进常态化

在国家广电总局《关于进一步加强电视上星综合频道节目管理的意见》要求"每个卫视综合频道黄金时间播出娱乐节目每周不超过两档，全国卫视总数控制在九档以内"的背景下，各大卫视的电视栏目开始走精品化路线。重金从国外购买电视栏目版权，降低原创节目的研发成本和风险，成为重要策略。据不完全统计，2012 年引进版权进行本土化创新的节目占到 20％以上。全国排名前十位的卫视超过半数已购买过海外节目版权，引进对象包括英国、美国、荷兰、意大利、日本等成熟的电视节目模板。一批引进海外版权的电视节目如《谢天谢地，你来啦》（央视综合频道）、《一站到底》（江苏卫视）、《我爱我的祖国》（湖北卫视）、《顶级厨师》（东方卫视）等引起较大的市场反响。中国综艺电视栏目已经从"山寨"走向"节目模式引进"阶段，如江苏卫视职场真人秀《脱颖而出》全新引进奥斯卡舞美设计，《我们约会吧》邀请美国设计团队打造全新舞美等。

真人秀是综艺节目版权引进的重点，如安徽卫视引进的达人秀"Don't stop me now"，广西卫视歌唱选秀《一声所爱·大地飞歌》，辽宁卫视《天才童声》等。但是以版权合作的方式克隆节目模板却不一定能形成同样的市场效应。引进版权播出节目并不容易，除却版权方对收视平台有要求外，节目高昂的制作与推广费用也让大多数卫视频道望而却步。如"The Voice"荷兰版权方制作完成中国版——"The Voice of China——中国好声音"节目，对外播出打包售价高达8000 万元。如此高昂的成本让很多一线卫视都不敢接招。直到一年以后的 2012 年 7 月，该节目才得以在浙江卫视播出。

（三）优化创新的本土节目模式

2012 年新开发的节目中，约有 35％的节目为改版创新或以季播形式创新节目模式。另外约 40％的节目为节目模块移植创新以及节目核心元素组合创新。

从 5 月 11 日起，湖南卫视正式启动新一轮创新，推出"芒果自制第一区"，通过鼓励制作团队成立工作室的方式，打造多档系列创新节目。截至目前，创新节目评审小组收到了 160 多个节目方案。其中选出 10 个节目 7 月后全面上线。

其中模仿秀《百变大咖秀》就是组合创新的典型代表。在参赛选手的选择上放弃绝对草根，而选用明星为参与嘉宾。在赛制上采取淘汰赛。这两种做法是2006 年东方卫视《舞动奇迹》最早采用了这两种做法，也获得了很好的社会影响。不同的是，《舞动奇迹》中明星参与的项目是舞蹈，而《百变大咖秀》中的明星选手则通过唱歌、跳舞等表演方式模仿国内外一线巨星。模仿秀也并非《百变大咖秀》原创，而是 20 世纪 90 年代在我国内地综艺节目中兴起的一种较为引人注目的比赛形式。《百变大咖秀》可谓旧瓶装新酒，加之节目注意细节上的精雕细琢，聘请国内顶尖造型团队从发型、妆容、服装等方面进行全方位包装，可看性、悬念感都很强，所以连续三期取得同时段最高收视率。

《完美释放》自称是"减压励志"类情感节目。但是在表现形式上，脱离不了时下最热的"调解类节目"模式：先由主持人引出当事人陈述；在《完美释放》的舞台上，解压人需要暴露人性特点，再由解压嘉宾现场调解；节目提供给当事人一个倾诉故事，寻找心理平衡的密室（解压室）；特定身份嘉宾出现，发言劝导。不同的是在人物叙事的冲突上有所拓展：解压人遇到的问题不仅是人与人的冲突，还可能遇到人与环境、与自己内心的冲突。此外，节目加入压力测试，增设的减压房间体现出科学性，在解压方式上凸显游戏性。这些都增强了节目形式的新异感。《全力以赴》为《快乐向前冲》升级版，草根与明星竞技，同时融入奥运元素。

（四）歌唱真人秀再次突围

2012年，歌唱真人秀类节目再次成为各卫视台重点突击的节目样式。歌唱真人秀依然以海选为策略，但不同节目对参赛选手的分类更为细化，节目理念更为多样。湖南卫视《天声一队》提出做"全国首档大型直播音乐竞赛类慈善节目"。东方卫视与《声动亚洲》，将选手范围扩大到了整个亚洲地区。辽宁卫视《天才童声》，引进荷兰版权，做"首档中国大型少儿音乐成长节目"。山西卫视《歌从黄河来》，为《爱唱老情歌》的升级版，栏目在全国范围寻找爱唱民歌的选手，每期赠予获胜者公益基金支持他所从事的民族工作，年终决胜出一位"黄河歌王"，让黄河民歌传唱全国。

2012年，几乎所有的歌唱选秀栏目在规则设置上都增加了一个角色——明星导师。

以《中国好声音》为例，节目规则亮点在"导师盲选"阶段。这一环节有三个看点：一是学员唱功；二是明星导师决判力；三是当有多位导师同时争夺一名学员时，学员如何把握机会。《一声所爱·大地飞歌》为广西卫视联手世熙传媒引进英国传媒选秀的新节目。但在音乐PK环节仍然采用明星收徒制造看点。山东卫视《天籁之声》等都在游戏规则中增加"盲选"、明星导师收徒的环节。湖南卫视《向上吧，少年》是为90后打造的一档歌舞综艺秀。每场秀没有PK，不设淘汰，但会设置"教练"，其作用与"导师"相当。

职场真人秀仍是各大卫视创新的着力点。河北卫视推出《万事如意》第二季，《未来新主播》主打职场选秀。游戏规则和晋级方式延用经典套路。江苏卫视《脱颖而出》，舞美设计追求国际化，环节设置紧凑，淘汰残酷，交锋犀利，引起了国内外同行的高度关注。青春纪实版《士兵突击》是武警部队特警选拔的真人秀。《士兵突击》自播出以来就一再创云南卫视收视新高。该节目将职场选拔与野外生存真人秀结合在一起。将真实情感、军事装备、残酷训练、野外生存、任务重演等多种元素充分展现在观众眼前。武警云南总队在《士兵突击》节目的选手选拔、晋级赛制、考核科目、场地设置等方面深度介入，还原和展现了特警选拔的真实历程。

在角色置换真人秀方面，内地卫视也有成功尝试。由天择传媒联手江苏电视台共同打造的全国首档青春少女励志成长节目《花样年华》受到全国观众的热烈追捧。据央视索福瑞 CSM42 城数据显示，《花样年华》首播前三日的收视率均获得全国卫视同时段节目第一。《花样年华》曾被质疑有模仿《变形计》的成分。然而，从 5 月 30 日起，《变形计》却因为湖南卫视节目调整暂停播出。有网友称，这是湖南卫视保住品牌栏目的策略。

益智类《一站到底》算是本土原创性益智节目。该节目打破了参赛者与主持人（考官）互动的游戏模式，引入选手攻擂的概念。甚至改变近两年给参与者贴标签（如萌女、猛男、眼镜哥）的做法，让守擂者确定个性化的关键词，然后再由他们自己对关键词背后的事件进行简单描述。这个环节在整个攻擂比赛中占时很少，但能起到延宕作用，体现整个节目叙事节奏的变化。

三

2013 年，中国内地综艺节目迎来井喷。新节目总量突增，引进类节目比例空前增大。节目模式已经从模仿克隆过渡到正版引进加自主研发的新阶段。

（一）表演选秀类综艺节目——百花齐放

2013 年，表演选秀类综艺节目劲吹舶来风。星级频道播出了近二十档选秀类综艺节目。从赛式、环节、目标设置来讲，节目区分度不大。创新性体现在拓宽选秀品类、细分参赛选手、追求舞台效果三个方面。

2013 年，歌唱选秀类综艺节目几乎成为各卫视频道的栏目"标配"。引进海外最新节目版权，成为内地歌唱选秀节目模式占领市场的主要手段。东方卫视引进被誉为"美国真人秀之王"的《美国偶像》（"American Idol"），制作《中国梦之声》。《中国梦之声》借鉴多国版本的创意，并根据中国观众的收视习惯加强故事与情感看点，打造中国偶像。湖南卫视引进美国"X Factor"制作《中国最强音》，延续原模式中挖掘选手未知特质的理念，意在制造流行明星。《中国好声音（第二季）》上演明星导师脱口秀，导师与学员表现均为看点。北京卫视《最美和声》，节目模式源于美国 ABC 电视台节目"Duets"，通过导师与选手"和唱"的方式挖掘、培养音乐人才，展现音乐魅力。湖北卫视联合韩国 CJ E&M 公司，以韩国收视第一的节目"Super star K"为原型，打造《我的中国星》，评选才艺俱佳的歌唱选手。

为满足观众对节目制作水准的较高期待。选秀类节目向国际顶尖的节目模式取经，接近苛刻地强调细节。《我是歌手》为保证舞台效果，请来 51 人的大乐团现场伴奏。《中国梦之声》海选阶段，按宝典要求严格挑选录播场地，设定评委的标签、分工和职责。

应该说，歌唱选秀类综艺节目已经形成了本土化的通用模板：赛制上包括选拔赛、淘汰赛、复活赛；比赛环节中非常注重选手塑形，着力展现选手的成长故事；叙事节奏相对缓慢；导师兼评委的角色设置成为节目的关键要素，导师（或评委）舞台表现的宽容度较大；在舞美设计与镜头呈现方面，引进类节目都以宝典为指针，追求多机位、现场乐队、专业音响。希望以巨额投入保障国际化品质从而带来更广泛的社会影响力。

歌唱选秀类综艺节目探索出来的宝贵经验，被频繁用于其他类型的选秀节目中。比如2013年纷至沓来的舞蹈秀、演讲秀、表演秀等节目在比赛规则、角色分工、选手塑形、人物关系设置、舞美效果、镜头呈现等方面均吸收了当下歌唱选秀的流行元素。作为中国首档在卫视频道播出的语言竞技类真人秀，安徽卫视和能量影视联合制作的《超级演说家》是灵活套用现有选秀模板的成功案例。它利用现有的综艺选秀模式，展示演讲魅力。同样是亮灯灭灯决定选手去留、同样是导师带队PK晋级，但由于节目制作理念不同，相似的环节设置也带来了差异化的效果。选手的演讲内容往往从一个侧面触及社会生活，引发观众的思考与共鸣。导师与选手的关系不单限于技巧指导，更多是分享人生阅历与处世智慧。与其说这是一档才艺真人秀，还不如说它更倾向于一档借用选秀外壳的语言类节目，倡导和尊重平民草根的话语权才是节目内核。

2013年，表演选秀类综艺节目不仅节目类型多样化，而且在选手的划分上更为细化。同是舞蹈表演秀，《奇舞飞扬》（湖南卫视）重在"奇"，选手为热爱创意舞蹈的草根达人；《舞林争霸》（东方卫视）聚焦舞蹈基本功扎实的专业选手；《舞出我人生》（央视一套）注入公益元素，选手为草根加明星的组合。同样是歌唱选秀，《女人如歌》（湖南卫视）、《妈妈来了》（江西卫视）、《妈妈咪呀》（东方卫视）三档节目开始关注已婚女性，传递婚姻中女人也有梦想的概念。三档节目对女性题材的理解、诠释不尽相同。《妈妈来了》根据该卫视近年主打家庭的品牌定位，从新闻角度关注妈妈。《妈妈咪呀》更多加入亲子元素，展示选手成长过程。《女人如歌》不仅比唱功，自始至终引入与女人相关的社会话题，体现人文关怀。

明星竞技类真人秀成为表演选秀类综艺节目求新求变的突破点。《我为歌狂》（安徽卫视）主打新老偶像组合牌，规则上注重团队合作。"歌手队战"和"密室淘汰"是《我为歌狂》的模式核心。《我是歌手》（湖南卫视）着重表现歌手对音乐事业的赤诚追求，比赛环节特设新来歌手的经典重现，唤起观众特定记忆。此外，每场比赛极力展示歌手的个人特质，充分挖掘其舞台表现力。《全能星战》（江苏卫视）以比拼曲风驾驭能力为核心创意。以曲风为主题划分赛事，考验歌手的音乐技能全能度，同时也向观众普及音乐专业知识。明星竞技类真人秀，选手的舞台表现力强，能带动节目以外的人脉资源，提升节目宣传的效率。

不过，不可否认的是，总有些相同或相似的元素出现在同类型的节目模式中。歌唱类真人秀陷入了自我重复与互相效仿的陷阱中，赛制大同小异，选手似曾相识。几乎所有的选秀节目在规则制定上都强化了大众评审的作用。大众评委作为场外观众的代表，决定选手去留。与以往不同的是，大众评委不仅作为数字存在，现场观众的肢体语言、面部表情都被镜头捕捉并作为提升节目感染力的必要元素细腻呈现。

（二）益智游戏类综艺节目更新换代

2013 年，益智游戏类综艺节目模式更新力度大，节目类型与规则呈现出多元发展的趋势。总体而言，益智游戏类综艺节目模式发展趋势为简化游戏规则，降低答题难度，对选手的考察除了智商情商，还拓宽至体力、心态等。选手标签和话题性成为益智游戏类节目的外延。每位选手都有专属故事。江苏卫视《芝麻开门》采用组队模式，一人答题一人冲关，既拼学识又考体力。在延展选手话题方面打破个人化的定势，更多展示选手之间的默契。央视三套推出的音乐益智游戏节目《开门大吉》，靠听歌答题实现家庭梦想。其中融入了竞猜、模仿等多种综艺元素，二维码互动竞猜、留言提升了观众参与热情。

道具元素使用更为灵巧多样。江苏卫视《芝麻开门》、黑龙江卫视《幸运电梯》都运用了"门"元素，将抽象的时间紧迫感具像化。东方卫视《争分夺秒》要求参赛者使用日常家庭用品完成游戏比赛，将熟悉事物陌生化增强比赛的趣味性。贵州卫视《快乐对抗》运用飞椅增强悬念感。央视三套《开门大吉》中的门铃为整个节目的焦点创意。

除实体道具外，心理对抗元素成为益智类综艺节目模式的新宠。浙江卫视《王牌谍中谍》《谁敢站出来》，在答题对抗过程中加入团队合作元素，提升节目的心理博弈色彩。河北卫视益智类节目《我知女人心》，是李咏工作室、英国广播公司（BBC）联合开发的原创节目。以男女心理解读为形式，体现男女思维、心理及行为差异。广西卫视联合世熙传媒，引进开发身份识别类节目《猜的就是你》，要求挑战者在 12 位陌生人不透露任何信息的情况下，猜出对方身份。

2013 年，文化类综艺节目成为益智游戏类综艺节目开发的新领域。中央电视台《中国汉字听写大会》，河南卫视《汉字英雄》《成语英雄》，河北卫视《中华好诗词》都收获了广泛的关注。这类节目游戏环节简单，主题直接明了。节目理念胜在触碰电视观众的潜在的文化焦虑——写字能力退化，文化自信缺失。《汉字英雄》节目模式以"听写"为核心，游戏规则是简洁的"汉字 13 格"。在游戏闯关中普及汉字知识，唤起中国人对汉字的情感，同时警示提笔忘字的社会现象。这类节目最初是靠内容取胜，但随着同类型节目竞争日益激烈，规则更繁复，重视悬念感，注入达人文化，娱乐性增强，观众的观看重点也随之转移。

（三）婚恋约会及职场创业类综艺节目纵深发展

婚恋约会类综艺节目在规则制定、角色配制方面进行模式改造。除了保留经典的亮点灭灯环节，转椅盲选成为最大的创新元素。东南卫视《约会万人迷》、浙江卫视《转身遇到 TA》、湖南卫视《爱的车轮战》均运用了盲选相亲的元素。为走出演播室速配的传统模式，部分节目将录制场景放到户外。《我们约会吧＋》升级扩容，把相亲节目舞台搬到户外，2013 年底在云南录制了户外相亲真人秀。贵州卫视联合韩国最大娱乐公司 CJ 共同开发《完美邂逅》，讲述五男五女的异地邂逅。东方卫视将情感脱口秀与相亲元素混搭制作《盛女大作战》，专做剩女话题。

经历前两年井喷之后，2013 年职场类节目总量缩减。创业类取代求职类，成为职场节目创新发展的方向。如天津卫视《藏龙卧虎》、山东卫视《梦想直达》，东南卫视与上海唯众传媒联合推出《爱拼才会赢》。总体而言节目模式尚处于探索阶段，模仿痕迹明显。人物角色定位和创业者故事挖掘的精准度不够。江苏卫视联合优米网共同打造的《赢在中国蓝天碧水间》是国内首档商业明星公益真人秀。参与者不是草根或艺人，而是有一定成就的商业精英。他们通过完成 12 个商业任务赢取千万级公益基金。节目融入商业实战，叙事节奏紧凑、人物关系复杂、目标设置注重公益性。然而，由于选手名气虽大但辨识度不高，节目规则过于强调专业性，财经味浓，娱乐性弱，以至收视看点较模糊。

（四）亲子类综艺节目成为下一个蓝海

为开拓新的节目类型，部分卫视推出亲子秀。湖南卫视《爸爸去哪儿》、青海卫视《老爸老妈看我的》、陕西卫视《好爸爸坏爸爸》几乎在同一时间开播。

2013 年末，湖南卫视明星亲子旅行生存体验真人秀《爸爸去哪儿》引发亲子话题热。该节目是由文娱界明星爸爸带着各自的小孩，展开两天一夜的亲子之旅。原版模式购自韩国 MBC 电视台的《爸爸！我们去哪儿？》。原版中东方文化下的家庭伦理特质得以保留，另外根据中国独生子女的特殊性强化了亲子教育的元素。《爸爸去哪儿》采用纪录片加情景剧的形式展示代际沟通，孩子们的真情流露成为节目最大的亮点。《爸爸去哪儿》成功之道在于将人性的"真"和娱乐的"秀"做了完美结合。所谓真，是指孩子们的镜头表现及明星亲子关系的展示是真实的。在旅行中遇到的问题、展示的故事与现实生活无限接近，相处点滴让人动容。在十二期节目中，观众真切感受到了父亲与孩子的成长。至于节目成品表现出来的"秀"更多有赖于节目制作团队的功力与耐心。"该节目有 100 多位工作人员、40 余个机位，3 天 2 夜拍摄下来，积累的影片长度有 1000 多小时。"① 后期编辑时细致表现突发事件，将旅行过程完美呈现。

引进日本电视网公司（日本 NTV）《第一次任务》的青海卫视《老爸老妈看我的》则着重展现 3 岁至 5 岁小孩独立完成"第一次任务"的成长经历。陕西卫

---

① 夏丽丽：《负重的电视节目》，载《经济日报》，2013 年 11 月 2 日第 8 版。

视《好爸爸坏爸爸》属于原创真人秀节目，通过父子搭配、子子搭配、父子交换等多种形式，体会父子关系，获得心灵成长。这些节目所取得的关注度让亲子节目打开了国内市场。加之制作成本和研发成本较低，且符合市场主流，发展前景广阔。

结　语

虽然近三年间电视综艺节目模式创新力度增强，但节目模式的同质化现象仍然存在。为节约拍摄成本，吸纳人脉资源，各卫视频道纷纷选择在北上广安营扎寨拍摄。使得节目嘉宾、观众、话题相似度颇高，各省市的地方特色反而缺乏。以音乐类选秀节目为例，有限的音乐类人才资源在短期内被无止境的"开发"与过度包装。商业味过浓，难以产生音乐佳作。门类众多的音乐选秀节目几乎同时推出，很难培养一批专属观众。各卫视都意在打造"巅峰之夜""总决赛盛典"，换取万人空巷的社会效果。但同时期出现同类节目太多，反而稀释了注意力。大排场、大制作、大投入也难以维持影响力。

综艺节目模式创新过分依赖国外节目引进。海外优秀的节目模式只能在短期内丰富电视荧屏，却不能助力中国电视产业长期繁荣。引进的目的是学习和完善自身，只有在引进中提升本土化的创造能力才能促使中国电视产业升级转型。全球化时代，节目模式的引进与输出应该同时进行，这才能达到分享价值理念，传播本土文化的根本目的。

综艺节目模式引进，更多是创意引进。只有创新节目理念才能促进模式发展。2012年《中国好声音》的成功源于尊重音乐本身这一核心理念。如果没有娱乐性与专业性的双重关注，只靠转椅盲听、煽情故事、导师抢人，不足引起社会话题。好的节目创意哪里来？一是需要科学调查研究观众需求。二是需要形成发达的节目创意产业群。在国外，个人工作室为创意点子提供者，模式制作公司负责收集节目创意，加工生产。在中国，综艺节目创意研发才刚刚起步，市场化的产业链尚未完成。

从引进节目，到互惠互动，共融发展是中国电视综艺节目发展的趋势。目前，国内部分频道已经逐渐与国际市场接轨，实现节目模式对外输出与共同开发。如浙江卫视引进《中国梦想秀》，在原模式的基础上不断开拓创新，引得老东家回购。2014年浙江卫视第六季《中国梦想秀》，新设了赵忠祥、周立波、郭敬明"老中青三代梦想大使"概念，进一步创新原有节目模式。江苏卫视《芝麻开门》引自索尼影视的节目模式"Raid the Cage"。不同于以往在国外播出之后才跟进的做法，《芝麻开门》与原版节目"Raid the Cage"在全球范围内同期上线。江苏卫视与以色列阿莫扎公司签署海外模式发行合约，《全能星战》实现中国音乐类节目的对外输出。这些都是综艺节目模式合作的有益尝试。只要善于学习，不迷信海外成功模式，具有中国特色的原创综艺节目自然行销全球。

参考文献：

1. 欧阳宏生. 电视文化学 [M]. 成都：四川大学出版社，2006.

2. 谢耘耕，陈虹. 真人秀节目：理论、形态和创新 [M]. 上海：复旦大学出版社，2007.

［载《西南民族大学学报》（人文社会科学版）2014 年第 2 期］

感性与智性：电视娱乐的文化生产

—— 基于电视娱乐理论和实践的分析

近年来，《中国汉字听写大会》《汉字英雄》《中国谜语大会》《中国成语大会》等节目异军突起，掀起收视热潮，引发各界热议和思考。《中国汉字听写大会》等具有鲜明智性特征的节目热播，是近十年来各类歌舞才艺秀等感官性娱乐一统天下的中国电视娱乐的一大转向。[①] 它回应着广大受众对感官娱乐的"审美疲劳"，体现出受众对电视节目智性之维和文化内涵的渴盼，昭示着电视娱乐未来发展的一种可能方向，并引人思考：电视娱乐节目在感官娱乐之外，是否可以拥有智性之维？感性与智性，这一对在哲学中矛盾统一的基本范畴[②]，在电视娱乐节目中呈现怎样一种关系？在本文中，笔者将从《中国汉字听写大会》等节目入手，立足对电视娱乐生产史与当代实践的剖析，对感性娱乐与智性娱乐的内涵及二者之间的关系作深入辨析，力图对上述问题做出解答，并尝试对中国电视娱乐生产的未来发展做前瞻性探讨。

一、智性"归来"：从《中国汉字听写大会》等节目说起

2013 年首届《中国汉字听写大会》总决赛全国收视率超越《中国好声音》位列第一，取得了收视率与社会效益的双赢。《汉字英雄》《中国谜语大会》《中国成语大会》等节目也受到社会广泛欢迎。人们评价《中国汉字听写大会》等节目令人"眼前一亮"，"犹如一股清新之风"，这与节目清晰的智性特征密切相关：与时下流行的各类歌舞才艺秀诉诸人的感官刺激、致力于打造喧嚣华丽的感官盛宴不同，上述节目围绕汉字、灯谜、成语等抽象概括的语言符号系统展开，重在打造对我们母语掌握程度的竞赛之"乐"以及了解这一语言结构规则、历史社会

---

① 《中国汉字听写大会》等节目兼具娱乐游戏与教育教化的效果和功能，一方面它们具有很强的知识教化性；另一方面它们组合多种娱乐元素，在大众的互动中形成浓厚的娱乐氛围，具备电视娱乐游戏的基本特点。尽管节目制作方认为这些节目是"电视文化类节目"，然而在节目形态大融合的当下，窄化地定义节目类型不一定利于电视研究的深入开展，有鉴于此，笔者认为，将这一兼具娱乐和教化双重功能，且拥有娱乐节目形态的节目归于电视娱乐类节目是适宜的。

② "感性"和"智性"矛盾范畴，在哲学中更通常地被表述为"感性"和"理性"。由于"理性"概念的外延非常广泛，其具体含义高度依赖于特定文本语境，而在本文涉及的领域中采用"智性"这一称谓有利于避免引起理解的歧义，因此在本文中笔者选择使用"智性"这一表述与"感性"相对应。

210

意涵、价值观念的智性之"乐"。在近十年来中国电视娱乐中感性智性关系失衡、感性泛滥而智性失声的背景下，上述节目呈现出娱乐节目生产朝向智性娱乐的可贵的觉醒和回归。

（一）感性的泛滥与智性的失声

大概没有人会否定，近年来中国电视娱乐节目从总体上看更似一场感观的"狂欢"和"奇观"化盛宴。这有着深刻的内在原因：形象或图像正在取代语言成为当代文化的"主因"，而"电视声画同步的特点，能够将信息以一种较为浅显和形象化的方式传递给受众，这种传真性的信息可以更大程度地调动起受众的感官参与……因此电视文化在某种意义上讲是一种官能文化，以最直接、最感性的方式给人们带来愉悦"[1]。因此，定位于消遣和快乐的电视娱乐节目极其注重运用感官策略来获得快感，这集中表现在两个方面：

一是在电视娱乐节目各类型中，诉诸感官刺激的各类"秀"占据最大优势。仅 2013 年，各上星频道就播出了近 20 档选秀类综艺节目，各类歌舞选秀类综艺节目几乎成为卫视频道的栏目"标配"。从独占 2012 年综艺鳌头的《中国好声音》第二季，东方卫视的《中国梦之声》《舞林争霸》《妈妈咪呀》，湖南卫视的《中国最强音》《我是歌手》《奇舞飞扬》《女人如歌》，到北京卫视《最美和声》、湖北卫视《我的中国星》、安徽卫视《我为歌狂》，再到央视的《舞出我人生》《中国好歌曲》，都仍然在歌舞才艺这片红海中奋力厮杀。[2]

二是感官的"奇观化"策略成为当代电视娱乐生产的"必杀技"。各档节目纷纷投以巨资，《中国好声音》制作成本达 8000 万，湖南卫视《我是歌手》第一季就投入 8000 万。从栏目包装、舞美音响、镜头组接到人物造型，制作者无不极力追求感官刺激的最大化，尽力营造最佳的视听效果，现场场面之浩大震撼、舞美布景之精美绝伦、身体叙事之美艳热辣、"故事"情节之跌宕起伏，使各家电视台轮番上演具有强烈感官冲击的"史诗性大片"，成就一场又一场感官的饕餮"奇观"。

美国学者费斯克曾分析当代文化中的"奇观"现象："奇观夸大了因观看而带来的快感。它对那些可见之物夸大其词，吹捧凸显那些浮面的表象，并拒绝意义或深度。当对象是一个纯粹的奇观时，它只对生理感觉（即观众的身体）有作用……它对过度的物质性所做的强调，凸显了身体本身（不是有关其他事物的能指，而是身体本身的在场）。"[3] 可以说，伴随着奇观策略的愈演愈烈，感性在当代电视娱乐中已经压倒智性而占据主要地位，智性之维成为隐抑、失声的"亚文

① 欧阳宏生，等：《电视文化学》，四川大学出版社，2006 年版，第 135 页。
② 欧阳宏生、舒三友：《论电视综艺节目模式创新》，载《西南民族大学学报》，2014 年第 2 期
③ ［美］约翰·费斯克：《理解大众文化》，王晓珏、宋伟杰，译，中央编译出版社，2001 年版，第 102 页。

化"。即使在为数不多的各个益智类节目中,也大多以难度较低的知识竞猜为主,重在娱乐性趣味性,智性含量浅尝辄止,对我们所处时代文化建设的理性担当更是暂付阙如。

(二)智性娱乐的复兴

在感性压倒智性的当下,诉诸智性娱乐的《中国汉字听写大会》等系列节目有着特别的意义,具有明显的智性特征。

第一,节目围绕理性思维的结晶和载体展开。节目不是一个秀场,受众收看节目的快乐并不来自感官的刺激,而是来自抽象概括的严密的音形义符号系统——语言。我们知道,文字等语言单元,是人类抽象思维发展的成果,也是概念和逻辑的载体;而汉字等中国语言单元,更是建筑中国人理性大厦的基本单元,还是中华文化恒久传承的密码。上述汉字、灯谜、成语节目从喧嚣华丽的感官盛宴中抽离,静下心来反身检视并温习中国人的语言体系,使自身产生与感官类娱乐判然有别的智性特征。

不仅与感官娱乐秀不同,《中国汉字听写大会》等节目也与传统益智类节目有较大的差别:后者是对日趋简单的各类常识的趣味竞猜,仅仅培养"知道分子","知识"或"规范"为娱乐而生,拿来游戏娱乐而已不一定要"真信真用";而在《中国汉字听写大会》等节目中,"知识"、理性体系的"规范"相对娱乐具有独立的位置,是被倡导"真学真用"的——节目不止步于传播关于汉语的知识,还重在传播汉字、灯谜、成语等汉语单元的组成规则、运转规范,阐释其背后生成构造的规律和种种语言现象凝结的社会生活内容、历史掌故和价值观念,倡导在当代日常生活中真正广泛使用和笃行,是"知行合一"的。此外,语言学家、文化学者等专家、权威在电视娱乐中终于真正"在场",通过对比赛的评判和阐释展现其知识精英的权力,而此前中国观众更熟悉的是专家权威在电视娱乐中被长久地消费、无差别地与大众"狂欢""共舞"。

因此,从总体上看,《中国汉字听写大会》等节目从感官红海中突围,体现了电视娱乐节目久违的对于理性思维、文化传统,以及对于权威、秩序、规范的尊重。这使得上述节目富有理性的高度、空间的广度、时间的厚度,而这些特征在当代电视娱乐中长期处于匮乏状态。

第二,《中国汉字听写大会》等系列节目体现了电视工作者的自觉理性。《中国汉字听写大会》《汉字英雄》直面键盘时代中国人提笔忘字、汉字手写趋于灭亡的重大问题,以媒介人的理性和责任力挽狂澜,通过汉字王国的游戏与竞赛,引导国人静下心来研习汉字,开创了文化娱乐节目的先河。而接下来的《中国谜语大会》《中国成语大会》等,继续检视中国人语言应用中的危机,发掘汉语中蕴藏的智慧,致力于推动灯谜文化、成语文化进入主流大众视野并获得全民共识。

上述节目的电视工作者充分发挥主动性,自觉扛起媒体人肩上使命、推动中国文化传承创新。各节目从策划设计到制作，再到宣传推广，处处渗透着耐得寂寞、潜心打造全民关心的精品文化节目的决心和积极主动的作为。正是这些主动作为，成就了上述节目广泛的社会影响，也展现出生产者清醒的文化理性和高远的文化抱负。

围绕抽象的概念符号系统而展开、由电视工作者自觉的文化理性所推动，上述二者把具有浓郁智性特征的系列电视娱乐节目带给大众，体现出当代中国娱乐节目生产从膨胀的感官娱乐向被长期隐抑的智性娱乐的回归，对于中国电视娱乐的健康发展意义深远，其中蕴含的丰富意义值得理论工作者深入思考。

二、感性/智性：电视娱乐的本质属性

感性和智性（理性）是哲学的一对基本范畴，是人类认识世界、改造世界的基本凭借。深入分析《中国汉字听写大会》等智性节目，我们不得不回到哲学上对感性和智性展开探讨，并以此为基础，结合对电视娱乐生产史的考察，思考电视娱乐生产中智性与感性的基本关系，进而对电视娱乐的本质属性有更深入的体悟。

（一）感性与智性的内涵

作为哲学上的一对基本范畴，感性/智性（理性）在人类的知识文化体系中具有极其重要的地位。有学者指出："感性与理性既是哲学的一对重要范畴，又是构成世界历史的经纬线……纵观人类文明史，世界历史的发展无非是体现于感性与理性内在系统结构的辩证的矛盾运动。"[1]

作为集大成的哲学学者，马克思曾极其深刻地探讨过感性、理性范畴，在《1844年经济学哲学手稿》中，他从活动（实践）维度全面阐释了感性存在的价值与意义。他对感性的理解超越感性知觉或感性直观，认为"感觉"与"思维"一样是确证人的本质力量的本体存在，感性作为人的感性活动或实践的表征与呈现，是人的生命活动的重要构成部分："人不仅通过思维，而且以全部感觉在对象世界中肯定自己。只是由于人的本质的丰富性，主体的、人的感性的丰富性，如有音乐感的耳朵，能感受形式美的眼睛，总之，那些能成为人的享受的感觉，即确证自己是人的本质力量的感觉，才一部分发展起来，一部分产生出来。"[2]

因此，"感性/智性（理性）"这对范畴所对应的是人的全部天赋精神能力和能动的生命实践。对这样一对内涵深刻的基本范畴作界定是具有相当难度的，笔者在本文中仅对之进行操作性的简约解释。在本文中，笔者所说的"感性/智性"对应主体的精神/心理的机能及其活动的不同侧面；从"活动"的维度看，感性从当下个体的真实感觉和情感体验出发，对应具体形象的感观活动（以感觉、知

---

① 齐鹏：《人的感性解放和精神发展》，载《哲学研究》，2004年第4期。
② ［德］马克思：《1844年经济学哲学手稿》，人民出版社，1985年版，第82页。

觉、表象为基本形式）；智性从抽象的思维和理念出发，对应概括抽象的思维活动（以概念、判断、推理为基本形式）。

（二）感性与理性的关系

电视娱乐生产中，感性与智性二者之间究竟是怎样一种关系？我们需要首先回到感性与智性的关系这一基本命题。

感性与智性的关系，在人的精神史上常常折射出人的生存状况和自由程度。在历史上，有理性高于感性的时期，过分强调理性、忽视感性的作用；也有感性独大、泛滥无序的时期。事实上，感性与理性是一个整合的关系，感性既是理性形成的基础，又对理性的高级形态有纠偏作用。马克思关于具体与抽象关系的思想非常深刻地论述了在感性的具体中得到纠正和发展的"具体的抽象"是抽象（理性思维）的更高级阶段，即人类获得真知不仅要"从具体上升到抽象"，更有赖于"从抽象上升到具体"，深刻论述了具体与抽象、感性与智性的相互依赖、相互转化。因此二者既无高低之别，也无法彼此独立、相互割裂。作为主体的两种不同性质的机能和活动，其关系是彼此依存、辩证统一的。

从人性的完整性和生存的本真性出发，感性与智性之于人，天生是一块硬币的两面，无法割裂。一个很好的例子是，对于以感性形象为基本手段的艺术与以抽象思维为基本手段的科学，二者是奇妙的相互融合的。"艺术是人类认识世界的一种智性方式……诚如 20 世纪的英国博物家赫胥黎所说，科学和艺术是人类探索自然正反两面所得到的两枚奖牌；艺术以感情来表达自然的一方面的永恒秩序，而科学则以观念的形式来表达自然的另一方面的永恒秩序……艺术必须以知识为基础，以理性为依托。"[①] 首位诺贝尔化学奖得主雅各布斯·范托夫断言：世上所有杰出的科学家几乎都是艺术家。例子比比皆是：哥白尼擅长绘画；爱因斯坦善拉小提琴；摩尔斯电码的发明者摩尔斯是一名职业画家；地质学家李四光是我国第一首小提琴曲的作者；文艺复兴巨匠达芬奇不仅是画家，还是杰出的雕刻家、建筑师、军事设计师、水道营造家，世界上第一个制造飞行器的人。在文学理论领域，不同时代的人们长久地讨论着感性与智性的密切关系，英国诗人艾略特指责玄学派诗歌之后英国诗歌走向"知性与感性的脱节"，而事实上中国文学理论提出的"文以载道"与"诗缘情"，在世界文学的整体视域里都可以印证感性与智性的不可分离性。

在理性主义色彩浓厚的儒家那里，艺术与理性水乳交融，感性与智性的和谐发展是达成完整人性、完善人格的根本途径。孔子著名的观点"君子兴于诗，立于礼，成于乐"，把音乐教育作为培育儒家理想人格的最重要环节之一。荀子在《乐论》中长篇论述了"乐"这一感性形式内含和谐、秩序、正义等社会理想以

① 曹意强：《视觉艺术与智性模式——对艺术中的一些公认理论的反思》，载《新美术》，2002 年第 2 期。

及中正和平等的理想人格："（乐）使其曲直、繁省、廉肉、节奏，足以感动人之善心，使夫邪污之气无由得接焉。……故乐者，天下之大齐也，中和之纪也。"

感性与智性的相互依存、相生相长、不可割裂，决定了在电视娱乐生产中，智性之维与感性之维一样，是电视娱乐的本质属性。许多学者认识到，娱乐游戏帮助人们打通感性与理性的疏离，使感性冲动与理性意识进入一种融合与和谐。正是这种主体精神上的和谐感和完整感，体现出人的生命活动充分展开的一种自由感和创造感。综上所述，娱乐并不是先天地与感性所单向联系，电视娱乐也并不先天地仅与感官娱乐相联系，在电视娱乐生产中，感性与智性更应该水乳交融、和谐共生、相互整合。

回溯电视娱乐节目生产的现状和历史，我们也能明确地洞察到这一点。电视娱乐"乐"从何来？源自感性与智性的统一，即"好看"的感性形式承载着理性的认识论内容和道德的价值。真正有生命力的娱乐节目绝不是仅以其"好看"的感性形式就一时风靡，还因为它们生动真实地反映了当下中国人的日常生活和情感精神，回应了时代值得思索的问题，具有提升时代"本质力量"的成分和深刻的理性内容，如此方能赢得观众的芳心。例如，开游戏娱乐风气之先的《快乐大本营》"带着观众一起玩"，跳出了当时电视文艺仅仅满足观众审美愉悦的单一模式，肯定了观众除了审美需求之外获得娱乐消遣和参与快感的需求的合理性；而《超级女声》系列节目启动中国近年的选秀浪潮，其生命力来自于让普通人成为"秀场"展示和被膜拜的主角、决定比赛结果的裁判，极大地张扬了个体的价值和平民的梦想；《非诚勿扰》激发的价值观大讨论，鲜活地展示了中国当代社会价值观多元化的真实情状，"生活之真"再次向荧屏上占据统治地位的"艺术之美"哲学发起有意义的挑战；而《爸爸去哪儿》则立足当代中国社会"父亲"角色的缺位，呼唤中国父亲在教育中的回归……上述种种，都蕴藏着社会的历史的合理性，是时代精神的某种折射，是"乔装后的真理"在叩门。

将目光从当代跳转，放眼电视娱乐生产的历史长河，我们能够更深入地洞见感性、智性之维作为电视娱乐本质属性的相互依存和辩证统一。尽管在历史的某些片段中某一种属性可能处于隐抑和失声的状态，但绝不会断绝：作为对于人的完整和自由来说不可割裂的对立统一的整合体，某一属性总是会在下一个阶段以回归或补偿的形式，向自己的对立面转化。中国电视娱乐生产在 20 世纪 90 年代初的诞生，本就源于"感性的苏醒"，是对此前感性"灭绝"、智性异化发展的"归来"和不断冲破；时至今日中国电视娱乐的发展，是感性不断发展乃至畸形膨胀、感官化的历程，却也是智性之脉时隐时现，却绵延不绝的历程。例如，智性之维在 20 世纪 90 年代初《正大综艺》时期风靡全国，随着节目模式的定型化走向衰落后，又在 2000 年初在游戏类节目疲软之际，以《开心辞典》等节目延续了益智类节目诞生之初的风光；即使在感官秀压倒一切的当代，各类娱乐节目也间或闪烁智性的亮光。例如《非你莫属》《赢在中国》等种种职场类创业类真人秀、《最强大脑》等科学实验和创意秀、《超级演说家》等演讲秀、《非常了得》等身份竞猜秀以及《变形记》等身份互换真人秀,都对电视节目的智性生产做出了富有意义的探索。

因此,历史的考察表明,《中国汉字听写大会》等智性节目的"归来",绝不是偶然的事件。一方面,这是电视工作者敢于担当媒体文化责任的主动选择;另一方面,也是中国电视娱乐生产的逻辑和历史的必然。

(三) 感性与智性的割裂

既然感性与智性之间是相互依存、辩证统合、"一枚硬币的两面"的关系,片面强调智性或是感性,都会带来许多恶果,导致主体丰富性和创造力的衰退,导致"单向度的社会、单向度的人",是对人的全面自由发展的伤害。而这在电视娱乐生产乃至多个领域的文化生产上已有非常多的例证。我们不妨分头深入考察二者割裂的恶果。

首先,片面发展感性会导致什么结果?尼尔·波兹曼在《娱乐至死》中回答:"奥威尔害怕的是我们的文化成为受制文化,赫胥黎担心的是我们的文化成为充满感官刺激、欲望和无规则游戏的庸俗文化。"[1] 事实上,美国电视"娱乐至死"的状况正是源自感性之维的片面畸形发展。波兹曼指出,美国电视生产的统治性话语是视觉形象而非文字语言,"这一时代的语言是图像和瞬息性,以趣味代替复杂而连贯的思想",它抛弃了印刷文化的话语,而后者以逻辑、理性和秩序为特点,"推崇客观和理性的思维,同时鼓励严肃、有序和具有逻辑性的公众话语",有着"对于自相矛盾的憎恶,超常的冷静和客观以及等待受众反应的耐心"。受制于图像和瞬息性的电视生产以"看"取代"读",助长语无伦次和无聊琐碎,仅仅需要"有魅力的形象"。[2] 其结果是灾难性的:"如果严肃的公众对话变成了幼稚的婴儿语言……如果人民蜕化为被动的受众,而一切公共事务形同杂要,那么这个民族就会发现自己危在旦夕,文化灭亡的命运就在劫难逃。"[3]

上述图景并不只发生在美国电视界。事实上,近年来中国电视娱乐饱受诟病,从学术界到社会各界批判之声不绝于耳。电视娱乐的问题"首先表现在娱乐边界过度泛滥,娱乐一切,一切皆娱乐,使得观众理性精神消解;其次表现在低俗化,过于强调身体感官快感,忽视精神美感……人们整日沉浸在毫无意义的娱乐之中,使得人的主体精神和理性精神消解退化。"[4] 电视娱乐成为感官和身体

---

① [美] 尼尔·波兹曼:《娱乐至死》,章艳,译,广西师范大学出版社,2004 年版,第 2 页、136 页、202 页。

② [美] 尼尔·波兹曼:《娱乐至死》,章艳,译,广西师范大学出版社,2004 年版,第 2 页、136 页、202 页。

③ [美] 尼尔·波兹曼:《娱乐至死》,章艳,译,广西师范大学出版社,2004 年版,第 2 页、136 页、202 页。

④ 欧阳宏生、徐明卿、李城:《论电视传播中人文精神的重塑》,载《电视研究》,2012 年第 5 期。

的无休止狂欢，它抛弃传统、逃避深刻、消解价值、驱逐意义，充满浓郁的消费主义、物质主义、享乐主义和虚无主义色彩，"本应承担的弘扬主旋律、提倡多样化、传播民族精神的文化职能……受到日益严峻的挑战和考验"①。如此种种，正是当代电视娱乐片面发展感性、智性之维缺失的恶果。

与片面发展感性相同，片面发展智性、抑制感性也会导致严重的恶果。对此，文化史上有着非常深入的集体反思，认为这将导致"理性的暴政"（席勒语），从而形成另一方面的"单向度的社会、单向度的人"（马尔库塞语）。现代性的重要任务之一正是批判这一暴政，并且"为感性正名"，恢复感性的生存论和价值论地位，夺取超感性过去所占据的本体论位置。因此，"自马克思以降，致力于人的感性的复苏，构建解放感觉的美学，是包括尼采、弗洛伊德、梅洛-庞蒂、马尔库塞、福柯、德勒兹、苏珊·桑塔格、伊格尔顿、舒斯特曼等在内的美学探究的核心工作。"②

在电视生产中，智性压倒感性促使电视节目错失广泛的观众基础，也在事实上最终导致电视娱乐远离智性之维。可以说，近年来中国电视娱乐的"愚乐"化、文化含量低，一定程度上也是由于智性生产创新乏力、智性脱离感性片面发展所致。近年来，中国电视荧屏上不乏真正有文化内涵的节目，但这些节目不同程度地存在忽视观众主体的问题，缺乏互动性和观众参与性，同时在节目形式上老套陈旧、缺乏时代感，环节设置上缺乏叙述学的节奏、冲突、张力，节目概念化、"不好看"、难以扣人心弦。更重要的是，这些节目往往缺乏有意识的产业化的营销推广。上述原因最终导致一些优秀的电视文化节目空有政府和学界的好口碑，但在电视屏幕上却处于边缘化位置，进不了主流频道和黄金时段，收视率不佳。突出的例子就是《读书时间》节目被央视末位淘汰，而全国各家电视台的读书节目也纷纷淡出荧屏。

上述现象正是智性生产应当警惕和避免的，而《中国汉字听写大会》等节目的成功，也正在于这些节目有意识地在上述方面的弥补和提升。《中国汉字听写大会》《中国成语大会》总导演关正文清醒地意识到文化传播必须接受大众传播效果的挑战："（节目）面临的最大困难，就是如何将继承传统的责任担当转化为大众喜闻乐见的传播效果……与此同时，难度还体现在互动通道的搭建……这两档文化节目在节目设计上，都普遍面临着如何让场上选手同电视机前的观众有效互动，增强节目趣味和参与度的难题。"③ 这些节目在叩动观众感性之弦上的探索是颇费心机的，突出特点是吸纳真人秀手法和互动手段节目纷纷借鉴综艺游戏

---

① 欧阳宏生：《电视传播核心价值论》，北京大学出版社，2010年版，第156页。

② 李西建：《作为社会感性表征的审美文化——全球化时代的文化转向》，载《人文杂志》，2014年第2期。

③ 赵婀娜：《汉字听写大会总导演关正文：做电视节目需要文化担当》，人民网2014年6月5日，http://culture.people.cn/n/2014/0605/c87423-25105783.html。

节目的比赛闯关形式，使节目富有紧张和刺激感，此外在吸引观众关注方面也各有招数：或回应时代新潮精选话题选手，或拍摄短片充分展示选手个性魅力，多机位、多景别，及时插播选手以及所有比赛相关人的情绪反应、心路历程等，使智性节目成为一场场扣人心弦、精彩叠现、富有悬念和张力的真人秀。

以上从理论到电视娱乐生产实践的分析，帮助我们进一步认识到感性、智性之维对于电视娱乐生产的不可或缺和辩证统一性。正如有人指出的，感性、智性"二者的建构、整合和内在适度的张力，是人的生命精神、智性、人文精神的基础，是人全面发展的基础"①。从建设完整而非"单向度"的人出发，从人的全面自由发展出发，健康的电视娱乐生产应当努力平衡智性与感性之间的关系，追求二者的辩证统一，使二者保持一种"富有张力的和谐"。

三、从自在到自为：中国电视娱乐的文化生产

上面的论述中，我们剖析了电视娱乐的本质属性，明确了感性、智性对于电视娱乐生产的辩证一体性。但在现实中，二者的辩证发展并不是一帆风顺的，上文中笔者已经论述了二者割裂、片面发展的电视实践。然而近年来，电视生产场域的自主性日益觉醒，推动电视娱乐生产从无序发展的"自在"状态不断朝向更为自觉能动的"自为"状态迈进，这正是电视娱乐智性之维"归来"与复兴的内在原因。同时，电视生产场域的自主性，也是我们展望和洞见中国电视娱乐生产未来发展的一把钥匙。

布尔迪厄的场域理论可以帮助我们理解这一过程。布氏提出，场域具有二重属性：他律性与相对自主性。他律性指一切场域生产（无论是经济场、政治场或是科学、艺术、宗教、文学、新闻、电视等文化生产场）都是权力场域中的生产，背后种种支配性力量及其相互作用的权力布局支配着整个场域的生产；一切权利场域终极的支配性力量是两个：政治权力极、经济权利极。而相对自主性指场域具有"不可化约成支配其他场域运作的那些逻辑和必然性"，这是保持场域运行的相对独立性的源泉。②

运用场域分析不难推知：尽管电视娱乐生产隶属于文化生产场，但如果电视娱乐场自身的自主与能动性不强，他律性就会占上风，电视娱乐生产就会更多地受经济权力极宰制，而无法体现出文化生产的独立性。这正是我们在当代中国电视娱乐的现状中看到的：生存的竞争压倒一切，收视率成为指挥棒，电视娱乐生产受制于电视媒介"亲感官化"技术特征这一地心引力似的"客观自然律"，中国电视文化丧失理性，进而趋向"充满感官刺激、欲望和无规则游戏的庸俗文

---

① 齐鹏：《人的感性解放和精神发展》，载《哲学研究》，2004 年第 4 期。
② 参见［法］罗德尼·本森：《比较语境中的场域理论：媒介研究的新范式》，载《新闻与传播研究》，2003 年第 1 期。

化"。这正是被自然律所驱使、看不到主体的理性与创造性的"自在"状态。

然而，正如飞机等飞行器的发明证明人类可以超越万有引力这一客观自然律，电视娱乐生产场域也可以从"自在"迈进到"自为"，超越自身受经济权力极宰制的"自然律"，展现出更大的自主性，成为更独立更具创造性的文化生产者。"它不仅要满足人们宣泄、松弛、好奇的娱乐性需要，也要满足人们认识世界、参与世界、变革现实的创造性需要。"① 反观中国电视娱乐生产的发展脉络，正体现了这一趋势。我们可以看到，近年来电视娱乐场域的自觉能动性或者说对自身文化责任更自觉承担的"文化理性"，在整体上的凸显。2010 年起，广电总局频出"整改令""限娱令"，重拳推出《关于进一步加强电视上星综合频道节目管理的意见》等文件，持续加强电视娱乐生产管理，要求防止过度娱乐化和低俗倾向，满足广大观众多样化多层次高品位的收视需求，使此前主要靠市场自发手段来配置电视娱乐资源的局面得到逐步扭转。近年来，伴随着感官化娱乐节目的整改，娱乐节目的智性之维也逐步得到拓展，种种职场类创业类真人秀、科学实验和创意秀、演讲秀、身份竞猜秀与身份互换真人秀，都对电视节目的智性生产做出了颇富意义的尝试。而《中国汉字听写大会》等系列智性突出的节目正是从管理者到节目制作方、再到播出平台等各个环节，文化理性全面觉醒的结果。未来要推动电视娱乐的感性/智性平衡发展，根本的策略还是要进一步保护并扩大这一文化理性，"以主流文化、高雅文化的多重营养来丰富电视娱乐的文化内涵，提升电视娱乐的文化品格，坚守传媒文化应承担的社会责任"②。

从自在到自为，这正是中国电视娱乐感性/智性二维在困局中前进、在片面发展中拓展自身的辩证历程。在文化大繁荣的国家政策推动和电视管理强化的大背景下，可以预期：布尔迪厄所说的电视娱乐生产隶属于文化生产场的独立自主性将得到提升，而电视娱乐的感性、智性之维也将因此渐趋平衡共进，进一步走向"富有张力的和谐"，因而摒弃"单向度的社会、单向度的人"，为促进人的全面自由、更富创造力的发展构建更适宜的文化环境。

（载《现代传播》2014 年第 10 期）

---

① 欧阳宏生：《认知与认同：中国电视的文化身份》，载《国际新闻界》，2007 年第 6 期。
② 欧阳宏生：《电视传播核心价值论》，北京大学出版社，2010 年版，第 170 页。

中国纪录片：全球视野与民族审美的多元

纪录片在经历一段时间的沉寂以后，在 21 世纪第二个十年开始复苏。在五年的时间内，中国纪录片创作数量大幅度增加，传播平台增多，拍摄质量不断提高，取得了突破性发展。由于国家新闻出版广电总局关于纪录片创作、播出、平台建设等一系列政策的调整，纪录片市场在不断拓展，传播力大大增强，影响力在不断扩大，呈现出前所未有的发展态势。国家重视，政府支持，媒体联动。一批纪录片创作的执着者，满怀对中国纪录事业的热爱，以孜孜以求的探索精神，投身到纪录片创作中。他们敬畏生活，热爱生活，为当下留下了许多原汁原味的时代图景，出现了一批批思想精深、艺术精湛、受众喜欢的感人至深的优秀纪录片作品。2014 年中国纪录片创作，秉承讲好中国故事的叙事精神，在内容选择和表现形式上呈现出更加多元化多样化特点，涌现出一批感人至深的优秀的纪录片作品。在创作理念、题材选择、语言审美等方面不断拓展国际化多样视角，使具有民族特色的本土纪录片作品能够更好地走出国门，实现国际范围内的有力传播。①②

主旋律题材纪录片：弘扬中国梦，凸显文化自觉

2014 年中国纪录片在创作上承续了往年以意识形态为主导的主题类型，涌现了一批以积极弘扬中国梦为主要表现内容的艺术精品。纪录片作品显现出更多的民族意识和文化自觉，创作者在对于时代主题的把握和表现上更为清晰和精准；在对现实题材作品的处理上深度挖掘，贴近观众心理，通过对现实百态全方位的记录展现当下普通人的精神状态和当代风貌。

（一）以重大历史事件和人物为文本彰显时代主题

在我国，纪录片除了具有本身的纪实属性、商业属性外，还肩负着重要的社会教育功能。党的十八次全国代表大会召开，提出了一系列新的指导思想和执政

---

① 欧阳宏生：《21 世纪中国电视文化建构》，四川大学出版社，2011 年版。
② 张同道、胡智锋，等：《2013 年中国纪录片研究报告》，载《现代传播（中国传媒大学学报）》，2014 年第 4 期。

220

理念，我国相应出现了一批展示时代主题、体现国家综合实力、传承中华优秀传统文化的纪录片精品力作。为纪念毛泽东、周恩来、朱德三位伟人逝世 37 周年，中央新闻纪录电影制片厂出品了时长 169 分钟的大型文献纪录电影《战友》，通过有机的叙事手段，紧紧围绕三位伟人成长过程和成才背景，展现老一辈革命工作者艰苦卓绝的拼搏与奋斗精神。旨在表现一代伟人崇高的精神风范和独特人格魅力的《毛泽东的科学预见》《邓小平遗物故事》以开阔的视野、新颖的叙事手法真实刻画出立体的伟人形象，通过平实动人的故事或者预设悬念的方式吸引受众，避免了刻板无聊的说教。另外，着力展现中国梦，描绘宏阔时代主题的纪录片为今年纪录片创作成果贡献了主要力量，五集理论文献片《百年潮·中国梦》从百年追梦、中国道路、中国精神、中国力量、筑梦天下等层面对"中国梦"进行了系统全面的阐释论述，以故事化的细节表达，赢得了广泛关注和普遍赞誉。在丰富纪录片表现形式，实现纪录片多元化表达上，理论文献片也做出了有力探索，由中央电视台综合频道播出的《中国梦·中国路》，恰当运用典型的实例，以多样的影像技术生动阐释了"中国梦"这一战略构想的现实意义，具有强大的号召力和感染力。此外，《放飞中国梦》《中国，我们的故事》《追梦中国人》《国魂》等纪录片牢牢把握"中国梦"这一时代主题，显现出当代创作者在题材选择上不约而同的文化自觉以及对于时代的致敬，通过多元的表现手法，引领大众思潮，实现了最佳的传播效果。

（二）以当代社会现实为主要内容展现时代变迁

现实题材作品突出表现在新闻纪录片、现实人物传记片和军旅纪录片三个方面。新闻纪录片多以电视新闻的形式呈现，在电视栏目中，纪录片随同新闻一起播出，通过追踪重大事件或者热点新闻，满足观众的心理需求。由央视为两会特别策划的专题纪录片《习近平的一年：时间都去哪儿了》讲述了国家主席习近平一年以来的时间规划和工作安排。以纪录片形式播出的《一桥飞架中欧》作为习近平主席访问欧洲的特别报道，加强了与现实生活的贴合性，激发了观众的兴趣和思考。现实人物传记片多数通过记录普通人寻梦、追梦、圆梦的过程，展现时代变迁过程中个人命运的跌宕起伏，凸显时代力量。《我的太阳我的期盼》《追梦无悔　跑出我人生》《李智的梦》等纪录片细致描绘了社会各个阶层的生活境况，以小人物的坚持和不懈努力为出发点彰显中华民族的优秀品格和良好的精神风貌，因其在题材上很好地贴近了日常生活，也容易引发观众强烈的情感共鸣，达到良好的传播效果。军旅纪录片通过捕捉特殊群体鲜为人知的故事，以细腻感人故事打动人心。系列电视纪录片《军工记忆》以国防科技前沿的"军工人"可歌可泣的感人事迹为主要表现内容，充分展示了研制者的内心世界和人文情怀，具有较高的艺术价值和观赏性，获得了观众的肯定和好评。这些作品以现实生活为题材，高扬社会主旋律，很好地表现了当代中国的现实图景。其作品的现实性、典型性、艺术性特点突出，得到了受众的好评。

民族文化题材纪录片：中国故事，国际表达

近年来，民族历史文化的纪录片作品在内容表现上更加注重对民族符号的深度挖掘，展现出更多的现实观照和人文情怀。这些作品通过视觉化的包装和商业化的操作手段，抓住文化共识，利用国际化的平台推销具有民族特色的文化产品，在全球范围内，增强了本土文化的竞争力和影响力。

（一）庄严宏大为主的纪录风格，丰富多样的包装形式

由中央电视台纪录频道和安徽广播电视台历时两年艰苦摄制和精心打磨的六集高清纪录片《大黄山》以更加新颖独特的视角和恢弘大气的风格记录了黄山的自然美景和人文景观，淋漓尽致地展现了黄山文化的魅力，打造出黄山的新品牌形象。在此之前，将黄山作为主要表现题材的纪录片不在少数，为完美展现全新的黄山形象，央视纪录频道特别调集了国内外纪录片界高水平的专业制作团队参与此次的拍摄，并且还邀请到国际著名航拍团队加盟，在国内首次使用六轴电磁调整系统航拍陀螺仪，增强了纪录片的视觉冲击力，满足了观众更高的视觉要求，拓展了纪录片的创作空间。系统讲述楚国八百年波澜壮阔历史的大型高清纪录片《楚国八百年》，以文物解读历史，大气磅礴，实现了对历史文化的多元创造。表现岭南自然风景和民族风情的《老佛山·新天地》运用国际纪录片的叙事风格和高品质的视听语言，系统展现时代变迁下岭南的过去、现在与未来，以国际化水准拍摄本土风貌，增强了纪录片的客观性和认受性。《京剧·八答仓》讲述了大连京剧院演员们排练和演出的过程，表现了当代艺术家对于保护中国传统文化所做的坚守和努力，细腻动人的情节加之辉煌的声像感染，增强了观众的民族自信心和自豪感。总体来看，2014年民族历史文化题材纪录片以小切口展现大题材，注重内容和形式的包装，宏大的纪录风格中流露出丰厚的历史文化底蕴和人文关怀。

（二）平台搭建推精品，艺术价值与市场价值并驱

今年纪录片较往年更加注重与市场的对接，为使纪录片更好走向市场，2013年由央视纪录频道牵头成立了中国纪录片播出联盟，有近100家省、市电视台和制作公司参加，通过联合摄制、委托制作，国际联合摄制的制作合作模式搭建了良好的纪录片交流平台，完善了纪录片自身的产业机制和经营。多数地方频道借助央视的平台，将自身优势发挥到最大，打造出许多富有频道特色的纪录片，在展现纪录片艺术价值的同时也实现了其市场价值。例如《大黄山》的播出带火了黄山的旅游事业和文化产业，让黄山景区的游客接待率同比增长33%，为当地带来不小的收益。由江苏卫视打造、凤凰视频独播，献礼建国65周年的大型纪录片《你所不知道的中国》将镜头对准祖国的大好河山，通过"台网联播"的全

媒体营销，利用网络平台，实现了传播效果的最大化，开拓了各地的旅游市场。电视文献纪录片《延安延安》在获得不错收视后，同时也推出了同名图书的扩容版，全面开发衍生品，使纪录片的市场价值得以增大。除了借助国内一流平台提升纪录片质量，推动海外平台的搭建也是今年纪录片发展的重要内容，反映中华文明与世界文化交流的《茶叶之路》《瓷路》利用本土化的素材，在国际范围内有效传播了中国声音，增强了我国在国际上的话语权。

国际化题材纪录片：打造纪录片品牌，提升文化传播力

为更好贯彻落实"丝绸之路影视桥工程"，开创区域合作国际传播的新局面。今年，纪录片加大了在海外市场的营销力度，在题材选择、叙事手法和表达方式上采取更为国际化的制作手法，努力打造纪录片文化品牌，实现了对于本土题材国际化的呈现。

（一）作品选材上，小切口表现大题材

2014年国际化题材纪录片以更为细致、多样化的视角进行创作，有了更为明确的题材定位。内容风格上，抓住文化共识，弱化意识形态的作用，避免空洞的说教，以更为独特和新颖的内容呈现形式发扬民族特色。相比以往，纪录片作品中融入了更多深厚的人文关怀，以小切口的叙事手法塑造国家形象，并能够以全球共性的特质走出国门。以表现中华美食为主要内容的纪录片《舌尖上的中国》播出后掀起了收视狂潮，在境外售价单集达到4万多美元，是此前国产纪录片境外最高售价1000美元的40多倍。为打造好《舌尖上的中国》这一系列品牌，2014年央视推出了续集——《舌尖上的中国2》，运用中国美食特有气质的一系列元素，展现中国人祖祖辈辈的传承，家乡的味道，家庭的温情。《舌尖2》首播力压众多电视节目，成为黄金档电视节目的收视冠军，视频点击量总计超过6600万次，成功打造了品质精良的纪录片品牌系列。继《舌尖》系列的大热后出现了一批以美食为切入点表现民族文化主题的纪录片，如《味道云南》《行走的餐桌》《味道中山》等，以美食炮制者的人生故事折射世间百态，从当代的审美视角出发重新解构传统的中华文化。相比宏大的叙事风格，小切口故事化的叙事手法使纪录片更具张力和吸引力。但由于《舌尖》系列的火爆，部分频道盲目跟风，纷纷以美食为表现内容，出现了不少质量不高，题材单一，表现手法过于雷同的纪录片作品。如何立足国际，以更加宽广的视野和多样化的表现手法提升纪录片作品的创新力和渗透力仍是今后要面临的重要挑战。

（二）表达策略上，独特视角展现视听语言美学价值

一些直接以国际内容为表现题材的作品，以独有的国际视野和东方视角展现世界风貌，增添了内容的新颖性。在表达策略和艺术技巧上，引进国际先进的制

作理念，借助卓越的高清摄影技术，打造一流的纪录片精品。《魅力马尔代夫》是央视纪录频道继《魅力肯尼亚》《魅力斯洛文尼亚》《魅力印度尼西亚》等"魅力系列"原创纪录片后的又一力作，以"中国视角，世界故事"为创作原则，组织了一支世界顶级的水下摄影团队，给观众提供了一场美妙的视觉体验。另外，以国际人物为表现对象的作品《绝代淑女——奥黛丽·赫本》，以宏大的国际化视角展现本土文化。表现对世界文明传承的纪录片《china·瓷》，运用电脑特技、三维动画、历史场景再现等多种表现方式增添了纪录片的观赏性和时尚感，提升了国际化题材纪录片的品格，扩大了国际化题材的表现范围。在东方卫视、纪实频道、艺术人文以及外语频道等多个频道播出的中美合拍纪录片《中国面临的挑战》（第2部）聚焦中国社会在迅猛发展中遇到的问题，呈现出真实的中国形象。此片也将于2015年年初登陆美国公共电视台PBS等海外主流媒体。为献礼中坦建交50周年拍摄的纪录片《情系坦桑尼亚》从一个个鲜活、真实的人物事例出发展现中坦日益密切的交流与联系，具有较强的故事感和趣味性。这类纪录片在美学取向上，极力淡化政治功利色彩，不对所拍摄的、所观察到的现实赋予意识形态框架；在审美范型上，大量运用同期声、跟拍、长镜头等纪实手法，以结构的开放性、叙述的过程化、内容的多义性最大限度地表现物质现实，不停留在画面、音乐等浅表介质层的艺术美。总体来看，2014年国际化题材纪录片以更为新颖的视角，娴熟精到的具有美学意义的视听语言呈现了一批艺术精品，为扩大我国广播电视国际传播影响力具有重要的意义。[①]

自然探索题材纪录片：与国际接轨，展现人文关怀

2014年自然探索题材纪录片更加注重国际合作，内容表达和技术运用上更加专业化，向国际一流水平靠拢。在保持原有品质的基础上，不断开拓新的题材领域，体现了更多的人文关怀，在实现文化的普及与传承的同时，也展现出较高的艺术价值。

（一）注重国际合作，提升作品内涵质量和艺术水准

纵观2014年度自然探索题材纪录片，在数量和质量上都有所提升。在节目资源的选择上突破了以往单一、狭隘的题材，走向更为宽阔的国际视野。视听语言的运用上更加精致化，表现手段更为丰富多彩。为扎实推进中非影视合作工程、友邻传播工程，由中央电视台纪录频道、英国广播公司、美国探索频道、法国国家电视集团联合摄制了表现非洲大陆野生生物和风景地貌的纪录片——《非洲》，采用高清的拍摄设备，汇聚当今空中拍摄技术的最高水准，利用超快的速

---

① 周敏：《试论纪录片在提升文化软实力中的担当》，载《中国电视（纪录）》，2014年第1期。

度，采用缩时摄影和低光摄影等技术全面立体地展现了非洲的野生地理环境。《野性的终结》以国际巨星姚明的首次非洲之旅为主线，揭露非法象牙和犀角交易背后的残忍真相。这部由中央电视台纪录频道、新西兰自然历史公司、动物星球频道、美国野生救援协会联合摄制的纪录片在保持纪录片客观纪实的基础上，灌注了更多的人文内涵和精神，表现了人对濒临灭绝野生动物和非法交易的关注，在富有镜头感的影像中传递出独特的文化思考。中国首部荒漠野生动物纪录片《杰克卡特的生命》由团队合作拍摄完成，展现了荒凉的新疆东部动物界严酷的生存法则——残酷之中，又生生不息。以丰富细致的情感传递了寓意深刻的思想内涵，实现了对于自然探索题材纪录片全方位的内容展现和人文领域较高层次的思考。

（二）注重栏目品牌化建设，加强精品创作生产

2013 年 10 月广电总局向各大卫视下发了《关于做好 2014 年电视上星综合频道节目编制和备案工作的通知》，《通知》在 2014 年得到了进一步的推行和落实，各大卫视播出的纪录片有了不同幅度的增加，历史揭秘、自然探索题材的纪录片普遍受到欢迎，并且形成相对固定的收视人群，纪录片品牌建设化能力得到进一步提升。央视十套的《探索·发现》《地理·中国》《自然传奇周末系列》栏目，央视九套的《人文地理》，央视一套的《动物世界》栏目等以揭秘自然界奥秘、构建人与自然生态平衡为主旨，播放了大量自然探索题材的纪录片，虽然当今观众进一步流失到移动媒体，但自然探索题材纪录片以电视栏目的形式打造品牌，培育了受众的收视习惯，一定程度上提高了观众的忠实度。在表现形式上，自然探索题材纪录片除了通过电视栏目的形式呈现，也进行了大量的精品创作。探究渭河文明的《探秘渭河源》，对昆虫习性和特点进行介绍的《昆虫的盛宴》，以及展现克什克腾风光的国内首部全景式自然纪录片《美丽克什克腾》，都以明快的叙事节奏、丰富多彩的视听语言、更具时尚化的纪录片特征吸引了大批受众，显现出自然探索纪录片长久的生命力。

应该看到，纪录片作为最具文化品格的影视作品，在一个纪录片中深度挖掘作品的文化含量，是当代纪录片人应该提升的基本素养。纵观 2014 年纪录片创作，在这个方面提升的空间还很大。题材选取的狭窄是纪录片不断创新和发展的最大障碍。创作上要不断拓宽题材，一些热点、边缘化或者新的领域还应该引起关注。一位印度制片人认为纪录片对印度的政治、经济、文化发展功不可没。一位德国纪录片人说，这个世界有许多问题，如人口问题、自然主义、种族仇杀、核武器问题、全球经济问题、环境问题以及人们相互理解的问题都需要交流，纪录片工作者可以很幸运地帮助人们实现。这些创作理念对于我们是很有借鉴意义

的。[1] 近年来中国纪录片在讲好中国故事上下了不少功夫。故事化的叙事手法在纪录片创作中还具有较强的发展潜力，特别是处理好叙事中的细节纪录、个性纪录、典型纪录是纪录片达到审美层次必不可少的手段。实现纪录片创作的突破，关键在于创作理念的创新。还应该看到，一些纪录片缺乏厚重的主题，缺乏尖锐的思维品格，缺乏对民生问题的真正关怀，以致造成我国纪录片缺乏思想深度和美学厚度。具体题材的选取、主题的深化、故事的结构、富有典型性的细节处理和纪录手法的运用等都是纪录片创作不可忽视的要素，今后我国纪录片创作还要在这些方面下功夫。

（载《民族艺术研究》2015 年第 1 期）

---

① 欧阳宏生：《实现纪录片创作的可持续发展》，载《电视研究》，2002 年第 10 期。

"好看" 文献纪录片的若干创新理念

理论文献纪录片是指利用现代传媒技术对人类活动的原始记录，即对档案资料进行编撰公布，并辅之以现场采访、实地拍摄、后期制作等多种手段而形成的高品位的精神产品。[①] 文献纪录片具有很高的文献研究价值，也是我国宣传主流思想的一种重要传播样式。

新中国成立以后到现在，我国文献纪录片发展空前繁荣，相继出现了《周恩来》《邓小平》《毛泽东》等优秀的伟人传记影片。此外，《故宫》《圆明园》《大国崛起》等鸿篇巨制更是因其独特的视角和多元化的表现手法而大获成功。然而，文献纪录片在内容制作上仍然存在一些问题，比如宣传意识浓厚，传播的内容单薄，表现手法单一，缺乏可看性等，这些薄弱环节都制约了文献纪录片的传播力度和广度。坚持创新理念，是文献纪录片可持续发展的根本。

一、在细节描写中以小见大

"细节描写是指抓住生活中的细微而又具体的典型情节，加以生动细致的描绘，它具体渗透在对人物、景物或场面描写之中。细节，指人物、景物、事件等表现对象的富有特色的细枝末节。没有细节就没有艺术。同样，没有细节描写，就没有活生生的、有血有肉有个性的人物形象。细节描写是刻画人物性格，揭示人物内心世界，表现人物细微复杂感情，点化人物关系，暗示人物身份、处境等最重要的方法。它是最生动、最有表现力的手法，它往往用极精彩的笔墨将人物的真善美和假丑恶和盘托出。"[②] 细节描写使人物个性更加鲜活，使某一特定的环境更加突出。这一手法在文学作品和影视作品中十分常见。

历史文献纪录片的特点是题材宏大，立意高深，思想深刻，观点鲜明，往往缺乏对人物细腻情感的描述，这是不少文献纪录片缺乏可看性的重要原因之一。其实，在一些优秀的文献纪录片中，对人物某一细节的生动描写，不仅反映了鲜明的人物个性，更突出了在当时特殊的历史环境中进步人物的精神风貌。《毛泽东遗物的故事》一改伟人传记纪录片的宏大定位，着眼于韶山毛泽东同志纪念馆

---

① 欧阳宏生：《纪录片概论》，四川大学出版社，2004年版，第141页。
② 参见 http://baike.baidu.com/view/845717.htm。

馆藏的毛泽东有代表性的遗物，通过这些来自日常生活的遗物往前追溯，用细腻的笔法还原了毛泽东生前生活与工作的场景。其中《儿子的衣物》一集用浓重的笔墨描写了毛泽东所珍藏的其大儿子毛岸英的衣物的来龙去脉：在杨开慧死后，毛泽东为了革命东奔西跑，而10岁的毛岸英则带着两个弟弟流落街头，靠捡垃圾、卖报和捡烟头为生的画面，生动展现了在动乱的年代，革命先辈们为了投身革命事业，而不得不放弃自己的家庭以及与儿女的天伦之乐的无奈，也为毛泽东将毛岸英的衣物保存了20余年之久做了解释，这一举动不仅饱含了一位普通父亲的深沉父爱，更包含了伟人毛泽东对儿子的愧疚之情。同样，在《寿桃图书签》一集中，详细描绘了毛泽东的小女儿李讷花一个多月时间为父亲准备的生日礼物——用丝线缝制的图书签，书签正面画着寿桃，写了一个大大的寿字，并写了一封饱含女儿对父亲热爱之情的信，这一细节感人至深。这两集都深入细致地描绘了毛泽东与儿女之间的情感故事，深刻表达了伟人毛泽东在对民族革命的运筹帷幄中，对于儿女感人至深的父爱，展现了毛泽东慈爱、温情的另一面。《毛泽东遗物的故事》从小处着手，独辟蹊径，从毛泽东生平所用的，所收藏的物件中，挖掘出了一个个生动而引人入胜的故事，全面展现了毛泽东作为伟大领袖所拥有的平凡而又不平凡的生活瞬间，深入剖析了毛泽东在家庭、外交、革命生活中的方方面面，从毛泽东这些小小的遗物中，我们对这位创造了历史的伟人有了全新的印象。

二、突出情节故事性增强吸引力

故事，可以解释为旧事、旧业、先例、典故、花样等含义，同时，也是文学体裁的一种，侧重于事情过程的描述，强调情节跌宕起伏，从而阐发道理或者价值观。故事，强调情节的生动性和持续性，在对故事的讲述中，某一种哲理或者一个生动而丰满的人物形象，就悄然呈现，并给听众、观众以深刻的印象。这也是"故事"之所以吸引人的原因。我国的文献纪录片，多数是围绕某一重要历史人物、历史事件、历史遗迹展开的，由于年代久远，可以用来制作纪录片的文献资料并不十分丰富，且文献资料对某一事件的概括大多只有只言片语，若直接在纪录片中呈现，先得较为单薄、枯燥。因此，需要对其中一些重要的情节进行故事性描述，增强影片的趣味性和可看性。

首先，可设置悬念，引起观众对影片情节发展的心理期待。所谓"悬念"，即读者、观众、听众对文艺作品中人物命运的遭遇，情节的发展变化所持的一种急切期待的心情。"悬念"是小说、戏曲、影视等作品的一种表现技法，是吸引广大群众兴趣的重要艺术手段。① 在文献纪录片中，制作者在某一事件的表述中亮出谜面，藏起谜底，以引起观众的思考，并跟随事件的情节的发展层层深入，

---

① 参见 http：//baike. baidu. com/view/271919. htm。

最后揭开谜底，让观众"恍然大悟"。设置悬念，是对文献纪录片进行故事性讲述的一个重要方法。在文献纪录片《故宫》中，这一方法的运用随处可见。在该片第三集《礼仪天下》开篇就提到，故宫的东华门的门钉只有 8 行，有别于其他三座门的 9 行，进而引出明朝皇帝朱厚熜不愿从东华门进入紫禁城的故事，最后解释道，东华门门钉之所以少一颗，是因为东华门历来是皇子进出紫禁城的通道，而朱厚熜是要当皇帝的，自然不愿从东华门进入。通过这一"设悬"与"释悬"的过程，将观众对该片的兴趣提至高点。可以说，《故宫》的 12 集剧情中，"设悬"与"释悬"始终贯穿其中，《故宫》将王朝的更替，文化的变迁，以及文明的发展进步，融入一个又一个十分新鲜而又真实的故事中，牢牢地把握了观众的眼球。

其次，把握文献资料的趣味点，满足观众需求。故事之所以吸引人，是因为其有跌宕起伏的情节，趣味性十足。在浩荡的历史文献资料中，严肃、正统的对史实的描述比比皆是，而能振奋观众精神的，除了气势恢宏、发人深省的历史事件，还有隐藏在历史事件和人物中的趣事。文献纪录片中对趣味性故事的呈现，不仅丰富了影片传达的内容，也加深了观众对影片传递的主流思想的印象。《毛泽东遗物的故事》就是一部典型的把握观众趣味点的文献纪录片。该片在浩荡的关于毛泽东的资料中，独辟蹊径，从毛泽东 6000 多件遗物中，精选出有代表性的 100 余件，充分挖掘遗物背后的故事。毛泽东不喝酒，为何却珍藏了一瓶茅台酒呢？《毛泽东遗物的故事》之《茅台酒》讲述了毛泽东在喝酒时对民主党派、国民党、外国友人的截然不同的态度，他喝酒的准则是"酒逢知己千杯少，话不投机半句多"，茅台酒的故事为观众展现了一个"率性而为，爱憎分明"的毛泽东形象。

三、表现手法应力求多元

表现手法也成为艺术特色，通常是指创作者为了表现某一特定情感、思想境界而使用的各种方法。在文学作品、影视作品中经常需要运用多元化的表现手法，来体现创作者的意图。由于文献资料的存在形式多以文字为主，还有少量的图片和视频，且大都分布零散，如果不经"打磨""修饰"就用来制作文献纪录片，其内容必然显得十分单薄、枯燥乏味，尤其是以文字形式存在的资料，直接呈现在观众面前，会毫无吸引力，因此，在此过程中，需要创作者加以必要的、多元化的表现手法来丰富文献纪录片所表达的内容。

首先，用技术手段进行情景再现。情景再现是指在符合创作需要，符合真实的历史事件的前提下，以客观存在的资料为原型，使资料中存在的人物、事件、情节、场面、景物乃至人物的情绪，通过现代技术或演员的表演呈现出来。由于是力图"还原真实"，而不是"记录真实"，情景再现一直饱受部分纪录片创作者的诟病。然而，它在将"真实"的场景和情节还原的过程中，确实也能将观众带入历史事件发生的"现场",体味一次"时空穿越",大大提升了观众的感官享受。情景再现的表现手法在文献纪录片《故宫》中体现得尤为明显。故宫是一座有着千年历史的建筑,关于故宫所经历的几代王朝的文字、图片资料甚为丰富,而视频资料却几乎没有,为了使静态的文字"动"起来,该片的制作者运用了大量的情景再现。比如,在介绍康熙登基大典时,创作者运用三维制作技术,重现了在恢宏而庄严肃穆的故宫中,康熙登基时百官跪拜的场景;在解释冬至为何是清王朝最重视的节庆日之一时,运用了特殊的摄影手法,将冬至日时日光照射故宫的奇特画面呈现出来,故宫的神秘、独特的美由此也可见一斑。可以说,情景再现的表现手法,使《故宫》成为一部带给观众唯美享受的精神大餐。

其次,虚实结合的场景将观众置身不同时空。"虚实结合是指把抽象的述说和具体的描述结合起来,或者是把眼前现实生活的描写与回忆、想象结合起来。这一表现手法在古代诗词中十分常见,由于古代诗词容量有限,诗人谋求虚实结合,虚实相生,趣味、诗韵俱存,使其内涵丰富,外延无边。"① 文献纪录片运用虚实结合的手法,其内容将更具吸引力和表现力。在 12 集大型文献纪录片《大国崛起》中,为了表现葡萄牙、荷兰、英国等大国的崛起过程,期间多次利用三维技术手段展现了各个国家在崛起之前的"虚景",如风雨飘摇的大船,与现实的发达的工业化国家,形成一虚一实的强烈对比,让观众在时空交错的变化中体验大国崛起的艰辛历程。这一方式在《故宫》中同样也有大量运用,比如片中多次出现游客涌入紫禁城与空荡荡的紫禁城这两个画面的交替使用,以及萨满巫师在坤宁宫拜神的虚拟场景与坤宁宫的现实场景之间的变换,让观众在现实与历史的交错中体味故宫历史变迁的沧桑感和故宫的深厚文化。

四、文献资料选用要突出新鲜感

新鲜、新奇的事物总是能引起人们极大的兴趣,对于文献纪录片而言,其新鲜感是指"观众很少见过,甚至在影视纪录片中从来没有出现过的镜头,这也是人们常说的独家的、鲜为人知的、首次公开的、带有揭密性质的影像资料"②。要在浩如烟海的文献资料中搜寻出相对"新鲜"的历史资料,为观众呈现出难得一见的历史真相,考验的是纪录片创作者的耐力和创造力。

首先,要善于挖掘老题材中的"独家"史实。许多历史人物,观众对其生平知其一而不知其二,可挖掘其中能客观体现该人物形象的资料,揭开其鲜为人知的秘密。在文献纪录片《江青》中,制作者首次向观众展示了大量的江青年轻时的图片、其拍摄的电影片段,揭露了江青混乱的婚恋史,以及讲述了江青是如何

---

① 参见 http://baike.baidu.com/view/1627302.htm。
② 郝佳:《关于文献纪录片选用影像资料之浅见》,http://www.cctv.com/cndfilm/salon/a7.asp。

一步步的从毛泽东背后的女人走向历史的前台并最终自我毁灭的故事。在片中，还首次展现了党中央曾与江青约法三章，要求其不能以毛泽东夫人的身份出现在公众场合等内容。通过该片的大量丰富而具体的揭秘性资料，一个从一开始就有着勃勃野心的江青形象由此呈现。纪录片《周恩来》中，选用了周恩来逝世当天，北京市民十里长街送总理的悲恸画面，在片中，还有大量的周总理与工人、农民、儿童、老人亲切见面的场景。这些珍贵的文献素材，不仅丰富了纪录片的内容，也增强了文献纪录片的新鲜感和表现力，提升了观众对文献纪录片的欣赏兴趣。

其次，要善于发现文献资料的"时新性"。文献资料虽然都是发生在过去的"旧闻"，但是如果将这些与当今社会生活、重大纪念日息息相关的"旧闻"运用到文献纪录片中，其"新意"也就随之而出。在建党90周年之际，一部权威、全面反映中国共产党90周年伟大历程、光辉成就和宝贵经验的鸿篇巨制——10集大型文献纪录片《旗帜》在央视播出，许多珍贵的历史资料和照片都是第一次呈现在观众面前，为观众真实再现了共产党90年间的一个个重大时刻。在片中，选用了开国大典毛泽东宣布中华人民共和国成立、盛大的阅兵仪式等画面，虽然有些画面在不少纪录片中都曾出现，但通过这些画面，反映了中国共产党建党28年艰苦卓绝的奋斗，终于迎来了最终的胜利。因此，这些画面也就具有了"时新性"。此外，该片首次选用了新中国成立初期人民艰难的生活，生产停滞，城市一片狼藉的画面，为观众呈现了一个战后千疮百孔的中国，突出了中国共产党所要担负的振兴中华、进行社会主义现代化建设所面临的巨大困难。正是这些珍贵的与党的奋斗历程有关的历史画面，赋予了纪录片《旗帜》独特的新鲜性和新奇性，极大地满足了观众的"求新"心理。

在商业化的过程中，文献纪录片要在纪录片市场上站稳脚跟，除了在以上几点下功夫之外，还应结合现实社会生活的焦点，老百姓的关注点，将对人们社会生活的关怀融入其中，以优秀的作品征服观众，为观众烹制出精妙绝伦的精神大餐。

（载《中国电视（纪录）》2011年第8期）

第四编

个案分析：实践指导与风向把脉

公益性真人秀节目的叙事特征与社会价值

公益性电视真人秀节目，是指以电视为传播媒介，以真人秀为节目表现形态，以谋求社会公共利益为节目出发点，关注社会公益事业发展，推动社会文化事业发展和社会进步，具有公益性质节目。这一类节目通常关心资助失学儿童、孤儿、农民工、山区教师等弱势群体，帮助普通人实现梦想，倡导生态环境保护等等，将"全民公益理念"传递给受众，以期借助"真人秀"节目"真""美"的外形与"公益""善"的内核搭界，以百姓喜闻乐见的形式最大限度地发挥电视传播"议程设置"与"社会守望"功能。近年来，央视等推出的一系列公益性电视真人秀节目，对于提升全民公益意识，推动社会公益事业发展和社会良好风气的形成起到了积极作用。

公益性电视真人秀节目的叙事特征

公益性电视真人秀节目特征与电视公益节目和电视真人秀节目有交集，但又极具自己的特性。当前，中国公益性电视真人秀节目主要叙事特征如下：

主要人物：明星、普通人、弱势群体。公益性电视真人秀节目经常出现三类人：明星、普通人与弱势群体。各类明星（影视明星、企业界名人、文化名流等）参与慈善公益活动已成当前时尚。不少明星不仅参与公益节目并担当形象大使，而且还纷纷设立慈善基金会以帮助更多的人。明星们的公益行动起到了社会表率作用，同时也为自身或企业赢来社会赞誉。公益性电视真人秀节目中明星身影也是频频闪现。《梦想合唱团》由 8 位明星分别代表自己的家乡，组成一个合唱团，完成自己家乡的心愿。《舞出我人生》由 24 组明星和草根组合进行激烈的淘汰赛，最后获胜的草根舞者将会圆梦。《赢在中国蓝天碧水间》由 12 位明星企业家参与赢取千万级公益基金，以彰显人们对日益恶劣的生存环境的关注，号召社会大众行动起来关注公益、关注环境。明星们以自身的影响力引来观众的"注意力"，并以自己努力争取公益基金的行为将"公益"理念无形中注入受众心中，播下"善"与"爱"的种子。

公益性电视真人秀节目以关注、理解、支持、参与和推动公益行动、公益事业为节目宗旨，其节目设置环节无论是歌舞竞技还是才艺展示，其最终目的往往都是帮助普通人实现梦想或者为某弱势群体筹集善款。《中国梦想秀》《舞出我人生》《你最有才》等均聚焦于为平民搭建梦想实现的舞台，并各有助力人（团）帮其实现梦想。《天声一队》则借明星搭档草根唱歌的形式为贫困地区的孩子们募集善款捐助爱心校车。《梦想星搭档》中，吴克群为节目中的烧烫伤孩子捐款50万元。

叙事要素：慈善、梦想、故事。公益性电视真人秀也属电视公益节目的一个类别，"慈善"是其重要叙事元素。以前人们往往认为慈善是明星的事，是有钱人的事，但公益性电视真人秀节目通过电视这种大众传播媒介传递出一种全新的慈善理念：平民慈善。2011年湖南卫视《帮助微力量》推出"5元认捐、积少成多"的理念，让普通观众以认捐的方式参与慈善，扩展了慈善活动的参与人群，推进了公益事业的发展，提升了公民参与公益活动的意识。《梦想合唱团》等节目通过比赛、竞技诸形式，也传递出公益活动并不只是有钱与否的问题，还在于有无诚意、爱心、智慧与技巧的问题，每一个人都可以通过自己的努力和智慧，去做好慈善事业。正是这些新颖的慈善理念，使众多公益性真人秀节目成为打动人心的力量，产生了良好的社会效益。

因为对普通人与弱势群体的关注，普通人的"梦想"与弱势人群背后鲜为人知的"故事"，就成为节目重要的叙事元素，也是节目重要的卖点之一。《中国梦想秀》《出彩中国人》《舞出我人生》中每一位参与的选手都是怀揣梦想而来，他们来自不同的职业，有着不同的生活经历，有些人曾经以为自己的梦想再也实现不了，但是借助这个平台，他们实现了自己的梦想。在梦想实现那一刻，他们或欣喜若狂，或喜极而泣，他们的故事令人动容，也让人体会到帮助别人的快乐。《闪电星感动》《志愿者真情耀中华》《百万智多星》等几乎每期都有一个真实需要救助的个体，一个令人心酸的窘迫现状、一个唤起人们同情和爱心的故事。而那些帮助普通人实现梦想与筹集善款的过程也充满艰辛，结果不可预知，整个过程充满悬念，极富戏剧性与张力。

叙事手法：主持人、嘉宾、助力团、才艺表演、舞台效果。主持人、嘉宾、才艺表演、舞台效果等均是真人秀节目中常见的叙事手法，而助力团则是公益性电视真人秀节目的特殊叙事手段。一般公益性电视真人秀节目有两类，一是梦想助力类，如《中国梦想秀》；二是慈善捐款类，如《梦想星搭档》。梦想助力类以普通人的梦想为叙事核心，以普通人进行才艺表演、述说自己的梦想，然后由梦想助力人（团）（包括嘉宾、梦想大使、有投票权的媒体、企业代表、观众等）决定其梦想是否实现为叙事情节，展开普通人的圆梦之旅。这类节目的舞台空间设计以普通人为中心，明星成为配角，嘉宾、助力团、观众围绕在舞台四周，在空间上突出了普通人的重要性，也突出了节目主旨。灯光、音效、舞美均起着烘托普通人梦想的作用，推动着整个故事前行。慈善捐款类节目的受助人往往不能出现在节目现场，有的以大屏幕的方式讲述他们的故事，有的以主持人口述进行介绍。舞台的中心（或画面的中心）是为他们而战的明星代表团或志愿者，他们以自己的才艺竞技，其竞技结果关系着受助者能否获得受助金改善自己的命运。明星才艺＋竞技＋公益的情节设计使公益性真人秀节目超越了普通真人秀节目纯娱乐的平面化欣赏模式，使节目达到了思想性、娱乐性与观赏性的统一。

叙事主题：温暖、积极、励志。与某些真人秀节目煽情、猎奇、热衷于展示苦难不同，公益性电视真人秀节目关心人的生存环境与生存状况，帮助普通人实现梦想，救助遭遇困境的人，一桩桩战胜无尽困难也要帮助别人的"故事"直击观众内心，给人以温暖。志愿者们在节目中展现出来的才华、勇气、智慧与毅力让受众感觉到生命的激情与奋斗的可爱。可以说，公益性电视真人秀节目传递着一种向上的、乐观的、积极的人生态度，它是励志的。

公益性电视真人秀节目的社会价值

以"人"为本，凸显人文情怀。公益性电视真人秀节目的核心元素是"人"，关注人的尊严与价值的实现，关注普通人的命运，这与中国传统"人文"精神的内涵一脉相承。中国传统文化倡导"天人合一""仁者爱人""兼爱"，即倡导人与天地和谐共存，人与人平等互爱，共同营建人类美好的精神家园。中国传统人文精神经过世代传承已化入国人内心，成为中国人精神品格的一部分。在20世纪90年代初，中国思想文化界有过一场"人文精神"大讨论，在这场讨论中，电视成为批判对象。对电视的批评集中于两点：一是电视节目内容缺乏人文精神，倾向于标准化、模式化、浅显化。二是在电视制作中缺乏人文精神，使电视文化坠入了纯粹的技术主义。电视真人秀节目在中国的兴起，也一直伴随着争议，根本原因也在于部分节目脱离了对人的关怀，唯收视率是从，强调商业效益而忽视社会责任。公益性电视真人秀节目的兴起，正凸显出电视文化的"人文内涵"。以"人"为核心，通过帮助普通人实现梦想、关注普通人的命运、改善人的生存环境等公益行动，传达出电视媒体对"人"的关爱，提升了电视媒体的社会形象。《中国好歌曲》为那些怀揣音乐梦想却无实现途径的音乐才子们敞开了一扇大门；《梦想星搭档》为那些需要救助的人奋力拼搏，赢取公益基金；《舞出我人生》由明星助力为想要实现舞蹈梦想的人搭建了一方舞台；《出彩中国人》给那些有着微小梦想却一直在努力的人出彩的机会……一方方舞台，一个个梦想，一点点关怀构成一条温暖人心的长廊，让人久久思索回味。

以"善"为核，彰显主流价值。媒体是公众的代言人和社会良知的守护者。媒体同时也是社会良心所在，它应该向公众传递民主、公平、正义的基本价值理念。正确的、先进的价值理念可说是电视节目最核心的灵魂。但中国市场化发展之路中，一些电视媒体片面追逐经济利益的最大化，忽视了自身的社会守望功能，丢掉了社会责任。一大批同质化、低俗化、价值观导向错误的节目登上电视荧屏，产生了极其不好的社会影响。公益性电视真人秀节目以"善"为核，视角触及普通人及社会弱势群体，通过媒体凝聚力量来解决民生问题，通过媒介关怀来达到民众心理上的抚慰，通过励志的节目内容传达"只有帮助他人，才能真正获得快乐"的正确价值理念，守护了媒体责任。

2011年，中央电视台推出大型公益节目《梦想合唱团》。节目中，8位明星回到各自的家乡，寻找20位来自各行各业的当地居民组建一个城市梦想合唱团，分别为"孤儿救助""溪桥工程""新长城特困生帮扶""多媒体教室筹建""爱佑童心""天使之家""瓷娃娃救治""无障碍艺途"等公益项目赢取不同等级的梦想资金而比拼。《梦想合唱团》的每一位选手，都不再怀揣一夜成名的奢望，而奔公益事业而来，他们希望通过这个平台，放大自己的力量去实现帮助他人的愿望。这里的每一个公益梦想都凝聚了当地政府、媒体、企业、明星、公益组织、基层群众方方面面的力量，承载了被帮扶者改变命运的希望。在节目形式上，《梦想合唱团》以团队作战的形式，突出了集体的力量、集体的价值。其中的每一份努力、每一次的被肯定，都是鲜活的、动人的。节目播出后，收视率节节攀升，有观众称之为"守护爱心的沃土"，更有许多观众因之加入了志愿者的行列。

"教""乐"相济，提升艺术品格。电视一向被视为大众文化，具有商品性、通俗性、流行性、娱乐性等鲜明特征。但电视也是一门艺术，应该符合艺术的一般规律。大众文化和消费文化的流行，一方面以其开放性、宽容性、消遣性为大众提供丰富多彩的文化产品，为文化生产与消费注入新的活力；另一方面也带来了欲望的泛化与精神价值的消解，审美变得平面化。电视作为一门艺术，应当在大众文化的基础上，兼顾艺术的审美价值，提升艺术品格。

审美是艺术的特质，但审美往往与认知、道德相关。中国传统文论强调"文以载道"，孔子评韶乐"尽美矣，又尽善也"，认为音乐之美必须包含道德内容。荀子评人之美："术正而心顺之，则形相虽恶而心术善，无害为君子也。形相虽善而心术恶，无害为小人也。"人的美，不在于外表容貌，而在于内涵的品德学问。在中国诗人笔下，自然山水也多以德喻之，莲喻之高洁，兰喻之幽静等等。古罗马诗人贺拉斯更提出"寓教于乐"的观点："（诗）既劝谕读者，又使他喜爱，才能符合众望。"正因为审美与道德相关，因之中外许多文论家非常重视文学艺术的社会功用问题。古希腊哲学家柏拉图批判模仿的艺术："诗人为了讨好观众，摹仿'人性中低劣的部分'，助长人的'感伤癖''哀怜癖'，使'城邦保卫者'失去勇敢、镇静的精神品质。"薄伽丘认为："诗能'唤起懒人，激发蠢徒，约束莽汉，说服罪犯'。"薄伽丘更认为诗的教化作用产生的一个重要原因是：诗有完美的形式。

公益性电视真人秀节目将"美"与"善"结合在了一起，"教""乐"相济，既"劝谕"了受众，又使其得到审美快感，也因之提升了自己的艺术品格。

转变角色，推动公益发展。大众传媒议程设置理论告诉我们：大众媒介可以通过提供信息和安排相关的议题来有效地左右人们关注某些事实和意见，以及他们对议论的先后顺序。公益性电视真人秀节目充分利用了电视媒体"议程设置"的传播功能，设置"公益"为媒体焦点，使之成为公众议程，并逐渐教育和引导社会公众参与到公益事业当中去，从而提升了公民的社会公益意识，推动了社会的公益事业发展，推动了社会的和谐稳定。此过程中，电视也不再仅仅是公益事件的报道者或宣传者，而是逐渐掌握了更多的"话语权"和"主动权"，逐渐从公益的"配角"转为"主角"，积极主动地推动着社会公益的发展。

公益性电视真人秀节目在发展过程中，也在不断面临公众的质疑。如《中国梦想秀》就频频被大众质疑综艺过多，而公益性真人秀节目如何在"公益"和"综艺"之间保持平衡，也一度引发热议。《志愿者真情耀中华》（后改名为《真情耀中华》也被人质疑拿志愿者的救助行动来"秀"，有失公益准则。更有人认为公益真人秀节目不过是拿公益作噱头，娱乐大众而已。其实，公益性电视真人秀节目本身既是公益行动，但更重要的是它是媒介，提升社会公众对公益事业的认同和肯定，推动公众对公益行为自觉遵守和践行，从而形成"全民公益"的良好局面是其重要作用所在，这将有助于推动良好社会风气的形成，有助于社会和谐稳定。当然，公益性电视真人秀节目中过多的"秀"和缺乏真情的"秀"，也会损伤节目的可信度，降低其"劝谕"功能，电视节目创制者们也应该警惕。在当前，中国公益性电视真人秀节目的发展只能说才刚刚度过了一个新节目的新生时期，正在进入一个有大发展空间的成长时期。在这一阶段，它需要更多的资源投入和品质强化，也需要观众更多的宽容。电视节目创制者们只有将现有公益性真人秀节目进一步完善和细化，使选材更贴近时代和接地气，使主题更贴近社会公共利益和公共认同，在表现形态上更降低"做秀"的表现而进入"真实"，公益真人秀才能在真人秀的舞台上有更佳的表现，反之，则有可能走向衰落。

（载《电视研究》2014 年第 5 期）

综艺节目的"盛宴"与隐忧

——2013年中国电视综艺节目年度报告

综艺节目以其丰富的节目形态，多样的风格样式以及生动的艺术表现深受广大观众喜爱，在提升媒体竞争力和影响力，塑造品牌方面发挥着重要作用，在电视节目结构体系中占有重要位置。纵观我国电视综艺节目①，其生态格局正经历着深刻的变化。一方面，相关政策规制持续发挥影响效应，自2012年1月1日正式实施《关于进一步加强电视上星综合频道节目管理的意见》（即"限娱令"）以来，各电视台纷纷调整综艺节目的生产和编排策略，而2013年国家新闻出版广电总局的"限歌令"则进一步针对歌唱选拔类节目扎堆现象进行调控，促使综艺节目不断进行调整并尝试在规制下创新转型。另一方面，新媒体持续发力，各大视频网站通过购买网络播出版权和自主研发节目结合的方式纷纷抢滩娱乐文化市场，形成与电视媒体的直接对话和竞争，使得媒介竞争的格局愈加复杂和激烈。在此背景下，各上星频道秉承媒体责任及创新精神，调整综艺节目生产战略，推动综艺娱乐节目的升级转型——优化整合现有资源，加强节目内容生产创新，提升综艺节目的娱乐品质，引进国外优秀节目模式，完善产业发展结构，并深入探索跨媒介整合运营策略。整体而言，2013年电视综艺节目表现稳健，呈现出良性的发展态势且不乏亮点。当然，在繁荣发展的背后也暴露出诸多问题和忧患，需要给予重视。

一、审美品格：类型多样繁荣，满足多元需求

经过多年的发展，综艺节目的内容品质不断提升，而观众的审美趣味亦在持续增长。丰富多样的节目风格，积极健康的审美品格构成综艺节目竞争的核心要素。优秀的综艺节目体现在对审美元素的灵活创新，对文化内涵的自觉最求，对时代风尚的敏锐捕捉以及对观众审美需求的精准呼应，可以说在当下激烈的竞争中，综艺节目审美品格的高低直接影响着节目表现和观众的收视选择。2013年电视综艺节目在节目类型和主题策划上都体现出全面探索的努力。强势电视媒体，在立足传统优势栏目的基础上，在类型多元化方向上加大了创新力度：《我

---

① 本文中的综艺节目主要针对中央电视台及各上星综合频道而言。

是歌手》强化音乐审美,打造视听盛宴;《顶级厨师》聚焦美食真人秀,蕴含饮食文化;《梦想星搭档》突显公益慈善,书写人文情怀;《爸爸去哪儿》彰显亲子温情,展示地域风光。天津卫视、安徽卫视等新锐频道,更加注重对优势栏目的延伸拓展,形成更强的类型化品牌栏目集群,节目内容多元并重,主题交相辉映,显示出突破同质化困局的尝试和努力。

综合运用电视语言,强化审美元素。艺术创作从本质意义上讲,是创作主体按照审美的规律对客观世界进行的艺术性创造,对物质世界和感情世界的审美观照。电视综艺节目作为视听结合的综合性艺术,集各种表现手法和各种文艺节目形式于一身,它不仅具有独立的美学特性,而且具有只属于它自己的独特的审美功能和审美价值。2013年综艺节目的制作水准达到较高的水平,突出的表现是对于娱乐元素的理解更加深刻,审美元素的电视化运用手法也更加精致巧妙。长期以来,歌唱类节目一直在综艺节目中占有重要比重,然而如何突破成为创作者面前的重要课题。在经历了草根歌手选秀的审美疲劳后,以2012年《中国好声音》为代表预示着专业性音乐人的回归和强化,志在打造音乐听觉审美的特性,而2013年初的《我是歌手》则将其发挥到极致,更加注重音乐元素的塑造和电视化呈现效果,在悬念设计、冲突渲染、氛围营造等方面都将音乐类节目提升到一个新的水准。央视的综艺节目亦更加注重审美特性的塑造,2013年度《回声嘹亮》《星光大道》《黄金100秒》等更加强调节目的艺术性及观赏性。

探索户外综艺新形式,丰富节目形态。长久以来综艺节目多是演播室录制,户外综艺的兴起,一定程度上缓解了观众的审美疲劳。节目将真人秀、人文风情、地域文化、游戏娱乐元素融入其中,丰富了综艺节目的内涵,极大拓展了综艺节目的表现空间。突出的代表是湖南卫视的《爸爸去哪儿》和四川卫视的《两天一夜》。《爸爸去哪儿》作为2013年湖南卫视强势收官之作,一经播出就引发了强烈的社会关注,收视上持续强势表现,更以近乎"零差评"的评价长期占据娱乐话题头条。户外真人秀相比较于演播室的录制而言,对制作者提出了更高的要求。首先,户外真人秀的最突出的魅力在于节目流程设计以及参与者的临场发挥,因而既要具备对整个叙事线索的掌控力,又要能够及时观察记录并激发参与者的现场表现。其次,面对冗长复杂的拍摄素材如何选取具有表现力和收视看点的镜头画面,就需要有敏锐的捕捉力和电视编辑意识。再次,人物是真人秀的核心要素,重要的就是能够在有限的时间中将人物鲜活的性格展示出来,并将其典型化甚至是标签化。这两档具有代表性的户外综艺节目以其丰富生动的画面语言,颇具情趣的风格和独特的人文风情,给观众带来新鲜的审美体验。但在游戏设计、悬念设置等细节处理上还有较大的提升空间。

敏锐捕捉观众需求,调整节目策略。2013年综艺节目突出特征之一是由平民选秀转向明星消费,无论是《我是歌手》《星跳水立方》《爸爸去哪儿》无不显示出明显的明星消费倾向。综艺节目经过多年的发展,观众的审美心理也在悄然发生变化，呈现出阶段性的疲劳效应。在逐渐实现了对草根选秀的替代性满足之后，明星话题逐渐占据话题中心。但在平民风潮下对明星的消费也转向了另一层次，即由原来的仰视窥探转向平视交流，甚至表现出一定的平民化色彩。

通过 2013 年我国综艺节目的表现，可以管窥当下我国电视娱乐文化发展和观众审美取向的微妙变化。观众审美取向既是综艺节目创新发展的动力，同时综艺节目又培养和影响了观众的审美趣味。明星的平民化回归已经随着明星们回归电视综艺节目成为其必然趋势。《百变大咖秀》《星跳水立方》《我是歌手》《爸爸去哪儿》中明星褪去了头上的光环，成为节目的主要参与者。节目的设计不再让明星们高高在上，而是使用更新颖的节目形式让他们成为整个电视综艺节目中的普通一员。一方面明星效应吸引了大众的关注眼光，另一方面，观众也完成了对明星真实生活状态的窥视替代性满足。

二、价值引领：彰显公益理念，提升娱乐文化内涵

电视综艺节目是一种多样化特色显著的文化形态，主流文化、精英文化、大众文化、民族文化、娱乐文化甚至商业文化都可以在综艺节目中找到自己的空间。但是作为一种具体的节目形态，综艺节目文化构成中最重要的代表是健康的娱乐文化。娱乐文化在电视综艺节目中主要表现为以自由的心态观照生活，以趣味的方式处理生活，在轻松和谐的氛围中达到寓教于乐的目的，有益于人们身心发展且为人民群众所喜闻乐见。[1] 在强调娱乐文化的同时，需要将其与弘扬主流文化与民族文化紧密结合，才能保持综艺节目的正确导向和特色内涵。

在我国综艺节目的发展过程中，亦曾出现过诸如过度娱乐和娱乐低俗化的偏离，这些有悖于娱乐精神内核的倾向应当予以警惕和抵制。在一个处于转型期的社会中，社会生活的复杂和思想文化的多元，既为电视综艺节目提供了更多的价值传播渠道和艺术表现方式，也对电视综艺节目的主流价值观建构提出了诸多挑战。在这方面，现实的问题与历史的经验同存并在，在实现社会主义核心价值观体系传播的过程中，既要注重主流价值的稳定传承和畅达传播，也要注意受众审美习惯的发展演变与疏离黏合。坚持以社会主义核心价值观为中心统摄电视文艺创作，深度开掘电视综艺娱乐节目的艺术审美潜力，促进社会主义核心价值体系的生活化与艺术化，不但是摆在电视文艺工作者面前的艺术职责和社会担承，也是急需电视媒体和决策机构重点解决的时代难题和历史使命。[2] 近年来，综艺节目对公益理念的吸纳和融合，是提升娱乐文化内涵的重要表征。

2013 年综艺节目将公益理念进一步融入整个节目的制作中，重视价值观的建设和传播。在这个过程中，综艺节目以其生动的节目形态，对接了中国最广大

---

① 欧阳宏生：《电视文化学》，四川大学出版社，2009 年版，第 265 页。
② 欧阳宏生：《电视传播核心价值论》，北京大学出版社，2010 年版，第 157 页。

观众的真实需求，大力弘扬人性之美、真情之美、仁善之美，大力传播着积极向上、向善的力量，通过各种方式满足人们在精神层面的诉求，并将个人价值的实现与社会价值的获取巧妙结合。《中国梦想秀》《梦想星搭档》《为你而战》（已更名为《为了你》）等节目在娱乐与公益相结合的节目形态中进行创新探索，搭建起各种平台，让娱乐节目跟社会脉搏发生共振，真诚地表达社会热点，展现出一种独特的人文关怀。从这个意义上讲，综艺节目凝聚着电视观众的向善共识，为重塑社会道德和价值体系积蓄着力量。

三、内容生产：走向精致化，品牌价值凸显

不可否认，我国的综艺节目内容生产长期以来存在同质化和跟风严重的弊端。2012年"限娱令"对形式雷同、风格低俗的节目进行调控，以防止过度娱乐化和低俗倾向，满足广大观众多样化、多层次、高品位的收视需求。这在一定程度上也迫使电视人积极探索创新，各电视台都立足自身资源，打造出一系列诸如《为了你》《最美和声》《爸爸去哪儿》等特色精品新节目。而老牌本土综艺节目《我要上春晚》《快乐大本营》《非诚勿扰》《我爱记歌词》等也通过创新与改革，继续塑造卫视节目品牌。

以2012年《中国好声音》的成功为起点，中国的综艺节目生产进入大制作时代，突出的表现是越来越倾向于专业化、精致化制作，折射出我国综艺节目发展提升的迹象。纵观2013年电视节目生产市场，"版权引进""节目模式"成为热点，以此所形成的良性推动效应正在凸显。成熟的节目创作模式往往包含了节目策划、制作流程、剪辑包装、细节实施方案甚至传播营销策略，每一环节都经过实践检验而精准到位。在一定程度上，模式引进推动我国综艺节目生产的工业化时代到来。目前，新媒体和视频网站分流受众市场份额越来越严重，可以说，电视媒体提升节目生产品质，注重品牌节目的打造和维护，并强化文化知识产权意识是应对日益严峻的媒介竞争形势的必然选择。以综艺节目为先锋军，凭借其优良的节目制作和内容品质，使中国电视媒体面对微博、微信等新媒体的强势冲击，仍能在2013年的前三季度保持比较高的开机率和一定比例的广告增长，为电视媒体的转型赢得了时间和空间。[①] 而模式引进的过程中也必将培养带动相关的经营管理人员和制作团队的业务能力提升，为将来的电视媒体的转型升级提供了人才储备。

为了应对日益激烈的媒介竞争，2013年中央电视台与湖南卫视走向深度合作，也向外界传递了积极的信号。央视作为国家电视台，具有较高的平台优势和资源优势，湖南卫视作为卫视的佼佼者，始终以灵活创新的机制引领电视娱乐的走向，两强合作有助于整合优势资源，提升电视媒体竞争力。就综艺节目而言，

---

① 杨文红：《以包容心态看待模式引进》，载《中国广播电视学刊》，2013年第10期。

中央电视台在综艺节目的整体风格上呈现出稳健敦厚、温婉大气的审美风格，而以湖南卫视为代表的卫视综艺节目更多体现为轻松愉悦、亲切活泼的审美风格，二者相得益彰，共同构筑中国电视娱乐文化景观。如果说2013年各卫视综艺节目具有娱乐文化的狂欢特性，那么央视的综艺节目则在审美属性上持续打造。《回声嘹亮》《星光大道》《我要上春晚》依托央视平台以及春节联欢晚会的高关注度，进一步在节目形式、内容表现上创新，受到观众的喜爱。同时《我要上春晚》秉持"开门办春晚"的宗旨，吸纳2013年各卫视的优秀选手参与春晚节目选拔，加强了与卫视间的合作关系，整合优势综艺资源，有效提升了自身影响力。

四、产业运营：拓展新媒体空间，布局全媒体战略

2013年新媒体持续稳健发展，多屏娱乐营销市场进入发展快车道。在此背景下，电视媒体纷纷开拓新媒体空间，探索新的营销模式。凭借优质的内容资源和强大的话题产出性，搭建新媒体平台，发挥扩散优势和深度卷入功能以期达到与观众互动和维持收视的效果。借助多种娱乐活动及传播媒介，实现节目与观众深度互动，达到节目、媒体、观众三位一体，实现从情景和情感出发，提高节目品牌知名度和消费者的心理认同度。

在全媒体时代，新媒体数据正在改写传统的收视率，广告投放的定价评估更倾向于"全媒体收视率"，即在传统收视率的基础上加入对新媒体收视行为的统计和分析。如加入节目在百度、谷歌上的搜索量，以及在优酷、土豆、搜狐视频、腾讯视频、乐视网、新浪视频上的点击量，同时统计节目在微博、微信、百度贴吧、天涯社区等社交网站的话题数、转发量和粉丝数。作为内容生产主力军的电视台顺势而为，转变经营思维，不再死守广告创收经营路径，多方面开展深度合作。除版权交易以外，多家电视台与网络媒体已达成了共同进行电视节目内容生产的共识。"随着数字技术的发展，传统的电视概念正在向包括传统电视、网络电视、手机电视等在内的大电视概念过渡，传统电视娱乐节目与网络电视娱乐节目、手机电视娱乐节目等将日益呈现融合之势，大电视娱乐节目形态概念背景下的电视娱乐节目在数量上会以几何级数增加，在形态上亦会以几何级数衍生，不断发生质变。"[①]

综艺节目以其独有的节目表现力，成为广大观众关注的对象。湖南卫视借助自身形成的品牌影响力，已经形成日臻完善的营销战略。如为宣传新节目《爸爸去哪儿》首创节目首映式，制造事件营销，利用《快乐大本营》《天天向上》等优势节目策划专题节目集中宣传，取得了良好的传播效果。"社交化媒体营销的本质是内容营销"，《我是歌手》、《中国好声音》第二季、《爸爸去哪儿》等热门

---

① 孙宝国：《电视娱乐节目形态分析》，载《现代传播》，2009年第5期。

综艺节目正是依赖于自身的优质内容，成功实现社交平台的营销战略。以微博为代表的社交化媒体已成为电视媒体进行自我宣传、品牌价值提升和影响力打造的主要方法，也是节目吸引年轻观众和接受观众反馈的重要渠道，利用社交平台进行观众再组织、再分享、再回流完成复式传播。在实时热词、分类热词和娱乐热词等微博排行榜上都是第一，微访谈、微信采访以及微信新闻客户端推送等全面铺开。《我是歌手》也在第一时间开通最新微信公众平台，网友只要扫描《我是歌手》微信二维码，便能掌握最新的一手新闻，参与投票、爆料、听歌、报名等一系列互动活动。《开门大吉》节目采用二维码扫描答题的方式让观众参与互动。《我是歌手》的社交传播内容更多地集中于音乐的内在及文艺精神。《中国好声音》除了音乐的欣赏外，还注入了许多故事情感。这些都带给观众一种情感投放，这种情感映射是观众能否感动和分享的重要因素。一个电视节目要让观众在社交网络分享快乐，这需要节目场景在观众短时记忆里有所驻留，并引发情感共鸣。

五、娱乐盛宴背后的隐忧与思考

在2013年中国电视综艺节目所呈现的娱乐盛宴背后也隐藏着令人担忧的地方。在综艺节目整体构成中原创节目的比重明显不足，大规模引进国外节目模式暴露出中国电视原创力缺乏的隐忧。

对于节目模式，我们需要以科学的眼光来审视。成熟的电视节目模式，从表面来看是一套完整的节目结构框架和详尽的制作流程，深层可视为一个集聚整合各种电视创作内外部要素资源并具有可拓展性、可复制性的商业运作模式。由早期的山寨模仿到目前正规的版权引进，这一转变反映了中国电视综艺节目发展过程中的科学态度和专业精神，也体现出对节目核心资源及其衍生资源的深刻认识。电视媒体引进成熟的节目模式，有利于规避市场风险，减少节目研发过程中的资源浪费，对于熟悉制作流程、培养业务技能、积累创作经验、提升团队协作能力、加快与世界一流节目研发接轨方面不失为一种快速而有效的方法，但也需要高度警惕模式引进热潮中的惰性思维、浮躁心态、功利思想和短视行为。模式引进的终极目标不是停留在简单的移植层面，而是研究、体味并达到吸收、突破和创新。在进行节目生产实践的过程中，我们的电视从业者需要参考、归纳、提炼核心要素，并尝试进行本土化改造，打造出具有鲜明本土特色和民族文化的节目风格和节目样式。如果不能结合自身情况来科学对待外来模式，仅靠盲目照搬来应对一时的竞争困境，既是对优势资源的巨大浪费也无益于中国电视健康的生态建构。

总之，2013年我国综艺节目在政策规制、媒介竞争以及自身发展机制综合作用下持续发展，其中对于节目类型的创新开发、娱乐文化的深层内涵开掘、审美品格的多元追求都表现出积极的探索和努力。电视综艺节目应充分体现现代文化丰富多元的发展方向，既要满足人们休闲娱乐、放松心情的需求，也要寻求一种意义的持存与人文精神的观照，形成一个高雅与通俗、认同与超越、守正与创新、国际化与本土化的相生共荣、协调发展态势，以期实现中国电视综艺节目健康持续的发展。

（载《中国电视》2014 年第 2 期）

纪录中国风格多样化　品牌打造提升传播力

——2014 年中国纪录片发展研究报告

　　2014 年我国纪录片领域呈现出持续发展的态势。据不完全统计，2014 年度纪录片的生产投入量约为 25.2 亿元，较 2013 年增长 47.3%；在生产时间上 2014 年纪录片合计生产纪录片 11740 多小时，呈现出蓬勃发展活力。具体来说，纪录片类型多样，风格特色突出，涌现了一批以历史文化和人文社会为主要题材的艺术精品；纪录片的创作手法更加多元，注重国际合作，以自身品牌特色和多样化的包装形式扩大了我国纪录片的国际传播影响力，增强了本土话语权；纪录片市场经营通过不断调适与完善谋求突破，在巩固传统媒体核心优势的同时，借助新媒体平台，增强了纪录片的竞争力和影响力。纪录片类型在继承往年类型的基础上进一步拓宽，发展持续繁荣。2013 年 10 月发布的《关于做好 2014 年电视上星综合频道节目编排和备案工作的通知》在 2014 年得到进一步广泛实施，对我国的纪录片传播来说既是机遇也是挑战。一方面政策的实行带动了纪录片市场的需求和活力，改善了纪录片的产业环境，对实现纪录片市场的稳健增长和长足发展有一定的推动作用；但另一方面，各大卫视如何把握机遇制作出品质精良、有自身品牌特色，同时又能赢得市场的作品，仍是不小的挑战。总体来说，2014 年我国纪录片的发展在往年的基础上呈现出全媒体运作模式，纪录片的创作者超越了以往专业化的身份局限，网络营销模式参与的纪录片创作成果为 2014 年我国纪录片的生产总量做出了巨大贡献。

共筑"中国梦"，打造纪录片精品力作

　　2014 年我国纪录片进入高速发展阶段，在多元文化和市场体制的影响下，制作出一批以意识形态为主导，类型多样，特点鲜明，符合大众美学的纪录片，依据纪录片所表现的主要题材、内容倾向可以把纪录片分为新闻纪录片、历史文化纪录片、理论文献纪录片、人文社会纪录片、自然科技纪录片、人类学纪录片六大类。今年，理论文献纪录片和人文社会纪录片占据市场的主要份额。

　　新闻纪录片、历史文化纪录片和理论文献纪录片以积极弘扬中国梦、社会主义核心价值观、中华优秀传统文化为主题，涌现出一批艺术精品，以历史、新闻

事件为表现内容，增加了更多现实观照。人文社会纪录片多数通过透析小人物的命运来映射中国的社会变迁，内容上以强烈的时代性和现实性为主要特征；艺术手法上，多以细腻的表现手法和精准的人物情感把握引发观众的情感共鸣，取得了收视和艺术上的双赢。自然科技纪录片和人类学纪录片在保障真实性的同时也注重在内容创作上更加贴近生活，获得了长久的生命力。

新闻纪录片，除了有一般新闻的时效性特征，还更关注"过去"一段时间内在社会上非常有影响的事态，指借助影视媒体，以纪录片的手法对某些新近变动的事实的较完整、较系统的及时报道。作为对中国载人航天十周年的献礼，中央电视台纪录频道连续 5 天在黄金时段播出的十集纪录片《天地神舟》以神舟十号发射这一新闻事件为切入点，全景式展现了天宫一号与神舟十号载人飞行任务，反映了近年来中国航天取得的成就和时代前进的步伐。

历史文化纪录片，是指利用影像形态对历史遗迹、文物器皿、文化景观的记录和表达，并以此来折射当代人对民族历史和文化的深刻认识、体验与反思，具有十分明显的文化意味。2014 年历史文化纪录片相对以往宏大磅礴的叙事风格，融入了更多现实映照和人文情怀。以奇谲瑰丽的文物讲述楚国 800 年波澜壮阔历史的大型高清纪录片《楚国八百年》，以八集的篇幅，细腻温润的文字全新解读楚国文明，以史为鉴，给予观众对于历史和现实更多的思考；另外，讲述中国陶瓷文化在全世界传播旅程的纪录片《瓷路》，以及采用编年体为主的叙事手法，讲述船政毕业生鲜为人知的《船政学堂》等历史文化纪录片也以新颖的创作手法和视角，以现代化的创作理念完整地展现历史，带给今人更多的深度思考和当代启示，获得了口碑和收视的双丰收。

理论文献纪录片是最具中国特色的片种，指利用以往拍摄的新闻片、纪录片、影像素材以及相关的真实文件档案、照片、实物等作为素材进行创作，或加上采访当事人或与当时的人物和事件有联系的人，来客观叙述某一历史时期、历史事件或历史人物的纪录片。2014 年，理论文献片在承担着传播意识形态功能的同时，也不断探索美学表达的深度和新的可能，在表达策略和艺术技巧上也有着很大突破，以多元的角度、创新的理念创作出一批体现社会主义核心价值体系和深化中国梦的优秀作品。其中，《百年潮·中国梦》《中国梦·中国路》等对中国梦的内涵进行了详细深入的阐述和解读，20 集电视文献纪录片《邓小平遗物故事》运用录像、照片以及许多珍贵的历史档案和资料，以纪实的手法表现了老一辈革命家高尚的品德情操和独特的人格魅力。这些纪录片不仅在宣教主题上具有很大的创新性和开拓性，同时也是集思想性、艺术性、观赏性为一体的艺术佳作，有助于增强我国的国家文化软实力。

人文社会纪录片，指那些以普通人和当下的社会现实为记录对象，主要从人文的角度去反映和展现的纪录片。今年，以反映普通人坚持追寻梦想的努力为主题的纪录片出现了一批优秀作品，真实地刻画了社会各阶层人群的生存状况，如

《追梦无悔　跑出我人生》《李智的梦》等，通过讲述小人物追梦圆梦的故事，彰显中华民族的优秀品格和良好的精神风貌；获得 2014 年中国（广州）国际纪录片节最佳纪录片长片奖的 3 集系列专题片《高三 16 班》，因其话题的敏感性、鲜活性，以及对电视受众的接近性，引发了社会大众对于高考制度的热议和思考；继 2012 年《舌尖上的中国》大热后，相继推出了一批以美食题材为主题的纪录片，如《味道云南》《行走的餐桌》《味道中山》等，并于 2014 年央视推出了续集——《舌尖上的中国 2》，4 月 18 日起在中央电视台综合频道与中央电视台纪录频道开播，在爱奇艺、乐视网等多个网络平台同步播出，比起前作，虽然在制作和拍摄手法上更加精良，素材的选取和内容的解说及表达也更加全面广阔，但同时《舌尖 2》也遭到不少非议和诟病，主人公故事疑似造假，纪录片的真实性原则引发热议，不过瑕不掩瑜，《舌尖 2》在立项之初就被厂商追捧，投放广告超过 8000 万，视频的总点击量超过了 6600 万次。相比以往纪录片，2014 年的人文社会纪录片在作品选材上视野更加宽广，具有较高的作品内涵质量和艺术水准，制作和营销手段也更为多样和市场化，寻常百姓不加渲染的普通故事是这类纪录片的聚焦点，在引发观众心中震撼和思索之余，也适时运用手机等新媒体客户端和国际平台加大了产品的传播力度，成功打造了品牌系列和精品的品牌理念，将中华文化的精神理念深入到世界的各个角落。

自然科技纪录片，以自然环境和生物、科学技术本身等作为关注对象，是记录自然环境、生物和科技与人类之间关系的纪录片。自然科技纪录片通常以电视节目的形态呈现，一直有不错的收视率，由中央电视台综合频道播出的《人与自然》，中央电视台科教频道播出的《探索·发现》，以自然知识和地理历史探索为主要内容，提高公众对于自然科技知识的了解，今年，自然科技纪录片在保持原有的品质基础之上，开拓新的题材领域，在选题的时效性和贴近观众的兴趣点上下功夫，使节目更具观赏性。自然科技纪录片在题材选取上更加注重多元化的选择，以故事化的讲述方式展现，使晦涩的知识变得更加通俗易懂，出现了一批如《军工记忆》《世界尽头的奇旅——北极冰洋》《探秘渭河源》等优秀作品。

从更宽泛的意义上来说，人类学纪录片不单单是指由人类学家拍摄的、作为一种研究成果而存在的纪录片，更多的是指蕴含人类学因素和内容的纪录片，人类学纪录片主要把目光投向相对于一个社会主体民族以外的那些民族，具有很强的地域特征和民族性。在 2014 年"海南纪录片电影展映周"上，表现少数民族生存状况和真实状态的两部影片《犴达罕》《俄查》获得广泛关注，以个体化的叙述方式展现了少数民族文化，展现出当代对于少数民族文化的关注和思考。

除了以上提到的纪录片的六种类型，纪录片市场也融入了更多新的元素，扩大纪录片的传播效应，在电影院线，2014 年票房成绩最好的是娱乐类纪实电影《爸爸去哪儿》大电影，得益于同名电视综艺节目掀起的收视热议和狂潮，上映首日便以 9167 万的成绩打破往年 2D 电影的票房纪录，最终以 6.96 亿票房完美收官，名列华语电影第八；依托网络视频和移动设备传播。优酷自制户外真人秀节目《侣行》的一小时剧场版于 2014 年 3 月 24 日在央视综合频道的黄金时段播出，此次央视和优酷的台网联动，开启了自制纪录片与互联网无缝对接的新局面，为未来电视台和视频网站的互动创新树立了典范；通过与境外机构合作，共享影片著作权及影片市场收益，拍摄合拍片也为纪录片更好实现国际传播开创了新局面。中美合拍纪录片《中国面临的挑战》（第 2 部）于 2014 年 10 月 31 日在上海广播电视台旗下东方卫视、纪实频道、艺术人文以及外语频道等各个频道播出，同时也将于 2015 年年初再次登陆美国公共电视台 PBS 等海外主流媒体，合拍片对于扩大我国广播电视国际传播影响力具有重要的意义。

塑造品牌特色，传递中国声音

国家主席习近平在 10 月 15 日主持召开的文艺工作座谈会中强调，一部好的作品应该是把社会效益放在首位，同时也应该是社会效益和经济效益相统一的作品。文艺不能当市场的奴隶，不要沾满了铜臭气。优秀的文艺作品，最好是既能在思想上、艺术上取得成功，又能在市场上受到欢迎。

2014 年我国纪录片在主题选取上有了更为明晰的脉络和取向，创作了一批以人文历史为主题、打造中国梦的高水准作品。在题材选取上，多数纪录片通过从宏阔的时代变迁和感人的个体经历中精心选取其中最能体现时代脉搏的主题来展现作品；创作理念上，突破以往传统的叙事模式，以国际化的方式讲述中国故事，充分发挥纪录片文化引擎的作用，打造中国品牌，为实现国际文化交流迈出了重要一步；在创作形式上，不仅注重样式和题材的多样化，也从作品本身出发，在叙述方式和制作水准上有了很大提升。

主题：发挥传统文化优势，捕捉时代脉搏。

中华文化源远流长，博大精深。丰富的人文历史宝藏为纪录片的题材选取提供了便利的资源优势，是人文历史题材纪录片永葆活力的重要保障。在国家新闻出版广电总局 2014 年推介的优秀纪录片名单中，人文历史题材的纪录片类型多样，有以时代人物和历史事件展开叙述的纪录片，如理论文献纪录片《百年潮·中国梦》，全方位、多侧面地展现了以习近平同志为总书记的党中央提出"中国梦"这一重要战略构想，纵古论今，大气磅礴，在社会各界引起了强烈的共鸣；理论文献纪录片《毛泽东的科学预见》以毛主席一生中八个惊人的预见为线索，展现了一代领袖的风貌和中国革命探索之路的艰辛；在毛泽东、周恩来、朱德三位伟人逝世 37 周年之际，中央新影以这三位伟人的奋斗历程、战友情谊为主要内容推出了目前新中国最长的文献纪录电影《战友》，宣扬了老一辈革命家艰苦卓绝的革命精神，鼓舞了新一代的年轻人。另外，许多人文历史题材纪录片通过"小切口"展现"大题材"的叙述模式，获得了不俗的反响和较高的收视率，如以我国手工艺活展现中国人民伟大智慧的系列电视纪录片《手艺》，还有以地域特色为出发点展现中国地域文明与风貌的《大黄山》，都以微小的视角折射了中国的历史文化和社会变迁，不同于刻板的说教，通俗易懂、幽默有趣的叙事方式使这类纪录片获得了很大一部分的受众人群。

近几年我国历史题材类纪录片更加注重多元化发展，除了发挥重要的宣教功效，在审美价值和主题内涵上也有了较大的发展和提高。

理念：历史的视角，全球的眼光。

国家新闻出版广电总局在 2014 年召开的第一次全国新闻出版广播影视系统工作会议上提出要以"丝绸之路影视桥工程"为重点，扩大广播影视国际传播，加大海外营销推广力度，力争影视剧、动画片、纪录片等出口规模有一个显著增长。中国故事，国际表达。用全球化的视角讲好中国故事，和国际结合，完善制作水平和内部的管理水平，加强纪录片的视觉包装，才能有效实现纪录片传播效果的最大化。

中国纪录片要想让海外观众接受，在题材的选择上应该有明确的定位，避免政治色彩过于浓厚，用柔性表达好故事，更易消除在意识形态、语言文字、地域文化上所产生的差异，有助于实现跨文化的表达；在叙事手法上，避免大而空的宣教式单一叙述视角，建立多角度、全方位的叙事模式，在浩如烟海的题材中，选择细小的切入点，从其中抽取最能代表中华文化精髓的标志性符号和标签，抓住文化共识和共同价值观，讲好国际化的故事，树立中国形象，提升文化渗透力。电视纪录片《我的城市我的垃圾》以保护地球环境为主题，讲述了一批积极探索城市生活垃圾分类回收道路的先行者的故事，以人的角度切入，展现了当代中国及全球共同面临的危机，给世界观众以更多的思考和心理共鸣。

形式：多样化的包装，打造艺术精品。

相比以往，2014 年我国纪录片除了在传统的创作方式和美学特征上有一定的突破，在纪录片产品的包装和多样化的表达上也有了较大程度的创新。

以中央纪录频道与安徽广播电视台联合制作的高清纪录片《大黄山》为例，自 1 月 20 日在中央综合频道、中央纪录频道和安徽卫视同步开播以来，反响热烈，片中黄山作为中国符号的代表，寄托了国人对"美"的理解和思考，在制作团队上，除了《舌尖》总导演陈晓卿的鼎力加盟，还集结了中外优秀的创作团队，引进了一批新近研发的高清便携式数字设备，满足了观众更高的视觉要求，是在科技革新大背景下，中国电视转入高清时代的一次有力探索，《大黄山》一经播出，就让黄山景区的游客接待率同比增长 33%。高清技术的运用大大拓展了电视创造的空间，在为观众打造绝佳视觉盛宴的同时，也推动了纪录片自身的完善和发展，3D、4K 技术在拍摄技术和设备上的深入为我国增强本土纪录片的影响力，拓宽销售渠道、加快纪录片国际化进程创造了良好的条件，除了技术层面的包装，内容上的包装也是很重要的方面。在创作中，故事化的讲述方式、设置悬念、情景再现、多线叙事、蒙太奇手法的运用等都是纪录片吸引观众、增加收视可以采用的办法。2014年由中央电视台打造的国内首档真人秀纪录片——《客从何处来》在中央电视台综合频道黄金档播出，纪录片分八集，每集讲述一位嘉宾家族的故事，通过阐释个体与家庭、宗族、民族间的关系，真实地为观众展现关于我们自己的家国史、民族史。《客从何处来》在内容上采取设置悬念的双线叙事手法，在嘉宾追根溯源的同时安排关卡和疑团，引发观众的好奇心，另外节目以现实时间和主人公家族历史两条线展开，环环紧扣，形成了多层次、立体式的叙事结构，在创作手法上更为新颖和独特，这也是2014年纪录片形式创新的一个重要的体现。

依托新媒体平台，健全纪录片市场体系

2013年10月广电总局向各大卫视下发了《关于做好2014年电视上星综合频道节目编排和备案工作的通知》，要求"从2014年1月起，综合上星频道按照计算平均每天6：00到次日一点之间至少播出30分钟的国产纪录片"，根据中国传媒大学中国纪录片研究中心（CDRC）2014年第一季度整合的数据显示，22点档收视最高；同时段相比，地方收视略胜一筹；"30分钟超强版限娱令政策"执行效果尚可。

市场经营：央视占优，地方纪录频道特色凸显。

上海广播电视台总编辑室赵明统计了2014年第一季度九家卫视（湖南、江苏、浙江、北京、天津、安徽、湖北深圳及东方卫视）在6：00—1：00各省级卫视播出纪录片的时间分布，播出量最大的当属早上6：00档、晚间22：00档和24：00档，其中，收视最高的在晚间22：00档左右。播放内容多与各频道自身风格相近。

收视情况上，中央台纪录频道和中央台科教频道在全国范围内收视占优，地方台纪录专业频道在其省份和城市因其内容更具贴近性，获得了较高的收视率，纪录片产业展现出骄人的成绩，但同时，政策在实施过程中也显现出不少问题和隐忧。在栏目播出的时间安排上，仍然存在"违规"动作；各大卫视改播纪录片后，收视率不容乐观，除了湖北卫视、甘肃卫视、北京卫视，各大卫视收视率均有不同程度的下降。"30分钟超强版限娱令政策"的实施为纪录片的播出提供了良好的平台，很大程度上刺激了对于纪录片市场的需求，但由于缺乏和市场的对接，没有生产出适销对路的产品，各大卫视纪录片多数在后半夜播放，节目资源重复单一，缺乏自身的品牌特色，因此推动纪录片产业链构建升级、规范行业标准便显得尤为重要。

在节目类型上，注重类型的多样化，提高节目的制作水准。今年，纪录片与其他节目类型有效结合成为纪录片自销的重要形式，网络自制剧《侣行》的热

播，是"台网联动"模式的一个里程碑，以"户外真人秀"进行包装，增添了节目的趣味性和观赏性，户外探险的主题也更加贴合现代观众的口味和审美情趣，获得了高度的认可，另外一档成功的案例是《客从何处来》，通过和真人秀形式的有机结合，丰富了节目的形态和内容，提高了收视率。

制作模式上，随着"30分钟超强版限娱令政策"的落实，专门从事纪录片生产的民营公司的力量也日渐显现出来，国内目前几家比较大型的纪录片制作公司，诸如三多堂、大陆桥、良友、雷禾等为探索适合自身经营的纪录片生产模式做出了很多努力，通过对政府、平台、播出机构以及来自市场方面的纪录片定制，或者与央视共同投资，通过分享版权、版权预售等方式赚取市场份额。目前，很多电视台也通过制播分离，委托民营公司制作纪录片的方式，提升播出纪录片的质量，共同推动纪录片市场体系的完善和发展。

合作模式上，今年，地方台更加注重与中央纪录片频道的多元化合作，全国电视台与央视"联合摄制"通过依托央视先进的制作模式、专业的技术保障进行有效的资源整合，以整合播出，同步首播的形式有效扩大了传播效果，提升了纪录片的品质和制作标准，对于创作一批纪录片精品和系列品牌起到了有力的推动作用，多元化的合作也更好地适应了市场的需求，提高了纪录片的质量效益。

未来展望：传统媒体与新媒体探索并举。

2014年11月12日，致力于纪录片资源整合的纪录片产业服务平台"纪录中国"在广州纪录片节正式推出，同时发布"纪录中国APP"。"纪录中国APP"将以扁平化的技术手段，以互联网思维实现纪录片创作者、投资者和播出机构的跨界交流和平等对话，以基金形式扶持创作者并支持其享有版权收益。"纪录片APP"平台对于搭建跨界沟通的桥梁，催生更多优秀纪录片问世无疑起着更加积极的作用。

面对新媒体时代，传统媒体应该在发挥自身优势的同时借助新媒体平台发展纪录片，传统媒体相对新媒体互动单一化，"纪录片APP"的推出可以增强和受众的互动，实现多向传播，不仅能为喜爱纪录片的大众提供良好的交流平台，也切实推进了纪录片的平民化。

新媒体的投入成本低、回报快、高收益的优势，为纪录片的传播提供了很好的平台，2013年12月，由土豆网纪实频道正式上线的首部作品——电影纪录片《进藏》在全国进行了首映，讲述了10个人从川藏线、青藏线、新藏线、滇藏线、喜马拉雅5条线路出发进藏的故事，展现了藏区独特的地域风情。在宣传策略上，除了为影片举办同名影展，其同名APP也在12月中旬同步上线，打造了极具市场竞争力和营销价值的全媒体品牌，凸显出新媒体在纪录片市场营销中极其重要的商业价值。

《进藏》的成功并非偶然，不仅在题材的选取上有较为明确的定位，而且利用互联网，实现了在全媒体传播中的创新，利用传统产业内容和新科技结合，在产品的宣传上实现了立体式的传播效果。

我国纪录片的市场化制作和营销机制并没有完全建立起来，因此，掌握有效的数据把握纪录片的动向显得尤为重要。早在2012年，新媒体便开始整合分析数据，作为满足消费者的消费心理和适时调整经营策略的重要依据，为及时掌握未来纪录片的走向提供了强有力的保障，新媒体的这些有力举措都是值得传统媒体学习和借鉴的。

做文化强国而不仅仅是文化大国，实现中国纪录片产业繁荣发展，加强与其他国家和地区的文化交流，运用国际平台和商业化的操作谋求更广阔的发展，推动更多国产优秀纪录片融入国际纪录片产业链，从纪录片之前"真实节目"的定义中去探索出路，从新的定义中去寻找纪录片市场的新可能。

参考文献：

1. 欧阳宏生. 纪录片概论［M］. 成都：四川大学出版社，2010.

2. 欧阳宏生. 21世纪中国电视文化建构［M］. 成都：四川大学出版社，2011.

3. 傅红星. 写在胶片上的历史［M］//单万里. 纪录电影文献. 北京：中国广播电视出版社，2001.

多样化的题材·多元化的风格

——2014 年中国电视剧发展报告

  2014 年电视剧市场呈现出多样化和精品化的特征，涌现出一大批优秀的影视作品。受政策和市场两方面因素的影响，2014 年电视剧产量上显现出较大幅度的缩水，更加注重精品化制作，各大电视剧公司纷纷通过提高成本、降低产量的方式加强对于精品剧作的生产，电视剧市场呈现出更为理性的发展态势。据国家新闻出版广电总局的数据统计，2014 年全年全国电视剧拍摄制作备案公示的剧目共 1073 部 39931 集，当代题材电视剧占据的市场份额较大，其中农村题材电视剧 36 部、军旅题材电视剧 15 部、涉案题材电视剧 30 部，呈现出电视创作的多元化景观，显现出稳中求进的发展态势。2014 年上半年电视剧制作备案 529 部，电视剧播出量为 11665 集，与 2013 年下半年相比，电视剧制作备案数量并未产生太大波动，仅小幅下滑 3%，相对而言，电视剧播出量则出现了较大幅度的下降，下降 9%，同比下降 16%，呈现出持续下滑的态势，并且降幅也在扩大。电视剧产量的减少并不意味着电视剧产业的衰退，相比以往，2014 年电视剧市场不再盲目追求数量，而把重心放在提高电视剧质量上，这样有效地避免了因为粗制滥造而造成的资源浪费，实现了电视剧产业的理性回归。在 2014 年召开的全国电视剧播出工作会议上对卫视综合频道黄金时段电视剧播出方式进行调整，宣布自 2015 年 1 月 1 日起，同一部电视剧每晚黄金时段联播的卫视综合频道不得超过两家，同一部电视剧在卫视综合频道每晚黄金时段播出不得超过二集，"一剧二星"政策的实施，为进一步均衡卫视综合频道构成，优化频道资源，调整电视剧产业结构提供了有力的保障。除了政策方面的调整，市场方面受众也对电视剧的精品化制作表现出高标准的追求，2014 年国产电视剧在题材、市场把握上更加精准，生产制作了一批思想性、艺术性、观赏性相统一的精品力作；在创作理念和手法上有了明显的突破与创新，内容题材方面，爱国主义及反法西斯题材电视剧占了相当大的部分，并且加大了对于以弘扬中国梦为主题的影视剧的创作，增强了对于"五个一工程"获奖作品以及各大卫视所属地区获奖和申报电视剧的播放，对卫视古装偶像剧、家斗现代生活剧进行了限额播出，避免了过度娱乐化、网络剧、小说改编电视剧的市场份额不断扩大，呈现繁荣发展。2014 年各类题材电视剧相互延伸补充，丰富了电视剧荧幕，形成在进一步弘扬主旋律、挖掘现实题材的主要框架之下，题材创作的多样化，呈现了良好的电视剧发展势头。另外，新媒体也为电视剧的播放提供了较为广阔的平台，消化了一定数量的电视剧，越来越多优质网络自制剧的播出为 2014 年电视剧创作成果贡献了重要力量。

叙事视角新变化，现实内涵深挖掘

现实题材剧作在主题和题材上有所拓展和升华，叙事视角和手段有所创新，体现出更多的社会担当。

2014 年家庭伦理、青春偶像题材的情感类电视剧作仍然保持了旺盛的创作态势。青春偶像剧在借鉴以往成熟制作模式的同时，更加注重视角和内容上的创新，通过改编电影、小说或者拍摄续集的方式突破青春偶像剧自身选材的局限，显现出越发新颖和多样化的表现形式。都市情景喜剧系列《留学公寓》第二季、《爱情公寓》第四季承接上几季的口碑与人气，并且融入了许多时尚的流行元素，在人物设置、叙事模式、风格特色上借鉴美国经典喜剧《老友记》《生活大爆炸》、印度宝莱坞电影《三傻大闹宝莱坞》，洋为中用，突破了以往照搬照抄的做法，故事紧贴现代年轻人的生活方式，同时讨论和影射了当下的热门话题及热门人物，具有很强的时效性，以轻松幽默的方式展现了年轻一代打拼奋斗的历程和他们的爱情故事，显现出健康时尚、积极向上的基调。《女王驾到》翻版自美国热门电视剧《欲望都市》，以大胆泼辣的语言和富有新意的剧情呈现形式表现了当代女性大胆追求爱情的决心和勇气；《匆匆那年》改编自九夜茴同名畅销小说，描绘了 80 后一代人的情感与生活历程，剧中充满了青春和怀旧元素，激发了年轻人的青春情怀与共鸣，打造了全新一代的青春经典，获得较高的口碑。同样也是改编自小说《姑娘，我们一起合租吧》的《深圳合租记》，通过展现一个失恋落魄男与三个性格迥异女孩的合租故事，上演了一出轻松诙谐、笑料十足的喜剧；由内地、台湾人气偶像联袂主演的电视剧《一见不钟情》讲述一场相互影响的欢喜冤家的故事，在剧情的设置上，突破了陈旧刻板的单元剧形式，以一对对恋人的故事串联，增强了整部剧的叙事效果；《如果我爱你》以其绚丽夺目的视觉效果、偶像加盟的明星效应和充满生活情趣的娱乐风格，获得了许多年轻观众的喜爱。另外，讲述青年人友情及爱情的青春偶像剧《不一样的美男子》，反映当下婚恋问题的热播都市爱情剧《老妈的三国时代》《结婚前规则》等捕捉平凡生活中的浪漫，以通俗的叙事模式认真探讨了当下年轻人不同的价值观和婚恋观以及新老两代人在婚恋问题上的矛盾与冲突，内容表达上更加注重题材丰富性和内涵深刻度的探索，具有重要的现实意义。

2014 年，现实题材剧作在题材发现与开掘方面更加敏锐，超越了以往家庭的小圈子，以更为广阔的视角直面当今社会敏感而又沉重的话题，从平民化的立场出发，高度关注社会各个阶层的生存境况与状态，体现出更多的社会担当。当前，养老问题成为全社会普遍关注的热点问题，电视剧市场也牢牢把握住时代的气息，制作生产了一批以养老题材为主要内容的电视剧佳作。2013年由赵宝刚、侣皓喆执导的电视剧《老有所依》通过叙述人的衰老以及养老问题，着力表现目前社会转型时期人们普遍关注而又焦虑的日常伦理道德层面的忧虑，深刻地触及日趋严重的老龄化问题，展现出对弱势群体的关注；今年，本山传媒也推出了关注老年人生活状态的现实剧作《爹妈满院》，该剧改编自老支书张胜利情系大山创办福利社、义务赡养孤寡老人的真实故事，不仅展示了当下养老的窘境，也显现出对解决养老困境出路的探索和思考，具有独特的人文价值。另外，展现医疗行业现状、医患关系，着墨于医生人格群像的电视剧《青年医生》《产科医生》讲述了年轻一代医生在医治病患过程中挖掘自我、锤炼医德的故事，依托真实的细节展现和细腻的情感表达，通过丰满立体的人物塑造，显现出新一代青年在职业道路上的坚守和探索，无论从艺术手法还是表现深度都值得称道。

2014年出品的少儿题材电视剧数量较少，但在题材选择和表现角度上有所突破，特别是在表现领域作了新的开拓。少儿题材电视剧创作因种种原因，常常让位于其他高利润的商业题材电视剧，今年少儿题材电视剧数量并不多，但相对以往少儿作品在质量上有了较为明显的提高。首部中小学生系列校园剧《语文故事》，以中小学语文课文为题材，通过微电影的形式呈现课文的教育意义，寓教于乐，以新的形式和视角丰富了少儿题材电视剧的内涵。《快乐00后》每集都是一堂教育课，通过风趣幽默、略带夸张的表现形式将小朋友的内心世界展现出来，探讨了教育子女的正确方法。

农村题材表现领域扩大，成为荧屏新宠

农村题材剧作视点独特，热度增加，题材表现领域扩大，在人物形象塑造和叙事手法上显现出新意。

描述当代农民情感生活、创业致富故事的《乡村爱情故事》在第一部播出后掀起了收视热潮，为了乘胜追击，《乡村爱情故事》系列在今年推出了其续集的第七部——《乡村爱情圆舞曲》，续集沿袭了以往的套路和模式，以轻松幽默的喜剧风格和浓郁的东北风情塑造了新一代的农民形象。同样由本山传媒出品的农村题材电视剧作《收获的季节》，一改往日农村剧作沉重的文化聚焦，融合了更具现代气息的时尚元素，顺应了消费语境下的市场需求，描绘了中国新农村朝气蓬勃的崭新面貌。但就艺术价值而言，东北农村题材电视剧在艺术表现手法上过于单一，续集多是同一制作模式的复制与模仿，鲜有创新，并没有真正实现电视剧的精品化创作，以趣味戏谑的语言遮蔽了农民的呼声，某种意义上并未对当下农村进行多方面的真实刻画与描绘，缺乏对于现实的观照。农民史诗大剧《老农

民》讲述了由北方的一场土地革命所引发的长达半个世纪的故事，关注中国当代农村现实生活和农民精神世界六十年的发展演变历程，是对民族苦难和文化变迁的缩影和写照，具有强烈的时代感；反映社会主义新农村建设，讲述川西平原双流县的地平村进入小康生活后的种种趣事的《鲜花盛开的村庄》直面"三农"问题，深刻反映了农村生活现状及农民的生存状态，展示了21世纪初中国农村美丽的生活画卷；《满仓进城》表现了女知青景梅与农村小伙子满仓之间催泪又励志的爱情故事，多角度展现了一幅当代农村青年的爱情画卷，风格清新，有较强的生活气息。此外，由梁晓声编剧，描绘知青返城后的生活，表现一代人激情过后的挣扎与伤痛的电视剧《返城年代》；根据真实事迹改编，全方位展现东北新农村发展进程的《追求幸福的日子》；讲述公务员马向阳乡村奇遇记的《马向阳下乡记》等也是农村题材中的优秀剧作，这些作品在宏观描绘时代风貌，表现农民在党的惠农富农政策下对致富经探求的同时，也细腻地展现了在新农村建设中新一代农民回归土地的心迹变化，塑造了全新的农民形象，赢得了城乡观众的共同喜爱。《大村官》《牵手人生》讲述了现当代青年无悔奉献青春、致力于社会主义新农村建设，反映出广大农民和农村干部与时俱进、锐意进取、坚忍不拔的创业精神，是表现中国农村社会变革的力作。2014年农村题材电视剧在还注重对于当代农村妇女形象的塑造，如讲述农村寡妇翠兰的爱情故事的《翠兰的爱情》；表现农村女性敢于和命运抗争，通过自强不息的努力，最终收获事业和亲情的农村年代剧《油菜花香》等，这些作品都为观众展现了一个个朴实热情、倔强可爱的新农村妇女形象。2014年农村题材电视剧在类型表达上实现了很大的突破和创新，加入了更多现实观照。不仅实现了农村题材电视剧从边缘到中心，从乡土文学、村俗小品的边缘向电视文化的主流媒体和文学审美话语的跨越与转变，打破了以往以东北和西北农村戏为代表的北方农村戏垄断市场的格局，多侧面地反映了当下的农村生活。在人物塑造和叙事手法上也显现出拓展和进步，抛弃了以往单一化、平面化、概念式的人物塑造，而是刻画了一个个深入人心、有血有肉、有着丰富个性的新一代农民形象；叙事手法上，在日常化的叙事中加入了戏剧化的冲突，使剧情富有张力，呈现出更为高雅的乡土审美文化。

创新和探索并举，军旅题材创作更加多元

军旅题材、公安涉案题材作品创作数量颇具规模，在创作理念和表现手法上显现出积极的探索意识，题材选择和表现角度呈现出多样化的特征。

大批军旅电视剧涵盖了军旅生活的各个领域，从不同角度书写军人的风采。具体体现在作品选材的多角度上涵盖了我军的各个领域；在创作理念上贯注着现实主义精神，充分关注时代语境，将我军的建设发展与当代的现实语境紧密联系，使得故事情节、人物个性都映射出鲜明的时代特征；在表现形式上更加多样

化，叙事体裁上既有凝重宏大的正剧，又有诙谐幽默的轻喜剧。《长沙保卫战》以抗日战争为背景，讲述了中国军队抗击日军的三次重大战役，将历史的抒写与个人化叙事相结合，充满人性化色彩；《我的特一营》以战将、战地、战役实名制的手法，将台儿庄战役搬上荧幕，谱写了一曲国军将士反抗法西斯的战歌，该剧在人物形象的塑造上丰满立体、有血有肉，战争场面气势恢宏；《舰在亚丁湾》以艺术化、形象化的叙事手法表现了我国海军在亚丁湾索马里海域执行非战争军事行动的护航使命，剧中打击海盗的场景真实有力，展现了当代海军的精神风貌和使命担当，通过对特殊题材的艺术加工向观众展现了一部带有国家情感、正能量的、渗透出浓郁的中华民族美好的精神情感艺术精品；《神犬奇兵》将剧情聚焦于军旅中的"军犬情"，另辟蹊径，实现了题材上的创新和突破，该剧不仅有同类影视作品血气方刚的烈性，还有细腻温婉的故事和层层悬念的设置，喜剧元素的加入也使原本剧中单调刻板的军队生活变得鲜活起来；《战地黄花分外香》描写了解放军某专业文工团在深入大漠、穿越隔壁、登上海岛的为兵服务中把歌声送给战士，在演出中文艺战士们慢慢走向成熟，为部队创造了属于他们的贡献和辉煌，该剧充分关注时代的语境，使得人物个性、故事情节都映射出鲜明的时代特征。2014年军旅题材电视剧相对以往在题材上有了很大的突破，注重题材提取的多样化，从军旅生活的各个领域、不同角度书写军人的风采，体现出现代军人与时俱进的精神品格和职业观念，将思想内涵和艺术表达很好地结合在一起，赢得了观众的赞赏。公安涉案题材电视剧包括《湄公河大案》《清网行动》《暗黑者》《国家审计》《探灵档案》《证据》《带泪梨花之美丽重生》《今夜无人作证》等一系列优秀作品。《湄公河大案》是根据2011年湄公河"10·5"案件的真实改编，讲述中国公安机关在老、缅、泰三国警方的配合下，成功破获重大国际犯罪团伙的故事，为再现案件的惊心动魄，很多场景采用跨国拍摄，展现了异域的风情；在情节设置上饱满紧凑，内容表现富有张力，环环相扣，调动了观众的积极性；另外，该剧除了在打斗画面上制作精美、视觉震撼，还表现了使用高科技手段与犯罪分子斗智斗勇的情节，为该剧带来了新的亮点，使国内公安题材电视剧到达新的高度。以2011年公安机关为期七个月的"清网行动"为素材的电视剧《清网行动》在创作理念上实现了新的突破，着力表现了战斗在一线的公安战警无私奉献的高贵品质以及工作严谨、思维缜密的个性品格；网络电视剧《暗黑者》采用美剧形式拍摄，颇富新意，显现出新时代网络文化下的审美趋势和观众口味。该剧上线首周的点击量就突破了两千万，是一部优质的网络自制剧，讨巧地采用悬疑题材包装也增强了该剧的传播力。2014年，公安涉案题材电视剧依仗题材上的优势，不仅在艺术表达上不断创新，同时也运用新媒体力量，增强了电视剧的网络营销。

历史题材创作取材多样化，展现中华民族新风貌

主旋律革命历史题材电视剧、一般历史题材的古装剧和近代历史题材电视剧取材更加多样化，以当代审美塑造人物性格，借古喻今构建故事情节，在保留和强化历史背景的基础上，恰到好处地唤起了人们的民族认同感和怀旧情结，同时在叙事方式上注入了现代气息，在把握原作核心审美价值的基础上，从叙事节奏、叙事观点、叙事语言上进行了现代化、多样化的补充，成功实现了思想性、艺术性和观赏性的统一。

2014年批准立项了包括《转折》《天演惊雷》《海棠依旧》《彭德怀元帅》《烽火梁山》《李先念》等作品在内的重大历史题材电视剧目3部、重大革命题材剧目8部，主旋律历史题材电视剧以更加新颖多变的艺术表现手法突破了以往的桎梏。主旋律历史题材电视剧、一般历史题材的古装剧和近代历史题材的电视剧其共同特点都是依托丰富的素材资源，注重历史与现实的结合，在叙事追求、审美目标、创作理念上融入了更多现代化的元素，贴近当代审美，很好地实现了当代人的情感诉求。

2014年热播的古装剧《武媚娘传奇》《大汉贤后卫子夫》《古剑奇谭》《鹿鼎记》《宫锁连城》《神雕侠侣》《风中奇缘》《少年神探狄仁杰》《少年四大名捕》《兰陵王妃》《云中歌》《隋唐英雄3》等作品通过对于历史题材文学作品的多样化改编、对历史人物的全新解读、构造视觉形象等多种新颖的方式阐释历史赢得了观众的文化认同和娱乐好感。《武媚娘传奇》与以往展现武则天的作品相比去除了妖魔化的脸谱形象，故事以武则天在家乡成长、入宫闹后的权力斗争为主线，塑造了一个独特、全新的历史人物，赋予历史以"人学"化、性格化的潜在底蕴，通过人性与历史的互为穿透、互为交融影射现代社会的人情冷暖，迎合了大众的文化娱乐趣味。另外，剧中考究的道具，精美的画面也为观众提供了绝佳的视觉体验。同样以真实历史人物为依托，描写卫子夫传奇一生的《大汉贤后卫子夫》，通过刻画卫子夫的人生命运与传奇经历向世人展现了帝王家族中女性不可磨灭的历史功绩，剧中以明快的叙事节奏、扣人心弦的情节设置实现对人物性格和历史情节的艺术加工与改造，赢得了口碑与收视的双丰收。《大秦帝国之崛起》很好地把握了历史真实与艺术真实的关系，通过人物性格中弥漫的悲剧性征服观众，具有深刻的历史批判价值，以其恢宏大气的叙事模式和厚重的历史文化底蕴呈现出大气磅礴的史诗风格。《大清盐商》以其戏剧化的情节和跌宕起伏的故事讲述了乾隆时期几大盐商家族的苦心经营和悲欢离合，展现了扬州盐商对中国经济举足轻重的影响力，以大视角、大篇幅，全方位地展现出一部浓缩的清代商业的市井图。改编自单机游戏的衍生剧情小说《古剑奇谭》在播出前就坐拥一群粉丝，有良好的观众收视基础，将现代意识的英雄美人主题与历史剧的外在包

装形式结合在一起，增强了电视剧的趣味性和观赏性。重新翻拍的《鹿鼎记》和《神雕侠侣》播出后也获得了不错的收视成绩，在保留主要人物和故事架构的基础上，结合当代的社会背景和收视观众的审美趣味，在情节设置和语言表达上融入了大量时尚新鲜的元素，具有鲜明的现代意识，在贴合观众怀旧心理的同时，也满足了当代观众的审美眼光和心理需求。

近代历史题材电视剧也涌现出了一批艺术精品，如《红高粱》《一代枭雄》《傻儿传奇》《勇士之城》《锦绣缘》《新京华烟云》等。以弘扬爱国主义精神为主要表现内容的热播电视剧《红高粱》在剧情的设置上曲折跌宕，并且塑造了一个个丰满立体、个性鲜明的人物形象，尤其对于"九儿"形象的着力展现彰显出中华民族的不屈精神。《一代枭雄》以20世纪20年代陕南贫穷落后的小镇为背景，讲述留洋归来的何辅堂励精图治，用先进的思想改进家乡落后面貌，关键时刻投奔解放军，和平解放家乡的故事。该剧以精致细腻的艺术表现手法，表现出中国人民勤劳勇敢的优秀品格，凸显出强烈的爱国情怀和民族气节。除了叙事风格严肃恢宏的大剧，2014年近代历史题材电视剧更加注重风格的多样，如诙谐幽默的轻喜剧《傻儿传奇》，以包罗万象的类型元素赢得了观众的喜爱，对于喜剧元素的添加恰当巧妙，避免了题材的泛娱乐化和过度商业化。2014年主旋律历史题材电视剧在创作上注重深度和广度，其艺术性和观赏性也有了突破性的进展。

2014年是邓小平诞辰110周年、新中国成立65周年以及红军长征胜利80周年，一批以爱国主义为主题的历史革命题材电视剧作为献礼被搬上荧幕，包括《红剑》《雪豹坚强岁月》《洪流》《领袖》《十送红军》《烽火双雄》《战神》等，这些剧作均以精良的制作、丰富的艺术表现手法、生动的情节和多样的叙事风格受到观众的广泛好评。改编自刘和平同名小说的《北平无战事》并不是以震撼的战争来构筑全剧，而是以经济战线作为切入点，将宏大的历史命题浓缩在短短的几十天中展现，通过展现蒋经国强制推行币制改革以最后一搏这样一个历史节点，表现动荡时代下人物的命运，还原了历史最真实的风貌，塑造了众多各具特色的革命党人的形象，对国共关系的把握十分得当，故事高潮迭起，增添了叙事的张力。该剧投资高达1.5亿，由国内一线明星倾情加盟，无论在宏大场景的设置上还是微小细节的处理上都力求还原历史最真切的面貌，达到了精益求精。抗战情感巨制《战长沙》没有像往常抗战题材电视剧那样拍摄大量的战争场景以表现战争年代，而是将视角对准了抗战背景下长沙城内一户普通百姓的生活，展现混战年代小人物心路历程的变化，描绘了一幅抗战背景下纷繁复杂的众生相，另外，《战长沙》还融入许多现代元素挖掘新鲜故事，摆脱了以往主旋律电视剧沉闷的风格，让观众耳目一新。聚焦遵义会议前后以毛泽东为核心的第一代领导人的奋斗历程的《领袖》，跳脱了刻板的表现手法，第一次真实全面地还原了历史场景，塑造了个性鲜明、有血有肉、真实可信的伟人形象，是近年来难得的一部反映主旋律的精品力作。此外，悬疑抗战大戏《红色》，以及讲述1937年南京被日军攻占前后四十九日内发生的人间惨剧，通过以小见大、以细节展现人性闪光点的艺术表现手法，显现绝境中生命意义和人性救赎的《四十九日·祭》都以多样的艺术表现手法，打破了传统叙事模式的桎梏，以讲究的制作和巧妙的叙事策略提升了主旋律电视剧的水平，深深吸引和感染了一大批观众。

结　　语

综观 2014 年电视剧创作，有以下几方面的问题不容忽视。一是发展电视剧作品的长远题材，提升品牌效应，拓展海外市场。如一些不断拍摄续集的情景喜剧每部之间只是以往风格的延伸，缺乏一定的突破和创新，并没有真正打造出品牌效应，从而减弱了传播的效果。在拓展海外市场、提升文化影响力方面，电视剧的长远题材和文化品牌也发挥着至关重要的作用，因此，发扬本土文化的民族特色，创作集思想性、娱乐性和大众性相融合的电视剧作品，借鉴国外先进的技术理念和运营模式加大海外市场的宣传力度，提升文化的渗透力和创造力，才能使中国电视剧成为在题材、叙事、价值上都为全球化做好准备的艺术精品。二是注重提升电视剧的品位和文化内涵，避免电视剧作品的过度娱乐化倾向。近年来，国家加大了对于古装剧播出的限制力度并且对于较为低俗化的主题表现也出台了相应的禁播政策，增强了对于现实题材电视剧作的创作力度，但粗制滥造、过分雷同、缺乏美学品格的作品仍未在荧屏上绝迹，许多改编的电视剧作品质量不高，故事表达流于表面，缺乏艺术价值和社会价值，另外一些历史剧为赢得市场好感不惜对历史史实大幅度篡改，对于流行元素的过度添加和题材、内容表现上的不伦不类使作品缺乏一定的审美品位和文化价值。三是主旋律题材电视剧应更加注重受众的接收效果，在题材的选取上立足于生活的现实，避免公式化和概念化的类型表达。2014 年 7—10 月国家新闻出版广电总局开展了以"中国梦"为主题的电视剧展播活动，与传统意义上人们对于主旋律电视剧固有印象不同，在推荐的 127 部电视剧中，以"中国梦"为题材的主旋律电视剧拓展了其外延，增加了如《我在北京挺好的》《十月围城》《婆婆爱上妈》《保卫孙子》等一系列富有生活质感、贴近百姓生活的电视剧，一定程度上拓展了受众对于主旋律电视剧的狭义认知。目前我国电视剧市场在处理主旋律这类电视剧的艺术表现手法上较为单一，缺乏新意，多以重复的类型化模式拍摄，带有强烈的政治宣传色彩，造成了受众的厌倦和排斥心理，主旋律题材电视剧要想赢得更广阔的市场，必须进一步挖掘和延伸"中国梦"的内涵，注重题材、体裁和表现手法的多元，除了表现国家命运，还可以将家庭戏、青春戏作为其载体传递优秀的价值观，拍摄老百姓喜闻乐见的电视剧艺术精品。2014 年，在电视剧产业总体繁荣的态势下，也面临着些许问题和挑战，中国作为第一大电视剧生产国、第一大电视剧播出国，在提高电视剧产量的同时也应该更加注重提升电视剧作品数量，真正实现电视剧作品思想性、艺术性、观赏性的统一，推动电视剧产业的进一步繁荣发展。

参考文献：

1. 欧阳宏生. 21世纪中国电视文化建构 [M]. 四川大学出版社，2011.
2. 中国电视 [J]. 2014（1—12）；当代电视 [J]. 2014（1—12）.

［载《南京艺术学院学报（音乐与表演)》2015 年第 1 期］

高举迎风飘扬的旗帜

——评大型文献纪录片《旗帜》的创作特色

由中共中央宣传部、中共中央文献研究室、中共中央党史研究室、国家发展和改革委员会、国家广播电影电视总局等部委和中央电视台联合摄制的《旗帜》，是迄今为止最权威、最全面反映中国共产党90周年光辉历程的文献纪录片。

《旗帜》摄制组从2010年12月3日组建完成，到2011年4月23日进行影片初审，历时仅139天，创造了中央电视台大型纪录片用时最短的纪录，是中国电视人对党的90周年献上的一份厚礼，达到了"真实、准确、鲜明、生动"的创作要求。

《旗帜》成功构建并通过电视传媒强化了国家意识形态的主流话语体系。

电视是传播国家意识形态、主流话语体系和先进文化的重要渠道与载体，而作为文化含量最高的电视艺术形态，文献纪录片正是这种电视文化功能的最集中体现，其功能和使命就是忠实记录国家的社会发展进程，反映社会价值观和思维方式的变革，为民族、为国家书写生动的影像志，即在政治上反映主流意识形态，标榜主流价值观，引领先进的文化方向。

《旗帜》借建党90周年这样一个标志性的时间，运用文献纪录片的电视传播手段，对党史中各个时期、各种事件甚至各个人物进行了定性化的表述，汇成主流意识形态和话语体系。其具体表现为三个方面：

一是以解说词为代表的组织性定性化表述，即通过解说词的密集信息传播来解释画面资料信息，或者将影像延伸到理性层面，以集体性的话语权对某个事件进行定性化的有效传播和大众传播。如本片以"旗帜"作为总标题，形式简洁而内涵丰富，并通过这种符号化的反复呈现，充分体现中国共产党在90年的光辉历程中，在不同的历史时期对民众所起的旗帜和引领作用。

二是以文献资料同期声为代表的历史性定性化表述，即通过文献影音资料同期声中经过历史验证了的观点进行传播，具有历史权威价值。如《扬帆沧海》一集中选用了江泽民在党的十五大报告中的同期声："旗帜问题至关紧要。旗帜就是方向，旗帜就是形象。坚持十一届三中全会以来的路线不动摇，就是高举邓小平理论的旗帜不动摇。"运用江泽民同志在会议影音资料的同期声，很好地强化了邓小平理论的旗帜作用。

三是以嘉宾访谈为代表的个体性定性化表述，即借个人之口对某个事件进行定性化表述。实质的"把关人"即文献纪录片的主创人员认可嘉宾的个性化观点，即话语虽由个体来定性，但最终呈现的其实是主流话语对此的认同，之所以采用个性化定性表述的方式，是遵循电视的传播规律，因为相对于连篇累牍的解说词式的主体框架，观众更愿意接受个性化的观点。为此，《旗帜》的主创人员在一个月内集中采访了60多个嘉宾，具体可分为两大类：其一是事件的亲历者，特别是重大决策参与者对自己经历的事件的定性表述，如20世纪80年代的江苏省省长顾秀莲谈邓小平对于小康社会思路的形成、港澳办主任鲁平谈香港问题。作为事件当事人，他们的表述极具个性化，但又与整个历史背景融合在一起，体现出突出的代表性和普遍性的统一，个性化的观点就自然而然地转化为国家话语。其二是权威的专家学者，如由中国人民大学戴逸教授、中国史学学会会长张海鹏、中国社科院近代史所所长步平等史学界公认的权威来对中国共产党建党前中国近现代史的情况进行总结性说明，是具有权威价值和意义的，同时也成为具有国家意识形态性质的主流话语体系的一部分。

《旗帜》在创作上进行了多方面的内容与形式的创新，有效完成了主流话语体系的构建。

文献纪录片是采用电视手段对相关素材进行再整理、再阐述的二度创作，因此，如何从类似题材的作品中脱颖而出就成为《旗帜》创作上的难点，比如，《旗帜》如何区分于已经取得重大收视成绩的《复兴之路》《伟大历程》《辉煌60年》等文献纪录片。从整体而言，《旗帜》在创作上有具有非常强的创新能力。

一是从历史中掘取新鲜的细节素材及画面，增强作品的信息量和感染力。

掘取细节素材和画面的前提是认真地搜索、全面的掌握以及丰富的资料储备。《旗帜》主创人员透露，自影片开拍伊始，团队就成立了以中央电视台音像资料馆为核心的20多人的资料组，系统梳理了央视庞大的库存资料，全面细致地修复校色了大量相关的历史影像，为分集编导们提供了最好版本的历史影像，成为自2006年央视启动珍贵历史胶片资料抢救修复工程以来，第一次全面、大规模地在重点纪录片项目中发挥重要作用的工作。此外，编导们还开拓资源，采用了国家博物馆、新影厂、新华社、国家档案馆、八一厂、电影资料馆以及国外多家相关专业资料馆提供的珍贵资料，据统计，资料编辑组总计提供了馆藏资料11163分钟，转录高清资料约954分钟，修复老旧资料500分钟。

因此，我们才会在《旗帜》中看到这样一些首次呈现却非常动人的真实信息，如《开天辟地》一集中提到八国联军侵入北京并分区占领后，强迫占领区的居民悬挂他们国家的旗帜；《艰辛探索》一集中提到1956年中央知识分子会议上，周恩来表示要调整知识分子待遇，有特殊贡献的知识分子工资可以超过国家主席，并在当年6月兑现了这个承诺，当时的教授和研究员的最高工资从253元提高到345元。历史中的细节更能说明问题，更能体现主流话语的中心思想。

《旗帜》中这些首度呈现的珍贵影像资料，给广大电视观众带来一种全新的视角观感。

二是借助技术上的先进手段，增强文献纪录片的视听审美感。

由于近年来电视技术的飞速发展，观众对于文献纪录片的要求也随之水涨船高，因此，借助技术上的先进手段，让文献纪录片变得立体、形象、清晰就成为创作中不得不关注的问题。

为丰富影像的表现力、强化叙事感，《旗帜》主创人员集合了三家国内一流视觉效果制作团队，在50多天的时间里制作了247条、总计时长约60分钟的动画镜头，首次将"长征""太平天国"等段落内容用三维动画的手段予以表现，电视手段的感性特色展露无疑。同时，在处理很多历史照片时，主创人员采用科学再现的手法，运用三维技术将模糊的老照片进行分层处理，让照片看上去更加准确、清晰，虽然原件都是文献的，但是经过高科技手段的精加工、设计和包装，观众可以毫不费力地接收相关信息资讯，完全是一种视觉享受。

三是在制作中完美展现精致的镜头画面和声音。

按照电视的传播规律而言，前期拍摄和收集整理的资料再多再全，如果在最终呈现上不能尽如人意，那就功亏一篑了，因此，在后期制作中，《旗帜》最大限度地将作品做到精致完美，将电视化手法运用到极致。

首先是画面的呈现。以片头设计为例，为体现中国共产党经过90年的风雨"千锤百炼、百炼成钢"的精神。

其次是声音的呈现。为了让画面和声音在《旗帜》中呈现与众不同的完美结合，该片由中央人民广播电台播音员李易配音，他平实的语调、饱含深情而又充满力量的解说，给该片注入了一种独特的文化气息。

从总体上说，《旗帜》开辟了以电视手段，尤其是影像资料与技术形式相结合的结构方式，采用主流话语与细节权威相结合的手法反映历史原生态，还原历史的真实，将学术性与通俗性、系统性与细节性完美结合，在创作上取得了突出的成绩。《旗帜》为我们树立了一种可行的"高举迎风飘扬的旗"的模式，让观众可以在历史与现实之间、感性与理性之间、高雅与通俗之间顺利转换，既获取了精神的营养，又得到了审美的愉悦。

（载《中国电视》2011年第8期）

真人秀节目的本土创新与突破

——以央视《叮咯咙咚呛》为例

  《叮咯咙咚呛》是央视2015年打造的一档真人秀节目，由中韩明星共同参与。十位固定嘉宾分成三组，分别体验并学习京剧、越剧和川剧，最后在梅兰芳大剧院进行比拼，将融入现代风格、时尚元素的新派戏曲节目呈献给广大观众。传播实践证明。《叮咯咙咚呛》是一档具有创新性意义的节目，是我国电视真人秀节目的一种突破。

一

  《叮咯咙咚呛》能够原创性地、极具特色地满足受众的诸多需求因素。除了信息需求和娱乐需求，节目中演出人员通力合作、吃苦耐劳的精神也在向社会传递着正能量，满足着受众的精神需要。

  诉求满足———寓教于乐。《叮咯咙咚呛》使我们在轻松、娱乐的环境下了解戏曲文化，每周一次，潜移默化地将戏曲知识"收入囊中"。

  一是知识诉求。节目中戏曲知识的传播非常自然。每当老师在说教的时候提到专有名词以及相关问题，屏幕下方就会显示文本框，用文字的形式对该话题进行补充。例如第四期，川剧组沈铁梅老师提到川剧就是"在台上'无中生有'"，文本框立刻出现并解释道："虚拟表演：是中国戏曲表演中写意的手段，环境、物体等的虚拟，体现了戏曲时空观，也是区别于其他表演流派的标志。"

  除了文本框的提示，专业动作的演示和学习也是传播戏曲文化的重要一环。各个戏种的一些华丽的基本动作，例如京剧的"射雁""旋子"；越剧的"蹲翻身""乌龙绞柱"；川剧的"轻功""把子功"等，皆以生动的方式呈现。此外，戏曲艺术的其他组成部分，例如京剧的化妆，川剧的服装等，也在嘉宾学习过程中对观众进行了详尽的介绍，从侧面反映了戏曲文化的博大精深。

  二是娱乐诉求。在"明星学戏"的过程中，不但有对其平日生活的跟踪拍摄———例如做饭、游戏、其他明星前来探班，还要完成节目组设置的任务和挑战。例如第二期，三组成员分别通过三关考验才找到自己的"师父"。当然，除了节目组故意设置的游戏，字幕处理和画面剪辑也起到了非常生动的娱乐效果，例如嘉宾语言、表情的捕捉，特写放大，设置悬念等。为了解决中韩两国嘉宾语言不通的问题，节目全程实行同声传译，使演职人员交流没有障碍。

引发话题——时尚向经典致敬。时尚与经典碰撞，本身就具有话题性。国家一级编剧张永和说道："戏曲是好东西，但是它诞生于几百年之前，和今天的年轻人有一定距离，恐怕会产生一种天生的排斥。"《叮咯咙咚呛》成功使"新瓶装旧酒"，使戏曲文化借时尚外衣登场，诠释了"跨文化融合"。

汇演突破了以往戏曲单调的舞台布景，充分利用 LED 技术、AR（增强现实）技术以及 3D 全息投影，舞台效果绚丽夺目。当晚便引发了观众关于"时尚向经典致敬"的话题讨论。汇报演出的最后，京剧"裘派"传人裘继戎的先锋舞蹈作品《进化》，融合了京剧、太极、poppin 和现代舞，体现了多元文化的碰撞，是《叮咯咙咚呛》节目主题的具体表现。

社会示范——尊师、明礼、重教。人际交往是社会发展的必然产物，也是人们日常生活的重要组成部分。我国古代就有"拜师学艺"的传统，师父的威严不可动摇，"一日为师，终身为父"。《叮咯咙咚呛》也是以"拜师学艺"的方式，三组嘉宾分别拜梅葆玖、刘志刚和沈铁梅为师，刻苦学习。节目第九期，京剧组三人来到梅葆玖老师家行拜师礼——敬茶。嘉宾对老师的尊敬和爱戴体现了我国传统文化中"尊师"的美德。除了"尊师"之外，嘉宾之间也是相处融洽，彼此关爱有加。对自己的助教、陪练都给予了足够的尊重和重视。体现了我国传统文化中的"明礼"和"重教"的美德。

旅游文化——自然与人文的结合。三组嘉宾分别赶赴北京、嵊州和重庆进行学艺，嘉宾所进行的吃、住、行、娱等活动都渗透着当地独特的旅游文化。北京主要表现其独有的历史文化特色以及大城市生活，例如第二期参观梅兰芳博物馆、第六期夜晚"逛后海"感受北京的特色小吃等。而被誉为"山城"的重庆所展现的则是山的雄壮和水的清丽，剧组分别在金刀峡和黑山谷两地取景拍摄，着重表现了当地自然风貌。因此《叮咯咙咚呛》也兼具旅游宣传片的特征。

二

《叮咯咙咚呛》兼具原创性、跨界性、专业性、趣味性四个特点。

一是原创性。该节目由央视联合北京爱享文化传播有限公司共同研发，并非由海外引进版权。换句话说，这是全球第一档戏曲体验式真人秀节目。虽然乍一看又是时下流行的中韩合作方式——韩国模式、韩国明星、中方出资出力，但仔细研究，会发现其本质是非常纯粹的原创节目。真人秀的形式只是外壳，"戏曲"才是核心，才是节目的主角。在综艺节目"引进海外版权"成为趋势的今天，这种原创性节目无疑会让人耳目一新。当下很多真人秀都是让明星走出国门去体验别样的生活与文化，然而中国自己的文化其实还有很多可供挖掘的素材。《叮咯咙咚呛》反其道而行，让外国的明星走进来体验中国的传统文化，让时下年轻人重新审视自己祖国的国粹，感受优秀传统文化的独特魅力。同时，节目在拍摄手法上也独具匠心，采用了三地平行拍摄的手法，这在我国电视综艺节目中尚属首次，也让《叮咯咙咚呛》贴上了节目形式"多元化"的标签。节目中的任务设置巧妙地结合了戏曲自身的特点，与其他节目不同，新意立现。央视更是史无前例地动用了综艺、中文国际、经济、军事农业、戏曲、音乐六个频道对该节目进行轮番播出，其重视程度可见一斑。

二是跨界性。《叮咯咙咚呛》的十位固定嘉宾具有显著的"跨界性"——不仅是"中韩跨界"，还是"专业领域跨界"。其中，韩国明星占了六位，均为男性，从歌手到演员、从青年到中年、从主持人到谐星，尽数涵盖。以往我国的真人秀节目如果邀请韩国嘉宾，无非是仅仅邀请一到两个，或者直接客串一到两期，像这种韩国明星人数占据主导的情况实属首创。之所以动用如此数量的韩国明星，主要基于节目组"传统文化反向输出"的理念。即便文化背景不同，国外的年轻人也能够跨越语言障碍，对国粹有共同的认知，一起来领略中国国粹之美，实现文化交融，这才是节目的现实意义。

三是专业性。节目中邀请了中国戏曲大家担任各组导师——京剧表演艺术家、梅派传人梅葆玖，越剧"小王子"赵志刚，川剧代表性传承人沈铁梅。除此之外，各组的助教也是在戏曲圈颇有盛名的青年表演艺术家，专业性足以保证。专业培训加勤奋苦练，使十位嘉宾最后一期的汇报展演圆满成功。展演结束后，京剧大师梅葆玖表达了诧异："能唱得这么好，完全不像是外国艺术家在表演中国的戏曲。"

四是娱乐性。除此之外，《叮咯咙咚呛》并非传统意义上的"戏曲教学"，而是融入了很多娱乐元素，被网友戏称"戏曲版《奔跑吧兄弟》"。该节目还具有"美剧式真人秀"的风范——拥有贯穿整个节目的完整故事脉络。京剧三位男星上演的是"兄弟情"，越剧双生双旦无疑是"爱情"，而川剧两男一女，其中张赫年龄偏大，一直照顾着朴宰范和吉克隽逸，同时年龄稍长的朴宰范也对吉克隽逸爱护有加，俨然上演了一出"兄妹情深"。

当然，节目较强的娱乐化倾向也招来了不少质疑的声音，引发网友争议，认为这样的节目有"践踏国粹"之嫌，实在是看不下去。虽然能够吸引不少受众，但真正对戏曲感兴趣的受众可能无法接受这样的内容和形式。虽说是多元化，但也会让人感觉是"四不像"，有些不伦不类。而且出身于梨园世家的主持人董艺显然也与这种"泛娱乐化"的节目气氛格格不入。

传播先进文化是中国电视的重要责任。《叮咯咙咚呛》是我国传播优秀文化的一次很有意义的尝试，效果不错。希望借此能够让更多电视综艺节目回归我国优秀传统文化当中，做文化传播的先行者，努力开辟一条适合自己的创新之路。

（载《现代传播》2015 年第 7 期）

铁血而悲壮的民族史诗　深沉而敬畏
的川魂再现
——观电视剧《壮士出川》

摘要：中国电视剧研究对传播呈现与传播题材之间的关系多立足于具体的内容分析，其文本本身创作维度并未受到足够的重视。电视时代历史性题材的创作除了体现在丰富创作内容、扩大创作视野外，其重视文本创作本身也潜藏着巨大的能量。本文以展现川军抗战史的电视剧《壮士出川》为例，从叙事模式、文本创作、文化意蕴三向维度来讨论这部电视剧的创作文本，并给那些传播形式多样的电视剧如何有效形成主流话语体系提供相应的创作思路建构。

关键词：《壮士出川》　文本创作　叙事模式　文化意蕴

一段彪炳千古的抗战史实、一段可歌可泣的川军历史，通过电视剧《壮士出川》而得以重现。《壮士出川》根据川军抗战真实史料改编而成，通过一个个情节紧凑的故事，以近乎真实的历史脉络、悲壮而惨烈的战争画面、深沉而敬畏的中国军魂，勾勒出近代抗日战争的惨烈，追忆与重现了在特定历史时期四川军人的艰辛与坚毅，再现了当年川军出川抗战的悲壮与沉重。电视剧《壮士出川》将历史的沉重感与战争的残酷性表现得淋漓尽致。

一、叙事模式中美学的交融与突破

（一）叙事策略——写实手法的运用

《壮士出川》的叙事亮点在于其纪实性的运用，强调叙述的细节化与真实性。"电视性的一个突出表现在于追求真实性，体现在对生活的纪实性、写实性乃至原生态的刻画与摹写上。"《壮士出川》将叙事与记录结合，在考察历史的基础上，四年磨一剑、数易其稿，对人物塑造、情节设置、战争场景，甚至军装武器等方面都尽可能地还原与呈现。其战争史实如万炮夜袭敌营的戏份，就是来自川军李秾师 1945 年 3 月在湖南茶陵伏击日军的真实事件；攻占石木山之战，则由 23 集团军 50 军攻占杨家山和定山作战整编而成。而人物设置，如王铮饰演的王长生，由川军历史上著名的死字旗主人公王建堂演化而来。因炸桥梁而牺牲的炊事兵秦福财，他的原型则是 47 军的炊事兵李发生。大量真实而丰富的史料、在平民化叙事下显得生动而感人。

除此以外，在剧中大量出现的高密度、多种类的战争场景也尽可能地还原了抗日战争时期的战场状况，并刻意保留了断臂残肢等血腥场面。据统计，在《壮士出川》拍摄期间，单日消耗的炸药量多时达到 500 公斤，用作血包拍摄流血镜头的爆破小包则日消耗上千只，大量的爆破场景最大限度地还原历史真实。

从文化传播角度看，以《亮剑》《我的团长我的团》等为代表的军事纪实性电视剧的兴起主要建立在受众期望表达真实历史的期待上，满足了社会转型期人们期待真实、了解现实和自身的心理诉求，在影片中往往用非叙事性话语来保证作品非虚构的纪实性本体的前提下，彰显创作者的主体态度与情感倾向。但《壮士出川》中，主创人员除必要的艺术虚构与加工外，其人物、情节等多源于真实的历史故事，以极大的创作真诚描绘了数百万川军将士浴血奋战的场景，一改荧幕抗战剧浮夸、虚构之风气。

（二）叙事角度——多元棱镜的折射

《壮士出川》情节紧凑而生动，由一个个战役将其连接而呈现。但该剧又不仅仅描写战争，从爱情、兄弟情、战友情、故土情等多种角度穿插进入描写，并在诸多叙事线索中加强了对传统"冲突律"的运用。"冲突律"原本属于戏剧的范畴，后来逐渐被电影和电视剧等艺术形式借鉴，并由黑格尔将其与辩证法结合，提出了著名的"冲突说"。黑格尔指出，冲突是对本来和谐的情况的一种破坏，但"这种迫害不能始终是破坏，而是要被否定掉"，使冲突消除，又回到和谐。不仅如此，人物性格的高度和深度也要借冲突来衡量："人格的伟大和刚强只有借矛盾对立的伟大和刚强才能衡量出来。"正因为如此，在诸多冲突中人性得以展现与凸显。

从总体看来，《壮士出川》的叙事角度主要围绕着民族矛盾（抗日战争）、党派矛盾（国共两党）、内部矛盾（士兵汉奸市民等）、情感矛盾（爱情友情亲情）四条线索展开，多元化、棱镜式地折射出战争百态，多面向、多维度地体现出人性色彩。而随着情节的发展，第一、第二种矛盾"硬度"大，并始终贯穿其中，而第三、第四种矛盾则"软化"的多，可随时调换并创造出情节冲突与矛盾，增强其戏剧性。《壮士出川》通过这些维度和线索的展开，相互交织而形成了立体叙事图景，而情节描述、人物塑造、感情升华等也随着这些冲突与多重角度的进程而逐一展现与升华，从而在整体上呈现出叙事节奏紧凑、叙事张力摇曳、叙事深浅得当、整体情节起伏有度、张弛有序的风格。

（三）叙事色彩——美学文化的交融

电视剧的叙事美学多从小说叙述美学与电影叙事美学中借鉴、衍变并发展而来的一种研究视角。在电视剧的叙事美学中，通过对比、暗喻等形式，音乐、镜头等手段，将情感与人性这一永恒的主题突出。在《壮士出川》全剧中，我们看到了众多丰富而真实的场景,该剧并没有回避历史矛盾问题,而是以充满热情与探究的眼光去关注这段特殊历史时期的人们的心灵深处。

在叙事美学上,该剧的最大表征是"利他"主义的凸显,其表征是勇于奉献与自我牺牲。在这部剧中,抗战只是载体,而其中包含的最有价值的精神——哲学、伦理学这些主题都依附于这样的载体。这样的精神在那段烽火岁月中塑造了那群舍身取义的民族英雄——杨彪为了保住张抗不惜以身犯险,深入军统监狱;炊事兵秦福财为了任务完成,抱着铁锅舍身炸石桥;小翠仙为了获取敌军资料,自饮毒酒而亡……这些艺术形象中展现着丰富的思想内涵。

不仅如此,借助叙事美学这种视角,其对比的审美思维也在剧中逐一展现。具体说,李波的小肚鸡肠与张抗的大气慷慨形成了人物性格的强烈对比;川军将士的勇猛抗敌与国军的懦弱后退形成情节的强烈对比。因此,我们在全剧丰富而细腻的叙事中清晰看到了历史折射出的时代特征,在"对比/差异"中去感受人物细腻而真实的体现,创作者们让观者在这些具体的事例、艺术的人物中收获了巨大的审美愉悦,更让观者看到了在那段烽火岁月中他们作为千千万万个中国抗战士兵的代表与楷模,所体现出的社会价值与思想价值。

二、文本创作中光影的解构与重构

(一)剧本创作:真实还原的历史文本

古希腊哲学家亚里士多德在美学著作《诗学》中将情节置于性格、言辞、歌曲、形象、思想等六大悲剧成分之首。高尔基在《与青年作家的谈话》中也将情节看成是人物"某种性格、典型的成长和构成的历史",认为它一般由表现人物性格的人物与人物、人物与环境之间错综复杂的关系所组成。可见,情节描写与铺垫在一定程度上成为决定一部作品成功与否的要素之一。电视剧《壮士出川》的精彩很大程度上得益于其情节的设置与剧本的扎实。

《壮士出川》中除了重塑淞沪会战、台儿庄战役和老河口保卫战三大历史名战外,还拍摄了其他34场大小战役,而这34场战役也均由真实战例整编而成。为了忠于抗战史实,剧本几经修改,耗时四年,编剧陈庄、冉光泽等人多次征求相关专家意见,并认真研读相关历史文献,为剧本设计做了大量考究工作。

首先,在剧本创作中,《壮士出川》精心挑选了代表性事件,如淞沪会战、智取平遥、展死字旗、夜袭两下店、老河口城巷战等,为主题的表现提供了场景。山东战场伪装潜伏夜袭两下店,摧毁敌军重武器装备;鄂北战场杨彪主动出击,千钧一发解救靳旅;山西战场张抗、杨彪联手智取平遥,使其成为抗战中夺回的第一座县城……剧中通过一次次艰苦的战斗,将川军将士们的勇敢机智、特立独行表现得淋漓精致。

其次,《壮士出川》为了使人物形象更加鲜明突出,对重点情节进行了强化。如著名的藤县保卫战一役中,一二二、一二四师举师殉国,血战到最后一个人,最后师长王铭章也战死沙场，壮烈殉国，为台儿庄大捷奠定了基础，噩耗传来，川军战士们悲痛异常，冒死夺回师长遗体，这一情节的描述既将中华儿女保家卫国的精神展现了出来，又将川军士兵们有情有义、有血有肉的人物刻画进一步加深。

再次，《壮士出川》补充并创作新情节，进一步完善人物性格与主题意义。如四川农妇郑桂芳千里寻夫，先在战场上为丈夫王长生送上死字旗，为了寻找丈夫，跟随劳军团奔赴前线，却阴差阳错屡屡错过，在途中她斗过土匪、抓过间谍、打过鬼子、救过伤员，历经千难万险，从一个普通农妇变成了一名优秀的战士，而她的勇敢和坚强也感动了身边的每个人。在最后的老河口战役中，她和丈夫约定一起回家，却在最后被敌军俘虏绑在车上作为要挟，关键时刻她丈夫王长生顾全大局，含泪将其击毙，亲手杀死了挚爱的女人。这样的情节设置更具戏剧性与感染力，让人潸然泪下，唏嘘不已。正是这样极具生动性、真实性和丰富性的故事情节，为这部剧的影响奠定了扎实的基础，也是这部剧抓人眼球的亮点之一。

（二）镜头拍摄：精益求精的视觉文本

电视剧《壮士出川》不仅是对抗战历史的影像再现，同时更是对川军抗战这段封存已久，并广为人所知的集体记忆进行影像建构。集体记忆是经由文化的、社会的因素联结起来的"想象的共同体"所拥有的共同的记忆，其概念创始人哈布瓦赫曾指出："集体记忆在本质上是立足现在而对过去的一种重构。"而对于川军抗战这段历史的视觉资料，目前市面上仅有《傻儿司令》《正者无敌》《川军团血战到底》等寥寥几部电视剧和一些纪录片片段，而其中不乏编纂与杜撰的情节，使得人们无法全面了解这段历史。随着时代的变迁，人们急需视觉本文的呈现，在影像中彰显与升华这段记忆，并探究这段记忆背后的意义。

据统计数据显示，《壮士出川》在四川卫视 1 月 2 日 19 点 35 分至 21 点 35 分时间段中，在索福瑞 33 城市网收视率高达 0.798，省级卫视同时段排名第二；索福瑞全国网收视率高达 1.04，在省级卫视晚间电视剧中排名第二，而后收视率稳居前三，成为众多省级卫视开年大戏中的收视亮点。这部戏赢得广泛赞誉的背后，其近乎残酷的战争场景更让人震撼。为再现战争惨烈情景，该剧烟火费用创造了国内同类电视剧之最，子弹打掉了 6 万发，光材料费就花了 110 万元。巨额的投入换来的是震撼的视觉效果。《壮士出川》包含了当时社会的多元场景（城镇、乡村等），多元的生活要素（学校、酒店、菜馆、医院、弄堂等）以及各色人的生活全景风俗，将曾经因军需不足而穿着草鞋披着蓑衣、别着烟枪挂着自制手榴弹、扛着大刀用着步枪的抗战川军们进行全真展现，重塑了在恶劣环境中与日本侵略者抗争、浴血奋战的川军士兵形象。

不仅如此，《壮士出川》全剧战争戏份高达 70%，广电总局审片小组用"震撼、史诗、悲壮"等词汇对该剧进行了高度肯定。从技术手段看，除了日常的叙事镜头外,在战争场景中影片多采用局部特写结合大广角、大俯拍等拍摄角度,迎合战争快节奏、多运动的方式,采用了大量的移动拍摄与辅助拍摄,在视觉上营造出空间的距离感,规避了战争中的杂乱无序,同时又兼顾真实景观。而在色调上,影片多以灰、黄、白等色调为主,通过色彩的不同层次体现出战争的神秘感,使画面呈现更加苍白的效果,并在色调与影调上和谐过渡。而在叙述历史时,《壮士出川》比同类电视剧更加注重史实的还原,在细节上的处理也极尽考究,运用草鞋、蓑衣、烟枪、大刀、单打一步枪、麻花手榴弹等道具,成功再造了川军将士衣衫褴褛、装备落后的形象。细节真实,张弛有度、收放合宜,史诗质感彰显无疑。

三、文化意蕴中川魂的回忆与再生

(一) 川人的坚韧与顽强

军校尚未毕业便奔赴前线的学生连长、大敌当前身先士卒的世家公子、奔赴前线救死扶伤的大家小姐、知人善任重情重义的"土匪"团长、知错能改血气方刚的"袍哥"兵长、西充"八百壮士"的缩影新兵、执着信念千里寻夫的四川农妇……与以往抗战剧孤胆英雄式的演绎截然不同,该剧塑造了一系列特色鲜明的人物群像,更贴近川军各界参战人数之广泛的史实,彰显出川人的坚韧与顽强。

本片主人公——由林江国饰演的张抗在尚未毕业时便奔赴前线参加淞沪会战,苦战数日,其所在团上至团长下至士兵几乎全部战死,张抗死里逃生,随后被收入王铭章师团。后出川抗日,他带着一帮生死兄弟炸碉楼、毁枪炮。在得知自己心爱的女人被日军强暴,自己的父亲被敌军飞机炸死时悲愤异常,更加勇猛杀敌,用自己的智慧创造出一个一个的战争胜利,最后与兄弟们一起战死老河口战役。

应该说张抗这个人物的塑造早已超出了一般恩仇情怨,他像数万川军的一个缩影,浓缩化地展现了川军出川抗日的辛酸史、苦难史,展现了在民族危亡之际,以国家利益为重,深明大义,忍辱负重,慷慨赴死的数万川军士兵的精神,同时,在这个人物身上将历史发展脉络与个人人物命运进行了横纵两向拓展,既体现了历史发展的客观事实,又展现了群体人生观,将川军逆境下隐忍顽强的精神品格表现了出来。他们在日本侵略者面前所表现出来的是一个军人、一个中国人的民族气节与铮铮铁骨,不仅悲壮、坚韧,更凸显出一种生命群体的延续与抗争。

(二) 川军的血性与包容

不少创作者为了凸显电视剧的戏剧性,往往在人物设置时加入传奇色彩,以此来凸显人物的不凡,增加剧作亮点,而在《壮士出川》中诸多人物设置合理而丰满,既没有拖沓流弊,也没有过分地将人物塑造成高大全。剧中若干真实历史事件合理穿插，人物在诸多故事中逐渐成长而丰满，既有人性中冲动、蛮横的一面，也有人性中仗义、耿直的一面。如由王大宇所饰的吴天禄这个人物，袍哥出身，最初是个抽大烟、整天吊儿郎当的兵痞，因被张抗勒令戒烟、关禁闭而心生不满，后经过数次并肩作战被张抗折服，本人痛改前非戒烟，并立下带领敢死队成功偷袭翠云岗等大功。吴天禄带有明显的江湖气息，战场上积极营救兄弟，战场下在得知莽娃、李波联手陷害张抗以后，又欲动用袍哥规矩砍下莽娃的手臂、活埋李波。这个人物最初的设置并不是传统意义上的高大全的人物，甚至有点流氓痞气，他体现了川军当时的真实现状：手上两支枪，一杆真枪一杆烟枪。但随着剧情的发展，他为救兄弟而挺身而出，为救张抗而拼命呼吁，虽然其中不乏莽撞与冲动，但让人更多的是看到的他作为一个军人的血性。当知道是自己的弟兄莽娃出卖张抗以后，出于兄弟之情与抗日大局考虑，又以极大的包容容忍着莽娃的行径，而最后在老河口战役他为了掩护主力撤退坚守战场到最后，被炸瞎双眼并被日本人吊在悬崖示众。让人在情节故事的发展与升华中提升了对这位平凡人物的认知，激荡着敬慕，感怀着义愤与悲壮，看到了川军的血性与包容，并产生由衷的敬佩。

（三）川魂的传承与永生

历史上给我们记载了这样一个故事：抗战期间，安县曲山镇青年王建堂与朋友分头串联了100个青年，向县政府请命杀敌。就在他们开拔前，县政府收到了王建堂的父亲王者成寄来的一面出征旗。当众人展开这面出征旗时，全都大吃一惊——与祝愿亲人平安远征相反，这面由一块宽大的白布制成的大旗，居中写着一个大大的"死"字！出征旗的右上方写着："我不愿你在我近前尽孝，只愿你在民族份上尽忠！"左上方写着："国难当头，日寇狰狞，匹夫有份。本欲服役，奈过年龄。幸吾有子，自觉请缨。赐旗一面，时刻随身。伤时拭血，死后裹身。勇往直前，勿忘本分！"《壮士出川》中王长生的原型就是王建堂，而死字旗更是川军勇敢、坚韧、血性与赴死精神的象征。

8年抗战，川军前后300多万人出川奔赴前线，其供兵源总量居全国之首，其牺牲人数占全国抗日军队总数的五分之一；8年抗战，衣衫褴褛的川军中60多万战士埋骨中华大地，川军参战人数之多、牺牲之惨烈居全国之首；8年抗战，川军秉承陆军上将刘湘临终遗言，"抗战到底，始终不渝，敌军一日不退出国境，川军则一日不还乡"，打出了"无川不成军"的威名。这一切的一切都值得我们铭记，而川军战士们的精神已经融入了我们民族的血液，是我们民族的灵魂与精神的象征。

《壮士出川》，一部以战争性题材电视剧的重构性叙事为我们展现与提供了历史化效果的审美观照。不可否认的是，《壮士出川》在某些叙事过程、人物结构中依然存在明显的人为痕迹，在叙事冲突和历史常识上依然有疏漏的地方，但瑕不掩瑜，在当下抗日神剧泛滥，急功近利的抗战剧创作环境中，这部剧已经足以引领我们去探访与走入一段早已尘封的历史岁月，已经足以让我们回头去体会这段历史，感悟到它的深沉，铭记我们民族在成长过程中所付出的代价，并在这部剧中体会与思索我们民族真正强大的内在力量。

参考文献:

1. 宋洁. 论中国电视剧的崇高范畴［M］. 北京：中国传媒大学出版社，2009.

2. ［英］奥利弗·博伊德·巴雷特，克里斯·纽博尔德. 媒介研究的进路［M］. 汪凯，刘晓红，译，新华出版社，2004.

3. ［英］麦奎尔. 大众传播理论［M］. 北京：清华大学出版社，2006.

4. 胡智锋，李立. 转型期影视创作的世俗化取向（对话录）［M］. 北京：北京广播学院出版社，2001.

5. ［英］特伦斯·霍克斯. 结构主义和符号学［M］. 瞿铁鹏，译. 上海：上海译文出版社，1997.

6. 崔刚. 重构中国"宏大叙事"——浅析当下部分电视剧创作的文本及价值指向［J］. 现代传播，2009（2）.

7. 王雨萌.《亮剑》是怎样"亮"出来的［J］. 中国电视，2006（3）.

8. 王晖. 从文学纪实到影像呈现——以电视剧《奠基者》为例［J］. 中国电视，2010（7）

9. 张国涛. 长篇时代的电视剧理论研究范式［J］. 现代传播，2009（3）.

（载《中国电视》2014 年第 3 期）

第五编

媒介融合：产业经营与传媒转型

论互联网时代"广电媒体+"之融合创新模型的建构

2015 年 3 月，国务院总理李克强在第十二届人民代表大会上提出制定"互联网+"行动计划，推动移动互联网、云计算、大数据、物联网等与现代制造业结合，把互联网和包括传统行业在内的各行各业结合起来，引导互联网企业拓展国际市场。当然，"互联网+"并不意味着互联网与传统行业的简单相加，"互联网+"带来的最根本改变在于它是对传统行业的"换代升级"。由此，"互联网+"中的互联网，便不仅仅是一种单纯的新兴媒介，它成为一股新的资源分配、整合与重构的力量。

于是，无论在学界还是业界，"互联网+"已然成为热门词汇，但是，是否每一项事物都必须是"互联网+"而不是"+互联网"呢？这是一个十分值得讨论的问题。对于广电媒体来说，有着互联网背景的人和传统广电媒体从业背景的人，对这个问题显然有着不同的回答。这些争议，主要围绕着"话语权问题"和"对未来用户媒介消费方式的判断"展开。

在话语权方面，互联网真的占据了绝对优势吗？虽然如今以互联网、移动互联网为代表的新媒体正在飞速成长，但是笔者认为，传统广电媒体的高效整合传播能力、优质的内容生产以及权威发言人的地位，仍是互联网无法替代的。根据牛津路透（RISJ）联合调查报告，在对 18 个国家调查三万多名网络新闻用户之后，该报告显示：传统媒体依然十分重要，其中电视比报纸更受欢迎。虽然人们经常看网络新闻，但是传统电视媒体仍然是主要的新闻来源。[①] 所以，李克强总理提出"互联网+"的概念，并非否认传统广电媒体的地位和作用，而是希望用互联网这种先进的生产力来倒逼传统广电媒体的革新发展。

而在对未来用户媒介消费方式的判断上，传统广电媒体的最大危机，在于新一代用户更加倾向于"社会化"线上交流，传统广电媒体以往与用户的交往互动方式，可能不再被用户采纳。但是，我们同时也应该看到，广电媒体相较于互联网来说，它的用户群体是十分宽泛的，不仅有新潮的 90、00 后，更有年长的中老年人；并且在

---

① 参见 Digital News Report 2015. http://reutersinstitute.politics.ox.ac.uk/publication/digital-news-report-2015。

年轻人"社会化"交往频繁促使"孤独感"频生的时候，广电媒体可以利用其"家庭客厅伴侣"的优势，打造情感交流的王牌，这是吸引用户不可或缺的元素。因此，虽然"互联网+"是热门词汇，但是对于传统广电媒体的融合转型，它们应立足自身优势，在与互联网互动过程中，实现优势互补。传统广电媒体仍将会是未来媒体行业的主角，从这种意义上说，"广电媒体+互联网"才是其创新动力模型的雏形。

2015 年，根据 CSM 媒介研究所给出的 2015 年上半年城市收视调查数据，传统电视观众人均每日收视时长降至 158 分钟，较 2011 年下降了 12 分钟，而观众规模从 2011 年至 2015 年也在逐年下降（如图 1 所示）。面对传统电视观众人均收视时长和规模下降的不利局面，广电媒体如何拥抱互联网，实现创新与发展，完成"广电媒体+互联网"的融合创新，本文对其进行了若干思考。

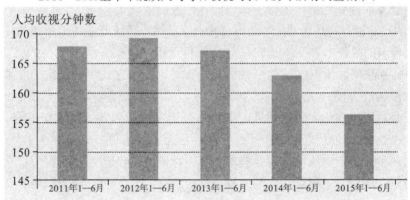

2011—2015上半年观众人均每日收视时长（历年所有调查城市）

图1　人均每日收视时长图（数据来源：CSM 媒介研究）

"广播电视+互联网"理念：创新之根本

2015 年在"互联网+"战略发展政策下，互联网的发展迈向了一个全新高度，其连接事物的"+"的属性渗透到人们生活的方方面面，传媒行业也不例外。而在探讨传统广电媒体如何拥抱互联网，进行创新之前，我们有必要先厘清，媒介环境的变革到底意味着什么？因为这会直接影响到创新的心态。

第三代媒介环境学派代表人物保罗·莱文森曾提出信息技术的发展和媒介形态的变革是自然界动态进化过程的一部分，是人类社会进步和发展的重要力量。他对技术促进媒介形态的变革持乐观态度，并指出，任何一种后继的媒介，都是对过去某一种先天不足的媒介功能的补救，从而使媒介越来越完美，越来越"人性化"。[1] 他以广播和无声影片为例，解释了为何两种媒介有着完全不同的命运。

---

① 详见郑燕：《人是媒介的尺度——保罗·莱文森媒介思想研究》，山东大学博士学位论文，2014 年。

答案是：媒介的人类学理论表明，媒介倾向于复制前技术的世界。

保罗·莱文森分析认为，在广播的前技术世界，人类习惯闭上眼睛只用耳朵听。所以，只用听觉不用视觉的广播能够继续生存，因为这是一种对前技术世界人类感官模式的复制。而在前技术环境的自然世界中，人们几乎没有只看不听的传播模式，白天万籁俱寂的情形人们无法适应。因此，这解释了无声片的生存境遇。从保罗·莱文森的理论我们可以看到，任何一种媒介形式的出现发展，在于它是否是对人的某一特性的"模仿"，只是"模仿"有偏向而已。因此，无论是广播、电视，还是互联网，它们都是人的某一感知模式的延伸，它们不是彼此消融的关系，而应是互相补充的关系，"互联网＋"的到来，可能更多的是给了传统广播电视媒体发展、创新的机会，这是传统的广电媒体人首先应该树立的信心。

表 1　媒介的模仿对象及延伸

	照片	电话	报纸书籍	电视电影	立体影像	互联网
模仿对象	视觉色彩	听觉语言	人脑思维（线性）	视觉二维性动态性	视觉三维性	视觉、听觉、思维、语言（综合体）
延伸方面	时间长度	空间广度	复杂性	跳跃性	时间长度	时间长度空间广度

从表 1 中我们可以看见，"互联网"作为一个集视觉、听觉、思维和语言的综合体，它不是一个单纯的新兴媒体。这意味着，传统的广播与电视媒体，不能只把互联网看做一种新的传播手段、渠道和平台，仅仅把传播内容形式上嫁接在互联网上，依旧用传统的制作思维和互联网进行表面的融合。互联网不是延伸广播和电视媒体影响力的工具，在新时代，广电媒体应该运用"广电媒体＋互联网"的理念，整合、重构整个广电行业系统，从而构建出一个"价值环"，如图 2 所示。

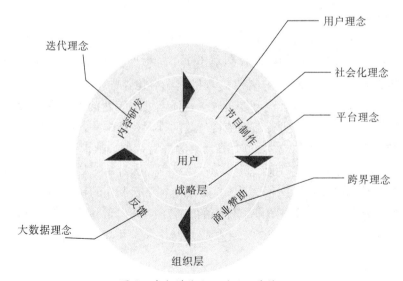

图 2　广电媒体＋互联网：价值环

第一，用户理念。广电媒体最重要的就是受众，而互联网最重要的也是用户。"用户"是否等于传统的广播电视媒体的受众？似乎在对象所指上，两者没有太大区别，但是对于广播电视媒体来说，传统的传播模式倾向于"霸权式"编码，观众的反馈只能通过听众来信或者是收视率来做出一个判断。但有了互联网，观众早已没那么好把控，这要求传统的广电媒体进行思维转型，真正在传播流程的各个环节以用户为中心，没有认同就没有合同，广电媒体要构建、运营和维护用户关系，真正将观众变为粉丝用户，才更有价值。

具体来说，紧握"用户理念"，传统广电媒体应该明确三个问题：一是节目之对象——给谁看，从而对节目进行合理定位；二是节目之内容——做什么，了解用户需求，进行节目构思；三是节目之表达——怎么做，这是最关键的一步，意味着广电媒体在节目制作中，要加强用户体验，例如互动体验，从而提升用户的参与感和代入感。可以说，"用户至上，体验为王"是广电媒体在未来节目制作中应该牢牢把握的"八字箴言"。

第二，迭代理念。迭代法是数学上一个重要的方法，在计算方法中除了用它求方程和方程组的根外，还指初始值经过相应公式进行计算后得到新的值，并通过相同方法对新的值进行计算，经过几次反复计算得到最终结果的一种方法。数学上的迭代法引入思维方法后，就可称之为迭代思维法（简称迭代法）。数学中的迭代法一般适用于对真解 A 的大概情况事先有所了解，然后通过迭代来逼近。而迭代思维除此种情况外，对未知目标也可观察迭代过程的中间结果而推断出结论。[①]

。互联网时代，小米公司的 CEO 雷军曾用一句话道出了迭代思维的核心——"天下武功，唯快不破"。可见，"微"和"快"是互联网产品开发的典型方法论，而传统广电媒体的制作更多倾向于"慢工出细活"。于是，这两种思想的碰撞能否产生新的火花？

之所以提出"迭代理念"，就是希望"快"来解决问题。2015 年后形成的"920"节目带，无疑给传统电视媒体提供了"试错"的机会，通过不断微小的、迅速的迭代，"920"节目带具有成为节目创新孵化器的潜力。既可以有《变形计》此类互换体验真人秀，也可以通过《直播上海》等新闻类节目、《美味星婆媳》等生活服务类节目来进行新型节目产品的开发。在未来，美食、体育、咨询服务类节目都可能成为填充"920"节目带的有力武器，从而打造多元化的节目市场。可以说，秉持迭代理念，及时通过大数据、云计算等技术，关注观众的需求，把握观众需求变化，这才是未来广播与电视节目制作的核心。

第三，平台理念。在传媒业，传统的思维方式倾向于一种精英文化的生产方式，是一种由上而下的"告知"。而"开放、共享、共赢"是互联网的关键词。

---

① 参见江克斌：《论迭代思维》，载《工程兵工程学院学报》，1987 年第 4 期，第 75~77 页。

互联网时代，从以前的单向传播到现在的双向互动，受众早已不是被动的信息接收者，甚至也不是传统意义上的媒介消费者，他们变成了更为主动的信息分享者与传播者。受众不仅需要信息，更需要表达、分享、参与，而这一系列变化一定程度上也促使传统被动的媒介文化逐步转向更注重创造与分享的"参与式文化"。从早期的"迷文化"到"参与式文化"，詹金斯在《融合文化：新旧媒体的冲突地带》一书中就将"参与式文化"与"媒介融合"联系起来，他认为："互联网技术为使用者提供了与媒介企业谈判的机会。生产者、媒介、消费者（并不仅仅是迷）以及创造性的思想汇集在一起，使得文化工业呈现出一种双向的通路，在其中，传统内容生产者所带来的创新和消费者所带来的创新具有同样重要的作用和意义。"①

因此，平台思维对观众来说，就是要打造一个能够激发用户交流的平台，邀请用户参与，实现真正互动。这对于广电媒体自身来说，除了现有的开通官网、官方微信微博，与用户进行交流之外，还需要他们走下神坛，运用"摇一摇""抢红包"等参与感很强的手段，链接用户与赞助商，实现共赢，这才是其生存逻辑。

第四，社会化理念。社会化的核心是网，现在的广电媒体面对的用户以网的形式存在，因此，社会化思维主要强调的是广电媒体主动迈向社交化，将注意力放在电视内容产业链的下游，让用户参与到节目的讨论制作中来。除了利用好社会化媒体——微信、微博等，打造具有规模的社会化媒体平台，从而通过制造热门话题以反哺传统节目的收视之外，还要运用"众包"模式，加强用户参与节目制作的程度，例如参与剧本制作、嘉宾选择等，既可以"天下贤才入吾彀中"，又能增强媒体活力，多屏联动，实现双赢。

目前，央视 CNTV 推出"CCTV 微视"官方社交电视客户端，用户可以在看电视的同时，参加"TV 圈"里丰富多彩的互动活动，分享好友或其他观众的推荐和吐槽。也可以实时查询央视和地方频道的收视指南，关注自己喜欢的节目，定制个人收视提醒。还可以通过 i 报道上传所见所闻，分享给全国的电视观众。湖南卫视推出了电视互动社交智能手机客户端"呼啦"，同样采用"社区"概念，加强与用户的互动。可见，以前的短信、电话交流，或者扫描二维码这样的互动方式，已经逐渐过渡到一种全新的用户与电视的交互习惯，传统广电媒体正在移动社交互动上进行着革新，这也是未来发展的趋势。

第五，跨界理念。随着互联网和新科技的发展，媒介之间的界限逐渐消融，媒介渠道在增多，终端屏幕也在不断增多。在艾瑞发布的《2015 年在线视频用户跨屏研究报告》中提到，2015 年用户跨屏收看成为主旋律，人均使用屏幕终端个数为 2.3 个，并在各终端上，用户收看时间存在互补。于是，传统广电媒体

---

① 转引自岳改玲：《新媒体时代的参与式文化研究》，武汉大学博士学位论文，2010 年。

在"挟用户以令诸侯"的同时，利用跨界，增进互动，根据不同屏幕的特性与用户行为习惯进行相应的调整，以聚合为中心，以用户为主导进行转化，成为其创新发展的一个重要命题。

第六，大数据理念。"大数据"是一种工具还是一种思维？首先，大数据（big data）是一种集合，具体是指在可能的时间范围内，将无法用常规数据抓取软件进行捕捉、管理和处理的数据进行集合。维克托·迈尔－舍恩伯格及肯尼斯·库克耶在《大数据时代》一书中指出，大数据理念必须放弃"样本"这样一种捷径，而是选择全面而完整的数据。也就是说，"大数据"必须是全数据样本，而并非抽样样本。2015年9月，国务院印发《促进大数据发展行动纲要》，系统部署大数据发展工作，促进大数据加快发展。因此，对于广电媒体来说，"大数据"是运用大数据抓取软件，对节目、用户、市场进行精确的细分，从而更好地为广电媒体服务，这也是"大数据思维"的内核。

那么，广电媒体要如何落实"大数据思维"？一是运用数据抓取软件，挖掘用户数据的各项指标。随着移动互联网的发展，跨屏传播成为新的趋势，因此，用户数据的获得不仅包括了传统广电媒体的收视率，还包括微博、微信等社交媒体的话题热度，百度和谷歌等搜索引擎数据，视频网站（爱奇艺、优酷土豆）数据指数，以及相关论坛、贴吧甚至淘宝等用户痕迹等。在获得这些数据之后，不仅能直观反映用户喜好，还可以通过相关关系的分析，挖掘不同屏幕、不同用户之间的关联，从而为进一步的战略发展提供有力依据。

二是充分利用数据为节目服务。节目播出前，可以将"大数据"作为平台定位和选择的依据；节目播出时，可以将"大数据"作为节目内容本身，成为全新版块。自从2014年成为中国的"大数据新闻"元年开始，"大数据新闻"已经成为一种直观、形象、权威报道的潮流方式。2015年年初的"据说春运"，以及"五一"期间央视新闻频道推出的"五一 E 起游"系列数据报道，都证明了"大数据"成为节目内容本身的独特魅力，更是开掘出"大数据新闻"这一全新的新闻形态，这是传统广电媒体人做出的大胆创新。

此外，还可以利用"大数据可视化"技术，对节目进行视觉包装，吸引用户关注。央视体育频道在重大体育赛事时推出的《豪门盛宴》，就用虚拟的数字技术，让"C罗""梅西"等海外大腕球员出现在节目现场，让整个节目更加鲜活。当然，在节目播出后，更重要的是要运用数据对传播效果进行评估，更好地进行节目调整，从而进入一个良性循环圈。

"广电媒体＋互联网"的创新动力模型

完善的创新动力系统是推动创新成功的关键。互联网时代是超媒体时代，它为广播与电视行业的创新提供了新的范式和可能。熊彼特1912年在《经济发展理论》中最早提出"创新"概念,又在 1928 年的著作《资本主义的非稳定性》和 1939 年的《商业周期》中提出了比较全面的创新理论,此后,创新就越来越受到人们的重视。[①] 创新动力系统是创新的首要问题,要解决的是创新为什么会发生,或者说是创新的驱动力问题。因此,本文的创新动力是指创新主体受到内部、外部的各种因素的驱动,产生了创新欲望和要求,从而进行创新活动的一系列约束条件的集合。而随着经济、科技的不断发展,原有的基于线性创新模式的技术推动、市场拉动等创新动力模型,已经不能满足现在网络式创新的需要。互联网的普及,改变了创新的动力因素,它更加需要创新主体之间基于信任的以知识交流、能力互补为主的相互合作。

基于对中国传统广播电视媒体的发展,本文提出在新时期其创新的动力模型,以期对未来的广电媒体的发展提供某种参考。笔者认为,广电媒体创新系统是由核心动力系统和辅助动力系统共同构成。用户关系、整体策略以及内容生产共同构成了核心动力系统;而盈利模式以及政策之间的相互影响形成了其创新的辅助动力系统。这两大系统的构成,均是基于广播、电视自身的优势,从而让"互联网"成为其创新发展的动力。创新动力模型如图 3 所示。

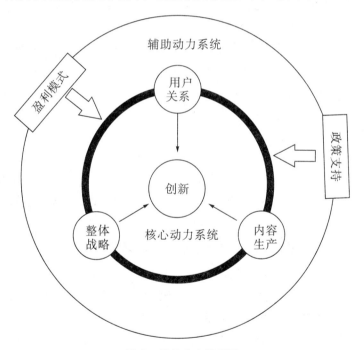

图 3 创新动力模型图

---

① 详见曾建新:《我国核电技术创新动力的产权结构因素研究》,中南大学博士学位论文,2013 年。

1. 广电媒体＋互联网：用户关系的重构

以往我们搭建的广电媒体与用户之间的关系是在权力中找到平衡，以优化传播效果。但互联网的出现，让用户有了更多种选择，将传统的广播电视推向了全面竞争的环境，广播电视任何一点薄弱环节都有可能导致其失去用户，影响整体的价值和影响力。因此，传统广电媒体应该走出自己曾经的那个舒适圈，通过互联网连接，构造一个更为广阔的空间。从这个意义上说，虽然用户分流打破了传统广电媒体一家独大的局面，但也促使他们积极转型，当辩证地看待这个问题的时候，可以说，互联网时代的到来，不仅推动了广播电视的发展，它更是推动社会进步的利器。

截至 2015 年 9 月，传统广电媒体用户观看路径发生了变化，PC 端、手机端的出现，分流了传统广电媒体释放的能量，于是催生出广电媒体传播内容的"IP"化。"IP"的本意是知识产权，这两年随着一些热门节目手游开发的成功，"IP"也逐渐成了电视行业里的热门词和新潮表述方式。无论是综艺节目《爸爸去哪儿》的手游、大电影、书册，还是《盗墓笔记》《花千骨》等"IP"电视剧，通过内容系统的 IP 化，广电媒体可以全线打通和文化产业间的壁垒，使内容变产品、观众变用户，从而更好地融入市场。

是用户观看时长也发生了变化，尤其随着智能手机的普及，用户在手机上的观看更倾向于精炼、短小的视频。这说明用户观看行为出现了移动化、碎片化的倾向，因此带来了广电媒介内容生产的变化。一是传统广电媒体将自身节目进行切割，然后将其在新媒体终端上进行展示；二是集中收纳用户自制的视频作品作为节目制作素材；三是根据用户需求生产短视频。

而视频网站上，从《老男孩》到《万万没想到》等微电影的流行，他们的跨平台融合，正是满足了用户在移动互联时代的观看需求。因此，广电媒体应多在"微"字上做文章，除了制作短小精悍、吸引力强的内容，还要利用好"微"平台——微博、微信等，形成全新的生产机制。

2. 广电媒体＋互联网：内容生产的全新逻辑

曾经有人论言，互联网时代的媒介发展，不再是以内容为中心，而是要占领渠道，但是，本文认为互联网时代，内容还是占据重要地位，并且电视媒体仍然是优质内容的生产者，只是这个内容的生产要紧跟潮流。

就新闻节目来说，前面我们也谈到了生动形象的"数据可视化新闻"；并且广电媒体因其在新闻资讯和评论上的优势，重大的新闻报道仍旧以广播电视媒体为主；而在综艺节目方面，2015 年依旧以"引进模式、购买版权"为主，但是随着"限真令"的颁布，相信在未来，综艺节目将走向原创阶段，出现更多中国原创的综艺节目。《叮咯咙咚呛》是国内首档中韩明星跨界体验类真人秀节目，承接着中韩文化交流大任，具有外国明星体验中国文化的高度立意，极具创新性；晚会节目方面，随着"微信"的强大，央视 2015 年春晚开启"抢红包"模式后，如何加强节目与用户之间的交流成为电视媒体值得探索的命题。而在电视剧方面，2015 年传统电视剧收视下滑，伴之而来的是网络剧的风生水起，更有《蜀山战纪》先网络后电视的先例。在"一剧两星"的政策下，面对网络带来的压力，边拍边播、"IP 小说"原型以及利用微博微信的话题互动等方式出现，"自制电视剧"激发了电视剧市场的活力，对未来电视剧发展有启发意义。

可以说，广播电视＋互联网的节目生产，不仅需要"内容"和"形式"的叠加，还需要"关系"和"场景"的建立，这是以后广电媒体内容生产需要注意的地方。

而关于"场景"，罗伯特·斯考伯和谢尔·伊斯雷尔所著的《即将到来的场景时代》一书指出了与场景时代相关的五个要素：大数据、移动设备、社交媒体、传感器、定位系统。这是"场景"的五大要素。那么，在完成了这几个"硬件条件"后，从互动角度来看，"场景"的确立更是一种情感力量的建立与共享。"互联网＋"时代，广电媒体要坚定用户思维，在实际实践中就应该加强与用户的互动。根据美国社会学家兰德尔·柯林斯提出的"互动仪式链"理论[①]，仪式、互动仪式、情境、互动仪式链和情感力量是完成一个互动的关键词。而"情境"和"情感力量"是重中之重。

2015 年央视春晚开启"抢红包"大战，透过对这种全新的社会交往的形式的探究，我们发现它其实就是对"场景"的一次有效利用。首先，在"春晚"这一陪伴中国人的互动仪式链中，"红包"作为全新的"符号资本"，完成了在这一特定时间节点，中国人内心的一次情感交往——"拜年"。因此，在这一个互动交往中，人们的关注重点已经从"资本关注"转移到了"情感关注"，"抢红包"场景更多的是构建了中国传统节日的文化共享。这才是广电媒体＋互联网时代，在互动上应该深度挖掘的本质，而并非是简单的停留在"摇一摇"这样的技术层面。

最后，在大型晚会、赛事等直播性节目方面，虽然有乐视体育等互联网公司的出现，但是无论从直播技术、转播技术以及播音解说人员素质来说，都还不具备超强实力，能够撼动电视媒体在此方面的地位。因此，广电媒体依然是内容生产的主力军，当然，互联网对广电媒体在内容生产上也具有启发意义。

3. 广电媒体＋互联网：整体战略的调整

战略发展的制定是广电媒体融合转型的顶层设计，它直接解决的是"做什么

---

① 互动仪式链理论（The Theory of Interaction Ritual Chains）源起于法国社会学家埃米尔-涂尔干，又译杜尔凯姆的功能主义，其学生欧文-戈夫曼将其扩展到了世俗日常生活的研究，而作为戈夫曼学生的兰德尔-柯林斯则在戈夫曼的基础上，更具社会心理学特点，承继于涂尔干取向的微观功能主义，结合交换理论、互动理论和心理分析理论得出了"互动仪式链"这一概念。

事情是正确的事"的问题。虽然互联网渗透到我们生活的许多方面，尤其是移动互联网的到来，给人们带来了便利，但是我们也不能否认，广电媒体在整合传播中仍然占据主导地位。重大社会事件在电视媒体上播出后，更容易在社交媒体——微博、微信上达到传播高峰，因此，广电媒体整合传播的能力依旧强劲。

在这样的情况下，中央电视台综艺频道（CCTV-3）与爱奇艺联手打造的大型明星互动魔术竞技真人秀节目《大魔术师》；2015年，优酷土豆网和北京卫视联手打造《歌手是谁》；河南卫视联合爱奇艺，打造了《文学英雄》，将文学创作融到游戏中，是对文学类节目的一次颠覆；腾讯视频和东方卫视开创的"慢综艺"——《我们15个》。这些联盟的成立，是在双方成员权利关系对等的基础上，产生的一种合作关系。通过电视的传播，给互联网视频网站带来了流量收益；而互联网站对90、00后的吸引力，又增加了传统广电媒体的用户群。这种互动关系的建立，已经证明传统广电媒体战略方向的转变，互联网时代，需要的就是这样的"竞合"。

另一大战略布局，是传统广电融合内部资源，打造航母级传媒集团。2014年5月，中国广播电视网络有限公司挂牌成立，标志着中国电视有线重组和网络整合的启动，具有里程碑意义；2014年11月21日，SMG集团旗下的两大上市公司——百视通和东方明珠以合并换股吸收形式进行资产重组，并注入文广集团旗下东方购物、尚世影业、五岸传播和文广互动等优质资产，成为SMG新媒体转型的一个平台出口；2015年7月，湖南广播影视集团有限公司完成组建，围绕"湖南卫视＋互联网＋N"的主题，湖南广电打造融合传播新体系，HBS＋imgo TV双平台带动发展，芒果TV从去年独播战略转变为聚合平台，并将着力上市。由此可见，"集团化航母"的打造，将成为今后广电媒体发展的新动向，而这也是顺应整个时代潮流的。

4. 广电媒体＋互联网：盈利模式发生改变

众所周知，传统广播电视台的以"注意力经济"为中心，主要通过优质的内容，垄断的传播渠道，吸引眼球，销售广告，从而获得盈利。然而，自从有了互联网的渗透，这种注意力便分散开来，包括央视在内的几乎所有传统电视台的广告收入，均呈现出下滑趋势。于是，向后广告延展获得展示后交易实现成为一条可探索的路径。东方卫视综艺节目《女神新装》，将节目中的元素（衣服）作为商品，用户可以在线进行购买，实现了电视节目与电商的嫁接；《我是歌手3》与"唯品会"合作，用户在观看节目时，通过扫描二维码抢得红包，便可以进入电商平台进行支付，实现了TV到Online的交易。这样，原来被动接收信息的用户，就成为平台中活动的数据，而根据这个数据，又能挖掘与分析出用户真实的图谱，从而更好地为用户推荐合适的内容。在这样的循环下，传统广电媒体作为注意力贩卖者的方式得到了延伸，因为它参与到用户普通的生活场景之中；而电视机也成为T20的入口，这时"羊毛"不再只出现在羊身上，它也出现在牛身上，并且由猪进行买单，这样复杂的盈利模式，将在未来成为主流。

同时，我们也应该看到，虽然传统广告收入呈现下滑趋势，但是广电媒体尤其是电视媒体，其传播效力仍然很强，依旧是广告商品牌塑造的最高平台，尤其是互联网企业成为电视广告投放的重点，因此，广电媒体＋互联网，需要的是双向互动实现共赢，而绝非谁将替代谁的绝对论。

5. 广电媒体＋互联网：政策的支持

在整个广电媒体进行改革创新的过程中，政府的政策起着重要的作用。政府是整个创新中的重要支点，是制度创新的主体。2014年8月，在中央全面深化改革领导小组第四次会议上，习近平总书记强调，要推动传统媒体和新兴媒体融合发展，强化互联网思维，坚持传统媒体和新兴媒体优势互补、一体发展，形成立体多样、融合发展的现代传播体系；2015年3月两会上，国务院总理李克强又在政府当年的工作报告中提出政府将制定"互联网＋"行动计划。这些政策的出台，为广电媒体的创新营造了一个良好的社会环境，并在传播理念上做出了指导。这是在这个时代，我们必须清晰认识到的问题。

由此，核心系统和辅助系统共同构成了广电媒体创新的模型，推动着创新的实现。可以看见，在新时期的广电媒体创新，主要需要把握三个关键词：一是"移动"。随着智能手机的普及以及网络技术（wifi等）的全面覆盖，移动互联网随之而来。虽然电视仍然是最中心的那块屏幕，但是多屏的出现影响着整个节目生产与运作。针对不同屏幕背后不一样的用户以及用户习惯，制作不同的内容，是广电媒体需要进一步解决的问题。二是"互动"。互联网时代是一个连接、互动的时代。广电媒体要与用户互动，打造各式各样的场景，吸引用户的进入；还要与渠道互动，最大化地实现双方的共赢；与技术互动，用科技塑造用户的认知；当然还需要与政府互动，得到政策方针的支持。可以说，"互动"远不仅仅意味着在节目生产中的互动，它深入到整个行业系统，甚至各个环节，这是新时代的最大特点。三是"主动"。在"互联网"的海洋，广电媒体依旧有自身的优势与特点，但也应该清楚看到自身所面临的挑战。因此，放下曾经一家独大的姿态，主动与互联网对话，寻求合作，实现优势互补，才是广电人较为智慧的办法。

[载《西南民族大学学报》（人文社会科学版）2016年第1期]

论媒介融合背景下广播经营的创新模式

在当今的传媒发展态势下，无论研究哪一类媒体的产业发展，都不能忽略"媒介融合"这一时代背景，"产业"本身就是一个蕴含了关联、流通、交易、可持续发展等多个关键词的概念，如果故步自封只关注本媒介内部的动态，必然不能跟上时代的步伐。在长期以来的争论当中，虽然业界与学界都还未探索出传统媒介与新型媒介的最佳融合模式，但是二者之间的关系已逐渐明了，那就是竞争与合作。新旧媒体各有自己的优势，因此，谁也不能完全取代另一方，但是也不能彻底抛弃对方，只有在磨合中互相博弈与汲取营养才能够达到双赢的态势。广播作为传统媒介当中的代表，曾经也是"红极一时"的"新媒体"，发展到今天不得不面对来自网络媒体等多种媒介形式的冲击，要保证自身产业的可持续发展就要与时俱进多在"创新"上下功夫。

一、创新发展之基——形式与内容的变革

广播产业在多种媒体繁荣的背景下寻求创新发展，既是其主动利用新的媒介形式拓宽自身发展空间的重要尝试，同时也是其应对新型媒体挑战与冲击的被动之举。从媒介即讯息到媒介即生活方式，新的媒介形式拥有广泛的使用群体，在短期之内培养了大众全新的信息接收习惯，传统媒体为了保持自己的影响力不得不紧随其后。

（一）传播形式的变革

技术进步直接影响着大众传播媒介的发展，当前广播在技术层面的特点主要体现为移动性、便捷性、互动性和多元性。在与新媒体融合的过程中，广播首先在技术上改变了完全依赖传统工具的传播方式，逐步使用网页、微博、微信以及APP等形式丰富自己的传播路径，网罗更多的新型受众。广播频率在网络上打造自己的主页，一是可以在互联网中有自己的一席之地，二是可以将节目单以及往期节目变成可下载资源，供忠实听众下载收听。在微博开通认证账号则是有效利用了其即时互动的特质，频率可以在节目播出前进行预告，在播出过程中展开话题讨论，结束之后还可以通过粉丝留言了解本期节目的播出效果，进而不断完善。目前在微信关注某一频率的公众号就可以在线收听广播，并且可以参与节目互动讨论，如果遇到好的节目也可以直接进行分享，通过朋友圈就能得到更多受

众的关注。此外，开发时尚的 APP 客户端是提高受众媒介接近性的重要方式，占领移动终端是培养年轻受众的重要途径。

（二）传播内容的更新

在技术发展的冲击下，传媒行业始终在争论一个问题：到底是渠道为王还是内容为王？对于广播来说，不断更新传播理念采用全新的技术是一个方面，重视内容的质量与创新更是长远发展的保障，作为文化产业的重要组成部分，如果没有了"文化"又何谈"产业"。所以，当前广播在内容方面呈现出以下几种态势：注重内涵、分众传播、时尚多元、话题互动。内容始终是媒体的生命，新鲜的技术和界面可以带来短期的关注，但要获得长期的忠实受众还要看内容的质量，当下的广播更加注重内涵与营养，因为受众对收听体验的要求在不断提高。分众化传播是广播培养更具黏性的受众人群的有益尝试，根据移动媒体的订阅式传播特性，这样更有助于特定的听众寻找自己的目标信息。广播对于年轻一族的爱好也给予了观照，注重对新潮的资讯、音乐、小说及娱乐信息的传播，在传播形式上注重互动的同时也提出相应的话题为听众营造讨论的氛围。

二、把握广告优势，寻求多元发展

在"传统媒体消亡论"中，不了解广播的人必定会认为广播正是"面临消亡"的一分子，但事实却截然相反，广播在广告经营方面一直有着不错的成绩。在《2014 年中国广电行业发展报告》中，2014 年第一季度全国广播电视行业创收 675.80 亿，同比增长 7.79%，其中广播广告收入 34.72 亿元，同比增长 6.18%，电视广告收入 258.71 亿元，同比增长 1.18%。在以上数据中我们发现，广播的广告收入在总数上确实与电视有所差距，这是由各自的媒体特质所决定的，毕竟电视在广告对象的覆盖面上有着基本优势，但是从同比增长数据当中我们可以明显看到广播广告的潜力，相比电视的 1.18% 多了 5 个百分点，这也证明了广播在广告经营上是有着独特优势的。因此，广播的产业经营创新发展必定要将广告放在首位，并且要有乘胜追击的势头。

（一）加强对传统广告市场的控制

一直以来，广播的广告领域都集中在商业（服务业）、金融业与交通业，这些都是广播广告的主要投放商。商业广告投放的前提其实离不开"服务"二字，这是根据受众的收听喜好所总结出的可能性需求，比如在音乐频率投放的演唱会广告、新专辑发布广告，在有声阅读频率投放的新书广告以及有声读物网站广告等。广播的经济频率一直颇受爱好投资理财人士的关注，也是能够获得广告大单的领域，其中的基金、证券广告以及投资理财事务所等都可以成为广告收入的一部分。而交通方面的广告则不用多说，轿车普及带来了车载广告的大幅提升，因此相关的车辆广告、车险广告、景区自驾游等都是相应的收入来源，而交通广播内容的丰富性以及较强的伴随性也带来了比其他频率更丰富的收入。再加上车联网项目的热度逐渐上涨，交通广播可以利用这一智能出行系统建立自己的信息采集网络，形成对实时交通路况的全面掌控。

（二）借助网络平台拓展广告领域

我们在前文中提到过，广播结合网络媒体开设了自己的主页，那么这就是一块新的广告田。广播台下设的多个频率综合起来就是一个完整的门户网站版块，在网页的设计上就可以模仿门户网的全面性进行设置，从而可以吸引各行业的广告商加入，这就综合了生活用品、健康养生、车辆、股票、旅游等多种内容。中央人民广播电台的"央广网"就做得相对成熟，作为一个广播网，它没有单纯的只添加节目直播、点播、优秀节目集锦等内容，而是将其全面构架起来，成为一个可以独立运作的网站。当中的模块不仅与相关节目直接对应，并且在内容上进一步丰富，给招商引资提供了更多的空间，在本网站内部还形成了一个小型的内容搜索引擎，在下面的截图中我们可以看到其全面的栏目设置和股票、车辆等广告（如图1所示）。

图1　央广网页面截图（图片来自央广网）

（三）依托移动媒体创新广告形式

广播针对移动媒体的特性开发了专门的 APP 客户端，在保证大众收听广播便携性的同时还可以结合其传播特质进行广告招商，再根据移动媒体对受众的细分以及传播内容的订阅性，客户端可以吸引到更具针对性的广告内容。在微博上，广播频率可以通过互动抽奖、有奖问答等形式植入广告，此外，还可以在新浪微电台页面放入符合主题的广告内容。在 APEC 会议期间，中国之声全面充分报道 APEC 会议的亮点和成果，报道习近平主席与会情况和重要讲话，当时中国之声官方微博阅读量达到1亿次以上，转发评论超过1万条。除去微博，当下同样发展迅速的微信朋友圈也是有较大发展潜力的社区，而且更容易起到一传十、十传百的效果，成都经济广播的微信公众号在这方面就进行了相应的尝试，该公众号会定期推送消息，消息专题主要由两个部分组成：时尚风向标和抽奖名单。单单是"时尚风向标"就大有文章可做，比如其在5月6日发布的风向标主题就是《LV 都能换成爱马仕 你知道吗？》，这篇文章主要介绍的就是一家开在成都城南的奢侈品店；又如在 4 月 28 日发布了《成都有一条堪比北京三里屯的街道你去过吗?》，阅读后我们会发现这是关于整条街"吃喝玩乐"的介绍，最关键的是每一家店的下面都附有预订电话。这两条都是非常富有生活气息的软文，再加上其内容较有当地特色，每篇文章都有几百到一千、两千不等的阅读量，由此可看出其潜力所在。

我们强调将广告作为广播产业经营的基本途径，是在其不影响频率正常内容传播的前提下进行的，因此，也不提倡某些不合时宜的广告强行植入，反而影响了整体效果。

三、注重资源重组，实现跨界合作

媒介融合其实指的不仅仅是传播平台本身的互相学习与借鉴，它还涉及背后更深层次的资源整合与协调，就如同此前一直备受关注的三网融合一样，它并不是三种网络在物理上的融合，还牵动着高层应用业务的分配。在媒介融合的推动下，广播要进行产业创新发展就要注重对相关资源的利用，从而形成跨界整合的态势。

2015 年 4 月 29 日，北京电台所属的北京广播公司与北京歌华有线及北京市文资办旗下基金合作发起设立一支文化产业投资基金，专注于投资文化产业领域和 TMT 等新兴产业，优先聚焦音频产业链。这则报道当中的合作三方分别属于不同的领域，在这样的前提下还能达成合作，这就是一种典型的跨界资源整合方式。北京电台在音频制作方面有长期积累的经验，并且拥有成熟的团队与先进的技术，业务方面具有独特优势，歌华有线作为北京地区广播电视网络建设、开发、经营和管理的行业专家，在对音频的市场营销、包装方面有自己的一套流程，再加上北京文资办的政策支持，使得北京电台的发展转型得到了全方位的保驾护航。从广播本身的发展来看，这一次资源整合已经为自己将来的发展铺平了道路，只需要充分发挥自己的特长，剩余的工作都有其他合作者进行筹划。这种合作方式是值得同类媒体效仿的，既能发挥自身优势，又可以有效融入新媒体圈子，同时还可以为自己争取政策上的利好。

在上面的案例中，几个合作主体之间的差异相对较大，形成了典型的跨界合作模式，其实还有同类媒体之间的整合重组，这属于行业内部的资源重新分配。2014 年 4 月 23 日，广东广播电视台正式挂牌成立。新成立的广东广播电视台由原南方广播影视传媒集团、广东人民广播电台、广东电视台、南方电视台、广东省广播电视技术中心整合组建而成，拥有 9 个广播频率、13 个电视频道和 10 个有线数字付费电视频道，是集广播、电视、报纸、杂志、网络、新媒体、广播电视发射传输等多种业务为一体的省级广播电视大型综合传媒机构。行业内部的资源整合可以最直接地体现出包括广播在内的传统媒体应对新媒体所带来挑战的决心，同时也是其积极响应媒介融合号召的举措，主动实现同类媒介的合作，共同面对新媒体带来的冲击。

无论是行业内的还是跨行业的资源整合，都是广播本身有意识地利用优势资源与行业伙伴形成利益共同体的尝试，在媒介融合时代，透过现象看本质，进行深层次的资源整合才是能从本质上解决问题的方式。

四、开发线下市场，实现双轨运营

媒介融合时代的广播产业经营除去要与多种媒介争取共有的领域之外，还应当有意识地开拓自己的专属市场，广播在线上的节目中涉及的领域已经非常广泛，这都是其展开线下活动的重要基础，同时，线下活动也是广播从幕后走向台前的重要途径。从产业经营的角度来看，线下活动也是广播形成产业链、网罗受众的重要手段。

在线下的活动中，主持人可以出席商演对频率进行推广，此外音乐频率还可以承接明星演唱会，通过自己的节目对该场演唱会进行推广，我们在前面的微信号中提到的抽奖信息有一部分就是赠送明星演唱会门票的，因此，这是广播抢占市场份额一种手段。当然，也有很多广播电台涉足的领域更加复杂多元，比如黑龙江人民广播电台通过分工较为明确的产业经营和管理系统，在广告、声音产品、动漫配音、旅游、会展、演艺、新媒体开发、绿色农产品销售等诸多产业都有探索，这就是一种利用本地资源充实广播产业的方式，最重要的是黑龙江人民广播电台敢于采用完全在传媒行业之外的资源进行运营，这是一种较为新颖的跨界组合。

此外，广播和特定的合作商也可以进行线上线下双轨合作，线上的节目可以邀请企业走进直播间，进行相关栏目的录制、比如食品、金融、传媒、出版等，线下也可以一起进行活动宣传，包括新书发布会、商品展销等活动，这样既为企业创造效益，同时广播频率也得到了实际的宣传。当然，广播经常和厂商合作的"我最喜爱的主持人评选""诗歌朗诵""文艺晚会""歌手大赛"等都是我们较为熟悉的运作方式，这些活动的形式相对活泼，能够在较大程度上吸引本地听众。当然，广播自主筹办的以公益为主题的活动相对较多，包括"文明出行，交规普及""十佳爱心车队""十佳路况信息员"评选等都是可以为企业增添公益色彩的活动，同样也是广播在线下做实体活动应该考虑的范畴。

综上，媒介融合背景下的广播产业创新发展要始终坚持：加强对自己优势领域的开发，借助多媒体平台拓展经营范围，在专注线上节目制作的同时更不能失去对线下活动市场的占有率。在这种"一个坚持、两个开拓"的原则下，广播在媒介融合当中依然可以找到属于自己的一席之地，甚至取得更好的成绩。

（载《中国广播》2015 年第 7 期）

三网融合背景下的视频产业生存

随着资本市场的兴起和网络传输渠道的畅通，全球视频产业已融聚了不可低估的潜力，"2009 年美国在线视频的收入为 8.5 亿美元，2010 年达 12.5 亿美元"[①]。在我国，这股潜能将随政策的释放喷薄而出。2010 年国务院提出 2013-2015 年全面实现电信网、广电网和互联网的融合发展规划。作为三网融合物质载体的新媒体有两个特征，"第一是视频化，第二是搜索化"[②]。依此推断，视频将成为三网融合的主要产物，其产业链将朝规模化和集约化方向发展，成为新时期蔚为壮观的一道媒介景观。

一、三网融合之下的视频产业发展现状

"三网融合是指宽带通信网、数字电视网和下一代互联网在技术上趋向一致；网络层上可以实现互联互通，形成无缝覆盖；业务层上互相渗透和交叉；应用层上趋向使用同一的 IP 协议；经营上互相竞争、互相合作，提供多样化、多媒体化、个性化服务的同一目标逐渐交汇在一起。"[③] 虽然三网融合在我国起步尚晚，实施起来也阻力重重，但从目前的发展状况来看，电信业开始垂涎视频生产，广电业稳操视频优势，而民间资本也虎视眈眈。从上述概念出发，我们可以从技术融合、内容融合和市场融合三个维度来跟踪视频产业的坐标游移。

三网融合技术具有画面高清化、时空随意化、信息镶嵌化、传受互动化等优势。有专家认为，三网融合的技术不是问题，问题是政策壁垒的解除，一旦壁垒消融，广电可即刻实现独立的宽带接入业务，使自己节省流量成本，电信可即刻获得 IPTV 牌照，减少流通环节。作为三网融合技术进步的成果，3G 技术的突破引领了手机电视和户外互动电视的发展。

三网融合试点时期，我们发现"三网"并没有革命性融合，融合的是播出平台间的内容。广电的优势集中于专业技术和保护性政策，这是它的最后阵地。因此广电纷纷在网络上呈现自己的内容优势，2010 年，央视获取 CNTV 牌照之

---

① 数据来自 2011 年中国互联网 E 峰会尹鸿教授演讲《视频网站的发展现状与趋势》。

② 黄升民：《三网融合了，视频何去何从？》，载《视听界》，2010 年第 2 期。

③ 谷虹、黄升民：《三网融合背景下的"全战略"反思与平台化趋势》，载《现代传播》，2010 年第 9 期。

后，地方台陆续进军网络沙场，如上海文广的百视通、深圳广电的中国时刻等。电信业也纷纷上马项目，但行动处处受阻，中国电信的互联星空只是播出平台，中国移动的视频内容生产基地仅是对内容生产的资源整合。民间视频制作公司资金少、规模小，其优势是市场嗅觉灵敏、受众接触频密和营销行为灵活，劣势是内容生产的专业程度较低，因此融合规模军的部分内容，是发展的必经之路。

市场融合是三网融合的最终归属，根据中国互联网络信息中心（CNNIC）发布的《2009 年中国网民网络视频应用研究报告》，截至 2009 年年底，我国网络视频用户达到 2.4 亿，"有 66.8％的网络视频用户表示，与以往相比观看电视的时间明显减少"①。这组数据说明网络视频已经很大程度上抢夺了传统电视的市场空间。从电信业和广电业的微观层面来看，由于传输渠道弱项，广电业开办的网络电视台受制于人，租赁电信的宽带接入口，从而支付昂贵的流量费，将80％的市场利润削让给了电信业。

二、新生视频产业的两种生态

新生视频是指以 PC 机、手机等为播出平台的视频内容，与电视视频相区别，目前的媒介生态可以大致归为两类：

一是网络社区的分享平台生态。所谓网络社区，即用户通过网络终端自由发布信息和浏览信息的一个场域，在这个场域中用户可以一对一或一对多随意交流，从而形成一个能给人提供信息、娱乐、服务的"社区"，其中内容的发布者同时也是接收者，共同搭建共享平台。视频自然是社区中交流的重要内容，既可以是网站官方发布，也可以用户以个人身份自行发布。严格而言，用户自行发布视频不算"视频产业"，因为生产者为分散的、独立的个人，缺乏采集、生产、流通、销售等组织行为，最为关键的是，它不以营利为目的。但是，内容引起的共鸣又使用户成为一个具有内核的"集体"，培养出共同的话语方式和思维方式，共同的利益诉求和价值取向，从而形成对社会的巨大影响力。因此，我们又不得不把这类视频归结为一种特殊"产业"，这种"产业"使用户分享社会话题和意见，汇聚人气，为网站带来了商业运作空间。

全球第一个视频分享网站 YouTube 成立于 2005 年，随之而来中国也刮起了视频分享风，发展较好的有优酷网、土豆网等，它们面临共同的困局是，"散户"上传视频很容易触及版权高压线，因此从 2010 年以来，很多网站开始关闭"散户"上传视频端口，将网络影视、综艺打造成为主打内容，这条路走下去，正是网络社区视频分享平台向商业平台的过渡转型。

二是高质网站的商业平台生态。高质视频网站不仅仅是指高清的画面和上乘

---

① CNNIC：《2009 年中国网民网络视频应用研究报告》，http://www.cnnic.cn/research/zx/wlsp/201004/t20100408_19392.html。

的内容，更是指网站在营销管理方面，通过整合多方资源，运用现代商业运作模式，在社会法律和行业法规的约束下为用户提供视频。从国外的情况可看出，高质视频网站是当下视频产业的核心主体，也是营利潜力最大的产业板块，其核心价值在于高清晰度和"去碎片化"画面。美国的 HULU 网站是高质视频网站成功典范，其盈利程度超过分享网站元老 YouTube。近年来，我国一些具有实力的视频网站也开始了从 YouTube 向 HULU 模式的转型。2010 年 4 月上线的百度奇艺是我国第一个高清正版视频网站，它的长视频模式"复制了 HULU 成功的三项核心优势：独立运营、优质用户体验和丰富正版内容、创建高品质的视频播放平台"①。

高质视频瓜分了传统的电视观众，相应也解构了传统电视广告版图，广告商纷纷流向了高质视频网站，成为这类网站的主要经济增长点，2010 年中国网络视频广告收入近 20 亿元。但相对于传统电视，网络的弱项在于正版内容资源稀缺，生产能力低下和购买成本高企。按照视频资源划分，高质网站又可分为"嫡子"和"庶子"，身后有重量级传统媒介作为支撑的属于"嫡子"，如央视的CNTV、人民日报的 3G 手机视频业务等，它们都在某一领域占有优势，如CNTV 在新闻、财经方面、芒果网在娱乐节目方面。"庶子"则指民间大量独立的视频制作平台，其优势在于资源运作灵活，市场反应迅速。

三、当下的视频产业困局

从构想提出到近年试点，三网融合在我国道路坎坷的原因是政策平衡和利益权衡的高难度协调，而在这种背景下成长的视频产业，无论技术如何创新，其产业困局在所难免。

第一，政策失衡导致版权价格虚火。如果说技术滞后是天时不利，政策瓶颈则是人和失调。美国 1996 年《电信法》就推倒了电信业进入有线电视生产和播出的藩篱，但在我国，电信业目前仍无视频生产牌照，民间资本进入视频生产也阻力重重。因为意识形态的原因，国家对内容生产仍态度谨慎。《互联网视听节目服务管理规定》实行后，广电总局获得网络视频的监管权，而广电业又是广电总局的"嫡子"，在牌照发放和版权维护方面获得"关照"，维护"特权"在情理之中，但后果是对市场秩序和竞争生态的破坏。三网融合背景下，视频产业正从"渠道稀缺"向"内容稀缺"过度，而目前的政策从源头上歧视生产主体，电信业的巨额资本难以流入生产领域，大部分民间资本也只能驻足观望，生产影视剧和综艺节目成本太高，导致生产权被一小撮制片商控制，随垄断而来的是多元节目形态缺失和影视剧版权价格虚高，"对于三网融合后急于搭建内容平台的运营

---

① 周婷：《视频网站　谁先走出泥潭》，载《中国证券报》（广州），2010 年 5 月 31 日。

商而言，涨幅堪比房价的视频版权价格已经构筑不低的进入门槛"①。三网融合在我国的实际意义是广电网、电信网、互联网在技术、业务、市场三方面的融合，以及民间资本依据市场竞争原则向这三方面的渗透，形成一种平衡的自然生态，政策在执行过程中稍微失衡，就会将市场引入歧途。虽然版权价格过高是市场行为的结果，但保护性政策在中间起到的作用不容低估。

第二，法制滞后导致版权"无权"。视频产品的高价格将无购买能力的视频产业主体挡在了市场门槛之外，而视频产业的高回报又将他们吸附在市场周边觊觎利润。怎么处理这对矛盾？盗版无疑是最廉价、最便捷、成功率最高的一条通道。经济学中的"劣币驱逐良币"定律，使得盗版在市场中占有空间越来越大。目前使用盗版的行为主体包括三类：一是小型网站，它们急需在成长前期吸纳人气，挖取第一桶金后再"从良"；二是个人上传，这部分人出于非营利目的上传视频，但将风险转嫁给以营利为目的的网络平台；三是电视台，虽然传统广电是正版视频的"仓库"，但为节约成本，也经常采用马赛克去标签方式，盗取网站上的视频。

目前我国对视频版权保护最完善的法规是《信息网络传播权保护条例》（以下简称《条例》），于2006年7月实施，明确了保护录音录像制作者的信息网络传播权。但《条例》存在很大问题，如其中的"避风港"条例，"解读多是：若著作权人发现视频分享网站非法传播自己版权作品，告知网站后，网站及时撤销侵权作品，网站就可以免于责任承担"②。这也就降低了盗版者"行窃"的机会成本。法制滞后的另一个表现是管理部门的职能乏力，维权主力依靠企业主体，如2009年搜狐、激动网等百家企业发起"中国网络视频反盗版联盟"，开展对侵权网站的诉讼。然而，法律规范长期缺席，完全依靠行业内运动式的维权行动，依靠企业的自律和清流，很难巩固维权成果，使正常的市场秩序成为常态。

第三，观念陈旧弱化行业竞争力。主要体现在三个方面。一是商品意识淡漠。产业发展已经带动视频产品价位的上升，但一些地方传统广电人甚至还意识不到视频产品的商品性，内容交易更是无从谈起。如某广电集团的新闻栏目收视率很高，同城的报业集团的新闻网就开了一个视频版，从广电新闻中遴选视频，广电栏目不但意识不到这种行为瓜分了他们的收视群体，而且还把别人的"剽窃"当作是对节目的肯定。二是拓展意识落后。随着网络视频抢滩广告份额，传统广电业在整体上还没有拓展非广告收入的思维，目前进入网络经营、内容经营等非广告经营的电视机构仅央视和部分大城市台。三是旧内容与新渠道协调观念不强。广电已将自己的节目搬上了公交、楼宇等，视频虽在空间上无处不在，但

---

① 舒杰：《视频版权暴涨 三网融合遭遇内容泡沫》，通信产业网，http://www.ccidcom.com，2010年2月1日。

② 牛静：《视频分享网站著作权侵权现象评析》，载《国际新闻界》，2009年第12期。

仅是内容的物理转移，没有针对新的传播渠道对内容进行调试，例如，地铁上的视频为适应环境应以短小快捷为主，而不是简单重播电视内容。不分析和研究新渠道特征，旧内容很难适应受众视野。

四、三网融合之下视频产业的突围

三网融合给视频产业带来了机遇，也同时设置了迷局。因为宏观政策我们无法预测和左右，如何突破迷局，提高视频产业的竞争力，必须从微观的企业运作视角进行探析。

（一）实现规模生产效应

众所周知，视频网站是"烧钱"行业，主要原因在于成本高，要盈利就必须降低成本。从经济学角度来看，在提高质量的前提下降低成本，必须实现规模经济，"即每多生产一个单位产品，其成本随着生产规模的扩大而降低"[1]。而在视频产业中，虽然前期投入巨大，但边际成本几乎等于零，也就是说视频样品生产出来之后，再次销售时只需拷贝和传输，无需增加投入。因此，如何获得前期投入的入场券至关重要。在不同的生产领域开疆扩土当然是一种方式，但这仍属"烧钱"行为，即使形成规模生产，也会是高成本、高风险并存。规模经济的目的，"主要是由于可以获得折扣的资源投入、专业化以及劳动分工"[2]，而"烧钱"行为显然背离了这一初衷。但如果加强企业间的优势互补和分工合作，则能形成竞合趋势，实现低成本和低风险，这是规模生产的一条路径。近两年来，比较成熟的网站已经开始了网台合作和网网合作，这其实是实现规模效益的一条捷径。例如，2010年，曾为"死敌"的优酷和土豆结盟，在视频制作、营销等方面展开了合作。合纵连横并非权宜之计，而是在市场竞争中捆绑成规模实体，降低总体成本，形成迈克尔·波特所称的一体化成本，"即一个企业生产产品A时，天然地具备了生产产品B的能力"[3]，从而能降低采购成本、销售成本、融资成本等。

（二）建立现代营销机制

首先，现代营销学一个基本概念是全程营销，即从生产端至客户端，系统地分配和组合资源。"传媒受众市场有区域市场、价格市场、产品市场、品牌市场。"[4] 从自身定位、产品定价、产品推出到品牌塑造，成为一个营销"流水线"。这是视频市场建立现代营销机制的基本理念。此外，用户黏着力有四个策

① 董璐：《媒体营销：数字时代的传媒动力学》，北京大学出版社，2009年版，第162页。
② 郑勇丽：《媒介管理学》，浙江大学出版社，2008年版，第102页。
③ ［美］迈克尔·波特：《竞争战略》，陈小悦，译，华夏出版社，2004年版，第8页。
④ 包国强：《传媒策划与营销——基于市场整合与竞争的观点》，清华大学出版社，2007年版。

略，即"相关性、顾客参与、共有性和便利"①。全程营销中，用户能通过网络参与各个环节，提供灵感创意，参与专业制作，发展口碑传播，黏着力的四个策略基本具备。

其次，建立受众营销机制。虽然视频市场包含广告和受众两个市场，但最终落脚点还在受众市场。广告市场盘子固定，分"羹"者却日渐增加，营销操作空间不大，而受众则是点击率和购买力的主体。经营好受众市场，需要培养受众，"付费＋免费"收看模式需要两个前提：一是有独家内容，二是要培养用户的付费习惯。此外需要研究受众，20世纪50年代美国市场学家温德尔·斯密提出市场细分概念，它的主要理念是对顾客分类，而非产品分类。对受众进行分类，能给视频产品的差异化提供依据。

再次，形成品牌营销模式。品牌是市场中的符号，"其目的是识别某个销售者或某群销售者的产品或劳务，并使之同竞争对手的产品和劳务区别开来"②。在视频市场中，不仅仅要打造节目品牌，更要打造播出平台品牌。从经济学角度来讲，品牌最大的价值在于降低选择成本（Choice Cost），这一点对于互联网的海量信息特点尤其有意义。整个人类的经济活动可分为短缺阶段和过剩阶段，目前的视频产品明显处于第二阶段，用户的注意力和购买力成为"选票"，而品牌信任度则是"投票"的依据。"品牌信任度的提高将有效地降低消费者的选择成本，消费者'趋利避害'的本性使得在任意价格下需求量增加。"③ 就视频使用而言，选择成本不仅包括收看费用，更多指支出时间以及机会成本。

（三）疏通多元融资渠道

迈克尔·波特在分析企业竞争战略时提出，资本需求是行业进入壁垒之一，"特别是高风险或不可回收的前期广告、研究与开发等"④。视频产业具有上述特质，让其进入资本市场，能最大限度发挥其市场潜能，让有竞争优势的企业"锦上添花"，无竞争力的企业则被拒于壁垒之外，对整个产业发展和个体企业发展都具有"促长剂"作用。更何况"资金缺乏、体制落后和资源配置不合理正是中国传媒业面临的最重要的问题"⑤。如何解决这三个问题，畅通的融资渠道当然是关键。

首先来看风投市场，"风险投资是一种以私募方式募集资金，以公司等组织形式设立，投资于未上市的新兴中小型企业或产业的一种承担高风险、索求高回

---

① ［美］托马斯·达文波特、约翰·贝克：《注意力经济》，谢波峰，等，译，中信出版社，2003年版。
② ［美］菲利普·科特勒：《市场营销管理》，中国人民大学出版社，1997年版，第77页。
③ 孙曰瑶、刘华军：《品牌经济学原理》，经济科学出版社，2007年版，第102页。
④ ［美］迈克尔·波特：《竞争战略》，陈小悦，译，华夏出版社，2004年版，第9页。
⑤ 罗霆：《我国传媒产业进入证券资本市场现状研究》，选自潘可武：《媒介经营管理的理念与实践》，中国传媒大学出版社，2010年版，第7页。

报的投资形式"①。风投进入视频生产和运营企业后，以权益资本的形式存在，即视频企业无需向风投主体承担利息，但风投主体享有获得相应比率利润作为回报的权利，享有通过转让股权获得长期资本增值的权利。我国大量尚未成形的小型视频生产企业，其有前景无资金的现状正好与风投需求吻合，但国内风投与视频产业的合作还刚刚起步，原因其一是国内风投尚未认识到视频市场的价值，其二是视频产业的巨额前期投入已超出国内风投的承受范围。

相对于风投私募融资，IPO（首次公开募股）的公募融资更适合于具有一定规模实力和运作经验的大中型企业。由于 IPO 准备费用高昂，操作程序繁琐，因而一般企业难以跨入门槛，但它的融资范围广、见效快又具有吸引力，一旦首次公开募股完成，企业就可以到证券交易所挂牌交易。证券交易的核心概念是购买"未来"，三网融合之下，我国的视频产业是新媒体发展方向之一，"未来"极具前景，因此尽快启动 IPO 是视频企业努力的方向。但是，IPO 也有更规范、更严格的市场审查制度，我国的视频产业能否达标，这也是对视频市场的一次考验。融资渠道远不止这两种，还有银行信贷等众多形式，但通过什么渠道融资不是问题之关键，关键是使资本市场以诚信为基础，以制度为保证，兼顾投资者和产业发展的多方利益。

总之，三网融合背景下，我国视频产业已市场化，进入完全竞争状态。多重生产主体、多元经营方式、多极播出平台，是视频发展的基本方向，在此之下，存在着成本高、政策慢、理念旧等元素所造成的发展瓶颈。因此作为产业本身也好，政府管理者也好，必须有意识克服这些破坏性元素，唯其如此，视频产业才能保持竞争优势，获得较好的生存生态。

（载《国际新闻界》2011 年第 8 期）

---

① 周鸿铎：《传媒产业资本运营》，经济管理出版社，2003 年，第 163 页。

移动互联网时代的"媒－信产业"
及其规制路径

2013 年上半年，移动互联网和移动视频的迅速崛起（移动互联网 1—6 月业务收入 851.7 亿元，单月增幅超过 50%，两者均创下历史纪录），带动了内容提供商、电信运营商和终端设备制造商的转型升级，也使"三网融合"环境下"媒介业务的通信化"和"通信业务的媒介化"直观地摆在行业发展面前。以此为基点，国务院 2013 年 8 月 8 日向全国印发了《关于促进信息消费扩大内需的若干意见》（以下简称《意见》）①，全面推进三网融合、实施"宽带中国"战略，以信息消费拉动经济增长、加大"媒－信产业"一体化建设成为其中的关键内容。

所谓"媒－信产业"，就是指行业壁垒逐渐模糊、产业关联性极大加强、媒体价值链得以拓展延伸、商业运营模式得以更新的媒介、通信一体化产业。其直观表现则是独立专业平台向综合性服务平台的转变，以及依托平台衍生出的互联网"云电视"、VoIP、IPTV、动漫游戏、移动视频、定位 LBS、移动银行和 OTT 通讯等增值业务。简单说，"媒－信产业"就是借助 3G/4G 技术及下一代宽带网（NGN＋NGB＋NGI）实现的 ICT（Information and Communication Technology）产业及内容产业。

一、移动互联网时代"媒－信产业"的建设目标及业务模式

"媒－信产业"是基于第五次信息技术革命形成的产业形态。语言、文字、印刷、电报电话和电视等前四次信息技术革命，改变的是人类社会的信息传播方式，本身只表现为材料介质的进步而非经济形态的革命，但以计算机和互联网技术为标志的第五次信息革命，则从信息介质和经济形态两方面同时改变了信息社会的基石与框架，网络是生产力，同时也是生产关系的观念为越来越多的事实所证明。"媒－信产业"即是其中之一。

（一）移动互联网时代广电媒体和电信业面临的困境与问题

2012 年中国互联网数据中心的调查数据显示，电脑、电视、平板和手机的

---

① 《国务院关于促进信息消费扩大内需的若干意见》，http：//news. xinhuanet. com/politics/2013－08/14/c_116943401. htm。

周使用时长分别为 12.6 小时、9 小时、8.3 小时和 7.2 小时，依托网络和手持终端观看、传播的网络视频日均收看时长和周均观看次数分别为 1.8 小时和 5.53 次，已全面超越传统电视 1.68 小时和 5.4 次的观看时长和频次。2013 年新闻出版广电总局发展研究中心推出的《中国视听新媒体发展报告》印证了这一判断：受个人电脑、平板电脑、智能手机的冲击，北京地区的电视机开机率从 70% 下降至 30%。这一结果在基本面上说明了电视媒体在最核心的视频竞争领域，也正面临着丧城失地的危险。[①]

与广电业类似，通信业的基础话音业务 ARPU 值（单用户月均收益）近年来也处于不断下降的趋势当中。从 2001 年至 2012 年，其话音业务 ARPU 值下降了超过 50%，月收益从 104~134 元落到 47 元以下。[②] 加上 2012 年后 OTT 业务（基于开放互联网的服务）的崛起和通信市场内运营商竞争的加剧，逼迫广电媒体和通信业不得不在建设下一代宽带网的同时，寻求基础音视频和话音业务之外的拓展空间。"媒 - 信产业"恰是广电媒体和通信业在各自核心业务领域之外，寻找市场增长空间的聚合通道。

（二）移动互联网时代"媒 - 信产业"的方向与目标

以移动互联网为依托，打破门户壁垒，推进"媒 - 信产业"建设，是世界各国应对行业危机时的共同办法之一。2010 年，美国、欧盟、日本、巴西和俄国在原有支持计划的基础上，先后推出了"国家宽带计划""欧洲数字化议程""日本新 IT 战略""全国宽带计划"和"信息社会计划"。其重要目的之一即在利用媒体和通信技术的进步，加快"媒 - 信产业"的聚合、快速发展，并以此作为维持社会经济可持续增长和抢占移动互联网时代世界信息产业高峰的手段。

事实上，自 20 世纪 90 年代开始，欧美信息产业发达国家就积极利用媒介和通信技术的进步，推动信息服务业由"信息的互联网"（新闻门户网站为主）、"娱乐的互联网"（网络游戏和音乐为主）和"商品的互联网"（电子商务）[③] 向"生活的互联网"和"服务的互联网"（智慧生活、社会服务和政务服务）过渡。"媒 - 信产业"的发展方向与这一趋势正相吻合，尤其是在进入以生活服务为主的泛在网、智能化阶段之后，其高度介入生活、构建生活、拉动经济增长和促进文化服务业升级的功能会越发突出。业务交叉、渠道汇融、资本聚合、受众跨界，是由低级业态向高级业态发展的必然规律，也是移动互联网环境下受众消费由单一信息消费向综合信息消费过渡的表现。

无论进程的快慢，以大 ICT 产业为发展方向的"媒 - 信产业"，在移动互联

---

① 张玉玲：《视听新媒体时代：变化刚刚开始》，载《光明日报》，2013 年 6 月 13 日。

② 周玲：《中国联通：3G 业务今年将盈利》，载《东方早报》，2012 年 3 月 23 日。

③ 工信部信息化推进司：《泛在应用与创新——中国信息化发展报告》，电子工业出版社，2011 年版，第 20 页。

网时代已越来越多地表现出三个不可逆转的趋势和特征：一是不断融入的云计算、物联网、"智慧城市"和"智慧生活"等新概念，从客观需求和主观认识上不断强化了媒介和通信产业一体化发展的必然性；二是利用技术进步和网络创新提供的个性化、多样化新媒体与数字化订制内容服务，正极大提升改善着用户的消费品质、审美习惯和选择趋势，带动着媒介和通信业服务领域的交叉延伸；三是有线广电网和通信网的双向、移动和宽带化改造，加快了它们由专业服务平台向综合化信息平台的升级进程。与这些趋势相伴随进行的，则是媒体和通信业越来越模糊的产业边界与业务限定。

（三）移动互联网时代"媒-信产业"的业务类型与商业模式

移动互联网和 OTT 业务的发展，使广电媒体和通信业都更加清醒地认识到在一个新媒体、新技术、新平台层出不穷的时代，没有什么独家资源可以永远垄断，也没有什么平台优势可以一成不变，所谓优势只存在于共享和合作之中，而不存在于封闭和僵化保守之中。借力"三网融合"和移动互联技术，围绕家庭需求、个人需求和当代人的移动生活需要寻求着力点，实现由"分"而"融"、由"融"而"合"的"媒-信产业"创新业务建设，是最为便宜可行的突围之道。

围绕家庭需求、个人需求和当代人的移动生活需要寻求着力点，是"媒-信产业"选择业务的基本出发点，再加上对未来市场的预期，具备了聚合和交叉功能的移动视频业务、IPTV 业务和互联网云电视成为"媒-信产业"谋求市场扩容的第一类切入口。移动视频业务、IPTV 业务和互联网云电视，不但能使广电媒体拥有的内容资源、牌照管控与政策倾斜优势得以盘活变现，也可以使广电媒体和通信业原有的平台与用户优势，同设备制造商、软件提供商形成衔接，从而改变产业链上下游脱节、错位的问题。订制生产、联合运营和签单结算的流水机制，再加上国家广电总局和新闻出版总署机构合并（版权管理统一、监管机构减并）的大背景，这一业务切入口也会为未来跨行业媒体集团的组建奠定商业和市场基础。

实际上，移动视频、IPTV 和互联网云电视业务的发展，不但强化着媒体和通信业的合作与分享意识，也在实际收入上给媒体和通信业带来了增长希望。2012 年广电有线网络产业收入 660.98 亿元，同比增长 17.24%，其中互联网云电视终端 2000 万户，潜在收入 100 亿元。IPTV 业务 2013 年 5 月突破 2480 万户，业务收入 15.8 亿元，同比增长 1.43 倍。通信业的非话音业务收入占比也持续提升，占到了全行业收入的 49.5%，其中以 3G 技术为支撑的移动视频业务用户突破 5590 万户，业务收入 10.3 亿元，占到了行业收入的 14.6%，增速超过30%。[①] 尽管这些业务的总量并不算很大，但相比困顿不前的分业业务，移动视

---

① 数据来源：《上半年电信业务收入增长 8.9%》，载《工信部公报》，http：//www. miit. gov. cn/n11293472/n11293832/n11294132/n12858462/15523389. html。

频、IPTV 和互联网云电视表现出的良好增长势头，依然让它们成为现阶段"媒－信产业"寻求业务拓展的突破口。

对"媒－信产业"而言，业务的成功除了取决于用户规模的大小和内容资源的丰富之外，成功的商业模式也是其必不可少的保障。成功的商业模式是把内容、服务和消费者需求结合起来的有效手段，也是把运营商和付费方捆绑在一起的利器，同时，成功的商业模式还可以促进"媒－信产业"的资源流动和其他要素的科学配置，并可以在发展中成功地解决增值业务的汰劣和存优。

就目前实践而言，"媒－信产业"的商业模式主要有三种：第一种是广告盈利型商业模式，即通过向用户免费提供内容和服务，来培养用户的消费习惯，形成市场规模，进而吸引广告商投放广告获得利润，典型的业务类型如网页浏览、新闻客户端和免费移动视频等。第二种是内容售卖类商业模式，即通过对用户收取音视频内容视听费和信息获取费获得盈利，典型业务如付费视频、手机动漫、IPTV 等。第三种是生活服务类商业模式，即指基本通信信息免费，但用户要为相关增值服务付费，典型业务如移动银行、智慧社区、定位服务 LBS 和移动健康监护等。

当然，"媒－信产业"的业务种类同以上三种模式并不是一一对应的关系，譬如江苏广电的互联网云电视业务、湖南广电的 DVB＋OTT 业务、重庆联通的"宽带＋节目源＋电视机"业务等。但有一个基本趋势是共同的，即除了广告、点播和流量付费这些成熟的商业模式之外，多样化的生活类增值业务服务费，正在成为移动互联网时代"媒－信产业"新的盈利方向。这一趋势与其业务类型的切入方向及国际"媒－信产业"的变迁历程是相一致的。

二、移动互联网时代"媒－信产业"的规制与评估路径

（一）信息消费环境下的"媒－信产业"监管路径

高度行政化的管理体制和行业本位主义，显然已经不能适应移动互联网时代"媒－信产业"融合发展的竞争格局和监管需要，国务院《关于促进信息消费扩大内需的若干意见》明确将"整合多部门资源，提高共享能力"，"深化行政审批制度改革"，"加强法律法规和标准体系建设"作为移动互联网时代"媒－信产业"监管的基本措施。

事实上，"媒－信产业"改变的不仅仅是技术和网络，还有文化和社会生态。移动互联网条件下"媒－信产业"的监管，遵循以上思路和措施，可实行"三步走"战略：一是成立国务院下属的跨部委协调机构；二是强化推进实体机构的融合；三是打破旧有模式和管理体系，建立起机构融合、分层督导的新型监管体系。2013 年春实现的国家新闻出版总署和广电总局的"局署合并"在很大程度上就是在实践这一构想，在媒体内部实现内容版权管理和媒体多样态管理的统一。

除了实体监管机构可以借鉴国外的模式由隔变融之外，在当下建立独立于通信和广电两部门之外的法律体系，赋予三网融合工作协调小组以更多的实体职能，借鉴日本三网融合管制经验，从横向切割角度，对"媒－信产业"的技术层面、内容层面、终端设备层面和市场主体管理层面，进行分层＋分业的"面／向"式管理，也是实现多因素制约条件下"媒－信产业"监管创新的可行路径。

（二）移动互联网时代"媒－信产业"的评估路径

"媒－信产业"的评估维度，至少应包括以下几个层面：技术融合、业务融合、市场融合和制度融合，另外还有建立于这四项基础融合之上的机构融合。在这几个评估维度中，技术融合是前提，业务融合和市场融合是重点，制度融合与机构融合是关键（见表1）。

表1 三网融合下广电监管体系的面向与层次①

融合的层面		目标	内容
技术融合	网络	互联互通	实现三种网络的互联互通，确保所有的网络使用者能够无阻碍地共享所有网络资源与服务
	业务	相互承载	依托电信网、广电网、互联网的各自优势，开展全业务
管理融合	机构	统一监管	将传统的电信网、互联网与广播电视网等传输的信号均视为无差别的数字信号，统一进行监管
	法律	横向规划	将对电信和广电的管制由"纵向分业"规制转向"横向分层"规制
市场融合	内容	丰富多元	音视频节目、信息资讯及其他相关内容种类融合共生，激荡创新
	企业	双向准入	有秩序有步骤地允许有线电视和电信运营商彼此进入，推动终端产品融合，开发新的增量市场

其中，技术融合主要用来评估广播电视、互联网和通信网三者之间的技术共享与彼此间的技术扩散程度，构成三网融合的技术前提，只有技术融合达到了一定的程度，后继各层面的融合才能持续跟进，并为最终形成跨网大数据业务体系奠定基础。技术融合的评估主要通过相关行业间专利数据的共享和互渗进行测算，如三方在各自下一代网络（NGB、NGN、NGC）的建设与改造上，应该充分考虑到三网未来衔接、兼容、通用的可能，并在技术方案的制定与实施上予以优先；不同厂家在生产局端设备和终端设备时也应该遵循统一的制式标准，以方便"媒－信产业"在三网融合语境下的业务／市场融通及运营、监管统一。

业务融合和市场融合主要用来反映广播电视业、互联网业和通信业之间服务产品的交叉类似程度及融合流通程度，即同一类型产品（包含服务）在不同网络

---

① 参考温建伟、王厚芹：《国际三网融合进程评价与启示》，载《电视技术》，2010年第6期。

通道及平台上的传播、流转与应用程度。对三网融合和"媒-信产业"而言，业务融合和市场融合的最重要标准就是广播电视网、互联网和通信网在市场需求和产品供给上的融合程度，具体到数据指标上则可以通过企业、公司或某一行业机构在三方市场上的产品销售及服务数据来测算。如在家庭网络接入产品的服务上，行业运营商就可以用共同的融合技术标准，向下游设备制造厂商定制通用型家庭联网产品，这样既可以降低因产品制式不同带来的市场标准混乱和融合阻力，也可以为内容业务在不同网络终端上的顺利流通创造条件。

制度融合和机构融合牵涉到政府的行政管理、制度设计和机构改革等环节，对三网融合和"媒-信产业"的发展影响至关重要，但恰恰是在这一方面，目前还很难总结出量化的方法或指标对其进行测算研究。通常只能以定性识别的质化方法对其影响进行预分析，普遍存在着因政策不确定性而带来的分析结果偏离现象。相比政策、制度上的极大不确定性和由此产生的预估风险，机构间的融合评估风险则要相对小一些，因为加速推进行业机构间的融合——大部门制改革，是已经确定并付诸实践的战略决策，可逆转的空间极小。对这一项内容的融合评估，可以通过广播电视、互联网、通信网三方企业的并购重组、战略联盟及监管部门数量的变化等相关数据来进行测量。一般而言，并购重组力度愈大、次数愈多、监管部门数量愈少，表明三网融合和"媒-信产业"的推进力度及建设效果愈理想，反之则意味着进展缓慢、阻力较大，相关措施推进乏力。

对以技术融合、市场融合、业务融合和机构融合为核心表征的"媒-信产业"融合评估方法，则主要有网络分析法、熵指数法和赫芬达尔指数法。

网络分析法主要通过广电机构、电信企业和终端设备制造业置身其中的产业结构变化来对信息产业的融合情况进行判断。在这种评估方法中，每一家机构或企业都是相互交叉的多条产业链结构中的一个节点，每个节点的变化（如重组、并购等）都会在多条产业链条中被传导扩散，从而引起全产业网络的一系列连锁反应，使得整个信息产业环境发生变化。这种评估方法容易从整体上感知三网融合和移动互联网环境下"媒-信产业"的变化情况，但不容易对融合的效果进行细致评估，时效上也会有所滞后。

熵指数法则主要用来衡量"媒-信产业"经营业务的多元化程度，该评价方法用 DT（Total Diversification）表示业务类型的多元化程度。在这一评估方法中，业务类型的多元化程度（DT 值）会随着产业所涉及行业数的增加而增加，一定程度上反映了"媒-信产业"的融合程度及各行业间彼此进入的条件高低和难易，直观、简明但不够详细。

赫芬达尔指数法（又称 HI 指数法）则是用来衡量"媒-信产业"多元化的另一个重要方法。1998 年由产业经济学家 Gambardella 和 Torrisi 首次应用于信息消费产业。对业务融合、技术融合及二者间的关系，在认真考察的基础上形成了相对应的五个区间（见表 2），分别代表由低度融合到高度融合的五个区间。

表 2　不同 HI 指数区间代表的融合程度

HI 指数区间	0.2～0.36	0.36～0.52	0.52～0.68	0.68～0.84	0.84～1.0
融合程度	高度融合	中高度融合	中度融合	中低度融合	低度融合

　　以上表中所示的五个区间为判断标准，HI 值越大，意味着"媒－信产业"的多元化程度和跨行业程度越弱。相反，HI 值越小，则表示"媒－信产业"的跨行业业务发展越成熟，产业多元化程度越高，信息行业间的进入门槛越低。相比网络分析法和熵指数法，赫芬达尔指数评价法在全面、深入和点面结合反映"媒－信产业"的建设效果上，要更为准确和灵活。

　　当然，除了以上评估方法外，还要考虑"媒－信产业"在移动互联网时代与4G 技术结合后产生的新的评估需要，如信息聚合力、平台协调力、业务重组力、传播交互力等。在很大程度上，这些因素的评估对"媒－信产业"的社会成效要起到更为直接的衡量作用。但物质层面和产业层面的实质进入与融合评估，仍然是"媒－信产业"评估的起点和基础，因此，对站在新一轮起点上的媒体变革和信息产业建设而言，全心全意地进行"媒－信产业"的基础市场融通、业务类型对接，仍然是其基本需求。

（载《新闻界》2013 年第 22 期）

"广播+"：互联网时代的全媒体整合

——2015 年中国广播媒介融合年度报告

2015 年对于传统广播来说是挑战和机遇并存的一年。在国家高度重视媒介融合并提出"互联网+"战略的背景下，全国各级广播电台秉承"广播+"的主动融合发展思路，积极与新媒体进行全方位的深度融合，在内容生产、传播方式、平台渠道和营销推广方面迈出了探索性的步伐。在互联网时代全媒体整合承前启后的关键时期，坚守这一发展思路，有利于为广播的媒介融合发展提供可持续的方向指引。

作为诞生于 20 世纪 20 年代的传统媒体，广播具有伴随性强、受众面广、感染力强、传播迅速等特点。随着互联网技术的迅速发展，媒介融合和互联网参与式文化成为当今世界的两大潮流。为了适应发展潮流，今天传统的广播媒体正在努力探索一条符合自身特点的转型发展路径。2015 年，国家把媒介融合提升到了文化战略的高度，李克强总理在"两会"政府工作报告中明确提出：制定"互联网+"行动计划，推动移动互联网、云计算、大数据、物联网等与现代制造业结合，促进信息技术与传统产业的生态融合，引导互联网企业拓展国际市场。在国家高度强调媒介融合的背景下，广播利用自身优势，将"互联网+"战略思路转换为"广播+"，强调以广播作为主体主动融合，革新广播发展模式，促进传统广播在互联网时代的升级。

总体来说，2015 年我国广播在媒介融合方面呈现了蓬勃发展的态势。我国各级广播电台积极发力，对广播的全媒体深度融合进行了全面探索和实践，秉持"广播+"理念，运用大数据、云计算等技术进行全媒体整合：在内容生产上，坚持广播的传统优势内容，同时更新其资源的新媒体表达模式；在传播方式上，以用户为中心，更加注重互动性；在平台渠道上，不断促进传统广播与新媒体的平台融合，形成全媒体传播；在营销推广上，通过线上线下双轨运营，拓展其产业链。依托互联网、移动终端等新媒介平台和新媒介技术，广播已逐步探索出了一条具有突破性的媒介融合路径，打破了媒介、行业、地理之间的界限，进而实现了信息的多样化传播和受众的广泛互动。

内容生产：优势资源的新媒体表达

根据工信部公布的数据，截至 2015 年 10 月，我国移动互联网用户总数达到 9.51 亿户，其中 4G 用户已达到 3.28 亿人次。由此可见，我国移动互联网用户已经达到了一定规模，他们养成了使用移动互联网接收信息的习惯，并且具备了针对优良内容和优质服务的互动和传播扩散意识。随着微信、社交网站等社会化网络应用的发展，个体向整体传播信息的新型传播模式已经形成，社交媒体的人际传播、互动交流等特点丰富了媒体的内涵。在新媒体环境下，广播从策划、制作到播出，都要重新建立不同于传统的内容生产方式和制作流程，应在继续保持传统内容优势的同时，充分运用大数据技术，精准把握用户群体和个体行为模式，开发分众化的特色内容，满足不同小群体的个性化内容需求。① 智慧互联网时代的广播正朝着精准化、个性化和智能化的方向发展。

借助大数据技术，广播用户的特征越来越清晰，广播电台可对用户需求、热点事件、未来趋势等进行更精准的判断，根据数据分析结果设计栏目内容，提供更有针对性的信息服务。2015 年，北京人民广播电台推出全新音乐广播——国际都市频率 Metro Radio FM94.5，全天 24 小时滚动播出欧美流行音乐和时尚潮流都市资讯，受众定位清晰，是十年以来第一个全新的类型化音乐台。陕西音乐广播 2015 年与国内外大专院校和专业研究机构联手，通过大数据挖掘，对播出歌曲进行全信息分析取样，对歌曲在网络中的点击热度、评论分析、用户心理、热播时间等进行全息测算，建立适应本地收听趋势、收听市场的节目公式，最终形成节目终端的有效传播。黑龙江人民广播电台成立战略数据部，创建听友数据库。截至 2015 年 6 月底，龙广数据库发展至 15 万人次的规模；其微信公众号"播播龙"用户达到 175000 人；龙广客户端安装量达到 26 万次，注册人数达到 36000 人；龙广听友日均点击量在黑龙江省内媒体中位列第二。

除了个性化、定制化之外，广播内容更加偏向服务性也是不容忽视的一大趋势。据统计，移动互联网用户对传统应用的使用时长在降低，而对生活类应用如教育阅读、健康医疗、金融理财等的依赖度提升明显。这就要求广播媒体必须明确服务意识，变信息传播为信息服务，通过发挥自身内容生产优势，进行品牌化栏目建设。上海交通广播推出了《消费直通车》《1057 车管家》《汽车世界》等一系列服务类节目，更加强调节目对于移动人群的实用性和服务性。苏州广播电视总台推出的城市公共生活服务类手机客户端——无线苏州，囊括了资讯、微博、爆料、天气、路况、违章查询、打的、电力、水务等多个应用功能模块，截

---

① 朱元君：《"互联网＋"视域下传统广播的发展路径》，载《中国广播》，2015 年第 9 期，第 32～35 页。

至 2015 年 11 月，已有 240 万用户下载使用，活跃率超过 30％。

随着"车联网"、手机 APP 等移动智能终端成为广播重要的搭载系统，广播受众的注意力更趋碎片化，这对广播内容的时效性、浓缩性、直白性及趣味性提出了更高的要求。广播节目要做到随进随出，提升信息价值含量。2015 年江苏文艺广播推出了"文艺微生活"原创性碎片化节目群落，以"内容碎片化、制作精致化、编排格式化、传播多样化"为宗旨。江苏新闻广播以"早晚板块＋滚动＋延伸"为架构，在早晚板块之外，全部以半小时为单元，滚动推进。每半小时的节目都由"12 分钟资讯＋18 分钟延伸"组成，资讯以快速和集纳为特色。福州电台《为你朗读》采用线性轮播的编排方式，每期节目长度三至五分钟，朗读沙龙报名者涵盖了传统接收终端、车载收听终端和网络收听终端的用户。

集成化、多样化的媒介平台是迅速吸引受众的基础，而优良的内容则发挥着留住受众的重要作用。面对新媒体的不断冲击和当下的媒介融合趋势，广播必须秉承"内容为王"理念，坚持传统优势内容，同时更新优势资源的新媒体表达模式，才能提高受众的忠诚度，实现广播自身的优化升级。

传播方式：以用户为中心的互动交流

传统的广播节目大多是以"我说你听"的形式展开的，电台往往很难在第一时间了解听众的需求，由此带来了一些问题，例如广播节目互动性较差、听众参与度较低、节目内容与听众需求脱轨等。而新媒体的传播方式则是要把每个听众变成接力传播者，形成人链传播和关系链传播。[①] 因此，广播的媒介融合改革发展路径必须坚持以用户为中心，重视用户的需求和体验，注重节目的互动性，甚至鼓励用户参与到节目制作中，进而产生对该广播节目持续关注和互动的动力。北京人民广播电台推出的手机客户端"听听 FM"汇聚点播音频 300 多万条，音频专辑近 5 万个，全国电台主播 7000 多人，草根播客近 2000 个，该应用在2015 年推出二期产品，集中在 UGC、互动和社交方面，实现新媒体和广播的无缝接合。上海音乐广播动感 101 打造了视频直播软件"DAN"，后又开发了移动收听软件"小移"，可以让听众在收看收听直播时与主持人即时互动。江苏广播研发一线节目，策划"众包"音频产品，如"全民麦克风"，实现线上节目与新媒体互动有机融合。

移动互联技术的发展使广播突破了过去单向传播、不易保存等局限性，向"可听、可视、可读"发展，互动性增强，传播范围更广。2015 年 4 月 3 日17：00—18：00，中央人民广播电台文艺之声海阳工作室与百度"实时搜索"共

---

① 刘浩三、吕晓虹：《以互联网思维改造传统媒体——专访新华社音视频部主任、中国政法大学光明新闻传播学院院长陆小华》，载《中国广播》，2014 年第 11 期，第 25～27 页。

同推出的广播全媒体产品"围观海阳"正式上线，该节目以视听方式进行实时视频直播，并融入弹幕等互联网元素，使广播挣脱了听觉的束缚，实现了从听到看的自我迭代。2015年春节，重庆万州台、宁夏台、陕西渭南台、内蒙台、呼伦贝尔台等众多电台纷纷制作不同风格、不同形式的微剧拜年专题，在传统广播和新媒体上播放，取得了良好的效果。沈阳都市频率广播剧团队融合广播特别节目和广播剧制作理念打造的跨界节目百集《心灵鸡汤连连送》获得了良好的市场口碑和反馈。江苏广播开发了针对传统媒体与网络媒体实时互动的演播室播控系统，可以预先设置节目话题和群体回复，以 UGC 形式实现台网互动，激活传统电台的节目内容。同时它还有"交通路况实时播报"和"微啵 LIVE"两个子系统，记者可以将第一时间、第一现场的内容通过文字、图片、语音、视频进行全媒体报道，用户也可以在第一时间对事件进行评论，他们的留言可以通过内容交互系统传递到直播间供主播采集，形成了一套完整的全媒体运用场景。

在互联网参与式文化风靡的今天，传统广播电台必须及时转化思维，从听众思维向用户思维转变，加强与用户的互动交流，鼓励用户参与到广播节目当中，补足广播的互动短板。以互动为切口，连接传统广播平台和互联网平台，真正让传统广播实现"广播＋互联网"的转型发展。[①]

平台渠道：深度融合的全媒体传播

媒介融合并非一种媒介取代另一种媒介，也不是多种媒介方式的简单叠加。而是根据各种媒介的特性，进行优势互补，从而达到 $1+1>2$ 的效果。我国广播与网络的融合始于20世纪90年代，经过近20年的发展，由最初简单的内容转移到相互助力、优势互补，广播与网络的融合循序渐进，步步深入。回顾2015年，广播与新媒体的平台渠道融合主要包含了以下三种形式：

第一，传统广播自建新媒体，打造自有新媒体传播矩阵。在与新媒体融合的过程中，广播改变了完全依赖传统收音机的方式，逐步开辟网页、微博、微信公众号以及移动客户端等新的传播平台，网罗更多的新型受众。广播搭建自有新媒体传播矩阵，有助于全方位覆盖受众，创新节目传播形式，增强受众互动性，监测传播效果。

截至2015年，国内几乎所有省级广播电视台以及绝大部分地市级广播电视台都开办了网站，并设有本台的新闻客户端，内置广播入口，绝大多数都开办了微博、微信平台，一些广播电台还开发了移动客户端，形成网状新媒体传播矩阵。广东广播电台开辟各类新媒体平台，包括"荔枝台·广播在线"（www.

---

① 柯成韵：《以互动为切口，实现中国广播"互联网＋"》，载《中国广播》，2015年第10期，第50～52页。

rgd. com. cn，简称 RGD)、广东电台新浪和腾讯官方微博、广东电台手机客户端、广东电台官方微信、广东广播淘宝电商等，并由新媒体部门"珠江网络传媒"统一运营，开展各类对外合作，拓展新媒体业务市场空间。温州综合广播拥有官方微博、公众微信号、九淘电商和 APP "掌上听温州"等平台。天津电台整合全台资源，形成了包括天津广播网、"天津广播"微博、"天津广播"微信、北方论坛"天津广播"板块、"一城社区"与"劲听 J：raido"移动客户端的传播矩阵。

第二，传统广播入驻他方媒体，拓展传播渠道。移动互联时代的到来，催生了一大批网络媒体的繁荣发展，这为广播的融合发展提供了新的渠道。在移动电台、网络新闻客户端、社交媒体等他方媒体的借力下，广播的生存样态和生存空间都得到了进一步拓展。

近年来，以"蜻蜓 FM""荔枝 FM""喜马拉雅 FM"为代表的网络电台集合平台相继崛起。速途研究院关于网络音频应用的分析报告显示，截至 2015 年3 月 31 日，"蜻蜓 FM"累计下载量以 16713 万次位列第一，"考拉 FM"排名第二，下载量为 13606 万次，"喜马拉雅 FM"以 12290 万次排在第三位。这些音频手机客户端的出现也为传统广播的新媒体融合提供了途径。以郑州人民广播电台为例，2015 年 2 月 12 日至 3 月 13 日，通过"蜻蜓 FM"收听郑州新闻广播的人数达到 130 万。除此之外，移动电台应用还与车载系统、可穿戴设备等合作，在不同的场景满足不同人群的需求，提高了电台使用的场景性，增加了用户的媒介接近性。

除了移动电台应用，新闻客户端也成为传统广播媒介融合的重要途径。东广新闻台在 2015 年初推出了一款集新闻客户端和网络电台 APP 功能于一身的应用"新闻＋"。网易新闻客户端推出《电台》栏目。百度新闻 APP 接入旗下电台"百度乐播"。搜狐新闻客户端虽然是媒体直接设置电台栏目，但也结合"灵犀语言助手"推出了"听新闻"功能。

与社交媒体的融合更是增强了传统广播媒体的互动性。2015 年，全国传统广播电台基本上均入驻新浪微博与广播媒体合作推出的"微电台"，通过关注机制分享简短实时信息，网友在浏览微博的同时，不仅可以在线收听广播节目，还可以和主持人以及广大听友互动，大大调动了参与热情。微信电台依托于微信强大的用户基础和良好的分享机制，更好地实现了广播的易得性和互动性。陕西音乐广播微信公众平台于 2015 年 1 月 15 日上线运行，目前已实现 OnAir 平台内直播、新媒体内容点播、用户交互/黏合/服务、票务、第三方合作后台自助管理等六大功能，以及二十余项子功能。

第三，传统广播建立云平台，实现优势资源共享。云技术的发展对广播来讲是一大利好，建立云平台可以将各个电台内容贯通起来，形成广播行业"上下联动、内容共享"的整体发展局面，有助于促进各广播电台的资源整合，实现广播的跨越式发展。这将成为未来广播媒介融合发展的一大重要趋势。

2015年1月22日，中央人民广播电台和中国科学院在京签署协议，开展全面媒体融合的长期合作，首个重点项目是建设"中国广播云平台"。该平台整合了全国60家地方台的233套频率，采用云计算、大数据、智能检索等技术，以建设互联互通平台为基础，实现台与台之间的互联和资源共享，并面向全国广播电台、行业机构、个体用户开放资源共享与定制化服务。上海广播全媒体制作中心于2015年下半年建成启用，由东方广播中心和SMG技术运营中心对内容采编和运营管理的流程进行再造，研发制作@Radio全新编发系统，实现多信源采集、多媒体编辑和多平台分发，极大地推进了上海广播的融合转型。江苏广播新媒体部在2015年将江苏广播微应用平台升级为"微啵云"平台，并推出145档新媒体音频节目，上线以来日均浏览量达到38万人次。

营销推广：线上线下的双轨运营

媒介融合所带来的不仅是传播内容和传播方式的改变，更是对传统媒体营销理念的冲击。广播在进行营销推广时要有意识地开拓有别于其他多种媒介的专属市场，开发O2O模式。广播的线上节目涉及的领域非常广泛，这为其开展线下活动奠定了基础，而线下活动正是广播形成产业链、营销推广以及网罗受众的重要手段。湖南人民广播电台以融媒体运作为手段，坚持"资源通融、内容兼融、发展互融"，摸索出了一条有利于广播电台营销推广、提升品牌的发展道路。湖南电台2015年在潇湘大道河堤上多次举办"湖南电台音乐马拉松湘江玖号荧光电子跑"活动，据统计，该活动累计微信报名112500人，现场跑步者达到42000人次，创下长沙历年活动参与人数纪录。深圳广播电影电视集团一直致力于多媒体营销推广，在市场推广过程中，将微信互动资源作为给予客户的增值回报。深圳交通广播开发出智能硬件品牌"优伴"，推出优伴健康管理平台，销售额达到3 636 932元。其中的优伴健康指标荣获2015德国红点设计大奖，2014、2015连续两年参展中国（深圳）国际文化产业博览交易会备受关注。黑龙江广播电台线下组建各节目的听友俱乐部，如驴友俱乐部、车友俱乐部、爱心车队等，今年全年共举办73场活动，带动全省相关行业销售突破15亿元。

此外，借力新媒体精准营销，也是当前广播营销推广的一条有效途径。广播应该围绕移动互联网的技术与特性改造经营盈利模式，着力打造一个集用户忠实度培养、用户数据库与分析平台、新媒体广告植入于一体的互动平台，通过平台建设拓展营销、调查、电子商务等相关产业链，既为商家创造效益，同时广播频率也得到实际的宣传推广，形成用户、商家、电台三方共赢局面。广东珠江经济广播《风云再汇》于2015年2月13日在"众筹网"上线进行众筹活动，决定通过"众筹"方式募集一年的制作费，目标为88万元，以"用户是否愿意付费"

来决定节目 2015 年是否继续播出，只用了 13 天便完成目标，创造了该网最短筹
集周期的纪录。这种互联网金融实验模式开创了中国广播业的先河。珠江广播电
台将 2015 年 6 月 18 日定为珠江广播电商日，通过微信在微商城销售产品，当天
营业额为 4.4 万元。广播从传播领域"跨界"到消费领域，创造了一种以"电台
直播节目+互联网复合传播+电子商务"为结构的电台融媒体购物模式"RTC"
（Radio to Consumer）。深圳广播影视集团今年在"新闻、音乐、交通、私家车
广播"四套频率推出了一个新的广告品种——"微信特约"，通过"线上资源+
微信平台"的模式将资源打包销售，得到了积极的响应。2015 年 3 月，在上海
广播电视台东方广播中心广告经营部的牵线下，东方广播中心动感 101 为 1000
位听众送出了 1000 份纯银镀金结婚纪念证。活动期间，其微信公众号新增关注
数超过 1 万人，消息发送人数达 27956 人次，阿基米德参与送奖的社区累计增加
用户 5068 人，各社区的中奖名单点击量达到 28048 次。此举创造了广播史上最
快速度广告创收破亿的纪录。南京广电集团与南京摩尔猫猫合作"广电猫猫"项
目，作为大股东的南京广电仅派驻一名执行董事和一名财务总监，把电台所有新
媒体资源交给合作方，由摩尔猫猫进行运营。

　　媒介融合背景下的广播营销推广创新需秉承"一个坚持、两个开拓"的原
则，加强对自己优势领域的开发，借助多媒体平台拓展经营范围，在专注线上节
目制作的同时不能失去对线下活动市场的占有率。[①] 这种深层次的资源整合协调
使得广播在媒介融合中可以寻求到自己的一席之地。

　　总体而言，2015 年我国广播的媒介融合正处于承前启后的关键时期。"广播
+"作为传统广播媒介融合发展的新思路，必须牢牢把握两个原则：一是充分利
用传统广播的优势来实现"+"，二是不能简单停留在横向平面上的"+"，而是
传统广播与新媒体在广度和深度产生化学反应的"融"。[②] 唯有坚守这一发展战
略进行探索实践，才能为互联网时代传统广播的转型升级找到突围之路，催生出
全新的广播传媒生态圈，带领中国广播与互联网的媒介融合由探索期稳步迈向成
熟期。

（载《中国广播》2016 年第 2 期）

---

　　① 欧阳宏生、郝飞婷：《论媒介融合背景下广播经营的创新模式》，载《中国广播》，2015 年第 7 期，
第 35～38 页。
　　② 曾少华：《"广播+"：广播在互联网时代的融媒战略》，载《中国广播电视学刊》，2015 年第 10
期，第 35～38 页。

第六编

认知传播：学科建构与理论开拓

论认知传播学科的学理建构

认知与传播，两个古老而又新鲜的话题，也是两大渊源的古老学科，在历史长河中并没有因为时间的冲蚀而丝毫淡化国内外学者对其进一步研究的热情，反而在时代不断的更迭与人类文明的进程中不断生发出闪耀的前沿光芒。之所以如此，一方面作为人类超越众多其他生物的两大特性，认知与传播得以记载历史、传承文明；另一方面，在时代特征愈发多元、科技创新日益密集的今天，认知与传播与政治、经济、文明的关系更为紧密、甚至能够对其产生超越人类控制的反作用力。然而，纵观两大学科的研究脉络可以发现，从相互的独立研究到如今交叉研究的普遍化，认知传播学日益替代认知与传播，呈现出你中有我、我中有你的交互融合态势。正是在认知传播学顺应时代潮流的变革中，认知传播学在继承历史研究成果的基础上更需要寻求新的蓝海，为人类的文明传承起到引领作用。作为一门正在兴起的"老科学"，认知传播学作为一门交叉的新兴学科，其研究意义与未来价值可谓瞩目。

一、研究的源起、目的和意义

一门学科的建立，首先要探讨的是这门学科存在的必要性，亦即学科的合法性边界；其次就是这门学科存在价值所在，亦即学科的合理性问题。从合法与合理出发来探讨认知传播学的存在固然是必需的，但是在当前的研究背景之下，认知与传播的跨学科学定位还可以超越合法与合理的边界探讨，走向更加自由、更加灵活、也更加贴合实际的研究方向，而这种新兴的研究策略，顺应着"后"时代的潮流，被冠以"后科学"之称。[①] 所谓"后科学"，亦即超越学科合理与合法的边界，从学术理性、社会意义出发探寻学科之间的交叉效应以及融合价值，在交融之中把握传统学科的前沿趋势、彰显学科的时代价值。

（一）价值理性重构学科蓝海

传播作为一种常见且古老的现象，为自然界所特有。而传播作为一门学科进行专门研究则是近两个世纪以来的新突破，而一门学科所必备的核心研究范式在

---

① 陈蕾：《传播学的身份定位与发展取向——在三种社会科学合法性逻辑的思想张力之间》，载《新闻与传播研究》，2011 年第 6 期，第 36 页。

传播学研究过程中却鲜有突破：传播学者施拉姆的控制研究之后，迎来了拉斯韦尔的 5W 研究模式，继而开启了传播学研究的五模块时代。直至今日，传播学研究大体上可以划分为以美国实证研究为主的经验学派和以欧洲人文精神导引的批判学派。[1]

然而，无论是工具理性还是价值理性的传播研究，在后期均走向了一种偏狭的境地：工具理性下的实证研究充满功利色彩的终极动力，在多媒体时代超速迭代效应的影响下，难以走向深入；而价值理性下的批判研究却终将因为缺乏现实支撑而充满沦为空中楼阁的危险。正是在这样的传播研究环境下，传播学科的研究正在走向一种迷茫。一方面，传统的传播研究建立在不甚牢固的理论基础之上，亦即传播学科本身的身份界定模糊、核心研究范式尚不明确；另一方面，传统的研究领域正在被逐步填充，时代的进步引导整个社会不断变革的步伐，创新性研究以及更加贴合当今社会的现实性研究尚未被开拓。2008 年，美国著名传播学学术研究期刊《传播学季刊》以"交叉口"为主题再次就传播学学科合法性出路问题发动探讨[2]，"交叉"二字给传播学学科研究带来了全新的思考。"交叉"不仅仅意味着传播与其他内容的相加或者并和，更预示着传播学的发展有必要建立在其他学科的内容之上，毕竟，传播作为一种超脱人类存在的现象，运用之广、价值之贵自不必说。因此，将传播与人类其他的学科研究融会贯通，让传播来解释其他研究现象或者利用其他现象的规律来阐释和改造传播，将给传播学的学科建构带来更加广阔的天地，也将为传播内涵和外延的挖掘带来更加深刻的思考。

传播的"交叉口"在哪里呢？诸如音乐传播、符号传播等交叉类的研究固然新颖独特，但是始终没有形成一定的体系，而缺乏体系的研究，终将沦为散兵游勇，最终难逃销声匿迹的命运。纵观当下以传播学为主体的交叉研究，其核心都建立在认知的基础上。例如音乐传播，如果没有人对于音乐超越于一般声音的认知体验，则音乐无法摆脱一般声音的局限，自然就无从达到传播的目的。可见，无论音乐传播、符号传播，都是建立在人对于对象所拥有的一种内在心理或外在学习的认知基础上完成的信息传达过程。因此，将认知传播作为一门专门的科学进行研究，不仅有利于梳理当下的交叉研究，拓宽研究领域；而且能够实现交叉的深度开拓，在宽的前提下向"深"迈进。

（二）交叉价值彰显学科实力

认知传播学学科的建立不仅仅遵循传播学学科发展的自然逻辑、顺应了当前

---

① 梅琼林、王志永：《试论传播学研究中实证主义和人文主义方法的融合》，载《南京社会科学》，2006 年第 6 期，第 14 页。

② 陈蕾：《传播学的身份定位与发展取向——在三种社会科学合法性逻辑的思想张力之间》，载《新闻与传播研究》，2011 年第 6 期，第 36 页。

社会变革发展的潮流，从变革中捕捉最新的动态及时创新理论传统，而且超越了理论研究的范畴，将研究建立于明确的价值需求之上，从而将研究的宗旨贯穿始终、一脉相承，避免了零散化、缺乏深度的研究缺陷。认知传播学的研究宗旨既有高屋建瓴式的宏伟指向，又有明察秋毫的细微洞察，在屈伸之间，将认知学与传播学的交叉价值得到最大化地呈现。

首先，认知传播学挖掘新时代传播学学科研究的蓝海。传播学研究经历了效果研究、本体研究、文化研究等几个阶段，拥有了浩瀚的研究成果。诸如早期的拉斯韦尔建立了传播的5W过程模式，中期的二级传播模式、有限效果研究，以及后期出现的批判传播研究，更具现实针对性的实证经验研究等等，都为传播学学科体系的建立以及不断的适应性发展做出了贡献，但另一方面这些理论都被打上深深的时代烙印，无法满足作为一门科学的传播学同其他学科一样面临着的学科界定和体系完善的合法与合理性要求。著名学术期刊《传播学季刊》在1983和1993年两次直面传播学内部矛盾和学科建构以及传播学发展出路的问题，在传播学学术研究领域引起了巨大震动。直到2008年，该学刊终于以"交叉口"作为回答这一问题的最佳答案，为传播学学科发展指明了方向。"交叉"，由此成为新时代传播学研究的热门。正是在这样的研究背景之下，传播学的交叉之路在国内外学者共同努力之下自然而然地朝着认知的方向转移。心理因素、符号因素等对于传播带来的影响不容忽视，因此，认知传播学的研究既是顺应时代应运而生的必然趋势，同时，作为一门新兴学科，认知传播学更需要跳出传统的传播理论，以全新的视角和思路将时代现状融入研究之中，从问题出发寻求解决之道并上升为认知传播学的理论基础，这便是认知传播学建立的终极意义和主旨所在。

其次，认知传播学满足理论引领实践的价值需求。任何一门学科的研究价值都在于能够从杂乱无章的现实问题中挖掘根源，继而探寻解决问题的方法，最终上升为具备普适性、有足够高度视野的理论。认知传播学学科建立的前提正是当下传播环境的改变乃至重构，在全媒体的传播背景之下，传播从传到受的实现过程都逐渐转向了高度的受众化，无论是基于内容价值的认知还是利益需求的满足，传播日益走向了一种更加现实、目的性更强、用户体验备受关注的时代。而传播价值最大化的实现并不能仅仅依赖于流行抑或受众导引，而是要从本源上进行传播价值的思索，将传播现象分解为符号阐释或者受众认知机制，更加细化地找寻优质传播的规律，在上升为理论原理之后实现移植应用，最终提升传播的效果。由此，复杂的传播环境更加需要从本源上肃清问题的根源，而认知正是传播且不论何种介质的传播环境下无论传者抑或受者双方都必然面临的最基础的问题，从认知机制的层面探求传播问题，既能把握问题本源，又能找到普适性的解决方案，从而为现实传播问题的解决带来极具针对性的优化方案。

再次，认知传播学实现技术支撑下的应用优化。依托于科学技术的进步，当今时代变革的步伐不断加快。认知传播学的研究既包括在科技变革引领下新兴传播环境中出现的问题，又包括了利用新兴科技作为研究工具，将传播问题更加细化、更加从人类隐秘的内在情感心绪机制中寻求答案。

其一，传媒技术的变革引领认知传播学的研究细分。多屏时代最大的特征即在于传播介质的多元化以及传播介质本身所具备的要素性内容。正如传播学者麦克卢汉所言"媒介即讯息"[1]，在多屏时代得到了更加鲜明的印证。传统三大媒体报纸、广播、电视和新兴自媒体网络、手机、电子阅读器等各自向着更具特性化的专一方向发展，呈现出别具一格的多元传播形态。认知传播学的研究则是在以往传播学研究的基础上根据科技发展所带来的媒介细化进行更加细致、更加基础的应用研究。其二，辅助先进科学仪器洞悉内在认知传播规律。人脑的工作机制异常复杂，直接关系到人心理情绪的变动和行为方式的外显。认知传播学的研究主旨之一即是利用已有或者创新的认知研究成果探析传播行为的发生和产生的效果，从而为优化传播行为带来直接或间接的效益。在这样的研究宗旨下，认知的相关研究作为一种工具，服务并指导传播行为，体现出了认知研究极其重要的工具特性。如果利用科学技术辅助认知研究，能够使得人类内在的头脑、心理、情绪等变化得到外显，给以认知为工具的传播行为研究带来可靠的实证支撑乃至数据支持。

二、研究现状与文献分析

任何一门学科的形成都必然要经历无数深思与探索的漫长阶段，认知传播学是一门新兴的跨学科研究，从其初具脉络到形成一定的研究体系并且具备学科价值，仍然经历了众多国内外学者共同在相关研究领域的精耕与细作。以中国人民大学于2011年12月举办的"传播学与认知科学国际学术研讨会"[2]和2014年4月于四川外国语大学举办的"全国首届认知传播研究高峰论坛暨认知传播学研究会成立大会"[3]作为中国认知传播学学科建立的两大标志性事件，是对以往相对零散的研究的梳理、归拢，廓清了认知传播学这一具有创新意义、跨学科价值和学术前瞻性的学科体系。然而不可否认的是，国外在认知传播领域的研究更早于国内研究，并且在研究的多样性上，也成为国内认知传播研究的领航者与引路人，因此，认知传播学学科现状离不开国外相关文献的支撑，而对于国内认知传播研究的脉络梳理则作为今后认知传播学在国内的独立发展与进深的积淀。

---

① 范龙：《"媒介即讯息"：麦克卢汉对媒介本质的现象学直观》，载《浙江大学学报》（人文社会科学版），2008年第2期，第190页。

② 赵晋、李彪，等：《"传播学与认知科学国际学术研讨会"在中国人民大学召开》，载《国际新闻界》，2011年第1期，第98页。

③ 段弘：《开创建构认知传播学新学科——全国首届认知传播研究高峰论坛综述》，载《现代传播（中国传媒大学学报）》，2014年第6期，第141页。

（一）萌芽：探寻认知与传播的交叉点

国外学者是认知与传播的相关研究的启航者。Communication and Social Cognition：Theories and Methods（David R. Roskos-Ewoldsen，Jennifer L. Monahan，1982.）是国际上最早将认知作为研究视角，对传播行为和传播现象进行分析研究的典范，"promoting communication to social cognition researchers"[①]，为传播和心理学研究奠定了交汇点。Making Sense of Television：The Psychology of Audience Interpretation（Sonia Livingstone，1998.），将电视中的肥皂剧作为研究重点，分析了人们沉浸其中的种种交互关系，将社会心理与其他相关因素作为评价标准，具有认知传播学在针对性研究上的开拓意义。Cognitive Systems（James W. Chesebro，Dale A. Bertelsen，1998.）又将融合视角延伸到了媒介技术领域，将媒介本身作为意义产生的活跃因素来考量传播、认知、社会结构三者之间的动态关系。这三本著作作为国外认知传播研究的开山之作，从融合点的发现到研究价值的细化再到更加宏观的价值研究，既拓展了研究的广度、区分了研究的维度，又为后来的相关研究铺垫了坚实的基础。

而在国内，认知传播的研究在此阶段仍旧处于发轫期，对于认知的研究还建立在心理学的泛化机制之上，因此，这一阶段的研究以刘晓红发表的《试论心理学在传播学研究中的作用》（《新闻与传播研究》1996 年 03 期）作为率先将心理学与传播进行较为系统梳理的早期成果，将著名的传播学理论与心理学的渊源一一进行梳理，发现传播学中诸多的经典研究理论尤其是传播效果研究都无法无视心理学理论的存在，而心理学理论中又要以社会认知和心理认知两大研究机制作为阐释传播现象的基本规律为重。"……当研究的关注点在施拉姆所称的'黑匣子'时，心理学开始起作用，即研究对媒介信息处理的心理机制问题。"[②] 传播说到底就是一种心理机制的外在延续和扩大持续的影响力，研究传播的本质离不开心理机制，而"特定性质和结构的媒介内容和受众特定的认知结构相互作用，决定了受众最终从媒介讯息中所获得的意义"[③]。则奠定了认知在传播学研究中与媒介内容相当甚至更为深刻的研究价值，将心理学与传播的交叉细化为具体的认知反映，在社会认知与心理认知的相互作用下为传播行为以及传播效果进行颇具说服力的注解。可以说，《试论心理学在传播学研究中的作用》拉开了从心理学角度梳理传播现象的序幕，开辟了一个全新的视角来看待和探索传播行为。但是在文章末尾作者以"时机

---

① David R. Roskos-Ewoldsen & Jennifer L. Monahan：*Communication and Social Cognition：Theories and Methods*，Lawrence Erlbaum Associates．Inc．Press，1982，p. 5.

② 分别引自刘晓红：《试论心理学在传播学研究中的作用》，载《新闻与传播研究》，1996 年第 3 期，第 9 页、第 5 页、第 10 页。

③ 分别引自刘晓红：《试论心理学在传播学研究中的作用》，载《新闻与传播研究》，1996 年第 3 期，第 9 页、第 5 页、第 10 页。

尚未成熟"① 构建体统传播心理学的尝试，可见当时仅仅从较大范畴的心理学角度来梳理传播理论，尚未真正锁定认知作为传播学核心。

（二）进深：开拓认知与传播交叉领域

经历了前期的铺垫，认知与传播的融合成为新的研究热点，在新千年的欧美研究者中形成了一定的自觉，在这十年间涌现出的大量认知传播研究极大地推动了认知与传播的深度融合，同时，融合的广泛度也进一步拓展。这一阶段的国外研究成果可分为多学科交叉研究和独立学科本质规律研究。

Encyclopedic Dictionary of Semiotics, Media, and Communication（Marcel Danesi，2000）、A Cognitive Psychology of Mass Communication（Richard Jackson Harris，Fred W. Sanborn，2004）、Theory of Media Literacy：A Cognitive Approach（W. James Potter，2004）这三部著作作为传播与符号、认知心理、媒介素养多方面的交叉研究，拓宽了认知传播研究的广度。而独立学科的本质研究也在同时大量涌现：如 Language：A Biological Model（Ruth Garrett Millikan，2005）在认知的基础上更加突出了语言作为传播和认知更加基础的一个因素进行研究，拓展了认知传播学的研究工具和范式，在之后 The Stuff of Thought：Language as a Window into Human Nature（Steven Pinker，2008）的研究中得到了继承和深入。How the Mind Works（Steven Pinker，2009）将人脑作为一个神秘的"暗箱"② 进行研究，然而看似与认知传播学并不相关的研究却在媒介传播与受众认知之间搭建了牢固的桥梁，其中不可避免地提到媒介对于人脑的作用和反作用机制。这些研究作为认知传播学的基础研究和本质研究，为认知与传播的相互交融以及认知传播学学科体系的初成提供了更加深厚的土壤。

而这一阶段的国内研究在厘清心理学与传播学之间的边界与关联之后，认知传播学的研究逐渐由心理学深入到心理学内涵中的认知系统，由此出现了与传播密切相关的一些术语，诸如认知心理学、社会认知、认知等等，围绕认知展开的传播学研究表明认知传播学研究已经由心理学的庞大范畴进深到认知领域，而认知作为传播与心理真正的交叉地带，可以说这一时期的相关研究是认知传播学研究步入核心，初步奠定认知传播学范式框架的关键阶段。

台湾学者钟蔚文在《认知与传播研究》（1989）中将认知从心理学中分解出来，肯定了传统的经典传播学理论如霍夫兰的态度改变学说和麦奎尔的受众研究等都是在认知心理学的研究体系下生成，"有观点认为，20 世纪 60、70 年代出现议程设定研究、使用和满足研究、知识沟理论、培养论等，是在认知观念影响下的研究的开始。同时也谈到，这些研究所涉及的观点，在更早期的年代已有人

---

① 分别引自刘晓红：《试论心理学在传播学研究中的作用》，载《新闻与传播研究》，1996 年第 3 期，第 9 页、第 5 页、第 10 页。

② Steven Pinker：*How the Mind Works*，Penguin Group Press，2009，p. 19.

讨论过，只不过在行为主义盛行的情况下，这些观点没有引起注意而得到充分的研究"（笔者译）①。不过，尽管探寻到了认知与传播的同源关系，但是钟蔚文仍旧认为"传播研究大体上来说，并不是十分'认知'的"②，足见当时仍旧将认知分割于传播之外，从心理学隶属的角度来进行探讨的时代局限。

在 1990 年彭聃龄《认知心理学》一书中梳理了认知心理学的发展脉络，"认知心理学是一种重要的心理学思潮和研究心理学的范式，而不是一个狭隘的心理学派别"③。由此将认知心理学拓展为一种独立的范式体系，为 21 世纪大量出现的新兴传播学研究课题提供了一种全新的范式，出现了将认知研究范式用于阐释社会不同传播现象的大量、实用报道，丰富了认知范式下专注于传播研究的多元领域：《新闻与受者认知结构初探》（殷莉，《当代传播》，2000 年 05 期），《从行为控制、认知加工走向人格建构——三种不同的教学发展观在教学改革现实中的具体考察》（彭钢，《教育理论与实践》，2000 年 03 期），《跨文化传播的研究领域与现实关切》［吴予敏，《深圳大学学报》（人文社会科学版），2000 年 01 期］，《自由心灵间的传播法则——论具象传播中的真实系统与认知结构》（杨钢元，《国际新闻界》，2004 年 06 期），都在不同程度上将人类基本认知结构作为逻辑基础，对当时传播学研究的前沿拟态真实进行了颇具创见性的分析研究。

在这一发展阶段中尤其值得一提的是中国人民大学喻国明教授领导的中国人民大学舆情研究所传播心理实验工作室的成立，标志着传播学的研究与心理尤其是认知的关系更进一步，而且使用眼动仪等仪器来为人类本无法测知的内在心绪等认知机制提供可靠的数据支撑，实现了认知与传播研究突破理论层面的飞跃。《读者阅读中文报纸版面的视觉轨迹及其规律——一项基于眼动仪的实验研究》（喻国明、汤雪梅等，《国际新闻界》，2007 年 08 期）作为实验室的研究成果，进行了关于人们阅读报纸版面时视觉规律的心理实验研究，为报纸版面安排以及内容的设置提供了参考。

根据中国知网（CNKI）数据库的统计分析，以"认知"和"传播"作为研究课题关键词的学术研究数量见表 1：

表 1　认知传播研究成果数量变化

年份（年）	2000	2001	2002	2003	2004	2005	2006	2007	2008	2009	2010	2011	2012	2013	2014
数量（篇）	657	1001	1540	2384	3416	4672	6224	7263	8525	9743	12732	15665	23640	24176	6539

① Theodore L. Glasser & Charles T. Salmon: *Public Opinion and the Communication of Consent*, Guilford Publications Press, 1995, p. 217.

② 钟蔚文：《认知与传播研究》，《新闻学研究》（第 41 集），1989 年版，第 212 页。

③ 彭聃龄：《认知心理学》，黑龙江教育出版社，1990 年版，第 3 页。

该表清晰地描绘了认知传播研究的一种趋势：2000 年作为认知传播研究的萌芽，引领了持续十年不断上升的研究数量（2001—2010），2010 至今达到了井喷式的研究拓展，大量的研究成果为认知传播学真正具备作为一门学科强化了理论积淀和学术意义。

（三）形成：开启认知传播学的前沿导向

在这一阶段的国外研究中，环境尤其媒介技术带来的社会环境变革为认知传播学的研究提供了新的契机，出现了一大批"媒介盈余"背景下的受众认知结构和认知态度变革研究，如 Cognitive Surplus：Creativity and Generosity in a Connected Age（Clay Shirky，2010），Cognitive Surplus（Clay Shirky，2011），是 Clay Shirky 两部前后衔接的"盈余"时代认知传播经典著作，加上 The Shallows：What the Internet Is Doing to Our Brains（Nicholas Carr，2011），共同构筑了认知传播研究的时代前沿价值。此外，认知传播的相关研究在经历上两阶段的飞速发展之后，在这一阶段迎来了体系更加完善、研究更加具体的时期。如 Psychophysiological Measurement and Meaning：Cognitive and Emotional Processing of Media（Robert F. Potter，Paul D. Bolls，2011）和 A Cognitive Psychology of Mass Communication（Richard Jackson Harris，Fred W. Sanborn，2013），Cognitive Media Theory（Ted Nannicelli，Paul Taberham，2014）都以认知和心理的角度切入传播过程，既是对前期认知与传播交叉点研究的继承，又是对认知传播学理论体系的再次梳理和确认。由此，认知传播学作为一门学科可以依凭丰富的理论基础和坚实的工具范式独立于众多学科之中。

尤其值得一提的是，国外的认知传播学研究并没有因为经历两个阶段的飞速发展而穷尽研究空间，反而在与时代潮流的结合式探索中愈发萌生出更加多元的研究范围。如 New Media，Knowledge Practices and Multiliteracies：HKAECT 2014 International Conference（Will W. K. MA，Allan H. K. Yuen，Jae Park，Wilfred W. F. Lau，Liping Deng，2014），The Contradictions of Media Power（Des Freedman，2014），Mind Change：How Digital Technologies Are Leaving Their Mark on Our Brains（Susan Greenfield，2015）都是在更加凸显的多屏时代下媒介对于认知的创新性、针对性研究，更进一步地拓展了认知传播学的研究范围。

在国内，2011 年在中国人民大学召开的"传播学与认知科学国际学术研讨会"为认知传播学的学科建构拉开序幕[1]，而以中国人民大学喻国明教授为先导的认知与传播相关研究不断突破既往的研究思路，为认知传播学的研究提供了全

---

[1] 赵晋、李彪，等：《"传播学与认知科学国际学术研讨会"在中国人民大学召开》，载《国际新闻界》，2011 年第 1 期，第 98 页。

新的思路和广阔的领域。可以说，这一阶段的研究在前一阶段的研究基础之上更
具有现实针对意义。这一阶段的国内研究成果可以划分为定向研究与宏观研究
两种。

一种是定向研究，主要为解决现实传播困境而从认知角度寻求解决方案，如
《试论品牌形象管理"点—线—面"传播模式》（喻国明、张佰明等，《国际新闻
界》，2010 年 03 期），《网络舆情与青少年媒介认知能力构建》（韩伟、张洪涛，
《网络时代的青少年和青少年工作研究报告》，2010）等。在 2007 年喻国明教授
舆论研究所传播心理实验工作室的研究进阶后，彭兰在 2010 年的研究成果《眼
动研究方法在新闻传播领域中的应用》（《国际新闻界》，2010 年 12 期）中将认
知科学中的设备眼动仪与新闻传播的研究结合起来，确立眼动仪作为认知范式的
传播学研究的科学工具地位。直到近两年，认知与传播的相关研究更加向着精致
化、精细化的方向发展，在前一阶段广度拓展的前提下向着更加深厚的角度开
拓，如《基于社会认知理论对赛事媒介传播效果发生机制的解读》（张业安、肖
焕禹，《成都体育学院学报》，2013 年 04 期），《食品谣言为什么容易产生？——
食品安全风险认知下的传播行为实证研究》（赖泽栋、杨建州，《科学与社会》，
2014 年 01 期），都在时代变革的过程中自觉地走向了一种更加细致、更具社会
指导价值的研究方向。

还有一种是从较为宏观的视角进行的认知与传播相关研究，这一类别的研究
具备了厚重的人文底蕴和人文关怀，以更加广阔的视野对社会与人类的相融进行
潜移默化的善意审视。如《论新闻传播对社会认同感的建构》[操慧，《郑州大学
学报》（哲学社会科学版），2011 年 02 期]，《跨越文化寻求共识——从文化与认
知的视角重新审视向世界传播中国文化的方式》（郭庆光、滕乐，《国际新闻界》，
2011 年 04 期），站在文化的层面从文化认知的角度探讨跨文化传播的思路与问
题，另辟蹊径，在发现人类认知共性的基础上寻找跨文化传播中的共识，直指中
国文化"走出去"的核心问题。

三、研究内容与方法

认知传播学是认知学与传播学在多级交叉的基础上形成的，通过对人类认知
行为的定向分解、剖析、钻研，在多屏理念的引导下，以活跃传播思维、丰富传
播内容、创新传播方式、优化传播效果为目的，结合我国的传播环境，对传受两
极从不同角度、不同层次进行探究的应用性专门研究，力求增强传播的针对性和
有效性、拓宽传播学研究视野，在研究过程中做到微观与宏观相结合、理论与实
际相结合、定量与实证研究相结合。

（一）跨学科定位整合多元理论体系

认知传播学致力于研究以人为主体、信息作为工具、传播介质作为桥梁的流
程研究以及传播效果研究，作为一门交叉视阈下的新学科门类，将学科体系建立

在心理学、认知心理学、神经科学、符号学、语言学、社会学、人类学、统计学、传播学、新闻学等多门人文社会科学类研究的理论成果基础之上，汲取别类研究的理论成果为认知传播学所用，在凸显时代精神、问题意识主导的战略思想支撑下，形成了认知传播学既与传统学科密切相关又相对独立的学科定位。

以人为主体，亦即在认知传播学的研究对象中，始终以人为核心——认知的过程离不开人本身或者更具体化一些就是人脑的信息加工和处理以及对行为的指示。因此，与"人"相关的研究成果都可以为认知传播学带来实际的理论支撑和阐释。正是在这样的前提下，心理学、认知心理学乃至某些与人脑的运作机制相关的神经科学和以数据详尽人类认知过程的统计学都将成为支撑认知传播学的柱石，为认知传播研究提供工具式的范式借鉴。

以信息为工具，亦即在认知传播学的研究对象中，绕不开对信息这个作用于人又反作用于人的核心工具的研究。而信息的组成方式，从语言（声音）到文字再到图像，乃至今天的图文并茂，都在有形或者无形地传递着信息——从这一点来说，认知传播学不得不倚仗语言学、符号学两大学科的理论成果。从更宏观的角度来看，这些信息是认知的源头、传播的内容所在，而在漫长的时代进程中又会反作用于人文生态，进而带来认知和传播的变革——认知传播学在这一方面的深入离不开对社会学、人类学研究成果的借鉴。

以传播介质作为桥梁，亦即在认知传播学的研究对象中，媒介作为最主要的载体，承担起了连接人与信息的重要任务，没有媒介，语言、符号等信息的传递会囿于地域和时间的限制。可以说，媒介的参与使得人类的认知行为在本质机制和地域范围以及内容构成上带来了巨大的影响。因此以媒介为核心的传播学、新闻学研究便为认知传播学的研究提供了围绕媒介展开的相关理论支撑。

（二）多维度切入建构立体研究空间

认知传播学建立在多元交叉的背景之上，与多门学科相互联系、相互借鉴，并以时代为导向不断推进。因此，认知传播学的研究主体呈现出两方面的特质——一是借助交叉学科的成果积淀，找寻交叉价值与意义，可以视作认知传播学在研究深度上的掘进；二是紧随时代潮流，找寻认知传播领域的前沿动态，可视作认知传播学在研究广度上的拓展。具体来说，认知传播学的研究主体分为五大领域：

其一，人脑作为"暗箱"的认知—传播意识研究。传播学先驱施拉姆最早将受众对于媒介信息的处理的心理机制比喻为"黑匣子"①。人们在对信息处理时经历的注意、接收、消化、外化的一系列流程就在人脑这个看不见的"处理器"中得到了长时间或短时间的运转，人类学者在漫长的探索经历之后最终将这一复

---

① ［美］威尔伯·施拉姆、威廉·波特：《传播学概论》，陈亮、周立方、李启，译，新华出版社，1984年版，第23页。

杂过程定义为认知。那么看似复杂不可见的认知过程有没有必然的规律？这些规律对于信息的制造和传播带来什么样的反作用？这些都是在这个研究领域下的相关议题。在这一研究主题下，人类信息处理的机制可以为认知传播带来基于心理、意识的研究源泉和研究维度，在现有的研究基础上，随着现代科技的进步和现代医学体系的完善，这一主体研究将走向更加科学化分析、显性化探索的新阶段——借助先进的科学分析仪器和医学影像体系，人脑作为"暗箱"的时代即将结束，对于人脑信息处理机制的过程将使得研究更具理性光芒。

其二，符号作为工具的认知—传播内涵研究。如前所述，符号包括了语言、文字、视像乃至音乐、实物等凡是能传输信息的事物，那么在认知传播的系列流程中，符号作为一种信息传递的工具也是信息本身，如何构成、影响认知行为？又如何作用于传播？符号对于认知传播的影响能在更加宏观的层面带来什么效用？符号作为工具的研究一方面为认知的规律提供分析的可能性维度，另一方面也为传播效果的控制提供了一种可见因素。在这一研究主体下，符号成为了最具深度的研究对象，符号的内涵和外延既可以着眼于微观的具象化研究，例如对语言、文字、图像的本质研究，对这些符号的内涵规律进行深度把握，为以符号为工具内容的认知传播提供了最基本的研究维度；又可以着眼于宏观的外延研究，从符号所指称的外在事物映射约定的社会文化传统，为某一具体的认知传播现象提供多元的分析思路。

其三，媒介作为介质的认知—传播流程研究。媒介是桥梁，却又不仅仅是桥梁。在多媒体时代，媒介技术的变革使得媒介本身也成为一种信息的载体、一种符号，使得认知传播的流程更加复杂多元。将媒介作为研究对象，也就是抓住了认知传播的关键要素，将传播细化为具有某种主体参与的信息流动，在这样的视角下，认知的过程和传播的过程都将受到控制媒介的主体影响，带有明确的政治意图或显著的功利色彩，而这些对于目标受众的认知将带来实质性的改变，这种改变已经产生的微观（个体）或宏观（群体）的影响，都是认知传播学研究的主要方向。此外，这一领域的研究相对更具有前沿价值。媒介在当代是一个泛化的概念，它固然包括传统意义上的三大媒介——报纸、广播、电视，还包括伴随新兴科技而出现的新生媒介——互联网、手机乃至某种具体的传播工具如微信等APP应用软件，而新兴媒介除了具备传统媒介所有的功能以外，本身也代表着一种信息——如互联网站的细分决定了受众的偏好，而手机的品牌则将受众无形地贴上了地位和身份的标签，这些伴随着媒介内容的传递，将受众的认知提升到一个更加多元复杂的阶段。基于此，认知传播学的这一领域研究将会是最具时代价值，同时也是最能产生社会效益的部分。

其四，社会作为背景的认知—传播生态研究。社会，作为一种文化无形的展示场，潜移默化地对社会范围中的任何事物产生着微妙的影响。认知传播属于社会中的人无时无刻不在经历的行为过程，必然也要打上深深的文化烙印。一方面,这种社会化的过程在宏观上产生着微妙的作用,例如信息的传播主体必然是符合社会当前潮流的内容,而这也将作用于人类的认知过程,所有信息的解读都脱离不了社会环境的趋向。另一方面,这种社会化的过程还体现在某些具体的认知传播活动中,例如国别、性别、职业、文化程度等因素对于认知传播效果所带来的巨大差异。将其概括为一种生态,认知传播的生态就是内化为社会环境中的文化身影。以文化为导向,对认知传播进行的生态研究,既具有重要的社会价值和文化价值,同时也为具体传播效果的实现和提升提供了一种可能也可控的方向。

其五,实证作为手段的认知—传播效用研究。实证研究是美国传播学派开创的一种研究方法,亦即将研究结果建立在实验、调查、内容分析的量化研究基础上,这样的方法为缺乏理性支撑的人文研究带来了精确的科学依据。但是早期的实证研究主要着重于传播研究,将其用于认知传播研究不仅拓宽了其方法应用的范围,更为重要的是,在当前科技发展的时代背景下,借助实验测量仪器、数学建模分析、计算机算法设计等一系列精确度高、技术含量高的辅助器材或者研究方法,简化了认知传播学的研究内容——将人脑这个"暗箱"呈现在可视条件下,更加便于学者从中找寻规律,例如眼动仪、神经测绘仪等仪器将脑电波绘制成图表,通过多次反复实验的结果发现规律形成理论。

结　语

认知传播学从源起、逐步形成再到如今研究主体和范式的完善,经历了漫长的发展阶段。作为一门"后科学",认知传播超越了以往学科研究的合理合法性界定,顺应了科学发展的时代走向,在"交叉""融合"的道路上找到了突围的路径。其扎实的理论基础和深刻的时代价值将会为认知传播学的研究带来深厚根基的同时带来更加广阔的研究视野。然而不可否认的是,认知传播学作为一门交叉学科,容易囿于基础学科的理论视野而缺乏创新动力。认知传播学作为一门与实践紧密相关的学科,应该避免陷入理论空谈的境地,将研究视角放置于现实的社会动态环境中进行实地考察,或者将研究的角度置于解决社会问题指向性中,通过问题意识驱动研究的开展,加强认知传播研究的针对性。

(载《现代传播》2015 年第 2 期)

意义·范式与建构

——认知传播学研究的几个关键问题

　　认知传播学以人类的"认知"和"传播"两大本能作为研究对象，沿用系统论的研究思路，既将"认知"与"传播"作为人类进化系统的两大组成部分，分别探究二者的规律内涵，厘清"认知""认知科学""认知传播学"三大基本概念及其内在属性；又以整体的视角，遵循"认知"与"传播"相辅相成的现实运作，将"认知"中的"传播"与"传播"中的"认知"结合起来，探索人类现实生活中认知传播的本质规律，提高人类的认知自觉、优化人类的传播路径、提升人类认知传播的效率效果、形成认知传播学研究的理论框架、彰显认知传播学研究的目的和意义。在此基础上，界定认知传播学研究的基本内容和理论架构，形成宏观应用与微观应用双重路径的范式体系。

　　作为一个跨学科、多种科学交叉发展的新兴研究领域，认知传播学的研究一方面以历经近 40 年发展历程的认知科学、认知神经科学为依托，借助认知科学对人类运用人脑和心智进行信息加工消化进而形成认识客观世界并改造客观世界内在能力、基于自然科学研究范式的解释分析，为人类认知传播行为的研究提供最具有科学实证价值的支撑；另一方面认知传播学的研究以人类最为日常的信息传播行为为对象，探寻以人类为主体的传播行为发生过程的规律和机制，为后现代思潮转向背景下、基于多元媒介和信息载体的传播行为提供人类认知规律为保证的科学分析。因此，认知传播学的研究是迫切的同时也是极具社会实践价值的。然而，任何一门新兴学科的开拓式研究都不可能直接采取"拿来主义"的态度，而是以更加严谨、更加执着、更具创新、更有魄力和洞察力的学术钻研精神，步步为营地为认知传播学更加长远、更有深度的发展奠定坚实的学术根基。至此，有必要首先厘清认知传播研究的一些关键概念，既为夯实根基也为开拓掘进。

一、认知传播的核心概念

　　任何研究都以明确研究对象为首要任务，认知传播学是一门交叉跨学科研究，其研究对象应该分为两大方面：一是认知，二是传播。二者属于相辅相成的关系，凡是有认知的地方必有传播现象的发生，而传播目的的实现是以人这一主体的认知作为衡量效果的。由此，下面以"认知""认知科学"再到"认知传播学"的概念剖析路径，厘清认知传播学研究的对象及边界。

（一）"认知"

"认知"指人们认识活动的过程，即个体对感觉信号接收、检测、转换、简约、合成、编码、储存、提取、重建、概念形成、判断和问题解决的信息加工过程。这个看似简单的过程实际非常复杂，是经由人类诞生以来逐渐发展形成的表征意识及人脑复杂的瞬时运算最终完成。具体来说，可以将"认知"的过程分为三大阶段：一是"感知"，二是"认识"，三是"表征"。

首先，"感知"是"认知"的第一步，是人类主体运用特有的五大感觉器官（视觉、听觉、触觉、嗅觉、味觉）吸收外部客观世界的过程。尽管对于现代人类来说，"感知"无处不在、时刻发生甚至无需刻意完成，仿佛是人类天生的生理功能，而实际上这种看似无意识的感知的能力却是人类作为一种高级生物经历数亿年的发展从下意识行为向潜意识行为最后再向无意识行为这样一步步转化而来，成为人区别于其他生物、由动物向人转化的最基本的功能之一，人类由此形成了主体/客体的二元对立的初级意识，在"感知"客体对象的过程中形成了一种主体"我"的基本概念，为后续的语言形成、信息交流、团队协作提供了初步的生理保证。① 其次，"认识"是在"感知"的基础上，将从主体之外的客体世界吸收而来的内容转换成基本的"信息"，转换的实现需要一定的中介，这个中介就是如今我们习以为常的语言，而人类的语言能力并非天生具备，同样是伴随人类数亿年进化发展由最初的"前语言"② 发展成为能够相互交流共享的正式语言。正是通过语言符号这一桥梁，由人类感官感知得到的外界客观世界能够成为人类能够识别的内在信息，为人类创造文明、改造世界提供了保证。最后，"表征"是一种后认知状态，继"感知""认识"完成之后，人类需要将从外界获得的数据信息加工计算进而实现输出利用、赋予信息以意义——一方面更加深刻的认识客观世界的本质，另一方面充分利用自然规律为我所用，创造属于人类的先进文明。这个阶段是以符号作为支撑，使人类从具象思维向抽象思维转化，在此思维能力的推动下，人类将客观世界中获取的信息再次生成更加复杂多元的表征，创造出超越语言的多种符码，进而通过利用改造世界丰富人类文明、创造社会提供了保证。例如现今日益发达的自然科学，就是人类从"感知"世界、"认识"世界、再将所得信息"意向"化后的成果，动能、光能、原子能的发明和利用为人类创造了超越客观世界的人类世界，而所有的一切，从源头上来说，都是人类个体由感知、认识、表征组成的"认知"这一核心能力的发挥得来。

---

① 参见欧阳宏生、朱婧雯：《论认知传播学科的学理建构》，载《现代传播》，2015年第2期，第34页。
② 参见托多罗夫《象征理论》一书中，对人类意识进化的二元关系形成的描述，其中对外界的感知是建构主体身份的关键。［法］茨维坦·托多罗夫：《象征理论》，商务印书馆，2004年版。

（二）"认知科学"

认知科学是关于自然的和人工智能的跨学科研究[①]，是以认知过程及规律为研究对象，研究人类感知和思维信息处理过程的科学。它包含神经科学、心理学、语言学、符号学、修辞学、人类学等学科。

认知科学正式确立于 1956 年在荷兰达特茅斯（Dartmouth）召开的人工智能研究讨论会，由此拉开了认知科学作为一门专业研究领域的发展序幕。1978 年 10 月 1 日"认知科学现状委员会"递交斯隆基金会的报告中这样定义认知科学："关于智能实体与它们的环境相互作用的研究"，它们共同的目标是"发现心智的表征和计算能力以及它们在人脑中的结构和功能的表示。"[②] 如果说认知科学诞生初期是以人工智能研究为中心的话，其后的 19 世纪 60 至 80 年代在哲学、心理学、语言学等领域掀起的以反叛行为主义为主旨的"认知革命"则使认知科学趋于成熟。"……认知科学……在一定程度上是美国理智生活中行为主义的对立面……它表达了试图进入心智来研究认知过程，而取代仅仅研究对刺激的行为反应。"[③] 充分说明了哲学、心理学、语言学以及后来的符号学、传播学等对于认知科学研究的重要作用。

具体而言，认知科学就是以人类认知流程为对象的专门科学研究，从"认知"的三大阶段来看，"认知"是一个相对复杂且逐渐无意识化的过程，"认知科学"旨在将这一已经被无意识化的过程按照其发生发展的规律进行"意识化"还原，从自然科学的角度而言，能够更进一步探索人类本身大脑运作、神经加工的规律，为神经科学、医学等学科的研究提供科学的研究视角；从社会科学的角度而言，能够阐释人类诸多行为表征的潜在规律，于细微处感知人类文明的潜在转向，预测甚至预警人类进一步改造世界过程中的文化趋向及可能面临的危机。

（三）"认知传播学"

顾名思义，认知传播学是认知和传播融合研究的理论系统，是研究人在传播活动中人脑和心智工作机制规律的学说，是人们运用认知科学成果，研究大众传播中传播主体、传播客体、传播行为、传播内容、传播流程等发生发展规律的科学。

构成人类"认知"本能的"感知""认识""表征"三大阶段形成了一个非封闭式的循环流通结构，将外界客观信息转化形成了可以累积、加工、传输的信息

[①]　麦克卢汉将人类的进化过程分为语言媒介、印刷媒介、电子媒介，而洛根在麦克卢汉的基础上进一步拓展了人类信息传播的阶段史，增加了前语言媒介，形成了人类信息传播的四阶段史。参见［加］罗伯特·洛根：《理解新媒介：延伸麦克卢汉》，何道宽，译，复旦大学出版社，2012 年版。

[②]　吴彩强：《从表征到行动——意向性的自然主义进路》，中国社会科学出版社，2010 年版，第 52 页。

[③]　席勒尔：《为认知科学撰写历史》，载《国际社会科学》（中文版），1989 年第 1 期。转引自熊哲宏：《认知科学导论》，华中师范大学出版社，2002 年版，第 22~23 页。

（语言或符号），这一过程正是认知传播研究所揭示的"认知"中有"传播"、"传播"中有"认知"的交互联动效应。正是这一交互关系成为认知传播学建构的根本科学依据，也形成了"认知"科学与"传播"科学的融汇的有力支撑。因此，"认知传播学"的研究一方面缘于社会高速发展，尤其是以新兴媒介技术的进步推动信息流动频率提升，进而为人类的"认知"赋予了更为丰富的内涵，使得原本单一的语言认知向着多元的语言、图像、声音复合认知转型，至此，"认知"成为与"传播"相伴而生的意识现象，而"认知传播学"将侧重点置于"传播"之上，试图从"认知"的视角切入，对人类传播现象进行深入解读和科学评估。从二元论的角度而言，从"认知"视角进行的"传播"研究同样也有利于从"传播"的角度重新审视人类"认知"的本能，既符合社会规律又丰富了"认知科学"研究的内涵和外延。另一方面，"认知传播学"研究得益于科技进步为探索人类"认知"黑箱提供了技术保证，尤其重要的是，在传播中日益进化变迁的人类"认知"体系，能够通过相关设备的数据捕捉和系统分析，真实还原信息传播过程中人类的"认知"机制，从而把握"认知"规律，既推动"认知科学"的进深，又为社会信息传播乃至文明创造提供基于"认知科学"的客观数据支撑。

　　无论从"认知"角度切入"传播"还是从"传播"视角开展"认知"研究，都是跨学科的交叉研究视野，是神经科学、心理学、语言学（文字语言学、声音语言学、视觉语言学）、符号学、修辞学、社会学、广播影视学、新闻学、传播学、新媒体等科研领域融合发展的结果。"认知传播学"是将人作为研究主体，以信息为中介、以多元媒介形态为载体、以社会风俗及大众流行体系为支撑，对"感知"完成的信息摄入到"认识"带来的信息加工再到"表征"建构的知识体系和行动方式这三大"认知"流程进行细分剖析，把握人类主体传播过程中的"认知"机制和规律。要完成"认知传播学"的这一研究体系，离不开神经科学的可视化数据分析、心理学对于精神分析等成果的借鉴、语言学对于信息表征的形态识别、符号学对于人类形象思维信息加工的辅助阐释、修辞学对于人类信息加工和输出过程的内在规律把握、新闻传播学对信息的媒介式表达与传授关系的理论移植……总之，"认知传播学"作为顺应当代社会形态的新兴研究领域，是以往任何单一研究领域所无法解释与涵盖的，只有综合运用"认知传播学"相关学科的理论基础并加以探索创新，才能真正把握"认知传播"的核心实质。

二、认知传播研究的目的和意义

　　认知传播学研究旨在将认知科学与传播科学两大系统进行有机整合最终形成既有理论基础又能指导实践运作、既有人文理论阐释又有科学规律评估的跨学科交叉理论体系，形成在纵深度和宽广度两大方面都具有广阔前景的学科框架。认知传播研究的目的和意义从四个层面彰显其学科价值与应用前景，形成从"认知"科学和"传播"科学两大部分规律基础研究到认知传播学科体系系统研究的跨学科、融合视野的递进式研究范式。首先，认知传播学研究的首要目的在于剖析新兴的社会语境下以人的认知机制为影响因子对信息主体传播流程的作用力，并以此为基础一方面进一步把握人类以认知传播能力为核心的演进路径，从自然科学的角度更深入地了解人类自身的认知传播机能；另一方面为社会信息传播提供更好的方式创新，净化传播环境、优化传播策略、提升传播效果，从社会科学的角度完善人类文明的传承与进化空间。其次，通过认知科学与传播科学的交叉进深式研究，形成认知科学视野下的传播研究和传播科学视野下的认知研究，突破了单纯"认知"科学研究和"传播"科学研究的局限性，更加有针对性地开展两大学科的研究任务、拓展两大学科的发展空间，顺应了信息时代中主体"人"的传播与认知并行运作的现代性生存演化机制，更加符合现代人的发展规律以及社会演化的规律，具有广阔的科学前景。再次，通过认知传播基础规律的把握的探究，开拓和建构一门新的学科，建立认知传播的理论体系，既是认知科学与传播学理论建设和实践应用的需要，也对繁荣哲学社会科学经营具有重要意义。具体来说，以下四点是对认知传播研究的目的意义的充分展现：

第一，认知科学是研究人类感知和思维信息处理过程的科学，通过对传播和接受认知行为的定向分解、静态剖析、局部研究，在多屏理念引导下，以更好地活跃传播思维，创新传播方式，丰富传播内容，优化传播效果。这一环节充分体现了认知传播研究将主体"人"作为认知科学与传播科学研究核心的科学理念——"人"是一切传播活动的驱策动力，"人"生存于信息的传播与接受过程中，而无论是传播还是接受的效果都涉及以"人"为核心的、有意识或者无意识的认知行为。因此，认知传播研究的出发点就在于对于主体"人"本质本能，即"认知"行为的回归，将看似平常的传播行为进行认知视角下的专门细分、严格探究，将人类进化过程中逐渐无意识化的认知传播流程重新进行科学的研究，将处于不断变动的认知传播流程进行"暂停"式的放大呈现，这既是对人类本质研究的一种深入体现，也是人类思维进化的必然趋势。在具体的传播活动中，传者与受者的认知过程可以通过各种科学仪器得以测量获得直接的数据支撑，在对数据进行分析评测的基础上，可以形成传授者对于某一具体信息表征形式的微观反应规律，从而为制定详细的传播策略、创新拓展丰富的传播内容、更有针对性地优化传播效果提供了最为根本的主体保证。

第二，将认知科学用于大众传播中传播主体、接受主体、传播行为、传播内容、传播过程等的研究，以动态视野把握传播流程中的认知反映，有利于客观把握传播者、接受者的心理机制，有利于优化传播内容，最大可能地提高传播效果，从而更好地建立内容生产保障体系，正确地评估内容传播质量，科学地评估内容传播效果。如果说前一项研究目的的彰显是通过对"人"为主体的认知本能的回归，形成了"认知"视野中的"传播"研究意义的话，那么这一层次的研究则旨在将传播本质置于研究的重点，从传播的具体环节中探索传授主体的"认知"本能，形成"传播"视野中的"认知"研究意义。这一层面的研究更加注重研究对象的流程性——也就是说，认知传播研究的对象并非孤立、静止的，而是处在不断变动的传播过程之中。回归认知传播的程序性，也就是强调了从动态的视角出发展开传播中的认知研究。这一意义的凸显，首先需要对传播过程进行科学的细分，其划分的依据在于每一流程的主体认知效果的差异。认知差异是导致传播环节异化的首要因素，因此，如果能够对传播流程的认知规律进行科学研究、科学管理，那么对于提升传播的科学性具有直接的指导意义。从长期的研究积累来看，传播流程中能够触发主体不同认知效果的构成为：传播主体、传播客体（传播内容）、接受主体、传播途径、传播效果。而研究路径的展开既可以从传播主体出发，探究有意识的传播效果关系，又可以从接受主体出发，探究接受主体在信息接收过程中对于传播客体的解读认知、传播效果的呈现，从而形成相互交织、相对完善的传播过程研究，有利于提升传播效果的针对性。

第三，建立认知传播理论，有利于拓宽传统认知科学和传播学的研究路径，回归价值理性、重构学科蓝海，丰富认知科学与传播学的研究内容，增强认知科学与传播学的针对性，减少认知科学、传播学研究的盲目性。在静态的微观研究与动态的宏观流程研究两大基本规律探究的基础上，形成认知传播的理论基础、整合多元学科中的交叉理论，架构认知传播的理论体系，既是基础研究、实践研究的目的，又是认知传播学科建构、形成完整性、理据性、科学性、前景性兼备的交叉学科的储备。从研究对象的特征而言，无论是认知科学还是传播科学，都无法脱离传播中的认知现象以及认知中的传播行为，传播与认知二者是相辅相成、决然不可分割的两大人类主体本能，只有在认知中把握传播并且在传播中探究认知，才能避免单独的认知科学与传播科学研究的盲目性，为认知科学与传播科学长远可持续化发展提供符合社会规律、人本规律的科学视角。因此，认知传播研究的第三大层面致力于梳理基础理论、总结实践应用规律，突破认知科学与传播科学分别独立研究的局限，为认知科学的研究提供了一种科学有效的支撑和切入点，也为传播科学提供了符合基本规律的落脚点与发展视野。这无论是对方兴未艾的认知科学还是对历史相对悠久的传播学研究来说，都是一次积极有效的创新式探索，为两大独立学科的发展提供契机，增强了认知传播科学的针对性。

第四，开拓和建构一门新的学科，建立认知传播理论体系，是认知科学与传播学理论建设和实践应用的需要，它对于繁荣哲学社会科学具有重要意义。纵观国内外相关研究，尽管有众多从"认知""传播"或者"认知传播"视角展开的研究成果，但是至今仍然没有以"认知传播"为明确研究对象的完整理论体系，始终缺乏完善、科学、系统的专门研究。[①] 认知传播研究就是要以人类的"认知"本能为突破口，分析并阐释人类传播行为达成过程中的认知与动机、认知对传播内容的来源与构成的作用力、认知与传播方式的差异化表征、认知与传播效果的达成等方面，从多个角度形成完善、科学、系统的研究架构，在此基础上丰富认知传播学的理论体系。其中，认知传播理论体系的建构包括两大路径：其一，通过对具体传播现象中认知反映的实验设计、采样调查、数据收集和分析，形成认知传播相关的新兴规律，如采用神经科学研究方法建立符号刺激与个体认知反映之间的联动关系，以及从个体信息输入与信息输出之间的差异分析人类认知运作的内在逻辑等；也可以采用心理学、语言学、符号学的研究方法，分析人类信息加工的规律性，或者符号思维的内在逻辑等。从这一路径出发的认知传播研究侧重于创新性规律的发现发明，拓展认知学与传播学等学科的理论基础、丰富认知传播学的研究内容。其二，借鉴并通过理论推导、理论嫁接等方式形成能够解释认知传播现象、挖掘认知传播学研究领域的新生理论。例如将神经科学中脑加工机制的理论与传播学、符号学、语言学中的信息加工理论进行移植嫁接，形成能够解释认知传播过程中人类对语言等符号加工运算的有效解释。这一路径出发的认知传播研究则旨在发挥跨学科研究的优势，充分利用借鉴相关学科的理论基础，充实并发展认知传播学科的理论架构，为其他学科的研究提供一种全新的研究视野，减少认知科学、传播学等交叉学科研究的盲目性。在此基础上，形成认知传播学研究的理论体系，全方位、多角度地实现对于认知传播现象的深入分析，不仅有利于夯实认知传播学坚实的理论基础，而且能够极大地刺激认知传播学作为一门新兴学科的研究热情，形成认知传播学更加宽广、更为持久的发展演进道路。

三、研究的基本内容和理论建构

认知传播学的形成及研究展开是社会发展的产物，也是传播学、认知科学、语言学、符号学等相关学科发展到一定阶段的必然结果。作为跨学科的新兴研究领域，认知传播学既要将作为学科建构基础的理论进行有针对性、有深度地拓展和创新，丰富认知传播学研究的视野、巩固认知传播学的学科地位和权威性。同时，认知传播学还要将理论研究与社会实践充分结合，一方面从社会现象中获取研究灵感、推进学科研究的时效性、不断延续本研究的创造活力，另一方面将研究推导得出的权威理论用于指导社会实践，将宏观理论用于传播研究运行中的微观细节，提高认知传播研究的可操作性和针对性。基于此，认知传播学研究的基

[①] 与认知传播相关的研究可以追溯到传播学诞生之初的传播效果研究，之后在国内外哲学、心理学等相关领域都有与认知传播交叉的切入视角，但是始终没有形成完整的体系，缺乏专门化、系统化的研究。参见朱婧雯、欧阳宏生：《认知传播：融合视野中多元传播的创新研究与学科建构》，载《西南民族大学学报》（人文社会科学版），2015年第3期，第185页。

本内容包含宏观应用和微观应用两大分支。

（一）宏观应用层面

认知传播基础理论是认知传播研究中的学理部分，是探索认知传播本原的一般性、普遍性规律的理论。包括其本质理论、内部关系理论和外部关系理论。

首先，认知传播的本质理论。这指的是从本质规律的探索路径出发，通过对认知传播的内在规律和机制的深入研究得出的具有一定科学性和规范性的规律总结。认知传播的本质理论研究要将"认知"与"传播"分别置于科学体系内进行内部规律的探索和研究，再将二者结合起来形成"认知传播"的交叉联动规律，才能触及认知传播的本质。包括学科的基本概念、学科的研究现状、学科研究目的和意义、学科的本质特征、学科的功能与任务、学科的产生与发展六大部分。将学科建构的体系框架搭建起来的同时，为后续的认知传播深入研究和细化研究厘清思路、划定边界。

其次，认知传播的内部关系理论。这是从认知传播的内部关系入手，对认知传播内部涉及的相关领域进行细分并上升到理论高度，形成具有一定指导意义和普适性的规律汇总。与本质理论不同，内部关系理论研究内容更加强调研究视野兼具针对性和跨越性，即既要看到认知传播内部关系的组成部分，又要将其以整体性的思维进行分析研究，形成既独立又统一的有机整体，如此才能更加符合认知传播的实际规律。按照认知传播的内在结构，可以将研究内容分为认知传播与传播主体、认知传播与接受主体、认知传播与内容生产、认知传播的过程与模式、认知传播与传播效果五大部分，体现了主体"认知"本能贯穿传播全程的基本研究思路。此外，以"认知传播"为核心，五大部分之间的交互关系为对象形成的认知传播视野下传授主体与内容生产、传授主体与传播流程、传授主体与传播效果以及内容生产与传播流程、内容生产与传播效果以及传播流程与传播效果等部分基础上的整体性研究也是内部关系研究内容的重要方面，共同构成认知传播内在关系研究的丰富内涵。

再次，认知传播的外部关系理论。这一层面的研究内容侧重于将认知传播放置于更为宏观的视野进行分析研究，又可以分为两大逻辑指向，一是纵向展开的研究：个体的认知形成离不开群体以及社会的潜在作用，而个体的认知形成必然要伴随社会文化的整体性变迁，将认知传播的研究置于一个更为漫长的发展时期来看待，则更能够凸显群体文化乃至人类文明的发展对个体认知的递进式转向影响。从这一逻辑出发的认知传播外部关系理论研究具体包括认知传播的文化价值、认知传播的社会环境，认知传播的人文语境等。二是横向展开的研究：认知传播作为新兴的研究领域之一，与其他新兴的研究领域以及有一定历史渊源、相对完整的研究领域而言，是一种兼收并蓄的相关关系，认知传播的外部关系研究离不开对认知传播本领域与其他领域研究之间的跨领域关系研究的支撑，由此形成了认知传播与心理学、认知传播与语言学、认知传播与符号学、认知传播与社会学、认知传播与人类主体、认知传播与传媒等诸多领域。从这两个逻辑出发，才能丰富和完善认知传播的外在体系，拓宽认知传播的研究视野和理论基础，奠定本学科不竭的发展动力。

（二）微观应用层面

认知传播应用理论是认知科学用于传播研究运行中的具体环节所进行的可操作性、有针对性的研究。认知科学作为探究人脑或心智的工作机制的前沿性学科，运用于传播研究，对传、受双方编码解码的认知过程的科学化、微观化和智能化建设；而在媒介多元化与受众认知复杂化的当下，认知传播学对多屏传播和分众传播的深化和推进具有重要的意义。而将认知传播研究所得的理论规律运用于现实的传播实践过程，对提升传播者的素质、优化传播内容、求得最佳传播效果具有积极的推动作用。具体而言，认知传播研究的微观应用层面包括以下方面：

第一，传播主体认知研究。传播主体包括传播者与接受者两个部分，二者在实际传播过程中身份由于信息获取度以及对于信息渴求度的不同处于不断的转换过程中，而不同的身份则决定了不同的认知出发点。传播主体的认知更加侧重于对于信息的表述以及个人价值观的无意识呈现，而接受主体则更加侧重于信息的筛选以及进行与自我价值观的碰撞与判断。在一定的时间或空间条件下，传授身份是不断更替的。认知传播研究则需要将个体的信息接收进行细分，对每一个环节的信息传授主体的认知态度以及情感变化等一系列反应进行统计分析，一方面为了更进一步探究人类在信息传播过程中对于信息处理的实际运作机制，另一方面为深刻把握传媒用户的心理，提供更符合用户认知规律的媒介产品。

第二，传播客体认知研究。传播客体也就是传播对象，是传播主体所加工产生的媒介内容的源泉与基础，是一种信息的初级形态。最原始的人类传播客体主要局限于能够感知的客观事物，而伴随人类形象化思维和象征能力、符号能力的发展，人类传播客体的外延得以极大的拓展，还包括了心理状态、精神状态或者能够表达一定意义、非客观的事物形态。从这一研究内容出发，能够分析人类对于传播对象的认知进化，从而把握未来信息呈现形态的多元可能；此外，在从人类对于传播对象的认知分析的过程中，也可以通过分析主体对于客观事物进行传播转化以及非客观事物进行传播转化的对比中，挖掘人类对外在对象事物进行以传播为目的的转化过程中所体现出来的认知规律，为人类认知神经运作、主体基于传播所进行的信息加工运作机制提供一种测量进路。

第三，传播内容认知研究。从传播内容的角度，这一层面的研究对象包括不同媒介形态中所呈现的不同信息形态，如电视媒介中不同的节目形态（电视剧、新闻节目、综艺节目等），广播媒介中不同的节目形态（新闻录音报道、重大事件现场报道、交通节目、广播剧等），还有各种新兴媒介如互联网、移动终端中所呈现出的各种多元信息形态。当然，除了以媒介形态为单位进行划分所得的内容形态外，还包括了其他传播途径中所包含的内容形态，如人际交流中的对话、群体传播中的演讲、宣讲等形式，都是传播内容的组成部分。不同的内容对于主体的认知激发都具有一定的差异性，传播内容认知研究旨在对这些不同形态基础上的主体认知路径展开细致分析，对每一种不同的内容形态进行认知规律的汇总把握，从而有效指导相关传播形态的实践，有利于提升传播的针对性、提高传播效果，也可以以审视的角度评估传播内容的实际价值，及时改进优化传播内容。

第四，传播媒介认知研究。这一层面以媒介为对象，从主体对于不同媒介形态本身所产生的不同认知效果出发，更加深刻地把握不同媒介形态的属性机能。在媒介技术高速发展的当下，媒介所承载的信息固然值得重视，但是信息呈现的形态、信息表征方式都无疑会受到媒介本体的影响和限制。而主体在接收信息的过程中，除了信息本身的内容之外，也会在无意识间深受媒介载体本身的信息干扰，从而带来不同的认知效果。麦克卢汉的"媒介即讯息"正是意识到这一规律的先驱。因此，不仅要意识到媒介本身强大的信息功能，还要将之纳入主体认知的内容范畴中，分析媒介本体的认知效果，才能更好地把握媒介规律、制作符合媒介认知规律的信息内容，更有针对性地选择利用不同的媒介承载信息、充分发挥媒介本身的信息作用、提高媒介传播的效果和影响力。

第五，传播介质认知研究。传播介质与传播媒介一样承担着信息传播的中介作用，但是传播介质是一切信息的基础，是信息表征的基本元素构成，没有传播介质就没有信息形态，而媒介则会失去内容的承载而沦为无用的机器。无论是人内传播还是人际传播或者组织传播，传播介质都是最为基础的中介桥梁，作为人类主体最基本的表征单元，传播介质代表了一种元认知，是一切认知的基础。"当人们对外界信息进行加工时，这些信息是以表征的形式在头脑中存储的。"[①]基本的传播介质包括语言和符号，作为人类形象化思维和象征思维的产物，决定了人类区别于其他生物的特有机能。作为一种元认知单位，人类的语言表征能力以及符号表征能力不仅体现了人类思维的运作机制，而且是信息加工的基本单元，也是形成信息流动即传播行为实现的基本驱动力。从元认知出发进行的研究能够使我们更为直观了解人类信息加工的机制，从而为不同的内容创作提供最为根本的介质保障。

本文论述了探讨认知传播学特性的必要性。认为梳理认知传播学本质特性是保证该学科形成与发展的客观要求，能够弥补两类学科各自研究范式的不足，是沉淀认知传播学科自身厚度的需求。同时，表明了今天的认知传播学学科已经具备了交叉研究的包容性、超越传统的前沿性、动态变迁的时代性、多重研究的实

---

① 莫雷、冷英等：《文本阅读：信息加工过程研究——我国文本阅读双加工理论与实验》，广东高等教育出版社，2009年版，第9页。

践性、完整脉络的系统性、承上启下的学术性等六大本质特性，同时阐述了这些特性从主体、内容、渠道、受众、效果五个维度对于认知传播学科所产生的学理建构、路径明晰、管控界限等理论与现实意义。

（载《现代传播》2016 年第 9 期）

认知传播学：融合视野中多元传播的创新研究与学科建构

　　传播学作为一门学科的确立始于 20 世纪 30 年代，且得益于学者们跨学科的融合研究。作为一门具备"交叉"基因的学科，传播学在早期尤其是电子媒介初兴之时的研究内容相对多元且成果颇丰，总体来说，传播学的研究历经众多学者的建构形成了传播效果研究、传播机制研究、传播主体研究、传播介质研究等几大方面，其中，传播效果研究作为认知传播学的发轫，为传播学的地位建构贡献了巨大的力量。然而近期，传播学的研究走向了一种偏狭的境地——一方面是研究的成果难以超越传统研究，从而使得现今的传播学研究始终处于停滞不前或者进步细微的阶段；另一方面，传播学学科本身由于跨学科、交叉研究的学科背景遭遇合法性和合理性危机使得传播学学科陷入了"失根"的真空状态，缺乏边界的传播学研究使得研究成果零散化、琐碎化，从而失去了一脉相承的研究体系，学科趋向变得模糊不清。然而，危机意味着机遇，随着时代的进步以及新兴媒介形式的出现，传播学研究在技术革新的支撑下不断开拓全新的未知领域，传播效果尤其是传播行为与受众之间的微妙关系成为传播学尤其是传播效果研究的核心增值点，这一领域的研究凭借较强的现实结合性与应用转化性而成为传播学最具生机活力的研究。而受众对于传播的认知是检验传播效果乃至反作用于传播机制的关键点，因此，将认知系统作为传播研究在现代社会的切入点、构建认知传播研究的全方位生长体系，不仅是传播学的发展契机、弥补传播学理论根基薄弱的一次尝试，也是填补传播学研究空白、挖掘传播学研究蓝海的重大机遇。认知传播学学会的成立能否成为将认知系统与传播系统相融合、探索传播学全新发展空间的标志？将如何定位认知传播学以及架构认知传播学的研究体系？带着诸多疑问我们专访了认知传播学会会长、四川大学新闻与传播研究所所长欧阳宏生教授。

学科地位：三维背景奠定认知传播坚实根基

　　认知传播学学科的成立是适时的，之所以适时，基于三个客观背景条件：
　　其一，从时代背景来看，当前在媒介技术引领下的各种新兴媒介层出不穷，媒介形式所带来的信息传递构成了传播学全新且极具前途的研究领域。更为重要的是，构架于媒介技术基础上的媒介本身以及媒介作为中介载体实现传播流程两大体系共同作用于整个社会环境生态，使得除却媒介传播之外的信息传递如基于语言的人际沟通等传播形式同样在发生着潜在的变革。认知传播学的研究不仅要致力于针对新兴媒介形态所带来的讯息传播格局的研究，而且还涵盖了除媒介讯息传播之外的其他传播形式的格局研究，因此，认知传播学学科就是顺应当下传播走向"大传播"时代，学术研究与时俱进的变革产物。

其二，从人文背景来看，随着我国人民物质生活水平的提升，人们对于精神生活以及个体情感、价值认同的诉求超越物质成为人民的首要追求。传播，包括媒介承载的信息传播和非媒介的信息传播都离不开人的参与，而且人的价值和身份必然要依靠传播才能得以实现，人对于外界讯息的认识、加工到态度变化、行动的整套认知流程贯穿人与传播环境生态互动全程而且还是作为最基础的组成部分。因此，认知传播学旨在探索人为主体在传播过程中的编码解码、态度认识、行为导向这一系列的认知流程，可以为传播学研究提供更为本质的解析和规律。

其三，从学科背景来看，传播学研究无论在国外还是国内都面临着身份和地位的危机，作为一门因融合而诞生的交叉学科，传播学在当今学科门类日益丰富、学科边界逐渐清晰的发展趋势下遭遇了身份的合法性评判危机。正是在这样的学科背景之下，认知心理学作为一种新的研究视角、工具乃至对于传播学而言尤其是传播效果研究而言的崭新领域，对于重塑传播学研究、挖掘传播机制的内在规律和本质属性，具有颠覆性的意义效用。

认知传播学会的成立可谓适逢其时。在此之前，对于认知传播的了解更多来自国外的一些著作，尤其是对于认知心理学的研究，国内相对较少。认知传播的相关研究确实起源于国外，但是认知传播学这样的学科称谓是具有中国特色的。如果说借鉴的话，由于西方在认知传播相关研究领域起步较早，而且已经具备了一定的理论基础，因此我国的认知传播学研究必然要借助于西方已有的研究成果。尽管全球化步伐缩小了研究的国别差异，但是结合我国国情和民情进行认知传播学的研究仍然是有益而且是必需的。

西方至今尚且没有出现以认知传播学命名的专门化研究，但是与认知传播相关的研究可以追溯到传播学诞生初期，甚至可以说传播学的诞生就是以探寻认知为目的的。下面我分三个阶段谈谈西方认知传播相关研究的发展，尤其是前两个阶段的研究在国外尤其是美国的研究中已经初具规模但是没有形成一定的体系，而是散见于各个阶段、学派的研究成果之中：首先，与认知相关的传播研究在国外的诞生可以追溯到传播学诞生初期的传播学效果研究阶段。尽管当时还没有提出"认知"这样的学术概念，但其实早期的"魔弹论""皮下注射论"以及后来得到修正的"有限效果论""选择性理论"，以及霍夫兰围绕二战主持的"劝服效果研究"等等在传播学历史上具有关键地位的研究已经带有了"认知传播"的基因。著名的广播节目剧"外星人大战地球"带来的轰动效应更加应证了受众广播、电视信息接受过程中的被动性也就是从解码到态度改变以及采取相应行动这一认知流程被全盘激发。然而，随着电子媒介的普及以及神秘性的衰退，人们逐渐由被动接收转为理性选择性接收，"有限效果理论""选择性接触理论""使用与满足理论"等研究成果从认知的角度来说就是一种认知行为的有限发生。从这个意义上来说，认知传播研究在传播学诞生之始就已经具备了一种研究的趋势，而且产生了丰富的研究成果，这些成果为如今的认知传播研究奠定了坚实的基础。

其次，认知传播相关研究的第二阶段要追溯到以伊尼斯、麦克卢汉、梅罗维茨等人开创的媒介环境学派的研究。麦克卢汉师承伊尼斯提出了具有划时代意义的"媒介即讯息"的理念，将传播学研究提升到一个全新的发展阶段——将媒介及媒介技术本身作为研究对象的研究，而其后的梅罗维茨借鉴戈夫曼的剧场理论将传播学研究引申至媒介与社会环境之间的互动机制。在媒介环境学派的研究中，其中有一个核心领域就是研究传播主体人的认知心理与传播、环境三者之间的作用与反作用机制。这是认知概念最早出现于传播学研究领域，在今天看来，为认知传播学研究的领域拓展与视野开拓做出了巨大贡献，媒介环境学派的研究之后，传播学研究都不再忽视作为传播主体的人在传播行为以及借助传播工具实现的社会环境影响与反向的作用机制，将环境纳入传播学研究的主体视野。

再次，认知传播相关研究的第三阶段也就是如今的认知传播学研究。目前，国外的认知传播研究领域较为宽泛，既有从宏观意义上关注社会规则借助传播对人施加的潜在影响，也包括了微观意义上借助科学仪器进行量化研究和人文意义上的定性研究为支撑的认知机制内在规律的探索，并且都取得了一定的成果。遗憾的是，至今西方的研究中没有将认知传播学作为一门专门学科进行界定。

我国的相关研究最早始于刘晓红发表的《试论心理学在传播学研究中的作用》，在这篇文章中，作者首次从心理学的视角梳理了传播学传统理论的建构逻辑，为传播学的研究提供了一种全新的视角。此后，1990年彭聃龄《认知心理学》一书中梳理了认知心理学的发展脉络，在之前的研究基础上更进一步发掘了心理学中的认知系统对于传播效果的工具意义。至此，以"认知"为研究视角切入传播学的研究开始逐步增多，2010年达到了井喷的状况且持续至今。这些研究都以受众认知作为效果研究的工具和切入点，从不同的传播形态中探寻各自的内在规律和机制。从世界范围看，这类研究隶属于认知传播研究的第三阶段，但是与西方在此阶段的研究相比，仍然有一定的差距，这种差距主要表现在研究思路的局限和狭隘、雷同，缺乏具有创新意义的研究成果。

认知传播学学会的成立或许可以改变我国目前认知传播学研究的现状，在有效借鉴西方认知传播研究的经验的基础上积极拓展与我国国情民情相适应的理论成果。这门学科与国外相关学科之间是一种合作竞争的关系，一方面，从认知传播学的基础理论来说，中西方是没有太大差异的，再加上我国的认知传播学起步相对较晚而且这一领域的发展前景可观，因此我们可以吸收借鉴国外优秀研究成果，这是合作；另一方面，认知传播学的进一步发展还需要结合当下我国的实际情况进行创造性的发展研究，在国际认知传播研究中力争不落人后，占据一定的研究地位，从这一角度来看，中西方之间又存在竞争关系。

学科框架：三重视野塑造认知传播研究空间

认知传播学定位为一门交叉学科，正如传播学建立于跨学科基础上如今却遭遇身份的合法与合理危机。首先需要明确的一点是，尽管一门学科的成立离不开其所属的独立研究方法与研究范畴，但是随着社会发展时代变迁，我们不能再一味死守学科边界的界限，而应该抱着开放、融合的心态来拓展学科视野和范畴，这样才能适应当下多元社会的发展趋势。正如某位学者所倡导的"后科学"概念——后现代主义思潮对于整个社会体系所带来的去中心、消解边界的特性淡化了学科与学科之间的边界，融合、开放的研究策略更加适应当下的"后"时代下学科的研究潮流，认知传播学的跨学科、融合视野正是顺应"后"时代、多元社会变迁逻辑的学科建构方式。而你所提及的传播学身份危机，认知传播学对于传播学的一种跨界延伸、学科拓展，不正是解决传播学身份危机的一种路径吗？其实传播学并非因为自身的跨学科建构产生了危机，而是缺乏有效的新兴力量的融入才让众多传播学者产生了一种前途的迷茫和无力感。

从这个意义上来说，认知传播学的确可以算作解决传播学身份危机和发展困惑的最佳路径之一。这种思想值得更多的传播学者借鉴并付诸努力，让传播学生发出更多具有社会价值和应用价值的交叉学科。从三条线索来谈谈认知传播学这种跨学科的表现：

一是认知。认知的主体是人，结合认知传播学中人所扮演的角色来看，人在信息采集、信息传输、信息接收、信息反馈这四大阶段都处于核心地位，少了人的参与，信息也就失去了价值，传播也将无从成形。从这一研究角度来说，单纯凭借心理学、认知心理学以及传播学是很难将人的参与解释清楚的，因此需要引入神经科学、统计学，借助科学仪器来观察、统计、分析人在信息采集、选择介质传输、选择性接收以及态度、行为改变概率等一系列流程中潜藏的内在规律。

二是传播。传播的中心是介质（主体是人），介质是传播得以成形的中介和桥梁，因此认知传播学还将介质这一载体纳入研究视野中，不仅仅区分介质的类型，而且要分析不同种类的介质在信息承载中的特定规律以及这种内在规制性对于编码和解码可能存在的双向影响。当前能够承载信息并担负起传递任务的介质包括了语言、符号、媒介三大系统，因此需要引入语言学、符号学、新闻学等学科理论作为支撑。

三是互动。互动是一种相互的运作机制，在认知传播学研究中，互动通过人、介质以及潜在的社会环境生态三者之间的交互呈现出来。媒介环境学派首先洞察到了环境在传播过程中的重要作用，要探寻环境作用于人、介质以及三者相互之间的反作用，就必须引入社会学、人类学乃至政治经济学等学科的理论作为铺垫来进行现象的阐释和规律的总结。

刚才的内容体现了认知传播学跨学科特性的表现点，可以作为构成认知传播学研究领域的三大出发点，但是认知传播学的研究领域并非仅仅体现在融合上，更重要的是要通过融合来探寻更加深层次的内在规律。也就是说，"融合"不仅仅是一种方法，更要成为一种态度，贯穿于认知传播学研究的始终，这样才能在拓展研究视野的同时开掘研究的深度。认知传播学正是在中西方的理论融合背景下生成了全新的第三阶段研究，从零散的效果研究到真正以人的"认知"作为研究核心的发展进程，认知传播学的研究领域逐渐明晰：认知传播学是一门以人的编解码为研究核心，以信息载体的传播性质作为研究中介，以环境生态、介质、人三者之间的互动机制作为研究导向的学科体系。从这一研究组织出发，认知传播学这门学科的研究领域包括三大部分：

第一部分以人的编解码作为研究核心延伸出的研究领域，着重探讨人作为传播主体在传播过程中所扮演的重要角色：一是编码的角色——从编码者出发，研究人如何采集信息并根据传播介质的表达规律进行信息的组合；二是解码的角色——从解码者的身份出发，研究人如何选择介质、识别信息，识别可能引发的后续行为诸如情感变化、态度改变、行动实施等。三是介质构造者的角色——为了实现信息的交流。

第二部分以信息载体的传播性质作为研究中介的研究领域，着重介质在传播过程中的中介作用，按照介质的性质进行专门的研究。这一研究领域借鉴了媒介环境学派的研究成果，将媒介（中介介质）本身视为讯息传递、环境互动的要素进行研究，开创了传播学研究的全新领域。而认知传播学中的"媒介"概念外延更加宽泛，不仅仅包含媒介这一种介质，还包括了最为原始基本的介质内涵，如语言、符号。这一领域的研究侧重于媒介技术革命所带来的媒介形态变革，着眼于新兴媒介的讯息传递效用，以及基于时代背景的传统语言、符号规则变迁所带来的新的介质特征。

第三部分以环境生态、介质、人三者之间的互动机制作为研究导向的领域，这一研究领域侧重互动机制——包括了人与介质之间的互动、人与环境之间的互动、环境与介质之间的互动。相对于前两个研究领域，这一研究领域是站在宏观高度将社会视为一大整体，而人、介质以及组合而成的传播程序是源于环境同时又反作用于环境的重要部分，研究的目的在于探寻三大系统之间的交互机制，为人的认知变迁以及媒介技术进步、社会生态变迁提供一种全局性的阐释视角。

学科范式：二元路径洞悉认知传播内在规律

　　认知传播学的学科背景以及学科的研究内容框架，在这两大体系的支撑下，认知传播学的发展方向逐渐明晰，那么接下来，在研究框架的支撑下开展实际研究，认知传播学需要研究方法有很多，不仅仅是认知传播学，当前很多学科的研究都在走一种交叉研究、融合研究的范式。比如人类学中的民族志考察方法引入传播学研究，认知传播学同样需要将多种不同类型的研究方法借鉴过来并为我所用。认知传播学的研究方法大体上分为两大部分：人文研究方法和社科研究方法，也就是通常所说的定性与定量研究这两大方法类型。

　　认知传播学中的定量研究方法除了你说的实验法、调查法之外，还有一种内容分析法。调查法和内容分析法在新闻学、传播学研究中已经相对普遍，而实验法主要借鉴心理学中常用的一种研究方法。这些量化方法作为一种工具，在认知传播学研究中如果要得到高效的运用，首要的前提是选题必须符合认知传播学的研究范畴，而且一定要将研究的重点放置于"人"这个主体上。很多失败的量化研究误在选题的随意性，没有进行深刻的考量其选题是否具有一定的考察价值或者说能否得出相对显著的量化结果，如果研究仅仅停留于显而易见的表面或者经过复杂的设计、计算最终得出的是并不显著的研究结果，是没有必要的。其次要设计合理而且逻辑清晰的研究步骤和程序，这样在获得数据后才能够高效的使用数据并且保证数据的可信度以及结果与设计初衷的相符度。其中，统计软件的选择和使用也是对于研究者的一大重要考验，目前很多统计软件或者新兴的实验设备可以选择，无论是 SPSS 还是 ETE 实验，乃至最近的眼动仪测验仪器等等在新兴技术发展之上的工具，面对这些纷繁的技术进步带来的成果，我们需要坚持始终是能否有益于研究结果的精确以及工具使用者对于工具本身的熟悉程度。最后，就是针对得出的数据进行分析，这里需要注意的是分析一定要结合最初的假设内容，否则容易出现文不对题，得不到研究价值。

　　目前人文研究方法包括思辨/批判研究、符号学研究、人类学研究、建构主义/后结构主义研究这五大类，而每种没别之下又包含一些具体的研究方法或者特殊的研究思路，例如思辨/批判研究方法借鉴了西方文化批判学派的一种研究思潮，用一种宏观、人文的视角反思整个社会或者媒介建构的社会，从而实现一种人文走向的匡正。认知传播学研究同样可以借鉴思辨/批判的一种思想，以反思、批判的视角审视传播的整个过程以及人在其中的一种认知异化；符号学研究最大的特征是将自然界中的任何事物看作符号的表征，那么在认知传播学中，符号学可以用于阐释传播过程中编码解码的符号意义或者通过符号来解释人、传播、环境三者之间的互动；民族志考察法隶属于人类学研究方法，通过长期的、浸入式的研究得出结论；还有建构主义/后结构主义研究方法，作为心理学研究中兴起的一种研究方式的借鉴，非常适合于考察人的认知结构在传播过程中的变化或者重构。

当前学术界确实存在重实证轻人文的倾向，而实际上以美国为代表的实证研究与以欧洲为代表的人文研究一直存在着争议，我国由于人文研究早于实证研究的发展，早期大量的人文定性研究涌现，其中不乏很多具有创造意义的优秀作品；随着实证研究在我国的逐渐普及，实证研究成为一块具有蓝海意义新兴领域，必然就会有更多的人追捧这种相对较新的研究方法。但是，无论实证和人文研究，作为一种研究方法、研究思路或者研究工具，本身并没有优劣之分，人文研究方法重逻辑思辨，需要的是研究者的洞察力和运用理论进行阐释、分析的能力，研究结果相对主观化；而实证研究方法重程序设计、研究结果因为有数据的支撑往往客观化、理性化一些但是往往缺乏灵活性，而且对于数据的精确性要求较高。可见必须要平等看待两种研究方法，至于选择哪一种研究方法，完全在于研究内容或者研究选题本身的与某种研究方法的适合度，甚至于可以在人文研究的基础上加入实证研究或者在实证研究的基础上加入人文研究，相互补充、去粗取精，使得结果更加灵活、精确。最后需要再次强调的是，认知传播学的研究方法绝不仅于此，而是需要的进一步地发展过程中不断借鉴新兴学科、新兴范式来拓展本学科的研究思路。

［载《西南民族大学学报》（人文社会科学版）2015 年第 3 期］

环境互动与声音编码：认知诉求下广播传播的二元分析

　　新媒体时代媒介技术突飞猛进，加速了媒介形态的更迭，也丰富了媒介本身及其所承载的讯息内容。网络、手机、移动终端的出现在给报纸、电视、广播带来巨大压力的同时，也催生了这三大媒介的突围创新之探索。然而，无论媒介技术的发展如何快速、无论媒介讯息的内容如何丰富，最终担负起传播信息本质的仍旧脱离不了文字、声音、图像三大符号介质，而媒介不外乎这三种符号介质排列组合的"再传播"。而同报纸、电视在新媒介时代的积极寻求纳入更多符号资源的融合发展之路不同，广播在这场新媒体之战中成为"异类"——广播本身的载体特性使得其不得不放弃符号融合的选择，从而将探索之径转向了其唯一能够承载的符号介质——声音。尽管在诸多学者乃至广播从业人员看来，这是广播沦为"传统"，在新兴媒介面前无法遮掩的短板，但是笔者仍旧坚持不将广播称之为传统媒体。因为广播以声音为唯一传播介质的特性，可以看作缺陷，但同样也可以成为在融合媒体时代下一种个性化的存在、依凭声音传播特色精准吸纳受众的一大优势，这种优势体现在广播作为一种专注于声音这一介质的传播载体，其信息传播与其他媒介相比更加具备一种内向的凝聚力，避免了文字与图像融合传播时可能存在的解码分歧乃至核心意义的消解。

　　任何媒介的传播都以受众的认知作为其效果呈现的终极目标，美国认知反应研究曾提出了一种针对传播效果展开的研究成果——即将人们对于传播信息的认知分为两大维度：外围路径和中心路径。[①] 对于同一传播媒介，受众的认知过程都在这两种路径之间交叉展开，而且无论认知的路径是外围还是中心，都会在不同程度上作用于受众的认知建构。从这个意义上来说，广播作为一种独特的媒介载体，它既是承载声音信号的传播载体，根据麦克卢汉所言"媒介即讯息"，广播媒介本身也在传递着潜在的信息，并且广播媒介的移动特性所带来的环境互动对于受众的认知将产生一种外围的趋向；同时广播又是以声音为内容编码的信息媒介，而声音是人类最原始、最亲密的一种编码符号，从这一传播维度来看广播

---

① ［美］简宁斯·布莱恩特、道尔夫·梓尔曼：《媒介效果：理论与研究前沿》（第二版），石义彬、彭彪，译，华夏出版社，2009 年版，第 125 页。

又会为听众提供最为核心的认知路径。因此，以听众认知视角从显性媒介形式到隐形内容符码两种维度分别展开受众外围和中心认知路径的机制研究，有助于挖掘广播传播的内在机制，更有针对性地审视广播传播的价值和意义，重建广播媒介的传播自信和媒介地位。

一、环境互动下媒介讯息的外围传达

从广播的媒介本质来说，广播正是那个以声音符码作为编码介质的传递工具/载体。在二维视角下排除内容的"形式"存在，广播仅仅是一个物体，一个与整个社会环境相互交融甚至对环境产生反作用的物，不过这个物体是建立在人类科技发展，尤其是通信技术发展的基础之上，作为一种天然的传播工具而存在的。从广播的媒介本质属性来看，广播从最初始的箱式收音机到盒式收音机在到如今的车载收音机、手机 APP、各类播放终端，广播媒介逐渐由固定环境向多元环境转移，这个转移的过程不仅促成了广播媒体本身形态的革新，还将广播媒介作为一种讯息的存在形式进行有益的扩充——从符号的角度来说，广播媒介这个符号本身也传递着一种信息，且作为社会历史文化大背景中的一种符码，潜在地传递着程度不一的符号讯息。而这种符号讯息不同于承载于广播媒介这一工具/载体之上的声音符码，广播媒介本身的符号信息在传递过程中更加隐蔽化、更具社会文化环境的互动性、更有一种无意识的建构性。

麦克卢汉曾说："媒介是终极的讯息，我强调媒介是讯息，而不说内容是讯息，这不是说，内容没有扮演角色。那只是说，它扮演的是配角。"[①] 在麦克卢汉眼中，媒介甚至比媒介所承载的内容本身对于受众产生着更加深刻的影响，麦克卢汉把这种状态称之为"自我催眠"，认为"凭借这种综合症，人把技术的心理和社会影响维持在无意识的水平，就像鱼对水的存在浑然不觉一样"[②]。正是这种无意识，对人潜移默化的影响才是最为显著的。美国媒介效果研究中的认知应用研究提出了一种受众对于媒介信息的二维认知路径，而广播媒介符号本身传达的信息作用于听众而言就是一种认知的外围路径——相对于广播内容、声音符号等核心路径而言。将其影响描述为"外围"并不是说影响是不显著的，相反，这种无意识的外围影响反而会形成"有心栽花花不开，无心插柳柳成荫"的效果。然而，与麦克卢汉所强调的致力于长期、宏观的效果影响不同，广播作为一种能够引发社会变革的媒介的地位已经为当今的互联网、移动终端所替代，但是广播作为一种单一承载声音介质、可移动收听的伴随性媒介，在日常、具体的收视环境中的媒介效果依然值得关注。广播这一媒介载体从本身来说具有可移动

---

① ［加］埃里克·麦克卢汉、弗兰克·秦格龙：《麦克卢汉精粹》，何道宽，译，南京大学出版社，2000 年版，第 373 页。

② ［加］埃里克·麦克卢汉、弗兰克·秦格龙：《麦克卢汉精粹》，何道宽，译，南京大学出版社，2000 年版，第 360 页。

性、随身性、接收被动三大特质，这些特质造就了广播与众不同的收听体验，从而为广播媒介的讯息传递营造了一个相对隐性化的讯息传输渠道。

第一，可移动性。这一特性是广播最大的媒介优势所在，而且这一特性使得广播媒介已经为手机、移动终端等新兴媒介所接纳，因此这里探讨的广播媒介，包括了手机等移动终端中的广播应用程序。尤其是可移动性带来的环境交互作用，为广播媒介的潜在信息传播开辟了广阔的发展天地——广播媒介一般的使用地点为上下班途中（包括人载和车载），作为收听主体的人身处这样的社会环境，广播作为环境的组成部分，无时无刻不在与受众所处的移动环境进行着互动：例如行走于上班途中的听众其上下班的环境可能是车辆、街道等，车辆中的环境本身包括与其他乘客之间的作用场、公交车或者私家车与其他车辆之间的作用场、街道中与其他行人、车辆之间的作用场等等，这些环境潜意识的传输着一定的讯息，身处其中的听众本身是一种放松或者无意识的状态，但是这种外围认知路径的发生正是基于非专注状态下的无意识促发行为。这些复杂甚至比广播更加为听众所重视的背景环境讯息（例如开车过程中必然要随时关注车辆的安全）虽然使广播讯息成为一种附属，但广播本身作为一种讯息符码的存在意义就是达到一种环境调节、情绪放松的作用。此外，如果环境讯息与广播所传输的信息重合或者相似，就会大大增加激发受众认知"节点"[①] 概率，从而促使认知行为发生甚至强化听众意识、大大提高劝服效果的作用。

第二，随身性。随身性是广播媒介与电视、计算机两大媒介之间的显著区别。广播的随身性不仅意味着可以参与环境的互动从而加强信息的认知概率，而且可以增进与接收主体之间的对话距离，从而营造一种亲切、私密的信息传播－主体认知环境，同样可以提高主体认知机制的促发概率。例如很多人收听广播都是用耳机或者在个人空间中进行，这种空间赋予了广播一种传输的精准性。在移动收听的基础上听众的状态多半是上下班、休闲时间或者伴随性工作时间，广播对于受众而言，本身对承载的讯息就是一种陪伴、放松，与内容本身没有太大的关系，尤其是对于那种同时在做其他事情的听众而言，此时广播的收听就是一种缓解压力、舒缓情绪的作用。

第三，接收被动。所谓接收被动，亦即广播在传播过程中由于反馈渠道的不畅带来的传播主导效应，而对于听众而言，反馈的缺失必然会带来收听的被动性。在这样的情况下，广播对于受众而言更多的是一种内容提供同时弱化参与的符号。广播就是一种重提供轻回馈的媒介，这种特性使得媒介不需要听众进行即时的思考或者相关的精神、感官参与，从而给予听众足够的自由空间——这种自

---

① 节点－联想网络/激活扩散模式（the associative network/spreading activation model of memory）认为，概念是以节点（node）的形式储存在记忆中的，这些节点之间形成连接（link）。当特定的节点（储存的概念）被激活后，其他的概念也将会依据其与该特定节点的相互关联程度而在不同程度上被激活。(Collins & Loftus, 1975)。

由不同于收看电视或者视频所带来的娱乐效果，广播所带来的非参与感的休闲是一种真正意义上的自由，而非看电视即便是娱乐节目也不得不进行的感官"绑架"和无意识或者潜意识的精神参与。因此，广播媒介的这一特性使得媒介自身的一种真正"休闲"讯息得以传达，也就是说，广播的这一特性使得人们潜意识中已经将广播与休闲、自由这些讯息联系在了一起，一旦个体发出休闲的认知诉求，广播媒介就成为迎合这一诉求的首要回应。

相对来说，外围路径下的认知行为更多存在于潜意识或者无意识层面，但是尽管对于主体而言的隐性层面，依然构成了广播媒介的重要甚至必需的传播内容，很多外围的认知决定了受众是否会在外在环境的暗示下首选广播媒介；更深的层面，则会影响主体在广播接受过程中劝服效果的达成概率。

二、声音符码中讯息空间的内核建构

如果说听众认知的外围路径是潜在的、隐性的，那么认知内核的路径则是显著的、明确的。广播媒介中的内核认知主要是通过声音符码所编制而成的广播内容的传播得以促发，不同于媒介本身所传达的讯息，声音作为人类最原始、最丰富的表达介质，其所传达的讯息是显在的、表意更加完整和丰富的。而且对于听众而言，以声音为内容的讯息更容易达成一种简化理解，为简化认知的达成奠定了基础。与交互电视、互联网等当今融合潮流下的新兴媒介不同，广播始终以声音作为信息传达的唯一介质，这固然有广播媒介属性的制约，但从另一方面来说，这种单一的传播途径反而有利于避免多媒体传播所带来的符号歧义，以及由此产生的意义消解。美国精神心理学研究中提出过"有限容量模式"（Limited capacity model）（Lang，2000）[1]，这个模式的假设之一便是人的信息处理能力是有限的。[2] 从这个意义上来讲，广播中内容的构成——声音介质形成了一种专一的、大众普遍意义上的讯息传达，而且凭借声音介质的先天性、丰富性、联想性三大特质，为广播内容的传播搭建了便捷而且更加高效的传播途径。

第一，先天性。声音的先天性主要表现在人类诞生初始、语言出现之前的一种信息表达机制。尽管语言之前的声音信息是以一种原始的叫喊、吟咏的形式存在，但是声音所天生具有的信息价值作用不容置疑。而广播作为声音传播的载体，也借助价值的特性而被赋予了一种交流的原始性和先天性，这种特质在传播过程中所形成的讯息传播优势是不可忽视的。例如广播中的音乐节目、情感类节目、对话类节目等等，都是基于声音先天意义上的这种人际沟通效用所生成的内容形式。这样的内容大部分以情感诉诸为主，以情感为纽带激发受众的共鸣，从

---

① Mitchell, A. A. & Olson, J. C.: Are Product Attribute Beliefs the Only Mediator of Advertising on Brand Attitude?, *Journal of Marketing Research*, 1981, vol. 18, pp. 318—332.

② 闫岩：《媒介形式与受众认知：门槛效应及其中观理论综述》，载《国际新闻界》，2010年第12期，第26页。

而在情感认同的基础上促成态度－行为的转变，这正是认知模式的核心路径。以儿童广播为例，儿童实际是最适合于广播媒介的群体，儿童处于社会认知的初始阶段，文字传播基本无效，而图像传播尽管直观，但是限于儿童的识图意识和思考机制的未成熟，图像传播对儿童而言很有可能沦为一闪即过的表象化传播，而广播中声音传播介质的亲切性使与儿童天生具备的一种非语言认知形成了有效互动，从而能够更加简易地建构儿童世界的认知空间。

第二，丰富性。声音存在的形式是多种多样的，从喊叫、吟咏，再到语言表达，声音从内涵到外延都完成了范围的深刻拓展。但是就广播而言，声音的多样性恰好可以弥补广播在媒介形式上的制约性——通过声音不同形式的整合传播，实现内容的丰富性从而增进受众认知机制启动的可能性。例如现在广播节目中较为常见并且深受欢迎的音乐广播、相声广播、广播剧、儿童广播等等，针对不同的对象以及所属对象适用的声音符码进行针对性传播，在听众精准定位的同时更能够实现对象听众的核心认知路径。以相声广播为例，天津人民广播电台最早推出的相声广播大大丰富了广播内容的表现形式、拓宽了广播声音传播的空间，同样也迎合了听众尤其是喜爱相声艺术的听众的收听诉求。实际上，相声广播正是声音丰富性的典型代表，作为中国传统艺术表现形式的相声，是在娱乐理念主导下对声音介质的创新。作为声音传播的一大艺术门类，通过广播得以向公众传播，不仅仅是满足了相声爱好者的娱乐需求，而且为更大范围内的听众了解中国声音艺术、传统中国文化开辟了认知的渠道。

第三，联想性。声音介质与文字、图像介质的本质区别就在与信息传播时的抽象程度高，尤其是声音传播的典型音乐的传播形式，尽管同属于语言符号，但是在能指不变的前提下所指范围的超越给予听众更多的想象空间。尤其是轻音乐的传播形式，首先营造了一种轻松、闲适的收听环境氛围，听众在这样的环境氛围中进行轻音乐接收，既可以从欣赏的角度去揣摩、领会创作者的创作意图、创作空间，又可以从参与的角度去自我构建、自我移情，来达到对于这种声音表征的内涵再造和积极的审美行为。无论哪一种形式，都完成了广播声音传播的终极任务——促成听众认知机制的激发，乃至促动行为的改变——在轻音乐的收听中，这种认知过程主要是通过音乐输入从而达成精神的放松甚至精神的升华。除了音乐这种声音传播形式外，还有其他的声音传播形式，例如对话式、抒情式的广播节目，或者是通过活泼生动的对话形式播报新闻、讲笑话，或者是通过抒情、舒缓的散文式语调表达旅游见闻、人生感悟等等，这些同样为听众带来了超越一般的声音体验，不同类型的声音能够预设不同的收听情境，在这样的情境中听众更易于融入场景，但是又不拘泥于广播内容所传达的信息，而是在自我信息对应的情况下将声音讯息与自我的经历相融，在充分的想象空间中产生一种积极建构式的认知过程。

三、认知期待与传播之策

通过广播从媒介本身所引发的听众外围认知路径和从声音符码内容出发搭建的听众核心认知路径的二元分析，广播在形式到内容的融合传播在新媒体时代不仅具备普适价值，而且还能在众多的新兴媒介中凭借传播的专注性和信息建构的灵活化生发出独特的意义价值，从而实现了新兴媒介技术与广播传播的"无缝"衔接——手机等移动终端中广播的存在不仅是对广播媒体的一种时代创新和延续，而且显现了新媒体时代受众对于广播媒介的认同。基于此，与其恐慌于新兴媒介的颠覆压力，不如积极拓展广播媒介本身内在的符码价值，从而更加有效地满足更大范围、更新时代受众的媒介讯息认知诉求。

其一，积极探索与广播收听环境相适应的符码传播内容。依照广播媒介与环境的互动特性，听众在一些常用的特定收听环境中对于相应的媒介内容将会产生更高程度的注意力，从而为认知从外围走向核心路径奠定了有益的根基。交通广播就是这一策略的典型运用，大部分听众为上下班高峰的乘车或者开车一族，在车辆环境中，与环境实现了有效对应的即是即时路况信息和天气资讯，尤其是下班一族，在忙碌一天之后对于晚餐的期待为美食广播的创立提供了重要契机。此外，还可根据听众的环境需求，例如与公交搭乘相关的资讯、私家车护理资讯、交通行为规范、酒驾的预防等内容的传播实现与受众当下环境之间的有效互动，既满足了听众此刻的需求，又充分利用广播媒介环境互动规律增强了法制公益传播的效果。

其二，注重节目内容的娱乐休闲性和流畅性。这是基于广播的随身性和被动接收的媒介特质而产生的优化策略——随身性带来的伴随性传播使得听众的内容接收主要以附属或者无意接收为主，因此类似于电视中的新闻评论等注重内容的传播形态是不适合于广播媒介的，而那些以娱乐为主的交流式新闻、评书式的说新闻，或者散文式的抒情节目、娱乐式的逗乐节目因为内容的随意性和去中心化而更加更符合伴随式收听、参与感弱化的认知特征。例如成都交通广播在6点档推出的《小刚刚刚好》这样的重娱乐、博取大家欢笑的节目受到广大听众的欢迎，在收听过程中，主播小刚把最近的逸闻趣事用方言讲述，其间掺杂颇具喜感的音乐和音效，在提高节目完整性和流畅性的同时突出了节目的娱乐性，避免了一些严肃内容可能引发的参与式收听，从而为听众减轻了收听的负担。

其三，充分调动声音符码的先天性、丰富性和联想性优势，参照受众需求拓展传播内容的形式、细分传播类别，积极探索能够激发受众联想、引发受众共鸣和移情作用的高雅广播内容。除了儿童广播在声音传播上的先天优势以外，以年龄划分的广播内容同样可以生发出有针对性的多种形式，例如老年广播，应该侧重于老年人收听的特征、内容偏好、话语交流方式进行针对性的声音内容设计，例如以语速缓慢、亲切对话、节奏缓和为形式，辅以健康养身、调适身心为内容的老年广播可以成为一种有益尝试。还有针对年轻人的开朗活跃、轻松娱乐、节奏欢快的节目形式辅以音乐、广播剧、说新闻、讲笑话、旅游见闻等内容丰富的节目内容也一定能获得不错的收听效益。此外，对于不同内容的节目，还可以细分类别，实现更加精准的传播：例如美国音乐广播电台划分了流行音乐台、摇滚音乐台、乡村音乐台、说唱音乐等等多元丰富的电台类别，充分满足了听众的不同收听诉求，同时也会使得每一类电台的制作更加精良。而美文欣赏类、轻音乐、情感故事会等抒情基调的节目能够充分调动听众的参与意识、激发受众的积极认知建构过程，都将成为新时代广播传播的积极尝试。

（载《中国广播》2014 年第 11 期）

效果研究的新范式：认知传播学

——"后媒介"视阈下的学科构建

传播学作为一门建立在交叉基础上的学科，在与其他学科的理论共建与领域开拓方面始终处于交融状态。伴随时代变迁尤其是信息技术、媒介技术变革所带来的信息爆炸、媒介多元、符号表征的社会转向趋势下，一方面如何拓展新兴的研究领域引导当前的社会实践将传播学研究推向转型的十字路口；另一方面基于人类主体感知体验和心智探索的认知科学研究凭借其科学性、实证性和人本性成为无论是自然科学还是人文科学都颇为关注的前沿研究领域。正是这样的研究背景为认知与传播的结合提供了生存发展的土壤。所谓认知传播学就是将研究视野置于当下的传播环境中，探究隐藏于信息传播流程之下，却控制影响整个传播流程及效果实现的"暗环境"——以人为主体、符码为客体的认知空间。当前以信息传播为变革核心的社会转型一方面为参与传播的主体以及信息主客体之间的关系定位营造了全新的感知体验——人作为具备能动性、凭借感知能力拓展社会交往范围以扩充社会信息交流介质、推动社会进步发展的核心生物体，通过对于诸多新兴媒介的使用，人不仅被赋予了更为核心的信息交流和社会建构的身份地位，而且信息主体得以更加充分、自由地发挥自我的能动性从而拓展认知的广度和深度；另一方面技术进步使得人类认知流程的"暗箱"得以凭借脑成像和核磁共振成像等诸多先进技术破解，从而洞察人在信息认知过程中的运作规律和运作机制，由此来解释在微观或宏观信息交互传播中个体或群体从感知、内化到行动这一系列认知过程的运作规律，为信息传播活动提供更为基础和本质性的原理指导、优化社会信息传播的路径方案、达成信息传播的交互式双赢效果。

一、媒介环境学派的框架继承与超越

认知传播学源于 20 世纪中叶的媒介情境（生态）学派，该学派是整个媒介生态研究中的重要组成部分。图 1[①] 是媒介环境学的理论框架，可以看出，第三部分的媒介环境社会影响分析中已经涉及心理认知、社会结构的研究部分，媒介

---

① 李明伟：《媒介环境学派的理论分析框架》，载《北京理工大学学报》（社会科学版），2008 年第 3 期，第 6 页。

环境学派早期的集大成者刘易斯·芒福德在语言学研究的基础上提出对于媒介技术特性的感知模式分析，强调了个体的感官对于媒介本身的知觉交互作用，以显微镜、透镜等器械为代表的玻璃制品作为研究对象："不仅是外部世界被玻璃改变，我们的内心世界也受到玻璃的影响……玻璃对人性发展的影响是深远的：准确地说，它在改变人的自我认识方面起到很大作用。"① 这直接影响了后来的媒介环境论者麦克卢汉等人的媒介技术观，并足以被视为认知传播学研究的奠基者。

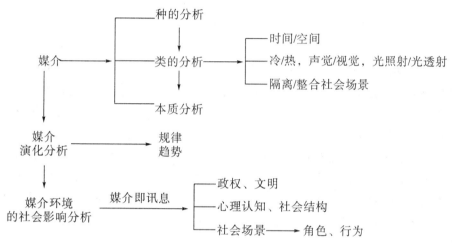

图 1　媒介环境学派理论分析框架图

　　媒介环境学派的先驱、社会学者戈夫曼将人类社会生活的空间与戏剧空间类比，将特定情境中的特定主体行为和角色划分为"前台区域"（角色扮演）和"后台区域"（自我状态）。② 传统媒体时代相对分割的信息交流模式足以应证戈夫曼的"戏剧"理论，但随着新媒介对于传统信息交流模式的变革则使得原来分割的两大区域趋于融合，从而延伸出了"中区"这样一个介于"前台"与"后台"之间的"灰色"领域，这个领域既有媒介本身的信息作用，又有个体相对独立的角色认知。相应于这一理论的发展，媒介情境论者约书亚·梅罗维茨在综合麦克卢汉的传播媒介理论和社会学家戈夫曼的"剧场"理论基础上提出了媒介对于社会环境以及环境内社会角色变化的影响因素，强调媒介特性的重要性（即把对媒介的使用所造成的信息环境变动纳入环境影响范围），因为"地点和媒介同为人们构筑了交往模式和社会信息传播模式"③。媒介技术的变迁使得梅罗维茨

　　① ［美］刘易斯·芒福德：《技术与文明》，陈允明、王克红、李华山，译，中国建筑工业出版社，2009 年版，第 117 页。
　　② ［美］欧文·戈夫曼：《日常生活中的自我呈现》，冯刚、黄爱华，译，浙江人民出版社，1989 年版，第 123 页。
　　③ ［美］约书亚·梅罗维茨：《消失的地域：电子媒介对社会行为的影响》，肖志军，译，清华大学出版社，2002 年版，第 44 页。

的"新媒介"在互联网、手机自媒体等新兴媒体的浪潮中沦为"旧媒介"，然而新兴媒介更加强效的融合信息交流方式使得这种"中区"呈现模式被强化乃至模糊了"前台""后台"之间的界限。

认知传播学固然继承了媒介环境学派将媒介技术本身作为环境影响力和信息附加效应加以研究的核心思想，但值得一提的是，认知传播学将媒介的这种环境效应和环境影响力根源于信息主体的参与作用，这既是"后电视"时代新兴媒体技术环境下人作为参与传播建构和信息解读乃至社会认知主体的范式回应，也是一种研究方法的突破与革新。如果说媒介环境学派的研究框架（图1中第三研究框架）将心理认知、社会结构作为并列研究项，那么认知传播学则是在这一研究框架的基础上更进一步拓展了心理认知和社会结构研究领域——将这两个部分以外在和潜在的分层方式在深度上进行拓展研究（如图2-1、图2-2所示）。图2-1是一种外在的环境模型，所谓"外在"，主要是相对后一种"潜在"层面而言，将研究视角置于更为宏观的社会空间层面，从可见的、更为显著的传播元素出发考察主体认知机制在其中的作用力和反作用力。例如在跨文化传播过程中，以国别、民族、地域为划分维度的信息主体身份建构是如何通过已有群体认知结构影响传播行为发生的，以及产生的传播效果又是如何反作用于信息主体，引发群体认知结构变迁的；图2-2是一种潜在的环境模型，相对于"外在"层面的研究视角，更加强调暗藏于信息主体、信息客体之内的认知结构（包括媒介本身的认知影响和主体自身的认知机制）对于信息主体、客体、编码、解码四大部分之间交互作用力，将主体自身的认知结构以及媒介本身对于主体认知结构的影响用于解释传播流程的发生乃至整个社会结构的变迁。例如主体的视觉运作机制对于媒介中特殊信息（如电视中的文字信息）的传播效应。如果说媒介环境学派在其框架的第三部分探讨了传播空间（媒介形式）的相互作用的话，那么认知传播学则是透过传播空间直指潜藏于媒介之后的认知空间，而这个认知空间，正是后电视时代新兴媒介所带来的所有角色变迁和社会变革的根本动力。如果说"前台"完成了传播过程的话，那么"后台"则是暗藏于传播流程之下的无形信息传递，且成为一种强有力的控制场域，潜移默化地影响着"前台"传播流程的实现，即在传播主体"人"将驱动传播行为本身以及对传播内容进行解码的"认知"本能逐渐无意识化，但实际上潜藏于传播主体（包括传播者与接受者）在传播过程中的认知行为才是引发传播行为、产生传播效果的"始作俑者"，决定了传播的方向和最终结果。

信息主体多元化 ←——→ 信息载体的异化

作用 ↓ 传播空间（社会环境）↑ 反作用

信息客体的多元化 ←——→ 信息传播效果的异化

图 2-1　传播空间的相互作用（力）

信息主体认知 ←——→ 编码的异化

作用 ↓ 认知空间（媒介环境）↑ 反作用

信息客体认知 ←——→ 解码的异化

图 2-2　认知空间的相互作用（力）

二、"后电视"视阈下的研究领域

"后电视"时代兴起的互联网、手机、多媒体电视、移动设备等新兴媒介在影响信息主客体乃至重构社会环境方面的效用更加突出。认知传播学将研究的内容划分为三大体系——一是以媒介类属为中心的研究领域，分别研究不同媒介传播特性与信息主客体认知效果之间的相互作用力及差异化的认知效果；二是以信息本质构型为中心的研究领域，按照信息的不同种类，从符码编制的微观角度（如文字、声音、图像等）分别进行信息主客体的认知效用研究以及不同符码的组合信息所带来的传播效果的差异；三是以人的角色身份（年龄、性别、职业、数量等）为划分维度的研究领域，该领域将主体按照身份角色进行层级化并进行归类式的认知共性探索，寻求不同类属的主体在认知共性的作用下产生的传播效果差异。

（一）媒介形态为中心的研究领域

根据媒介形态的差异进行不同媒介下用户认知效用和传播效果的研究，借鉴了媒介环境学派研究路径，从伊尼斯基于时间和空间的主体感知偏向[①]进行的媒介类别划分到麦克卢汉"媒介即讯息"视角以及戈夫曼的"剧场"理论、梅罗维茨的社会交往理论，将媒介本身作为促使环境改变以及参与环境中人角色变迁的首要因素进行考察。认知传播学继承媒介环境学派的媒介研究理论，从媒介入手根据当前媒介技术革新所带来的媒介形态的变迁重新界定媒介，尤其需要区别传

---

① ［美］哈罗德·伊尼斯：《传播的偏向》，何道宽，译，中国人民大学出版社，2003年版，第190页。

播媒介形态，纳入交互媒介形态——以互联网诞生为标志、注重媒介社交功能、张扬用户个性的新兴媒介——所带来的信息主客体认知态度、认知过程、甚至外显行为的影响作为传播效果变迁、社会环境变迁的首要因素进行专门考察。此外，交互媒介的带动下，传统媒介与交互功能联姻形成的新型媒介如 IPTV、新媒体电视、广播 APP 等同样值得关注。

（二）信息介质为中心的研究领域

信息介质，是作为信息传递的最根本、最原始的符号系统，不同的传播形态需要不同的信息介质，如人内传播主要依靠脑神经传送的电波来实现，作为个体的认知过程，有必要以人脑为基础进行研究，进而挖掘个体对于信息的处理流程。而人内传播作为其他传播种类的必要基础，对于其他传播形态的研究将带来有益的铺垫。

人际传播主要凭借人类所特有的语言表达功能或者文字书写功能，对这类人际传播符号介质的研究——包括个体对于某一信息介质的认知形式、认知过程、认知效果的还原式研究、实证研究或者比较研究，能够把握这类人际传播信息介质的认知特色，进而为以这类符号为基础的传播活动提供有益的参照。

大众传播依靠电子媒介完成信息传播，随着新媒体技术的发展，构成电子媒介信息的介质包括声音、画面，以及声画组合，不同于人际传播的信息介质，附着于电子媒介之上的信息必然会受到媒介形态的影响从而出现一定程度的符号变异。例如文字作为微博、微信传播介质载体呈现出与传统媒体中的文字完全相异的碎片化、创造化传播形态，这种根据媒介属性塑形的文字载体，对于人类的认知过程会带来什么样的影响？如何更好地利用这种符号的媒介变迁来完成信息的高效传递？这即是认知传播学在大众传播领域、以信息介质为中心的研究议题之一。

在大众传播的这一横向领域中，还有一种传播模式中的信息介质值得专门研究，即跨文化传播中信息符码的认知研究。跨文化传播在国际交往、国家形象建构等方面都承担着桥梁的核心作用，跨文化传播中的图像、音乐等超地域化认知的符码介质更能够承担起信息传递的功能。因此，认知传播学在这一领域的研究着重于分析跨文化语境中的不同符码对不同异域群体的认知效用，以从中发掘能够提升跨文化传播认知、提高跨文化传播效果的信息介质用于实际的传播活动之中，为我国的跨文化传播提供有益的尝试。

（三）"人"为中心的研究领域

认知的主体是人，认知传播学研究的领域必然也离不开"人"本体的研究，但值得一提的是，认知传播学研究的人与认知心理学、认知社会学等认知学研究中的"人"最根本的不同就是认知传播学将"人"放置于"传播"这个过程之中，研究的是参与传播流程的"人"的认知活动以及由此带来的行为、对社会的影响。

在这个研究领域中，可以将人按照职业、年龄、性别、受教育程度等范畴进行分类，分别研究不同属类下个体或群体在传播行为中的共性认知特色。"社会中既定的知识先于个人的经验而存在，并为后者提供有意义的秩序。这一秩序尽管与特定的社会－历史情境相关，但对个体来说却是一种观识世界的方式。"① 认知传播学将关注点放置于社会既定秩序与个体观识世界的方式之间的联系，以此探寻能够有利于形成群体凝聚力、建构民族共同体的社会秩序建构。

此外，还可以将信息传播环境中的"人"按照媒介演进的阶段进行划分，传统媒介时代的人在当时的信息传播环境下的认知效用与当前新媒体环境下人的认知效用发生了怎样的变化，这样的变化对于媒介本身形态的演进是否有一定的联系？通过这类研究不仅可以更加清晰的把握人在信息传播中所处的地位和作用力，而且可以更加充分地把握人的认知效用与信息传递方式变迁之间的互动关系，从而为更好地实现信息传递效果、更有益地把握社会在传播环境中的变迁带来重要的参考价值。

三、研究范式的路径变迁与多元演绎

认知既是传播学研究对象又是研究方法，作为研究对象，主体的认知过程和认知规律是任何传播活动的根本驱动力，因此需要借助各种基于传播学研究的方法范式为认知传播研究提供支撑；作为研究方法，认知本身作为研究范式不仅可以直接用于传播相关议题的研究过程，而且在具体的传播环境中，认知方法论范式还可以在解释多元传播现象的实践过程中不断拓展和延伸，实现认知研究范式的传播学创新。在后媒介传播时代，认知传播研究涉及认知模式变革、媒介技术变革、社会环境变革等各个方面都将面临对于传统研究范式的"破"与"立"。

（一）作为对象的研究路径：认知与传播的反身性

"反身性"这一概念最初由社会学家者鲍勃. 斯科尔特（Bob Scholte，1969）提出。作为一种人类学研究方法，"反身性"的提出让众多人类学研究者关注自身行动的预设中所包含的政治的不对称，也要明白所谓的客观性和中立性在认识论上持有的特权意义。② 简言之，人类的任何活动都无法脱离自身基于对象的一种主观赋予，而认知作为这种主观赋予的内涵之一，与人类诞生以来无法逃避甚至作为推动人类发展的进程的关键活动——传播——有着无法厘清的交互关系。其"反身性"的呈现可以表述为人类的认知过程是传播活动的驱动，同时

① ［美］彼得·伯格、托马斯·卢克曼：《现实的社会建构》，汪涌，译，北京大学出版社，2009 年版，第 8 页.

② ［英］奈杰尔·拉波特、乔安娜·奥福林：《社会文化人类学的关键概念》（第 2 版），鲍雯妍、张亚辉，译，华夏出版社，2013 年版，第 16 页。

传播活动又促进了人类认知行为的发生发展、促成人类认知模式的形成及固化。传播之中有认知，人类认知行为的触发离不开以传播为渠道的信息交流。由此，认知与传播相互作用，相互支撑，成为人类认识和改造客观世界的一项根本性活动。

基于此，认知传播学将认知传播这一人类的根本现象作为研究对象，从这一研究思路出发，将围绕这一研究对象进行的相关研究纳入认知传播学研究的体系，一方面为这一新兴学科的建构积累理论基础；另一方面在这一架构的认知传播理论框架下为进一步拓展研究领域、有针对性、更加专业化的研究发展提供进路。目前来说，以认知传播为研究对象，通过借鉴其他学科的研究方法进行针对性、专业化研究的领域和路径大体可分为宏观和微观两个方面，其中各自包含诸多下属的具体研究方法路径：

从宏观的角度来说，认知传播现象作为以人为主体所产生的一种典型行为，离不开社会这一大背景的观照影响。因此，探讨人类的认知传播行为，必须从社会、文化的宏大背景出发，考察生存其中作为群体存在的人的认知传播共性规律和特征。相应的研究路径包括社会学研究、文化研究、媒介生态研究，以及相对宏观的传播流程研究，如传播的权力控制等等、传播效果的社会效应等等。*The Development of Social Cognition and Communication*（Bruce D. Homer, Catherine S. Tamis-Lemonda, 2012）从社会学的角度，以儿童为研究对象，将儿童成长过程中通过从声音到语言再到文字的交流传播进程作为切入视角，分析在此过程中儿童认知能力的获得过程，探讨传播与认知之间的相关关系。*Meaning in Communication*，*Cognition and Reality*：*Outline of a Theory from Semiotics*，*Philosophy and Sociology* 梳理了来自符号学、哲学和社会学各领域关于传播、认知与客观世界之间的相关意义，可以看作为认知传播学宏观研究的理论奠基之作。而作为文化研究代表的伯明翰学派创始性人物斯图亚特·霍尔，在《表征——文化表征与意指实践》中将表征这一传播行为与文化、意指相关联，从资本主义文化的大背景中关照其中的表征内涵与居于期间的个体异化。遗憾的是，目前认知传播学的宏观研究在国内仍旧是相对空白的领域，国内的认知传播研究主要切入点放置于微观性的研究。

从微观的角度来说，人类的认知传播行为可以细分到语言、音节、图像、视像（图像组合即蒙太奇形成的画面运动），因此，从语言学、符号学的角度对认知传播进行单个词汇以及表征规律的研究在国内外都不乏成果。隶属语言学研究的修辞研究可追溯至亚里士多德时期，他的《修辞学》一书最早开启了通达人类语言思维艺术的殿堂之门，修辞作为一种人类最普遍、最基本的思维现象，也是一种基于传播生成的认知现象，是认知传播学研究的核心内容，而针对修辞学展开的相关研究也得到了不断地延伸，自亚里士多德以降，诸多的哲学家均投入了对于修辞认知的研究之中。在我国，由陈汝东教授为代表的诸多学者展开了以认知修辞为对象的系统研究，其《认知修辞学》作为这一领域的奠基之作，成为国内认知传播学中认知修辞研究的权威著作。此外，索绪尔在《普通语言学教程》中展开的语言符号研究，开辟了语言学研究新的一脉——符号学，此后，皮尔斯、巴特等符号学大师纷纷从符号学的角度探索了社会中以人为主体的社会传播行为与符号表征之间的内在关联，可视为认知传播学研究的经典奠基之作。在当代，克里斯蒂娃提出的互文性理论为当下的认知传播学研究提供了有益的理论借鉴，这种后结构主义的文本理论，不仅仅适用于解读文学文本的传播与认知流程，更可为电子媒介时代以图像文本为介质的图像传播搭建理论框架。尤其值得一提的是，在电子媒介时代，认知传播研究具备了更加广阔的研究空间——基于电子"屏"媒介的视觉语言、图像表征研究。其中，对于电影视觉表征的图像语言研究在西方已经颇有成效，以麦茨、贡布里希、莱斯特等为代表的一大批西方视觉研究学者从不同的角度提出了诸多从受众心理出发产生的视觉表征、图像传播理论，为认知传播研究中的视觉认知传播提供了有益的借鉴与路径参考。在我国，以任悦等为代表的诸多学者也不乏从视觉传播的角度剖析内化期间的认知现象，形成了《视觉传播概论》等基础性的著作。

（二）作为方法的切入视角："认知"与传播的互释

作为一种研究方法，认知传播学将认知与传播相关学科中的研究成果从认知传播学的角度进行有效结合，并将成果运用于社会实践过程中相关现象的阐释与解析，以求通过认知传播视角来解读社会现象、衡量社会效果。其中，与认知与传播相关的学科诸如心理学、认知科学、逻辑学等研究成果进行认知传播视角的理论融合或者方法借鉴基础上的理论创新，从而形成认知传播学独特的研究方法手段，运用于社会实践。

其一，心理学作为对人类大脑思维运作即认知过程这一"黑箱"进行研究的直接学科，一方面悠久研究历史积累了丰富的理论成果，可以站在认知传播的全新视角加以范式的借鉴和利用，从而生成属于认知传播学专门学科的研究方法；另一方面，中外心理学研究者为了探究人类内在心理运作进而摸索得出的心理实验方法，是认知传播学学科方法架构的思维积淀，既可以直接运用相关实验方法进行认知传播学的理论验证，又可以根据已有实验进行全新的、隶属认知传播视角的方法创新，从而更好地为认知传播学研究方法提供直接的研究成果和理论范式。欧美等国家由于深受结构主义哲学思潮的影响，在学术研究上崇尚实证主义的研究方法，尤其是心理学研究领域，出现了诸多以实验为支撑的研究过程，体现在认知传播相关研究领域，同样出现了类似的实证研究成果，例如 *Relevance: Communication and Cognition* （Dan Sperber, Deirdre Wilson, 1996）作为心理学中的关联理论的代表著作，将第二代认知研究中的关联理论与传播进行嫁接，为认知关联理论的实践应用提供了平台。由罗伯特·索尔所（Robert L. Solso）等人合著的《认知心理学》，作为从心理学的角度了解认知流程、从心理学角度考量人类认知行为机制的基本著作，提供了大量丰富的基本理论和心理学实、模型，对于认知传播学的学科范式架构与创新提供了基础。国内学者彭聃龄的诸多著作也从心理学的角度提供了认知机制的观察视角和理论范式，可视为认知传播学进一步借鉴积累的基础研究。

其二，认知传播学的研究除了心理学的方法路径外，在当前科学技术支撑下的人脑、视觉分析仪器形成了认知科学这一专门研究人类认知的学科。通过辅助机器诸如脑电波、脑CT、眼动仪等设备与相关实验的设计、大数据的总结分析，能够形成相对科学、有一定的理据性的认知规律，成为认知传播学方法范式的另一大支柱，而且是最具说服力、最有科学依据的范式支撑。从心理学、认知科学研究路径出发，对人类认知心理、心智运作、学习过程等诸多方面的研究成果可作为一种研究方法，用于阐释人类传播过程中对于信息的理解认知过程，通过大量的数据汇总形成规律理论，反过来用于评判实际传播效果，最终实现指导传播实践、改善人类传播环境的科学目的。如保罗·萨伽德著，朱菁等译的《心智：认知科学导论》（2012）中专门从计算机算法以及认知神经科学的角度介绍了认知的研究方法和研究成果，不仅是一部认知科学研究的导论式著作，而且也是从认知科学、神经科学等自然科学的实证研究角度进一步生成认知传播学研究方法的策略导向。①

可见，认知传播学作为一种研究方法，主要通过心理学、计算机科学、神经科学、逻辑学等以实证研究为思路、以实验设计加数据分析总结为方法的理论融合与范式创新，在此基础上形成专属于认知传播学学科研究范式，以此来剖析社会现象、衡量社会效果。

［载《重庆邮电大学学报》（社会科学版）2015年第7期］

---

① ［加］保罗·萨伽德：《心智：认知科学导论》，朱菁、陈梦雅，译，上海辞书出版社，2012年版。

融合视野中认知传播的创新与建构
——专访中国认知传播学会会长、四川大学欧阳宏生教授

学科地位：三重背景奠定认知传播坚实根基

刘俊（以下简称刘）：欧阳老师，你一直强调一个学人要有宽阔的学术视野，直到看到最近看到你一系列关于认知传播的学术论文，才真正理解宽阔学术视野对传媒研究的重要意义。谈到认知传播的研究，我想先请你谈谈认知传播这一学科研究的目的和意义

欧阳教授：传播学作为一门学科的确立始于 20 世纪 30 年代，且得益于学者们跨学科的融合研究。作为一门具备"交叉"基因的学科，传播学在早期尤其是电子媒介初兴之时的研究内容相对多元且成果颇丰，总体来说，传播学的研究历经众多学者的建构形成了传播效果研究、传播机制研究、传播主体研究、传播介质研究等几大方面，其中，传播效果研究作为认知传播学的发轫为传播学的地位建构贡献了巨大的力量。然而近期，传播学的研究走向了一种偏狭的境地——一方面是研究的成果难以超越传统研究，从而使得现今的传播学研究始终处于停滞不前或者进步细微的阶段；另一方面，传播学学科本身由于跨学科、交叉研究的学科背景遭遇合法性和合理性危机，使得传播学学科陷入了"失根"的真空状态，缺乏边界的传播学研究使得研究成果零散化、琐碎化，从而失去了一脉相承的研究体系，学科趋向变得模糊不清。然而，危机意味着机遇，随着时代的进步以及新兴媒介形式的出现，传播学研究在技术革新的支撑下不断开拓全新的未知领域，传播效果尤其是传播行为与受众之间的微妙关系成为传播学尤其是传播效果研究的核心增值点，这一领域的研究凭借较强的现实结合性与应用转化性而成为传播学最具生机活力的研究。而受众对于传播的认知是检验传播效果乃至反作用于传播机制的关键点，因此，将认知系统作为传播研究在现代社会的切入点、构建认知传播研究的全方位生长体系，不仅是传播学的发展契机、弥补传播学理论根基薄弱的一次尝试，也是填补传播学这一领域的研究空白、挖掘传播学研究蓝海的重大机遇。

刘：欧阳教授，您在学会成立致辞中明确提出要建立认知传播学这门科学，那么这门学科的产生有何客观的背景条件？

欧阳教授：认知传播学学科的成立是适时的，之所以适时，基于三个客观背景条件：其一，从时代背景来看，当前在媒介技术引领下的各种新兴媒介层出不穷，媒介形式所带来的信息传递构成了传播学全新且极具前途的研究领域。更为重要的是，构架于媒介技术基础上的媒介本身以及媒介作为中介载体实现传播流程两大体系共同作用于整个社会环境生态，使得除却媒介传播之外的信息传递如基于语言的人际沟通等传播形式同样在发生着潜在的变革。认知传播学的研究不仅要致力于针对新兴媒介形态所带来的讯息传播格局的研究，而且还涵盖了除媒介讯息传播之外的其他传播形式的格局研究，因此，认知传播学学科就是顺应当下传播走向"大传播"时代作为学术研究与时俱进的变革产物。

其二，从人文背景来看，随着我国人民物质生活水平的提升，人们对于精神生活以及个体情感、价值认同的诉求超越物质成为人民的首要追求。传播，包括媒介承载的信息传播和非媒介的信息传播都离不开人的参与，而且人的价值和身份必然要依靠传播才能得以实现，人对于外界讯息的认识、加工到态度变化、行动的整套认知流程贯穿人与传播环境生态互动全程而且还是作为最基础的组成部分。因此，认知传播学旨在探索人为主体在传播过程中的编码解码、态度认识、行为导向这一系列的认知流程，可以为传播学研究提供更为本质的解析和规律。

其三，从学科背景来看，传播学研究无论在国外还是国内都面临着身份和地位的质疑危机，作为一门因融合而诞生的交叉学科，传播学在当今学科门类日益丰富、学科边界逐渐清晰的发展趋势下遭遇了身份的合法性评判危机。正是在这样的学科背景之下，认知心理学作为一种新的研究视角、工具乃至对于传播学而言尤其是传播效果研究而言的崭新领域，对于重塑传播学研究、挖掘传播机制的内在规律和本质属性，具有颠覆性的意义。

刘：如此来看，认知传播学会的成立可谓适逢其时。在此之前，我对于认知传播的了解更多来自国外的一些著作，尤其是对于认知心理学的研究，国内相对较少。那么您作为认知传播学这门学科的建设者，这门学科的成立是否是对国外相关学科的一种借鉴？

欧阳教授：正如你所说，认知传播的相关研究确实起源于国外，但是认知传播学这样的学科称谓是具有中国特色的。如果说借鉴的话，由于西方在认知传播相关研究领域起步较早，而且已经具备了一定的理论基础，因此我国的认知传播学研究必然要借助于西方已有的研究成果的支持。尽管全球化步伐缩小了研究的国别差异，但是结合我国国情和民情进行认知传播学的研究仍然是有益而且是必需的。

刘：对，中西方之间在政治、经济、文化和社会发展形态等多方面的差异在短时间内是绝不会消除的，也就是说我们需要有针对性地吸收借鉴西方的相关研究成果，那么欧阳教授能具体说说西方在认知传播领域的有关研究成果吗？

欧阳教授：西方至今尚且没有出现以认知传播学命名的专门化研究，但是与认知传播相关的研究可以追溯到传播学诞生初期，甚至可以说传播学的诞生就是以探寻认知为目的的。下面我分三个阶段谈谈西方认知传播相关研究的发展，尤其是前两个阶段的研究在国外尤其是美国的研究已经初具规模但是没有形成一定的体系，而是散见于各个阶段、学派的研究成果之中：首先，与认知相关的传播研究在国外的诞生可以追溯到传播学诞生初期的传播学效果研究阶段。尽管当时还没有提出"认知"这样的学术概念，但其实早期的"魔弹论""皮下注射论"以及后来得到修正的"有限效果论""选择性理论"，以及霍夫兰围绕"二战"主持的"劝服效果研究"等等在传播学历史上具有关键地位的研究已经带有了"认知传播"的基因。著名的广播节目剧"外星人大战地球"带来的轰动效应更加应证了受众广播、电视信息接受过程中的被动性也就是从解码到态度改变以及采取相应行动这一认知流程被全盘激发。然而，随着电子媒介的普及以及神秘性的衰退，人们逐渐由被动接收转为理性选择性接收，"有限效果理论""选择性接触理论""使用与满足理论"等研究成果从认知的角度来说就是一种认知行为的有限发生。从这个意义上来说，认知传播研究在传播学诞生之始就已经具备了一种研究的趋势，而且产生了丰富的研究成果，这些成果为如今的认知传播研究奠定了坚实的基础。

其次，认知传播相关研究的第二阶段要追溯到伊尼斯、麦克卢汉、梅罗维茨等人开创的媒介环境学派的研究。麦克卢汉师承伊尼斯提出了具有划时代意义的"媒介即讯息"的理念，将传播学研究提升到一个全新的发展阶段——将媒介及媒介技术本身作为研究对象的研究，而其后的梅罗维茨借鉴戈夫曼的剧场理论将传播学研究引申至媒介与社会环境之间的互动机制。在媒介环境学派的研究中，其中有一个核心领域就是研究传播主体人的认知心理与传播、环境三者之间的作用与反作用机制。这是认知概念最早出现于传播学研究领域，在今天看来，为认知传播学研究的领域拓展与视野开拓做出了巨大贡献，媒介环境学派的研究之后，传播学研究都不再忽视作为传播主体的人在传播行为以及借助传播工具实现的社会环境影响与反向的作用机制，将环境纳入传播学研究的主体视野。

再次，第三阶段也就是如今的认知传播学研究。目前，国外的认知传播研究领域较为宽泛，既有从宏观意义上关注社会规则借助传播对人施加的潜在影响，也包括了微观意义上借助科学仪器进行量化研究和人文意义上的定性研究为支撑的认知机制内在规律的探索，并且都取得了一定的成果。遗憾的是，至今西方的研究中没有将认知传播学作为一门专门学科进行界定。

刘：我国的认知传播及其相关研究在 20 世纪 90 年代就有所发展，如果将其与西方的研究脉络进行对比的话，可以归之于哪一个阶段呢？

欧阳教授：我国的相关研究最早始于刘晓红发表的《试论心理学在传播学研究中的作用》，在这篇文章中，作者首次从心理学的视角梳理了传播学传统理论的建构逻辑，为传播学的研究提供了一种全新的视角。此后，1990 年彭聃龄《认知心理学》一书中梳理了认知心理学的发展脉络，在之前的研究基础上更进一步发掘了心理学中的认知系统对于传播效果的工具意义。至此，以"认知"为研究视角切入传播学的研究开始逐步增多，2010 年达到了井喷的状况且持续至今。这些研究都以受众认知作为效果研究的工具和切入点，从不同的传播形态中探寻各自的内在规律和机制。从世界范围看，这类研究隶属于认知传播研究的第三阶段，但是与西方在此阶段的研究相比，仍然有一定的差距，这种差距主要表现在研究思路的局限和狭隘、雷同，缺乏具有创新意义的研究成果。

刘：应该说，我国目前认知传播学研究的现状，在有效借鉴西方认知传播研究的经验的基础上积极拓展与我国国情民情相适应的理论成果。那么我们该如何看待这门学科与国外相关学科之间的关系？

欧阳教授：是一种合作竞争的关系。一方面，从认知传播学的基础理论来说，中西方是没有太大差异的，再加上我国的认知传播学起步相对较晚而且这一领域的发展前景可观，因此我们可以吸收借鉴国外优秀研究成果，这是合作；另一方面，认知传播学的进一步发展还需要结合当下我国的实际情况进行创造性的发展研究，在国际认知传播研究中力争不落人后，占据一定的研究地位，从这一角度来看，中西方之间又存在竞争关系。

学科框架：三维视野塑造认知传播研究空间

刘：将认知传播学定位为一门交叉学科，正如传播学建立于跨学科基础上如今却遭遇身份的合法与合理危机，那么认知传播学的这种融合"基因"是否也会影响认知传播学作为一门学科的独立性从而引发身份危机？

欧阳教授：首先需要明确的一点是，尽管一门学科的成立离不开其所属的独立研究方法与研究范畴，但是随着社会发展时代变迁，我们不能再一味死守学科边界的界限，而应该抱着开放、融合的心态来拓展学科视野和范畴，这样才能适应当下多元社会的发展趋势。正如某位学者所倡导的"后科学"概念——后现代主义思潮对于整个社会体系所带来的去中心、消解边界的特性淡化了学科与学科之间的边界，融合、开放的研究策略更加适应当下的"后"时代下学科的研究潮流，认知传播学的跨学科、融合视野正是顺应"后"时代、多元社会变迁逻辑的学科建构方式。而你所提及的传播学身份危机，认知传播学对于传播学的一种跨界延伸、学科拓展，不正是解决传播学身份危机的一种路径吗？其实传播学并非因为自身的跨学科建构产生了危机，而正是缺乏有效的新兴力量的融入才让众多传播学者产生了一种前途的迷茫和无力感。

刘：从这个意义上来说，认知传播学的确可以算作解决传播学身份危机和发展困惑的最佳路径之一。这种思想值得更多的传播学者借鉴并付诸努力，让传播学生发出更多具有社会价值和应用价值的交叉学科。那么欧阳能具体谈谈认知传播这门学科的交叉主要体现在哪些方面吗？

欧阳教授：我从三条线索来谈谈认知传播学这种跨学科的表现：

一是认知。认知的主体是人，结合认知传播学中人所扮演的角色来看，人在信息采集、信息传输、信息接收、信息反馈这四大阶段都处于核心地位，少了人的参与，信息也就失去了价值，传播也将无从成形。从这一研究角度来说，单纯凭借心理学、认知心理学以及传播学是很难将人的参与解释清楚的，因此需要引入神经科学、统计学，借助科学仪器来观察、统计、分析人在信息采集、选择介质传输、选择性接收以及态度、行为改变概率等一系列流程中潜藏的内在规律。

二是传播。传播的中心是介质（主体是人），介质是传播得以成形的中介和桥梁，因此认知传播学还将介质这一载体纳入研究视野中，不仅仅区分介质的类型，而且要分析不同种类的介质在信息承载中的特定规律以及这种内在规制性对于编码和解码可能存在的双向影响。当前能够承载信息并担负起传递任务的介质包括了语言、符号、媒介三大系统，因此需要引入语言学、符号学、新闻学等学科理论作为支撑。

三是互动。互动是一种相互的运作机制，在认知传播学研究中，互动通过人、介质以及潜在的社会环境生态三者之间的交互呈现出来。媒介环境学派首先洞察到环境在传播过程中的重要作用，要探寻环境作用于人、介质以及三者相互之间的反作用，就必须引入社会学、人类学乃至政治经济学等学科的理论作为铺垫来进行现象的阐释和规律的总结。

刘：从这三条线索出发，欧阳教授也给认知传播研究的学者指明了一种努力的方向：至少需要具备统计学、社会学等多元学科背景知识。那么欧阳老师所提及的能够体现认知传播学跨学科特性的三大融汇点是否就是认知传播学的三大研究领域？

欧阳教授：刚才的内容不仅是体现认知传播学跨学科特性的表现点，而且可以作为构成认知传播学研究领域的三大出发点。但是认知传播学的研究领域并非仅仅体现在融合上，更重要的是要通过融合来探寻更加深层次的内在规律。也就是说，"融合"不仅仅是一种方法，更要成为一种态度，贯穿于认知传播学研究的始终，这样才能在拓展研究视野的同时开掘研究的深度。认知传播学正是在中西方的理论融合背景下生成了全新的第三阶段研究，从零散的效果研究到真正以人的"认知"作为研究核心的发展进程，认知传播学的研究领域逐渐明晰：认知传播学是一门以人的编解码为研究核心，以信息载体的传播性质作为研究中介，以环境生态、介质、人三者之间的互动机制作为研究导向的学科体系。从这一研究组织出发，认知传播学这门学科的研究领域包括三大部分：

第一部分是以人的编解码作为研究核心延伸出的研究领域，着重探讨人作为传播主体在传播过程中所扮演的重要角色：一是编码的角色——从编码者出发，研究人如何采集信息并根据传播介质的表达规律进行信息的组合；二是解码的角色——从解码者的身份出发，研究人如何选择介质、识别信息，识别可能引发的后续行为诸如情感变化、态度改变、行动实施等；三是介质构造者的角色——为了实现信息的交流

第二部分是以信息载体的传播性质作为研究中介的研究领域，着重介质在传播过程中的中介作用，按照介质的性质进行专门的研究。这一研究领域借鉴了媒介环境学派的研究成果，将媒介（中介介质）本身视为讯息传递、环境互动的要素进行研究，开创了传播学研究的全新领域。而认知传播学中的"媒介"概念外延更加宽泛，不仅仅包含媒介这一种介质，还包括了最为原始基本的介质内涵，如语言、符号。这一领域的研究侧重于媒介技术革命所带来的媒介形态变革，着眼于新兴媒介的讯息传递效用，以及基于时代背景的传统语言、符号规则变迁所带来的新的介质特征。

第三部分是以环境生态、介质、人三者之间的互动机制作为研究导向的领域，这一研究领域侧重互动机制——包括了人与介质之间的互动、人与环境之间的互动、环境与介质之间的互动。相对于前两个研究领域，这一研究领域是站在宏观高度将社会视为一大整体，而人、介质以及组合而成的传播程序是源于环境同时又反作用于环境的重要部分，研究的目的在于探寻三大系统之间的交互机制，为人的认知变迁以及媒介技术进步、社会生态变迁提供一种全局性的阐释视角。

学科范式：二元路径洞悉认知传播内在规律

刘：欧阳教授已经描绘了认知传播学的学科背景以及学科的研究内容框架，在这两大体系的支撑下，认知传播学的发展方向逐渐明晰，那么接下来，在研究框架的支撑下开展实际研究，认知传播学需要什么样的研究方法呢？

欧阳教授：研究方法有很多，不仅仅是认知传播学，当前很多学科的研究都在走一种交叉研究、融合研究的范式。比如人类学中的民族志考察方法引入传播学研究，认知传播学同样需要将多种不同类型的研究方法借鉴过来并为我所用。认知传播学的研究方法大体上分为两大部分：人文研究方法和社科研究方法，也

就是通常所说的定性与定量研究这两大方法类型。

刘：定量研究就是运用实验、问卷等调查方法收集数据，然后再分析数据的基础上得出结论，那么认知传播学的定量研究与传播学、新闻学等学科的定量研究有区别吗？

欧阳教授：认知传播学中的定量研究方法除了你说的实验法、调查法之外，还有一种内容分析法。调查法和内容分析法在新闻学、传播学研究中已经相对普遍，而实验法主要借鉴心理学中常用的一种研究方法。这些量化方法作为一种工具，在认知传播学研究中如果要得到高效的运用，首要的前提是选题必须符合认知传播学的研究范畴，而且一定要将研究的重点放置于"人"这个主体上。很多失败的量化研究误在选题的随意性，没有深入考量其选题是否具有一定的考察价值或者说能否得出相对显著的量化结果，如果研究仅仅停留于显而易见的表面或者经过复杂的设计、计算最终得出的是并不显著的研究结果，是没有必要的。其次要设计合理而且逻辑清晰的研究步骤和程序，这样在获得数据后才能够高效的使用数据并且保证数据的可信度以及结果与设计初衷的相符度。其中，统计软件的选择和使用也是对于研究者的一大重要考验，目前有很多统计软件或者新兴的实验设备可以选择，无论是 SPSS，还是 ETE 实验乃至最近的眼动仪测验仪器等等在新兴技术发展之上的工具，面对这些纷繁的技术进步带来的成果，我们需要始终坚持的是能否有益于研究结果的精确以及工具使用者对于工具本身的熟悉程度。最后，就是针对得出的数据进行分析，这里需要注意的是分析一定要结合最初的假设内容，否则容易出现文不对题，得不到研究价值。

刘：定量研究对人文学科的研究者来说确实是一种挑战，但是也是一种最贴近实际、最具有普适应用价值的研究方法。那么定性研究包括哪些具体的方法呢？

欧阳教授：目前人文研究方法包括思辨/批判研究、符号学研究、人类学研究、建构主义/后结构主义研究这几大类，而每种类别之下又包含一些具体的研究方法或者特殊的研究思路，例如思辨/批判研究方法借鉴了西方文化批判学派的一种研究思潮，用一种宏观、人文的视角反思整个社会或者媒介建构的社会，从而实现一种人文走向的匡正。认知传播学研究同样可以借鉴思辨/批判的一种思想，以反思、批判的视角审视传播的整个过程以及人在其中的一种认知异化；符号学研究最大的特征是将自然界中的任何事物看作符号的表征，那么在认知传播学中，符号学可以用于阐释传播过程中编码解码的符号意义或者通过符号来解释人、传播、环境三者之间的互动；民族志考察法隶属于人类学研究方法，通过长期的、浸入式的研究得出结论；还有建构主义/后结构主义研究方法，作为心理学研究中兴起的一种研究方式的借鉴，非常适合于考察人的认知结构在传播过程中的变化或者重构。

刘：当前学术界尤其是传播学学术界有一种重实证轻人文的研究趋向，欧阳教授怎么看待在认知传播学研究中对于两种研究方法的平衡？

欧阳教授：当前学术界确实存在重实证轻人文的倾向，而实际上以美国为代表的实证研究与以欧洲为代表的人文研究一直存在着争议，我国由于人文研究早于实证研究的发展，早期大量的人文定性研究涌现，其中不乏很多具有创造意义的优秀作品；随着实证研究在我国的逐渐普及，实证研究成为一块具有蓝海意义新兴领域，必然就会有更多的人追捧这种相对较新的研究方法。但是，无论实证还是人文研究，作为一种研究方法、研究思路或者研究工具，本身并没有优劣之分，人文研究方法重逻辑思辨，需要的是研究者的洞察力和运用理论进行阐释、分析的能力，研究结果相对主观化；而实证研究方法重程序设计、研究结果因为有数据的支撑往往客观化、理性化一些但是往往缺乏灵活性，而且对于数据的精确性要求较高。可见必须要平等看待两种研究方法，至于选择哪一种研究方法，完全在于研究内容或者研究选题本身的与某种研究方法的适合度，甚至可以在人文研究的基础上加入实证研究或者在实证研究的基础上加入人文研究，相互补充、去粗取精，使得结果更加灵活、精确。最后需要再次强调的是，认知传播学的研究方法绝不仅于此，而是需要在进一步的发展过程中不断借鉴新兴学科、新兴范式来拓展本学科的研究思路。

刘：我非常赞同欧阳老师的见解，研究方法的选择要客观实际、要具有针对性，不能盲目跟风或者带有任何功利的偏见。通过欧阳老师的讲述，中国认知传播学乃至传播学的发展可以说目标更加清晰。贯穿认知传播学发展始终的是一种"融合"的思想，从源起的背景，到研究的内容框架再到研究的方法范式，欧阳老师的讲述让这种"融合"的思想得到了充分体现，这不仅是一种与现实社会紧密结合的研究策略，也是顺应时代潮流的思想趋势。这种开放包容的心态给予认知传播学一种高瞻远瞩的指引，给予希望投身于认知传播研究的学者一种醍醐灌顶般的觉悟。谢谢欧阳老师，您对于认知传播学理论体系的梳理以及着手创办认知传播学学会为认知传播学在中国的发展奠定了坚实的基础，这块宝贵的学术蓝海在欧阳老师的引领下定能获得卓有成效的开拓。

欧阳教授：谢谢你，认知传播研究期待诸多学者的加入，使这门学科的定位更加明晰，更加准确，真正激发认知传播研究的活力与价值。

（载《中国传媒报告》2016 年第 3 期）

认知传播学：融合突破、学科建构与创新

——专访四川大学新闻传播研究所所长欧阳宏生教授

认知传播学的诞生：融合与突破

本刊记者：欧阳老师，跨学科研究浪潮的兴起促使了传播学学术视野及研究范式愈加多元化的特征，认知传播学顺应这一潮流并渐为显学。那么，究竟什么是认知传播学？这一学科的理论建构又是什么样的呢？

欧阳宏生教授（以下简称欧阳）：我们以系统论为支撑，将"认知"与"传播"两大学科视为基础本体的研究对象，并将其进行了融合研究，形成了分析人类在传播过程中人脑、心智、接受等工作机制规律的系统理论与学说，并分别探究了二者的规律与内涵。简单来说，认知传播学不同于传统的传播学的地方在于，它是人们运用认知科学的成果，用来研究大众传播中传播主体、传播客体、传播行为、传播内容、传播流程等发生发展规律的科学。认知传播学有两大特点，其一在于虽然它为跨学科研究，但其侧重点依然放在了"传播"上，将"认知"作为一种创新视角来切入了对传播现象的分析与研究，这个创新点是之前任何新闻传播学所没有的；其二在于其立足于科学的技术基础，包含着客观的质化与量化研究，其不再是传统研究方法上所建立的学科，而是能够通过相关设备的数据捕捉和系统分析，真实还原信息传播过程中人类的"认知"机制，从而把握"认知"规律，既推动"认知科学"的进深，又为社会信息传播乃至文明创造提供基于"认知科学"的客观数据支撑。

认知传播学的内在的宏观体系分为本质理论、内部关系和外部关系理论三大部分。第一大部分本质理论是指对认知传播的内在规律和机制的深入研究，是具有高度科学性及规范性的规律总结。我们只有将"认知"与"传播"分别置于科学体系内进行内部规律的探索和研究，再将二者结合起来形成"认知传播"的交叉联动规律，才能触及认知传播的本质。按照目前的本质理论划分，我们将其分为"基本概念""研究现状""研究目的""本质特征""功能与任务""产生与发展"六大部分；第二大部分内部关系主要在于协调"认知"与"传播"两大体系的跨越与包容。也就是说，我们既要看到认知传播内部关系的组成部分，又要将

其以整体性的思维进行分析研究,形成既独立又统一的有机整体。从内部来着手分析学科的理性,形成认知传播视野下传授主体与内容生产、传授主体与传播流程、传授主体与传播效果等方面的研究,这部分以"认知"为串联,可以具体分为"认知传播与传播主体""认知传播与接受主体""认知传播与内容生产""认知传播的过程与模式""认知传播与传播效果"五大部分;第三大部分外部关系则将认知传播置于更为宏观的视野,其放置的横纵双向坐标表明了认知传播学的逻辑指向。纵向来说,我们以历史的角度来看到群体文化乃至人类文明的发展对个体认知的递进式转向影响,从而研究其文化价值、社会环境、人文语境等外部历史影响,横向来说,我们以学科的角度来看待认知传播本领域与其他领域研究之间的跨领域关系研究,由此形成了与心理学、语言学、符号学、社会学、人类学等为支撑的外部学科影响。

本刊记者:欧阳老师的理论体系非常的严密,也非常的清晰。那么,认知传播学的研究究竟有着什么样的意义?或者说它的学科使命究竟是什么呢?

欧阳:作为研究新闻传播学的学者,近年来,我们越来越感觉到传播学的研究走向了一种偏狭的境地。认知的引入促使了认知传播学的诞生,其意义重大。从宏观上来说,其一,它是该学科形成与发展的客观要求。事实上,任何一个学科的理论发展都无法脱离这个学科的生成轨迹,都需要以审读他者的视角来自我建构,从而对其持续性的发展奠定反思性的理性基础。信息与传播的价值水平与主体的可视化结构息息相关,因此,学者们把认知传播及多视角构成的研究路径作为传播学基础理论及认知科学发展的全新情境予以高度关注。其二,它弥补了两类学科各自研究范式的不足。认知科学和传播学已经含有互动体验、意象图式、概念范畴化、认知模型、隐喻转喻等"认知范式",且每一种范式都提供了一套研究方法系统,这为其源头的两大学科的相互弥补提供了契机与基础,是帮助探寻本土化方法革新空间的自体认知路径之一,以认知或传播的情景转移来促使其各自学科体系下的研究模型下一种更加宏观与建构化的新视角和方法。其三,它是沉淀认知传播学科自身厚度的需求。从学科建制角度来看,认知传播学的前沿理论、个案研究、模式建构等层出不穷,学科整体呈现出开拓迅猛、跨学科研究突破的潮流。有鉴于此,认知传播学的形成与探析是我们了解什么是认知学、什么是传播学的基础性概念探索,也是确定认知能力与逻辑的厚度需求。

同时,从微观上来说,认知传播学可通过对传播和接受认知行为的定向分解、静态剖析、局部研究,在多屏理念引导下,从而更好地活跃传播思维,创新传播方式,丰富传播内容,优化传播效果;而将认知科学用于大众传播中传播主体、接受主体、传播行为、传播内容、传播过程等的研究,以动态视野把握传播流程中的认知反映,也有利于客观把握传播者、接受者的心理机制,有利于优化传播内容,最大可能地提高传播效果。同时,丰富认知科学与传播学的研究内容,增强认知科学与传播学的针对性,减少了认知科学、传播学研究的盲目性。

如果说使命的话，认知传播学的确立虽有借鉴西方研究成果的契机，但追随全球化的研究浪潮，缩短与西方研究的距离，并结合我国国情和民情进行认知化的传播或传播中的认知研究都是有益的。如果从使命来说，无论是认知科学还是传播学，均起源于西方的研究，但是认知传播学这样的学科称谓是具有中国特色的，故其必然而且必须成为具有中国学理内涵，融合西方理论，立足中国国情的新兴学科，在新一轮的学科浪潮中引领风骚。

本刊记者：既然是作为融合学科，那么认知科学属于新兴学术资源，传播学属于优势学科资源，应该如何协调认知学与传播学两大学科的"内在互动"呢？而在这些非制度性的学科"互动"中最应该重视的又是什么呢？

欧阳：你刚刚也提到了融合，根据我的分析而言，认知传播学的融合可以表现为三个方面所形成的内在互动。第一个方面是符号互动。符号即介质，认知传播学不仅仅区分了介质的类型，而且要分析不同种类的介质在信息承载中的特定规律以及这种内在规制性对于编码和解码可能存在的双向影响。而其中能够承载信息并能肩负起传递任务的介质包含了语言、文字、图片等诸多符号系统，符号的互动是在载体上进行编解码过程的一次分析，也是沟通逻辑、意义等方面的，受众的最直接感官接触，因此，符号是互动式链接认知科学与传播学中的一个基本文本，也是重点分析的介质之一。

第二个方面是方法互动。认知或传播都是极其复杂的信息传播过程，单纯凭借心理学、认知心理学以及传播学是很难将人的参与解释清楚的，需要引入神经科学、统计学，借助科学仪器来观察、统计、分析人在信息采集、选择介质传输、接收以及态度、行为改变概率等一系列流程中潜藏的内在规律。今天，无论是认知科学抑或是传播学，其量化方法的规模运用促使并沟通了两大学科在研究方法上的内在互动。

第三个方面是学科互动。自1975年斯隆基金将哲学、心理学、人类学、神经科学、语言学、计算机科学6大学科整合产生认知科学以来，许多学科与其产生了交集。而传播学的四大奠基人也分别涉猎政治学、心理学、社会学等，传播学的形成也是众多学科汇聚的结果。可见，从两大学科的形成源头就能发现其学科的重叠性与交互性，其形成的"你中有我，我中有你"的学科构成体系，更不用说其融合后将引入语言学、符号学、新闻学等学科理论作为支撑来促进的彼此间学科的互动。

可以说，这三个方面的"内在互动"是两大学科融合的基础，也是融合成认知传播学后能够进行合理化操作、研究与发展的内在动力。这些"互动"中一方面要保证其各自源学科的特色，而另一方面又要保证融合后的稳定性。因此，其具备着逻辑框架的系统性就成为关键，其必须要重视学科知识层次分布、逻辑联系及子系统之间的相互作用、相互制约的关联性，在存在的结构特征中寻找一种完善的学理理性。

认知传播学的关键：学科建构

本刊记者：谢谢欧阳教授的阐述和介绍，让我们对认知传播学有了一个基本的理解。那么，离开学术本身，我也想问问欧阳教授，作为我国广播电视领域的知名学者，您为我国广播电视理论研究和学科建设做出了突出贡献，在广电领域的影响毋庸置疑。但对于学者来说，从传统的广播电视研究到认知传播学研究及学科建设，这是一般意义上的学术转型，还是研究的传承和突破？

欧阳：从我个人的学术生涯来说，无论是广电的基础理论，或是纪录片、电视文化、传媒经营等方面的研究都是共通基础上（新闻传播整体的行业）的一种共识，单纯说传承或者突破都不能完整的概括。而这次我们开拓的认知传播学，从狭义上来说可以看成是学术转型，但从广义上来说，是突破了原有的传媒学科的相关框架，完全从另一种学术体系中寻找思路与逻辑。因此，其更像是对新学科的一种全新的基础搭建与内在逻辑的梳理，对双方学科都是一种突破，甚至可以称为完全基础上的创新。

从学科的发展来看，传播学和认知学深受西方学术范式的影响，而中国对于此类学科正是在现代学术转型的过程中，经历了严密的论证与考察，结合了社会的实际需求，才形成了从知识引进、理论建构、课程搭建，直至进入大学体制才完成了最终的"学科建制"的发展历程。而今天，信息环境的瞬息变化，科技发展的迅猛推进都使得两大学科内部诸多复杂因素的相互关联愈加紧密，产生了诸多的连接，使得我们不得不将其整合来进行分析，而不能再将其简单地看成是独立的学科了。因此，其研究的突破或转型非学者的一己之力可达，更多的是以其知识分类方式的转变、社会需求的增加而促使的学科内部延伸。但幸运的是，认知传播学的建立不再需要像传播学抑或是认知学从知识引入的方面来考虑了，两大源头学科由于知识的导入而逐渐扎根，并已然形成学科之建制。所以，认知传播学现在需要奠定的并非知识基础，而是学科学理基础及受众的观念基础，应当形成一种自觉式的追求。唯有如此，认知传播学才能形成一门真正独立的学科，从而完成真正的研究传承与突破。

本刊记者：如果按照欧阳老师所说，认知传播学是一种全新学科的搭建。符合国际或者中国现行高校的学科建设路线是：确立学科方向—组建研究人员—建立研究基地—扩展学科学位点—人才培养。那么，认知传播学是否也符合这样的建设路径？现在欧阳老师您所领导的团队进行到哪一步了？

欧阳：认知传播学既然我们将它定义为一种学科，它的发展当然符合这样的建制路线。但略有不同的是，我们建构的是具有中国特色的认知传播学。在确立好学科方向之后，我们认真梳理了认知传播学的学理建构。对照一门学科内在学理的三大基础，我们进行了"学科基本理论""学科史论""学科方法论"三个方面的探索，如认知传播学的一些基本概念、本质特征、功能与作用等基本理论的梳理已经成型。学科史论和学科方法论等资料收集与整理也在陆陆续续地进行，在我们已经出版的《认知传播学》论丛和即将出版的书目中你会看到我们的成果。

同时我们也以四川大学为主体，与浙江大学、中国传媒大学、上海交通大学等高校的研究人员互动，形成了学科理论探索、具体方法操作、学科史料整理等齐头并进的趋势。在 2016 年 4 月份即将举行的中国认知传播学第三届年会上，我们将与各大兄弟院校进一步探讨认知传播学的学理建构、研究基地建设、人才培养模式等学科基础任务，并期待有更大的学科突破。

本刊记者：看来，认知传播学这个年轻的学科目前已经站在了新的坐标上了。都说"风物宜长放眼亮"，欧阳老师作为这个学科国内的领军人物，您觉得这个学科目前建设的紧迫感来自哪里？或者说，您目前对这个学科建设最担心的地方在哪里？

欧阳：我们在大量援引西方理论架构认知传播学科框架之时，长期以来理论界存在的以"时代性"来衡量某种思潮或学说的基本标准的价值取向之间存在着一定的一致性，但以更深入而切合中国学科之实际来把握认知传播学学科特性之时，则有必要明白迫于现代性而产生的信息传播媒介压力。学科建构的紧迫感一方面来自内部整个学脉的一种宏观把控，认知传播学几乎是涉及社会学、人类学、心理学、计算机科学等最具有时代性的多重学科的内容研究与课题，是在紧跟时代下的一种融合产物，而另一方面则来自于对外部媒介环境的高度"敏感"，涉及寻求人类传播最基本方法的实践之学。

而从哲学社会科学的本质要求来看，认知传播学科内的"蓝海"尚需学者选取合理化的学科现存制度作为研究证据，选择谋求建构一种"总体性制度"。最担心的地方在于这个学科里最基本的学科建设的系统性，这是整个认知传播学的关键，就是学科建构。只有当学科建构完善了，才能以此来监控对社会实施的合法性，以现代性的认同规范和行为纪律来促成个体认知与传播的自由反思性，从而推进多元领域跨学科交融、互汇，促进新型学科的合理建构与完善。

认知传播学的未来：创新展望

本刊记者：不少成型或者说具有影响力的学科都会面临学术成果转化的问题，欧阳老师如何看待认知传播学的学术研究成果转化问题呢？

欧阳：从衡量一个学科的成熟角度来说，学术研究成果的转化是体现其社会性的条件之一，也就是学科知识对社会需要及社会对学科成立所需要资源的满足程度。不可否认的是，心理学、传播学的社会建制是非常完善的，各个学校或学院的系科组织都已经逐渐形成完善的学科学位点，并产生了大量的学科从业者，包括理论研究者与实践工作者。认知传播学在这方面尚且薄弱，就目前来说，是达不到像其母体学科一样完善的，但认知传播学往这一方向发展的趋势不会改变。

认知传播学成果转化的趋势表现在三个方面。一是社会性转化。其必然产生对社会有着诸多作用的，并与之息息相关的，具有影响力的观点。如同早年传播学对于整体社会的影响一样，"议程设置""沉默螺旋""知识沟""有限效果"等观点的提出，为当时的社会脉搏进行了望闻问切，对整个社会产生过深远的影响。二是学术性转化。社会使命的实现程度与学术使命自觉程度紧密相连。认知传播学集合着两大前沿性学科，其必然需要更新现有的人类知识库存，也必然需要突破人类现有的知识边界，新的史料需要挖掘，新的思潮需要分析，新的理论需要搭建，其将成为巨大的"学术蓝海"，从而承担起独有的学术使命。三是教育性转化。学科的建构与现代教育有着深刻的渊源，其本质上是一种新的思想启蒙，因此认知传播学必然承担着教育的使命。换言之，认知传播学承担着人才培养的成果转化，我们期待教育或培养出具有着对认知方面深刻了解的、兼具传播能力的诸多实践或理论人才，他们将为社会的发展做出属于他们的贡献。

本刊记者：欧阳老师反复提及认知传播学的前沿特征。结合社会情况来说，在刚刚结束的"两会"上，国家将"脑科学与类脑研究"列为重点发展的100个项目之一。而且世界各国都已经将脑科学研究上升至国家战略上了。那么，与此紧密相关的认知传播学的建设会在这一系列的"脑研究"中承担什么样的角色呢？

欧阳：对于人类来说，大脑始终如同"黑箱"，无论知识如何的扩充，其永远蕴含着宗教和哲学的"不可知论"，其科学的探索永远受阻于一个不确定性的界限。传播学中，研究者只能徘徊于种种效果的外延去考察意识形态的符号、影响、反馈、效果等，却无法精确地探查到人类的源意识及内在动力。因此，当认知传播以高度的实践性进入彼此领域时，可一定程度上破除传播学固有效果考察的局限，以符合神经、生物及人类的"脑动力"研究去对既有的传播效果进行修正，从而有助于理论框架的延展与实践层面的作用。如通过微观符号、特定人群、传媒载体的认知定位与分析，传媒可以更加有效地运用于现实的传播实践过程，对提升传播者的素质、优化传播内容、求得最佳传播效果具有积极的推动作用。

同时认知传播学将革新与推进认知与传播的效果实践的体系构造，通过合理的逻辑框架来促生与拓展研究"盲区"，带来新的突破与运用。如在科技领域以人为核心建构的智能体系将会将人类的需求、情感、信仰、态度和价值观等多重概念渗入到新的机器人中，从理论及工程的角度来揭示大脑的认知与如何有效地与人类传播沟通，从而以另一种视角突破今天人工智能研究的瓶颈。可以说，科学是除最原始文化以外的所有知识体系的基本建构，而不完整的科学理解边界正在不断地扩充，认知传播学更为核心的实践特征将会在多重领域的深层建构中愈加明显地呈现。

本刊记者：谢谢欧阳教授的作答让我们明确了中国认知传播学学科建设的理论预设与核心的关键。看来关注和解决中国传播实际问题、中国传媒事业和传媒产业重大问题，确实需要制定切合中国需求的上层设计和操作规划。那么，欧阳老师能具体谈谈认知传播学这门学科下一步的建构思路和时间表吗？

欧阳：短期来说，我们今天已经梳理并确定了认知传播学中的一些基本概念、本质特征、功能与作用等"学科基本理论"，我们下一步将会重点进行"学科史论"及"学科方法论"的梳理与研究，这些成果都将呈现在预计6月份出版的中国第一部关于认知传播学的学术著作——《认知传播学》中。同时，我们也在积极筹备即将在绍兴举行的中国第3届认知传播学年会，在年会上将与来自中国诸多著名高校的教授、博导们共同探讨认知传播学下一步的发展及建构思路。

长期来说，我预计在3年之内搭建成完整的认知传播学学科框架，并争取申报国家级社科基金项目或教育部项目，完成相关的学科点的筹备以及目前国内首批研究认知传播学的博士们（约有10个）的论文指导，为进一步促进认知传播学成为显学而努力。

（载《编辑之友》2016年第6期）

论当下乡土纪录片的认知传播作用与缺失

　　随着现代文明的高度发展，现代人对乡村的印象似乎已随城市化进程的加快而渐渐模糊和淡忘了。工业文明给城市带来的优越物质生活条件，让乡村的人向往外面的城市，而在许多城里人的眼中，农村似乎永远与那些贫困落后的字眼相联系，或许仅有那一丝叫乡愁的情绪还萦绕心间挥之不去。这样的认知是片面的，事实上农村的发展与城市的发展息息相关，中国要美，农村必须美。正因如此，我们在现代传媒高速发展的今天，需要充分利用多样的文化传播平台，优秀的传媒人才资源以及先进的媒介制作技术，将我国现代农村的新面貌新成就，特别是在当下新农村建设过程中还存在的问题真实全面地反映和传播出来，以此增进人们对乡村的认知和理解，共同推进乡村现代化建设的步伐。"而传播价值最大化的实现并不能仅仅依赖于流行抑或受众导引，而是要从本源上进行传播价值的思索，将传播现象分解为符号阐释或者受众认知机制，更加细化地找寻优质传播的规律，在上升为理论原理之后实现移植应用，最终提升传播效果。"① 在众多的传媒载体中，纪录片有着不可替代的重要作用。从认知传播的角度出发，纪录片这种以真实生活为创作素材，以真人真事为表现对象，并用真实引发人们的认知与思考的电影或电视艺术形式，在乡愁文化、新农村建设中承担着重要的传播使命。近年央视推出的《记住乡愁》《美丽乡村》等乡土纪录片，以乡土文化符号为载体，旨在认知传播传统文化，弘扬社会主义核心价值观，铸乡村文化之魂，符合当下促进新农村建设与美丽乡村建设的时代议题，赢得了广大受众的好评。但因其内容侧重不同，宣传价值取向不同，以及所涉面还不够全面，对乡愁文化的认知和新农村建设的反映存在一定的局限。本文就当下乡土纪录片的历史使命、传播效果及某些纪录片的局限问题与改进思路谈以下一些看法。

乡土历史与现实的认知传播——历史赋予纪录片的时代使命

　　纪录片这种兼具新闻性与艺术性的电影或电视，因其快捷的时效性、客观的真实性与生动的形象性，以及重要的文献史料价值的影像传播形式，受到广大观

---

① 欧阳宏生：《认知传播学科的学理建构》，载《现代传播》，2015 年第 2 期。

众的喜爱。不同时期的纪录片往往成为把握时代脉搏，引发人们关注和思考的以国家大事和人民生活为叙事主体的重要载体。

仅就我国反映农村发展的纪录片来看，20 世纪 60 年代的纪录片《学大寨》在全国产生了广泛的影响。这部纪录片反映了大寨人为改变贫穷落后的面貌，艰苦奋斗，治山治水，在七沟八梁一面坡上建设了层层梯田，并通过艰巨劳动引水浇地，改变了靠天吃饭，解决了当地农民的温饱并为国家做出了贡献的经历。大寨这个小山村能在中国家喻户晓甚至在国外也产生了强烈的影响，这是和纪录片的宣传分不开的。据统计，20 世纪六七十年代 20 多年里，国内外前来大寨参观学习的人数达 1000 万人次。20 世纪 70 年代的纪录片《红旗渠》，真实记录了林州人民发扬"自力更生，艰苦创业，团结协作，无私奉献"的精神，苦战十个春秋，仅仅靠着一锤、一铲，两只手，在太行山悬崖峭壁上修成了全长 1500 公里的红旗渠，结束了十年九旱、水贵如油的苦难历史。1974 年，新中国参加联合国大会时，放映的第一部电影就是纪录片《红旗渠》。红旗渠被称为世界水利第八大奇迹，每年吸引着数百万中外游客。红旗渠的时代影响，也是和纪录片的宣传分不开的。

21 世纪以来党中央十分重视三农问题和新农村的建设。围绕新农村建设，央视和一些地方电视台拍摄的以三农为题材的纪录片，以全国农业改革过程中的重要问题、个别地区或个别农户在构建现代农业体系中的先行者事迹和经验为题材，拍出了在全国产生广泛影响的一批纪录片，如反映新时代中国农村发生的历史变革的《皇粮国税》《守望土地》《乡村里的中国》；反映"三农"问题所取得的成功经验，各地农民走上致富之路，展现农村生活新画卷的如《花仙子传奇》《葱王》《钢琴萝》，以及《农民新天堂》等；反映农村生态环境问题的如《消逝的水乡》《最后的梯田部落》等；反映农民工领薪难、子女上学难、生活艰辛等问题的如《农民工》《进城》《归途列车》等。这些纪录片及时记录宣传了各地农村改革的新问题、新举措和新成就，树立了建设农村改革多方面的榜样，极大地鼓舞和推动了农业的发展和新农村的建设。同时也对中国乡村存在的问题给予了关注和记录，为各级政府更好解决三农问题提供了决策的参考依据，也让广大民众更全面地认知农村现状和关心农民的生活条件改善问题。

党的十六届五中全会上提出了"建设社会主义新农村是我国现代化进程中的重大历史任务"。2013 年 12 月习总书记又在中央农村工作会议上指出："小康不小康，关键看老乡。一定要看到，农业还是'四化同步'的短腿，农村还是全面建成小康社会的短板。"十八大以来，我国大力推进美丽乡村建设，在增加农业投入、促进农民增收、改善农村环境、大力推进乡村精神文明建设上做了许多努力。

当下新农村建设和美丽乡村建设无疑成为大众媒介的主要议题，也是纪录片的重要题材。伴随着中央不断强调建设社会主义新农村，尤其是十八大以来党中央提出推动美丽乡村建设，习总书记提出"中国要美，农村必须要美"。这给我国传媒提出了新的重要任务和宣传目标。为认真贯彻落实党的十八大和习近平总书记系列重要讲话精神，认真汲取中华优秀传统文化的思想精华和道德精髓，增强文化自信，推进社会主义核心价值观建设，在中宣部等部委的直接推动和大力支持下，国家一系列关于历史文化传承的乡土文化纪录片相继问世。此类纪录片的内容与题材以及认知传播途径，怎样才能与当下关于乡村建设的时代背景与认知传播意图相契合是我们探索研究的关键所在，也是此类纪录片的史料价值、新闻价值、艺术审美价值和传播有效性的高度体现。

以乡土历史与现实面貌为题材的纪录片，是当前大众传播记录时代、引领时代、传承文化等主要功能的重要载体，我们应充分认识到，对美丽乡村建设的大力传播，正是历史赋予纪录片的时代使命。

当下乡土纪录片的传播内容与效果

近年来反映乡土文化和新农村建设成就的纪录片高度重视继承优秀传统文化，挖掘优秀传统文化的资源。影视纪录者用历史与现实的镜头让观众在回望家乡土地的同时，记取土地背后的文化价值，反观民族文明史的发展历程。通过纪录片阐释乡村文化符号的目的在于使受众认知并生发出那种对乡村文化和乡村状态的强烈情感，去亲近农村、接受农村，为改变农民的整体命运而做出力所能及的分忧与担当。

央视推出的系列乡土纪录片《记住乡愁》《美丽乡村》，对宣传乡土文化与新农村建设的传播内容和形式进行了探索，体现出对乡村的人文关怀，做出了很好的榜样。长达100集的大型纪录片《记住乡愁》因聚焦优秀传统文化而引发社会热烈反响，全国不少专家学者对纪录片《记住乡愁》给予高度评价，广大观众也普遍称赞。该纪录片以"关注古老村落状态，讲述中国乡土故事，重温世代相传祖训，寻找传统文化基因"为宗旨，展现传统村落优美和谐的自然环境与人文景观，梳理传统村落的历史发展脉络，通过传承千百年的村规民约、家风祖训，找寻、探索民族文化的精髓，深入挖掘和阐述中华优秀传统文化讲仁爱、重民本、守诚信、崇正义、尚和谐、求大同的时代价值。纪录片选取100个以上的传统村落进行实地走访拍摄，一集展现一个村落，围绕"忠孝勤俭廉，仁义礼智信"等中华民族传统美德的传承，生动地讲述了一个个感人的古今故事。在《哈南村》中，展示了朱氏祖先"精忠报国"的传统，朱氏后人把"忠勇传家"作为家规祖训写进族谱。祖先倡导什么，儿孙就做什么，这让哈南村古代忠臣辈出。尤其让人感动的是，新中国成立至今有51人参军，他们选择最艰苦的地方去从军，选择最艰苦的地方去建设。回到村里，他们又用守卫边疆的精神守卫家乡环境。现在，古老村庄夜不闭户、路不拾遗，邻里之间待人真诚。每天的闲暇时分，村民都爱到城楼下休息，交心谈天，共同享受恬静的乡村生活。在《白鹭村》中，"积善成德"正是白鹭人家族能够繁衍 800 多年依然人丁兴旺、长盛不衰的奥秘之所在。虽然这个客家古村经济并不发达，但是生活在这里的人们却过得安宁而幸福。从新中国成立以来，60 多年间，村里从来没有出现过违法乱纪的事件，而这一切都得益于钟氏先人留下的家规祖训。

纪录片的认知传播内容并非来自空洞的概念，而是来自社会现实生活。"任何纪录片，不管其目的如何，都是倾向于表现现实的。"①《记住乡愁》取材于农村的现实，通过梳理中国传统村落世代遵循的行为道德规范和传承千年的家风家规，讲述传统村落的文明故事，挖掘中华民族传统文化基因，感染和激励当代人深入践行社会主义核心价值观。社会学家认为，乡村中的传统文化习俗蕴含着强大的道德力量，传统古村落留下了许多社会治理、国家治理的宝贵智慧和经验，对于当代社会来说具有非常重要的现实意义。《记住乡愁》中的传统文化基因在广大乡村的土地上，已经化为人们的思维方式、生活方式、工作方式。不管走多远，人们总会心系故乡。正如担任《记住乡愁》文字统筹的作家郭文斌所说："记住乡愁，就是记住社稷。记住乡愁，就是记住祖宗。记住乡愁，就是记住恩情。记住乡愁，就是记住根本。记住乡愁，就是记住春天。"②《记住乡愁》每集纪录片既是一个个小村庄历史的缩影，又是中华大地沧桑巨变的缩影，不同地域的村庄以小见大地丰富了美丽乡村的内涵，集中地体现了浓浓的乡情和中国梦的现实连接。纪录片开启的视野及其思想的拓展，是要让新农村建设与宣传都要遵循记得住乡愁的原则，让受众关注新农村建设的主要议题：新农村建设要保护好自然环境、村落格局、民居和乡村要素以及非物质文化；加强农业科技含量与改变落后的生产方式，提高农民收入与改善生活环境；新农村建设要与城镇化协调发展，让乡愁与现代化相容共生。

为了拓展新农村建设的题材，体现美丽乡村的不同特色，央视在 2015 年国庆节开播的十集纪录片《美丽乡村》，则以地域分布为特色对乡村的历史文化和农民的生存现状进行了宣传，记录了当代中国各个地区具有一定代表性的乡村和乡村人的生活，客观地讲述了乡村和乡村人的真人真事，反映了不同的地理地貌和人文条件造就了不同的乡村生活，为历史保存了一份非常珍贵的影像纪录。这部纪录片中所有的乡村，都保留着祖祖辈辈的生活环境和淳朴的乡风民俗。我们可以看到这些乡村与现代城市相比还很落后，以及乡村生活的艰辛与平淡，但同时也看到了现代文明对乡村的影响，乡村正在悄然发生的变化。乡村人们在历史变革中表现出的智慧与才能、勤劳与坚韧，使乡村在历史沧桑的变迁中，蕴藏着

---

① ［德］齐格弗里德·克拉考尔：《电影的本性——物质现实的复原》，中国电影出版社，1982 年版，第 255 页。

② 郭文斌：《记住乡愁，就是记住春天》，人民网，2015 年 1 月 8 日。

无尽生命力。

铁路的修通让高原不再遥远，以放牧为生的牧民罗琼一家，开办运输合作社，将高原特产销售到全国甚至海外。随着旅游业的发展，三亚渔民李城汉，改变了以打鱼为生的传统生活方式，成了一名潜水教练。岭南水乡的今天，村落高度城镇化，除传统的鱼类养殖，村民们纷纷办厂。黄土高原深处魏塔村村民蒋明放的"艺术之家"家庭客栈，接待前来摄影写生的客人，不仅增加了收入，还受到外来艺术文化的熏染。大学毕业的张玉涛返回故乡吉林长白山建设林场，对黑土地的记忆，让人们的乡情一如既往。浙江南浔区里村的顾明琪与家人仍在养蚕，不想让养蚕的技艺失传。宁夏南长滩村的拓守宏坚持制作羊皮筏子摆渡黄河，他们和许多乡亲的脚步还没迈进现代生活。黄土高原中市村小学生圆圆的父母外出务工，他与妹妹成为留守儿童，与伯父相依为命，互相关爱。无论他们现在的处境如何，他们都保持着热爱家乡、勤劳善良的美德与艰苦创业的精神。

《美丽乡村》在富有民族特色的传统文化中发掘着美丽的内涵，记录人走遍祖国的东西南北，记录了各民族民俗活动与技艺中蕴藏的乡愁。秭归每年组织龙舟赛，只要家乡龙舟队召唤，远方打工的秭归人都会赶回来参加每年端午的龙舟赛。广东上西村每年清明节，都要举行隆重的祭祖仪式，远方的游子会赶回家乡，与族人们一起祭拜祖先。希望当代的城市人能够从乡村之外回望乡村，从而思考历史变迁中美丽乡村的命运。23岁藏族小伙普布次旦选择陪在父母身边，继承了藏戏表演。克什克腾旗的那僧吉亚为退休后制作传统的蒙古牛角弓，传承了蒙古人喜爱的手艺活。贵州小黄村侗寨的孩子们传唱着拥有两千年历史的侗族大歌《春蝉歌》，所有的乡情美德都融入了孩子的心中，在他们幼小的心里深深烙下了故乡的记忆，他们的明天是父辈的期待，也是中国乡村美好未来的期待。

通过这部纪录片，我们看到即使在新农村现代化建设的进程中，传统文化依然影响着许多乡村人的生活方式，并使他们对家乡保持着深厚的感情。中国近几十年的现代化建设，已经使很多城市变得繁华。这些城市，成为很多乡村孩子憧憬的乐土，也吸引着许多乡村人背井离乡寻找梦想。乡村，是所有乡村人的家园，也曾经是所有城市人和他们祖先的家园。有了刻骨铭心的乡愁，我们就不会忘本。在相当长的历史阶段内，我国依然会有大量的农民在乡村生活，我们必须注重美丽乡村的建设，尽快缩小乡村与城市的差别，使所有乡村变得富有和美丽，这样才能让乡村人在自己的家乡过着幸福快乐的生活。

还值得一提的是，2013年1月初至今在中央电视台第七套农业频道每晚播出的《美丽中国——乡村行》，它虽然是公益性的"乡村旅游"服务节目，但它反映的真实内容，却让该节目具有纪录片的性质。该节目以"传播生态文明，建设美丽中国"为宗旨，选取全国各地秀美乡村，突出"乡村旅游、生态文明"的观念，通过外景主持人和美丽乡村体验员的亲身体验，生动形象而有趣地展现中国乡村的生态美景、健康美食及农副产品，全景式描绘中国乡村旅游画卷，推介最有特色的乡村旅游资源，让广大观众领略中国乡村的自然之美、人文之美。该系列节目对新农村的建设与《记住乡愁》《美丽乡村》等纪录片同样起到了积极的推动作用，在全国的观众中也获得了好评。

当下乡土纪录片的某些局限及拓展思路

美丽乡村建设的目标是让农村具有现代物质文明与精神文明的高标生态，让人们"望得见山，看得见水，记得住乡愁"。纪录片这种集新闻价值与艺术价值于一体的媒介作品，在传播内容与形式上都能很好地满足美丽乡村文化符号的认知传播。近年来我国紧紧围绕美丽乡村建设，以人民群众喜闻乐见的内容和方式制作了各种专题的纪录片，体现党和国家关于"三农"的方针政策的落实，充分发挥了大众媒介的舆论引导、社会监督以及文化传承等功能。然而，如果从此类纪录片总体效果考量的话，一些影片并不完全符合国家新农村建设的整体意图，也未能满足农民大众的实际所需，没有实现认知传播效果的最大化。"目前我国纪录片创作中最为人诟病的就是不能深度卷入现实，缺少对当今社会主流的关注成为纪录片的时弊。"① 一些乡土纪录片存在着内容和认识的局限，如有的偏重于传统美德与传统文化的展现，而缺乏对现代理想和价值观念的反映；有的充分表现传统民俗和原始手工艺，而缺乏对农村现代生活方式和生产方式的引导；有的注重外在的青山绿水和人居环境的展示，而对当地的落后观念和陈规陋习却未客观反映。我们不难看到，一些纪录片在反映乡村美丽的同时，却掩饰了亟待改进的问题，这就很难全面真实地反映出带普遍性的农村问题，也难以让人们对农村现实有一个客观的认知。张振华教授曾指出："中国这些年确实发生了很大的变化，但是发展中有问题，问题中有发展，这才是一个真实的中国。因此，在全球化语境下的中国纪录片有关中国发展的报道，我认为既要讲发展，也要讲挑战。这样，不仅可以给国人和世人提供一个真实的中国影像，而且可以提升我们纪录片的公信力和传播效力。"② 这样的意见对于我们拍好新农村建设题材的纪录片无疑是有指导作用的。

作为有历史责任感的记录人，对农村存在的现实问题应有充分的认知。就中国农村的整体情况来看，三十多年来的改革取得了巨大的成就，但农业产业结构还不尽合理，农副产品的市场机制还不完善；农业发展规模化、机械化、集约化程度偏低、生态循环发展不足；特别在一些资源匮乏、建设基础薄弱的地区，产业支撑非常乏力，农民增收困难；农村的教育质量和文化水平偏低，缺乏智力型劳动者；农村环境污染形势依然严峻，治理工作开展困难；由于大量农村劳动力

① 欧阳宏生：《西部纪录片：光荣、迷茫与梦想》，载《当代电视》，2005年第3期。
② 张振华：《关于纪录片创作生产的六点建议》，载《中国广播电视学刊》，2009年第4期。

的外流，还没有形成以农民为主体、其他社会力量广泛参与乡村建设的良好局面。到 2020 年农村同步进入小康，农村贫困人口实现脱贫，建设任务依然艰巨。正因为如此，中共中央政治局在近期制定的《关于打赢脱贫攻坚战的决定》中要求，到 2020 年确保我国现行标准下的农村贫困人口实现脱贫，贫困县全部摘帽，解决区域性整体贫困。通过产业扶持、转移就业、易地搬迁、教育支持、医疗救助等措施解决 5000 万左右贫困人口脱贫，完全或部分丧失劳动能力的 2000 多万人口全部纳入农村低保制度覆盖范围，实行社保政策兜底脱贫。要加强贫困地区基础设施建设，加快破除发展瓶颈制约，重点支持革命老区、民族地区、边疆地区、连片特困地区脱贫攻坚。要强化政策保障，健全脱贫攻坚支撑体系，加大财政扶贫投入力度，确保政府扶贫投入力度与脱贫攻坚任务相适应。要加大金融扶贫力度，鼓励和引导各类金融机构加大对扶贫开发的金融支持。要广泛动员全社会力量，合力推进脱贫攻坚，健全东西部扶贫协作机制、定点扶贫机制和社会力量参与机制。要振奋贫困地区广大干部群众精神，坚定改变贫困落后面貌的信心和决心。这些正是我国纪录片要为农村"打赢脱贫攻坚战"发挥宣传作用的重要使命。新农村的建设任重而道远，纪录片的使命也同样是任重而道远。为推进新农村的建设，必须与党中央的认识保持高度一致，全面客观地看待农村目前存在的问题。记录人不仅要以记录的方式，更需要以思考的方式来为解决这些问题提供有益的思路，充分体现出纪录片的纪实风格和担当精神。

在以纪录片推进美丽乡村建设的宣传中，我们应当明确乡村发展的根本目的是从总体上满足人们的物质与精神生活需要。关于美丽乡村的传播更在于一种思想观念的传播，实现精神与情感的共鸣，以美丽乡村建设的理想再造乡村之魂，实实在在地全面推动乡村加快迈向小康的步伐。所以，作为大众传播媒介的纪录片要促进美丽乡村的建设，必须让乡村人、城市人都能正确认知乡村的前世今生，认同千百年来不变的乡愁情节就是华夏民族生存与发展的动力源泉。在美丽乡村建设中，社会动员力显得尤其重要，一切媒介的传播无疑需要围绕怎样吸引人们关注乡村、理解乡村、热爱乡村、建设乡村，留住我们的精神家园，才能调动更多的力量参与到美丽乡村的建设中来。时代的进步是必然的，城市化让乡村逐渐成为记忆，但重要的是记忆中产生的精神凝聚的力量。无论现代生活内容和方式怎样改变，那些源自根本的乡愁基因不会改变，留下一份乡土乡亲的记忆，才能保有艰苦创业自强不息的精神。通过纪录片对农村现代化进程的展现和认知，人们可以在历史与现实的融汇中感受社会发展的规律和人类进化的自然规律，懂得人与社会、人与自然、人与人的和谐相处，这是纪录片传播的目的和价值所在。

要让纪录片担负起美丽乡村建设赋予的认知传播使命，这就需要记录人具备时代的担当精神和文化自觉。从传播实践的价值来看，乡村题材纪录片，作为乡村文化符号的集体呈现，从单一的个体化叙事到整体的一体化呈现，能反映民族精神特质的符号选取，探寻符号与符号之间的内在逻辑与关联，以及受众对此类纪录片从感知到认知再到接受的转变。在当前建设美丽乡村的语境下，纪录片的时代价值体现在以影像化语言记录乡村现实、阐释乡村文化，让那些置身于乡村却并不能真正理解乡村或那些随城市化行进已渐渐远离乡村的人群，认知乡村的过去、现在甚至未来。遵循文化心理、构建共同的精神家园，怎样帮助人们正确认知乡村及其文化，改变人们过去片面的乡村印象感知，纪录片这种集真实客观和艺术创造于一体的文化符号传播载体无疑成了大众媒介促进美丽乡村建设的重要宣传途径之一。对当下的中国社会和认知传播学界而言，如何利用政策本身，结合媒介传播的功能和力量，设计更多有效促进美丽乡村建设与发展的模式，才是亟待解决的现实与学术命题。

（载《现代传播》2016 年第 1 期）

附　录

附录一：欧阳宏生教授主要著作年表

著作名称	出版社	出版时间
新闻学论集	四川人民出版社	1988 年 6 月
新闻写作学概论	中国国际广播出版社	1992 年 6 月
电视批评论	中国广播电视出版社	2000 年 6 月
广播电视学导论	四川大学出版社	2002 年 6 月
纪录片概论	四川大学出版社	2004 年 6 月
电视批评学	四川大学出版社	2005 年 12 月
电视文化学	四川大学出版社	2006 年 6 月
电视传播核心价值论	北京大学出版社	2009 年 12 月
中国电视批评史	北京大学出版社	2010 年 5 月
电视艺术学	北京大学出版社	2011 年 12 月
21 世纪中国电视文化建构	四川大学出版社	2011 年 11 月
广播电视概论	北京大学出版社	2012 年 5 月
电视文艺学	陕西师范大学出版社	2012 年 12 月
综艺节目版权研究	中国广播电影电视出版社	2015 年 12 月
理念·范式·方法 ——传媒研究方法论	四川大学出版社	2016 年 6 月
互联网时代媒介研究的坚守与创新	四川大学出版社	2016 年 12 月

另外主编、参编著作 10 多部

附录二：欧阳宏生教授主要论文统计
（2001 年 5 月—2016 年 9 月）

（期刊名后标有"C"为 CSSCI 来源期刊，标有"核"为核心期刊）

2001 年：

对中国电视批评的批评　电视研究（C）　2001 年第 9 期
电视传播优势的发挥　中国广播电视学刊（C）　2001 年第 9 期
中国电视批评的发展　中国广播电视学刊（C）　2001 年第 11 期
传播先进文化是中国　中国广播电视学刊（C）　2001 年第 12 期
电视的责任

2002 年：

中国电视批评的四个阶段　现代传播（C）　2002 年第 1 期，人大复印资料
转载
论中国电视批评的正确方向　当代电视（核）　2002 年第 5 期
用创新理念关注现实与未来　电视研究（C）　2002 年第 5 期
论中国电视批评的性质与任务　电视研究（C）　2002 年第 7 期
论中国电视先进文化　当代电视（核）　2002 年第 9 期
实现纪录片创作的可持续发展　电视研究（C）　2002 年第 10 期
论中国电视批评的科学立场　当代电视（核）　2002 年第 11 期
树立鲜明的人民群众利益观　电视研究（C）　2002 年第 12 期

2003 年：

电视批评：社会学研究方法　新闻传播研究　2003 年第 1 期
2002：中国电视理论研究述评　电视研究（C）　2003 年第 3 期
电视批评：影响比较研究　现代传播（C）　2003 年第 3 期
走出电视纪录片创作的低谷　新闻界（C）　2003 年第 6 期
我国报业研究的一项可喜成果　新闻战线（C）　2003 年第 7 期

电视批评：端正和指引方向　新闻传播（核）　2003 年第 11 期

逐步走向成熟的中国电视批评　电视研究（C）　2003 年第 11 期

中国电视批评：审思与前瞻　电视研究（C）　2003 年第 12 期

纪录片创作如何寻求突破　中国广播电视学刊（C）　2003 年第 12 期

由电视大国向电视强国迈进　电视研究（C）　2003 年特刊

2004 年：

传媒经济的再发展之路　当代传播（核）　2004 年第 1 期，人大复印资料转载

2003 年中国电视理论研究年度报告　电视研究（C）　2004 年第 2 期，人大复印资料转载

中国电视专题片：遵循个性创作　新闻界（C）　2004 年第 3 期

电视民营制作的必然性和可能性　中国广播电视学刊（C）　2004 年第 5 期

坚持中国电视批评的诚信原则　中国艺术报（理论版）　2004 年第 4 期

邓小平与中国电视新闻传播　电视研究（C）　2004 年第 8 期

坚持中国电视的科学发展观　电视研究（C）　2004 年第 9 期

邓小平与中国电视改革　电视研究（C）　2004 年专辑

2005 年：

说故事：在现象和现实之间　中国电视（C）　2005 年第 1 期

社会制作发展探微中国广播　电视学刊（C）　2005 年第 2 期

混合与重构：媒介文化"球土化"现代传播（C）　2005 年第 2 期

2004：中国电视理论研究综述　电视研究（C）　2005 年第 2 期

中国传媒市场的细分化运作　当代传播　2005 年第 2 期

西部纪录片：光荣、迷茫与梦想　当代电视　2005 年第 3 期

论电视文本的比较研究　成都大学学报　2005 年第 4 期

和谐社会建构与中国电视　电视研究（C）　2005 年第 5 期

市场细分应三位一体　中国广播影视　2005 年第 6 期

论电视文本的结构主义批评　西南民族大学学报　2005 年第 6 期

纪录片多重价值的实现　电视研究（C）　2005 年第 11 期

多样化的题材多元化的风格　电视研究（C）　2005 年第 12 期

2006 年：

充分发挥东西部电视区域传播优势　现代传播（C）　2006 年第 1 期

2005 年中国电视理论研究年度报告　电视研究（C）　2006 年第 2 期

2005 年中国电视剧创作年度报告　中国广播电视学刊（C）　2006 年第

2 期

2005 年中国动画片创作年度报告　中国广播电视学刊（C）　2006 年第
2 期

中国电视文化多元化的文化建构　现代传播（C）　2006 年第 2 期

制播分离分三步走　媒介方法　2006 年第 4 期

论中国电视批评可持续发展　今传媒　2006 年第 5 期

中国电视发展的必然之路　市场观察　2006 年第 5 期

论《新闻调查》的媒介品质　中国广播电视学刊（C）　2006 年第 7 期

中西纪录片审美范型研究　电视研究（C）　2006 年第 11 期

打造电视频道文化品牌　中国广播电视学刊（C）　2006 年第 12 期

2007 年：

多样化的题材·多元化的风格　中国广播电视学刊（C）　2007 年第 1 期

理性追求·深度追问　中国广播电视学刊（C）　2007 年第 1 期

用创新理念影响传媒　西部广播电视　2007 年第 1 期

在求实创新中不断探索　电视研究（C）　2007 年第 2 期

社会与时代的全方位纪录　电视研究（C）　2007 年第 2 期

论中国电视批评理论体系的建立　现代传播（C）　2007 年第 2 期

2007 中国影视传媒教育高峰论坛综述　现代传播（C）　2007 年第 3 期

电视文化：一种大众的消费文化　西南民族大学学报（社科版）（核）
2007 年第 3 期

传媒操守·公信标杆·传播秩序　中国广播影视　2007 年第 5 期

认知与认同：中国电视文化身份　国际新闻界（C）　2007 年第 7 期

高校影视人才培养：多目标追求　西部广播电视　2007 年第 7 期

坚持中国广播产业的可持续发展　中国广播　2007 年第 8 期

21 世纪中国电视批评发展现状研究　中国广播电视学刊（C）　2007 年第
10 期

坚持西部地区广播电视的持续协调发展　中国广播电视学刊（C）　2007 年
第 12 期

2008 年：

建设有中国特色的电视理论体系　现代传播（C）　2008 年第 2 期

2007 年度中国电视理论年度报告　电视研究（C）　2008 年第 3 期

媒介融合与中国广播电视产业创新当代传播（C）　2008 年第 6 期

中国电视文化的多种视角　广西师大学报（C）　2008 年第 8 期

中国电视批评五十年　电视研究（C）　2008 年第 9 期

中国电视批评的史学建构　中国广播电视学刊（C）　2008 年第 11 期

西方电视传播构建社会核心价值的实践　国际新闻界（C）　2008 年第 11 期

2009 年：

中国电视理论研究五十年发展历程　现代传播（C）　2009 年第 2 期

从"七·五事件"报道看媒体的舆论引导　当代传播（C）　2009 年第 5 期

民生新闻的可持续发展　电视研究（C）　2009 年第 10 期

立足节目本体创新成就未来　中国广播　2009 年第 12 期

2008：中国电视新闻报告　西南民族大学学报（人文社会科学版）（C）2009 年第 11 期

大手笔、大情怀、大制作　新闻战线（C）　2009 年第 11 期

2010 年：

电视纪录片：辉煌历程与当代社会的影像记录　中国广播电视学刊　2010 年第 1 期

开拓视野，推动电视理论研究的多元创新　电视研究　2010 年第 1 期

快乐有度、过犹不及——对当前"电视娱乐化"问题的再思考　当代电视 2010 年第 2 期

论电视文化理论体系的建立和完善　西南民族大学学报（人文社会科学版）（C）　2010 年第 3 期

用人物的力量展现时间的力量　电视研究　2010 年第 3 期

影视教育：现状、问题与出路　当代传播（C）　2010 年第 4 期

论电视艺术的学理重构　现代传播（C）　2010 年第 4 期

社会核心价值建构中电视的责任担当与现实境遇　中国广播电视学刊　2010 年第 5 期

打造世博报道的完美记忆　中国广播　2010 年第 7 期

21 世纪以来中国电视批评的若干思考　现代传播（C）　2010 年第 8 期

2011 年：

纪录片：全球视野与民族审美的多元融合　中国广播电视学刊（C）　2011 年第 1 期

近年来我国电视重大报道的若干反思　深圳大学学报（人文社会科学版）（C）　2011 年第 1 期

2010 年中国电视研究关键词解读　电视研究（C）　2011 年第 2 期

日本媒体涉华报道的传播视阈——以《朝日新闻》2010 年 1 月至 9 月报道

为例　重庆邮电大学学报（社会科学版）　2011年第4期

我国电视新闻的人文困境及其出路　媒体时代　2011年第4期

国内电视偶像建构30年——青少年亚文化视域下的一种观照　现代传播（C）　2011年第5期

广电网站盈利模式困境与突破策略　新闻知识　2011年第7期

三网融合背景下的视频产业生存　国际新闻界（C）　2011年第8期

高举迎风飘扬的旗——简析《旗帜》的创作特点　中国电视（记录）　2011年第8期

"好看"文献纪录片的若干创新理念　中国电视（记录）　2011年第8期

论我国电视新闻的人文困境　现代传播（C）　2011年第10期

2012年：

特色化、专业化、类型化——21世纪以来中国城市广播传播理念述评　中国广播　2012年第1期

历史题材电视剧的审美接受范式　中国电视（C）　2012年第1期

动漫产业：由大到强的探路之旅　中国广播电视学刊　2012年第2期

电视剧：创新突破与多元繁荣　中国广播电视学刊　2012年第2期

论中国电视文艺的学理重构　现代传播（C）　2012年第3期

从法兰克福批判到大众文化建构——21世纪中国电视文化研究理念的嬗变和趋向　山西大学学报（哲学社会科学版）（C）　2012年第3期

论电视传播中人文精神的重塑　电视研究　2012年第5期

当代电视剧的农民英雄叙事模式——以《中国地》为例　声屏世界　2012年第5期

当代电视文艺与社会形态　重庆邮电大学学报（社会科学版）　2012年第5期

新世纪电视文艺受众理念的嬗变　西南民族大学学报（人文社会科学版）（C）　2012年第6期

电视批评的进路与精神——兼序《重组话语：新媒体时代的中国电视批评》　新闻研究导刊　2012年第11期

舆论导向与声音传播艺术的统一——第二十二届中国新闻奖广播获奖节目述评　新闻战线　2012年第11期

创新电视新闻主题宣传报道的途径——以央视《走基层·我这十年》系列报道为例　电视研究　2012年第12期

2013年：

论湖北卫视的核心竞争力　媒体时代　2013年第1期

21 世纪中国谍战剧的文化生成　现代传播（C）　2013 年第 1 期

创新新闻报道彰显媒体责任——第二十二届中国新闻奖电视作品评析　电视研究　2013 第 2 期

国家机构改革背景下的省级卫视定位探略　现代视听　2013 年第 2 期

新媒体时代电视批评的进路与精神——兼评《重组话语：新媒体时代的中国电视批评》　新闻界　2013 年第 2 期

论"寓教于乐"——从中国电视娱乐节目泛化说开去　贵州民族大学学报（哲学社会科学版）　2013 年第 3 期

省级卫视专业化定位标准体系设计　新闻爱好者　2013 年第 4 期

"中新体"：文风塑造媒体风骨　新闻战线　2013 年第 4 期

灾难报道：走向更加成熟的中国媒体　新闻战线　2013 年第 5 期

电视新闻的成熟文风什么样？——以第二十二届中国新闻奖电视作品为例　中国记者　2013 年第 7 期

论第二十二届中国新闻奖广播获奖作品的新闻模态　中国广播　2013 年第 8 期；

传媒、公民环境权、生态公民与环境 NGO　西南民族大学学报（人文社会科学版）（C）　2013 年第 9 期

21 世纪以来我国电视剧创作的问题与反思　现代传播（C）　2013 年第 10 期

移动互联网时代的"媒－信产业"及其规制路径　新闻界　2013 年第 22 期

2014 年：

中国电影产业链优化发展策略——基于电影整体产品概念的思考　中州学刊（C）　2014 年第 1 期

论电视综艺节目模式创新　西南民族大学学报（人文社会科学版）（C）　2014 年第 2 期

综艺节目的"盛宴"与隐忧　中国电视（C）　2014 年第 2 期

改革转型增活力电视传播新发展——2013 年中国电视发展研究报告　中国广播电视学刊　2014 年第 2 期

广播类型化：生产机制与文化意指　今传媒　2014 年第 2 期

铁血而悲壮的民族史诗深沉而敬畏的川魂再现——观电视剧《壮士出川》中国电视（C）　2014 年第 3 期

新时期大学生媒介素养教育研究　西华大学学报（哲学社会科学版）　2014 年第 3 期

社会主义核心价值观的大众化传播——基于民生新闻的视角　当代传播（C）　2014 年第 4 期

21 世纪以来我国电视纪录片观念的嬗变　民族艺术研究　2014 年第 4 期

公益性电视真人秀节目的叙事特征与社会价值　电视研究　2014 年第 5 期

媒介批评与广播电视宣传管理　中国广播电视学刊　2014 年第 7 期

民生新闻中的社会主义核心价值观表征——兼评"中国新闻奖"部分获奖作品　新闻战线　2014 年第 7 期

"中国梦"的现世影像表达——论现实题材电视剧创作与"中国梦"的文化机理中国电视（C）　2014 年第 7 期

感性与智性：电视娱乐的文化生产——基于电视娱乐理论和实践的分析　现代传播（C）　2014 年第 10 期

环境互动与声音编码：认知诉求下广播传播的二元分析　中国广播　2014 年第 11 期

2015 年：

多样化的题材·多元化的风格——2014 年中国电视剧创作研究报告　南京艺术学院学报（音乐与表演）　2015 年第 1 期

中国梦视域下的公益传播力——首届"红棉奖"公益大赛论文综述　南方电视学刊　2015 年第 1 期

2014 年中国纪录片热点现象述评　民族艺术研究　2015 年第 1 期

以人本立场感知时代以精品意识传播文化　电视研究　2015 年第 1 期

论社会主义核心价值观在民生新闻中的建构——基于文化深描的视角　新闻知识　2015 年第 1 期

论认知传播学科的学理建构　现代传播（C）　2015 年第 2 期

认知传播：融合视野中多元传播的创新研究与学科建构　西南民族大学学报（人文社会科学版）（C）　2015 年第 3 期

我国电视新闻编辑理念的嬗变与发展　编辑之友（C）　2015 年第 3 期

论近期我国纪录片的精神诉求、品牌打造与传播创新　中国电视（C）2015 年第 3 期

效果研究的新范式：认知传播学——"后媒介"视阈下的学科构建　重庆邮电大学学报（社会科学版）　2015 年第 4 期

网络媒体法律栏目的社会效应与创新前瞻　中国广播电视学刊　2015 年第 5 期

论媒介融合背景下广播经营的创新模式　中国广播　2015 年第 7 期

真人秀节目的本土创新与突破——以央视《叮咯咙咚呛》为例　现代传播（C）　2015 年第 7 期

以社会主义核心价值观升华民生新闻　青年记者　2015 年第 8 期

民族气节的影像再现抗战精神的当代表达——评大型历史文献纪录片《东方

主战场》 电视研究 2015年第12期

论大传媒时代文学创作的泛影视化现象 学习与探索（C） 2015年第12期

2016年：

乡土历史与现实的传播使命——论当下乡土纪录片的认知传播作用与缺失 现代传播（C） 2016年第1期

论互联网时代"广电媒体＋"之融合创新模型的建构 西南民族大学学报（人文社科版）（C） 2016年第1期

论多重视域下认知传播学的本质特性 中州学刊（C） 2016年第1期

2015年中国纪录片热点现象述评 民族艺术研究 2016年第1期

"广播＋"：互联网时代的全媒体整合——2015年中国广播媒介融合年度报告 中国广播 2016年第2期

英雄归来：电视剧《琅琊榜》的文化定位及审美意义 中国电视（C） 2016年第3期

论互联网时代"广播＋"的创新模式 湖南师范大学社会科学学报（C） 2016年第4期

融合视野中认知传播的创新与建构——专访中国认知传播学会会长、四川大学欧阳宏生教授 中国传媒报告 2016年第3期

认知传播视域下的电视批评观 编辑之友（C） 2016年第5期

认知传播学：融合突破、学科建构与创新——专访四川大学新闻传播研究所所长欧阳宏生教授 编辑之友（C） 2016年第6期

认知传播视域下的电视内容生产 中国出版（C） 2016年第10期

意义·范式与建构——认知传播研究的几个关键问题 现代传播（C） 2016年第9期

（2001年5月以前共发表论文43篇。截至2016年5月，欧阳宏生教授共发表论文200多篇，被知网收录181篇，其中CSSCI来源期刊论文115篇。同时，据不完全统计，欧阳宏生教授领衔的四川大学新闻传播研究所团队，15年来发表论文500多篇，其中CSSCI来源期刊200多篇）

附录三：欧阳宏生教授科研项目统计表

中国特色社会主义电视理论　国家社科基金"九五"重点课题　负责人（1998 年）

中国电视产业与经营　部级课题　负责人（1999 年）

电视文化批评研究　中央电视台重点课题　负责人（2000 年）

中国电视发展研究　国家社科基金"十五"重点课题　统稿人之一（2001 年）

区域电视传播研究　部级课题　负责人（2001 年）

中国广播发展现状研究　部级课题　负责人（2001 年）

大型理论文献片《小平与四川》　中央文献研究室　总策划人（2002—2003 年度）

SARS 与传播导向　四川省人民政府社科子课题　负责人（2003 年）

中国纪录片发展现状研究　部级课题　负责人（2003 年）

地方卫视节目研究　部级课题　负责人（2004 年）

中国电视批评理论建设　部级课题　负责人（2005 年）

全球化背景下的中国电视文化研究　部级课题　负责人（2006 年）

电视批评学　国家"十一五"重点规划教材　负责人（2006 年）

纪录片概论　国家"十一五"重点规划教材　负责人（2006 年）

中国当代广播电视学理论建构　广电总局部级重大课题　负责人（2007 年）

中国电视节目评估研究　部级课题　负责人（2007 年）

电视传播与社会主义核心价值的实现　国家社会科学基金项目　负责人（2007 年）

中央电视台品牌战略研究　国家"十一五"重点社科项目　总撰稿人之一（2008 年）

新媒体背景下制播分离的创新路径　中央高校基本科研研究专项项目　负责人（2008 年）

中国电视五十年发展研究　广电总局　部级课题　负责人（2009 年）

综艺节目版权研究　教育部　部级课题　负责人（2012 年）

社会主义核心价值观引领民生新闻的发展走向　国家社科重点课题　负责人（2013 年）

认知传播与后媒介时代传播　中央高校基本科研研究专项项目　负责人（2015 年）

此外，欧阳宏生教授还先后承担了 20 多个横向课题。

附录四：欧阳宏生教授博士生博士学位论文统计
（2002—2016 年按提交论文时间先后排列）

编号	论文名称	字数（万）	学生专业	学生名称
1	历史形态与文化表征	23	文艺与传媒	田义贵（03博）
2	话语选择、理论来源及其文化阐释	23	文艺与传媒	赖黎捷（03博）
3	女性电视叙事研究	24	文艺与传媒	郑大群（03博）
4	大众叙事与精神家园	28	文艺与传媒	梁 英（04博）
5	M6C 系统分析方法及其应用——对传媒经营管理活动的营销学研究	23	文艺与传媒	李宜蓬（02博）
6	中外纪录片创作比较研究	24	文艺与传媒	段 弘（02博）
7	电视新闻传播中的叙事学研究	26	文艺与传媒	欧阳照（04博）
8	奇观社会的文化密码——电视真人秀的游戏规则研究	24	文艺与传媒	李 立（04博）
9	声音历史的观念足迹——中国广播新闻传播观念的演进研究（1949—2009）	23	文艺与传媒	李 静（04博）
10	少儿电视剧人物形象研究——以飞天奖获奖作品为研究个案	23	广播电视文艺学	伍 梅（05博）
11	当代中国生态纪录片研究	25	广播电视文艺学	谭俐莎（05博）
12	电视公共领域中的意见表达——用实证方法批判《面对面》	26	文艺与传媒	胡明川（05博）
13	中国电视知识分子论	28	文艺与传媒	张玉川（05博）

编号	论文名称	字数（万）	学生专业	学生名称
14	儿童本位·游戏精神·故事手法——中国儿童电视（栏目）创作研究	22	广播电视文艺学	曾娅妮（05 博）
15	意见控制、自我表达、他者印象——20世纪 90 年代以来中国城市形象片研究	23	广播电视文艺学	梁婷婷（05 博）
16	电视传媒的政治文化功能	24	文艺与传媒	姚远铭（05 博）
17	从文字到影像——小说的电视剧改编研究	25	广播电视文艺学	毛凌莹（05 博）
18	电视民生新闻的文化研究	23	文艺学	谭筱玲（03 级）
19	话语转向、个性诉求与公正立场——电视体育解说研究	38	文艺与传媒	魏 伟（06 博）
20	民族性格与意识渗透——日本动漫文化生成及影响批评	27	文艺与传媒	龚莉萍（06 博）
21	话语演变及其语境规约——中国电视剧创作理念批评的研究	24	文艺与传媒	熊国荣（06 博）
22	性属、媒介与权力再生产——消费社会背景下电视对男性气质的表征研究	26	文艺与传媒	吕 鹏（06 博）
23	权谋话语、历史镜像及政治批评——中国帝王家族电视剧创作研究	25	广播影视文艺学	刘义军（06 博）
24	电视媒体灾害报道的话语转型	26	新闻学	程 前（07 博）
25	21 世纪中国电视批评发展研究	26	广播影视文艺学	杨状振（07 博）
26	机具视觉性在场对规训权力的再生产	40	文艺与传媒	王安中（07 博）
27	社会分层的媒介镜像——CCTV 新闻频道阶层表征研究	25	新闻学	蒋宁平（07 博）
28	电视与生活政治：一种民主建构的逻辑与路径	25	新闻学	陈佑荣（07 博）
29	中国电视热播剧符号修辞演进批评	24	广播影视文艺学	王立新（07 博）
30	社会镜像、剧旨点睛与意象审美——中国电视剧歌词艺术研究	28	广播电视文艺学	闫 伟（08 博）
31	中国电视娱乐节目受众话语权力研究	25	广播电视文艺学	曾文莉（08 博）

编号	论文名称	字数（万）	学生专业	学生名称
32	中国电视新闻仪式化传播研究	25	新闻学	杨璐（08博）
33	从类型建构到社会建设——电视媒体农民工报道研究	23	新闻学	李镭（08博）
34	中国电视亚洲新闻报道及其战略传播研究	27	新闻学	王瑞林（08博）
35	感性狂欢与审美救赎——21世纪中国电视娱乐传播的文化批评	26	广播电视文艺学	李林荣（05博）
36	观念、体制、话语——1990年代中国电视新闻改革研究的三个视域	24	文艺与传媒	朱天（04博）
37	恐怖事件的电视新闻报道研究	26	新闻学	姚志文（08博）
38	法律的电视艺术再现——以中国当代法律题材电视剧为研究对象	27	广播影视文艺学	陈笑春（06博）
39	媒介融合背景下电视传媒产业市场开发策略研究	25	新闻学	周妍（08博）
40	休闲文化视域下电视休闲功能研究	25	新闻学	李弋（09博）
41	风险社会视域下中国电视新闻传播响应研究	37	新闻学	汤天甜（09博）
42	现代化转型中农村题材电视剧研究	25	广播影视文艺学	秦丽（06博）
43	当代中国电视娱乐价值构建	26	文艺与传媒	杨婧岚（06博）
44	新媒体时代中国电视综艺节目转型研究	25	广播电视文艺学	刘川郁（09博）
45	映射时代年轮的艺术镜像——知青题材电视剧创作与影响研究	27	文艺与传媒	林林（06博）
46	纪录影像与历史再现——史态纪录片研究	28	广播电视文艺学	孙莉（08博）
47	神话：理解中国传统文化的媒介化生存	26	文艺与传媒	晏青（10博）
48	中国电视对农传播当代转型研究	28	新闻学	冉明仙（10博）
49	理解麦克卢汉——当代西方媒介技术哲学研究	35	文艺与传媒	李曦珍（09博）

编号	论文名称	字数（万）	学生专业	学生名称
50	媒介融合背景下广播发展的路径研究	25	新闻学	宋锦燕（09博）
51	21世纪中国谍战剧的话语生产与文化生成	31	广播电视文艺学	李城（10博）
52	区域文化语境中的电视传播研究	30	新闻学	彭华新（10博）
53	阐释学视野下电视文本接受研究	23	新闻学	李鹏（11博）
54	新媒体时代广播文艺的文化生成与变迁	27	文艺与传媒	徐明卿（11博）
55	身体视域下电视体育赛事传播研究	25	新闻学	余艳青（11博）
56	电视受众文化心理与收视行为关系研究	23	新闻学	舒三友（11博）
57	少数民族新闻话语研究	25	新闻学	李欣（12博）
58	新媒体背景下的电视传播理念嬗变	25	新闻学	李朗（12博）
59	20世纪80年代中国广播新闻研究	25	新闻学	弥建立（12博）
60	历史题材电视剧与中华文化价值观构建	25	广播影视文艺学	李茂华（12博）
61	媒介融化背景下中国电视文化身份研究	37	广播电视文艺学	张雯雯（13博）
62	媒介融合语境下我国电视新闻话语的嬗变	20	新闻学	郝飞婷（13博）
63	电视传播与乡村精神家园建构	25	新闻学	戴蔚（13博）
64	21世纪以来女性犯罪议题的媒介呈现——以电视新闻报道为视角	25	新闻学	陈丽丹（13博）
65	中国传统文化电视传播的空间生产理论分析	22	文艺与传媒	李荣（08博）
66	中国电视剧女性形象的生态建构研究	26	广播电视文艺学	谢娟（09博）
67	21世纪中国电视法治传播力研究	20	新闻学	黎微（11博）

编号	论文名称	字数（万）	学生专业	学生名称
68	当代中国家庭伦理剧中女性文化身份的变迁	23	文艺与传媒	陈芊芊（11博）
69	电视参与社会纠纷解决的机理与实践研究	18	新闻学	谭　舒（08博）
70	健康传播视域下我国艾滋病议题的媒体建构研究（1985—2015）	30	新闻学	姜　海（14博）
71	国家话语的影像呈现——央视新闻评论节目的框架分析	25	广播电视学	朱婧雯（14博）
72	认知传播视域下21世纪中国电视科教片发展研究	25	广播电视学	王珏殷（14博）
73	认知传播视域下的纪录片创作研究	25	传播学	战　迪（博士后）
74	认知传播视域下的影视艺术批评	23	传播学	谷　里（博士后）
75	中国纪录片媒介记忆的建构研究		广播电视学	梁湘梓（15博）
76	建国17年中国广播新闻研究		新闻学	王江蓬（15博）
77	电视传播与少数民族非物质文化遗产的传承		广播电视学	胡　畔（15博）
78	中国舆情智库建设研究		传播学	刘必华（博士后）
79	移动互联网时代电视媒体产业的变革与突破		广播电视文艺学	张学勤（博士后）
80	期待理论：影视作品观众接受规律的研究		广播电视文艺学	冯　燕（10博）
81	中外电视剧创作理念比较研究		文艺与传媒	于　飞（06博）
82	未开题		广播电视学	唐希牧（16博）
83	未开题		文艺与传媒	黄晓波（16博）
84	未开题		广播电视学	徐书婕（16博）
85	未开题		广播电视学	杨　威（16博）

注：自 2001 年调入四川大学以来，欧阳教授 15 年共有博士考生 560 多人次，共录取 110 多人，除按个人每年最大限额一共招收了 85 名博士生（后）外，其他同学调剂给另外导师。同时还招收了陈文辉、胡劲涛、罗晓萍、石本秀、郭五林等 20 多位博士生班学员及访问学者，招收了 42 名硕士生。上表中部分论文在本书出版时尚未开题或尚未写完，故未填论文名称及字数。

后　记

　　到四川大学已有 16 个年头，其间出版了一系列关于传媒专业方面的著作。在出版这些著作时没有想过要请人写个序言，以从各方面对著作给予评析肯定。这部名曰《互联网时代传媒研究的坚守与创新》的论文集，与五年前《21 世纪中国电视文化建构》实为姊妹篇。前者是调入四川大学十年来所发表的论文集，后者是近五年来所发表的论文集（部分论文是同弟子合作发表）。这几年也正是互联网发展最迅猛的时期，媒介技术所带来的变化是革命性的，这也正是这几年我所思考的主题。所以给这部论文集起了个显得有几分空洞的书名。

　　长途跋涉后希望放缓脚步再回头望望，在经历了 30 余年学术生涯后，给自己留下了什么样的记忆呢？于是，想到请人为这部论文集或这几十年学术生涯做一个客观评介。胡智锋教授同我有 20 多年学术交情，20 世纪 90 年代中期，我们共同为建构中国特色社会主义电视理论合作努力，其学术造诣、学术品格在学术界有口皆碑。多年来，他对我及四川大学学术研究和学科建设给予了大力的支持和无私的帮助。特别是作为中国高校影视学会会长的这些年，在学会这个团结和谐的领导班子里，作为最年轻的会长，胡智锋作风民主，以其博学而宽阔的胸怀和出色的人格魅力团结学会一班人，为我国广播影视学科建设和全国学术团队的培养和建设做出了不懈努力，并取得突出的成就，得到国家的认可以及全国业界和学界的一致认同。智锋的序言为本论文集的出版增光添彩，文中不乏中肯的评价，权当是鼓励；其过誉之词，亦当为鞭策。

　　我 20 世纪 80 年代初开始在媒体工作，尽管做学术研究很执着，但是是业余的；90 年代中后期在中央电视台从事理论研究，但本质还是一个媒体人。21 世纪初调入四川大学，开始真正成为一名学者。这应该是我人生最为充实、最有成就感的 16 年，用人们的话讲：成功实现了人生的学术转型。现在回忆起来，颇有几分欣慰！

　　教学、科研和人才培养，这是每位高校教师都要面对的日常性工作。2001年下半年，我开始给硕士研究生和本科生开课，第二年给博士生上课，并开始招收博士生。以后基本以博士生教学为主，2004 年后没有再给硕士生上课。除了坚持领衔给本科生开设《广播电视学导论》之外，这期间先后给博士生开设了《现代传媒研究》《传媒文化研究》《广播影视文艺学研究》《传媒研究方法研究》

《广播电视史论研究》《广播电视新闻研究》等课程，常年保持在每学期 2 门课程。博士生课程如何上，不同学校、不同专业、不同导师是不相同的。通过探索和研究，我确定了给博士生上课的基本模式。根据培养目标和培养方法，首先给课程做好明确定位，开出部分必读书目，围绕课程研究的基础理论、专业理论以及热点难点问题，提出 30 多个研究选题，这些选题体现出课程专题研究的系统性、探索性、学术性、前沿性特征。在知识传播、深化研究的过程中，教给学生研究问题的方法，并不断地优化。有人认为，本科生教师讲授占 8 成，硕士研究生占 5 成，博士生占 3 成。针对博士生课程，教师主要围绕课程定位讲一些带有前沿性和探索性的观点。围绕课堂互动，学生做主题发言，老师评析，重点在研究方法上给予指导。16 年来，我几乎都按照这个模式，认真上好每一堂课，结果反映不错。作为博士生导师，就学识积累、专业知识储备、方法指导而言，相对学生而言一般还是一桶水与一碗水的关系。

科研对高校老师的重要性不言而喻。我在高校 16 年，科研课题一直处于饱和状态，这给弟子们以丰富的学术训练机会。纵向有国家重点、部级重大、国家一般以及各类省部级课题；横向有中央省市媒体、政府及社会机构等合作课题。这使我们的研究始终结合传媒实践，凸显研究的应用性、理论性、前沿性。从 2001 年开始承担每年一度的中国广播电视年度报告，从理论研究到产业经营、新闻改革、社会教育、纪录片、电视剧、综艺节目等，每年 10 个左右的子课题，其成果以系列报告的形式呈现，并在中央级广播电视权威学术期刊上发表。时间长了，中国广播电视发展年度报告也就成了我们的一项学术品牌。课题研究拓宽了同学们的研究视野，训练了他们传媒研究的全局意识、问题意识，提升了提出问题、分析问题、解决问题的研究能力。

高校的主要任务就是培养人才，作为导师重点还是指对研究生的培养。一个好的导师，报考者云集，可以有很好的生源。四川大学文学和新闻学科实力在全国高校均名列前茅，20 世纪 80 年代中期就有中文一级学科博士点，2000 年设立传媒方向，2006 年获新闻传播学一级学科博士授予权。学院博士生招生原则上是统一考试、统一划线、统一录取、个别调剂。在 2003—2009 年期间，学院导师平均招生名额为 3.5 人左右，2010 年后，博导增加，招生名额减少，每位博导平均招生 1.2 人。无论哪种情况，总有部分导师 1 年或连续几年没有一个考生上线。相对而言，我作为导师应该算幸运者。每年博士考生大都在 40 人左右，上线录取每年最少 3 人，最多一年达 14 人。15 年来共有博士考生 540 人次，录取博士生 110 多人（均为广播电视专业方向），每年我按博导个人最高限额录取后，其他未被录取的同学调剂给另外导师。截至 2016 年 9 月（最后一届），共招收博士生 81 人，博士后 4 人，其中有 80％是考第二次或者三四次才考上的。另外，还招收了硕士生 42 人，接收了访问学者、博士生班学员 20 人。

博士生教育毕竟是精英化培养。10 多年来，我大多数精力都花在博士生的培养上，逐步形成品牌影响，其实无需多言，每年的生源就是明证。迄今为止，在已毕业的近70位博士生中，他们基础坚实，学术成果丰富，有理想、有抱负、有学识，独立研究能力强，大多已成为我国广播影视学界业界的栋梁之材。品牌来自一个导师的学识学养，来自一个导师科学的培养方法，来自导师的责任感。导师要尽可能地为学生提供更多的学习方便，搭建更好的学习平台。既要在学习上严格要求，又要对他们无微不至地关怀，包括身心的健康成长等等。从接收第一个研究生开始，我就在充分调查研究的基础上，针对每个人实际，为他们制定切实可行的具体培养计划。入门的研究生，一开学都会领到各自专业的培养计划。培养计划包括必选修课程、必读书目、各年级各阶段具体完成的学习科研计划。对照学校学院培养方案，我制订的具体方案包括读书报告、主题发言、科研论文发表、学位论文等方面，都高于学校标准。刚开始的时候，同学们感觉压力大，渐渐地也就明白了导师的良苦用心，三年学成，学术成果斐然，对后来找工作增添了许多方便。

岁月如梭。当这段光阴成为历史，回首往事历历在目。在这充实而富有意义的生活里，无论是在教学科研人才培养，还是在业界学界的学术平台，都如鱼得水，这得益于各方厚爱。广电总局、中广联、中国记协、央视、央广以及有关省市媒体，中国高校影视学会等相关学术组织，国内有关高校等领导、学术同仁，这些年对我以及我所在的学校，在传媒研究、学科发展等方面，给予了积极的支持和帮助，这使这个地处西部的学校中有人能够有更多的机会进入国家层面专业学术领域，并占有一定话语地位。正是因为如此，使我无暇顾及学校这个"名利场"。记得刚到高校时我给自己的要求，不去占有学校体制内的行政、学术资源。大学僧多粥少，一点优势的学术资源，往往都被少数人享有，人一旦陷入这些便会有许多不愉快。凭着个人学术实力，2001年12月，经国家广电总局党组批准，我被授予"全国首届'十佳'广播电视理论工作者"，到四川大学第二年担任博士生导师，后来岗位评级时被评定为二级教授，这几点我知足了，其他均不看重。10多年来，记不清多少次拒绝了组织催促我填报各种带有名利性质的申请，现在回忆起来当初这个决定是正确的。高校行政、学术资源私有化是较普遍现象，只是程度不同而已，一些学院为此闹得不可开交。这些年我的学生有20多人在高校担任了一定的行政管理职务，每每与我谈起这些事时，我都会告诫他们，高校应以学术为本，做点行政管理也意味着奉献，千万不要把它看成是个人索取好处的机会，捞多了老师们会瞧不起你！这16年来，很感谢为我提供广阔学术资源和平台的人们，使我减少这方面的烦恼。一年又一年，上不完的课，讲不完的学，开不完的会，评不完的奖；多个"中国层面"的学术组织，不同的学术活动，构成了我这些年工作学术生活的重要内容，始终乐此不疲做着自己喜欢的事情。

往事不如烟。在本书出版之际，感谢这些年始终给予我关心和支持的各位领

410

导、学术同仁及业界朋友，正是他们一如既往的帮助和支持，才使我真正感悟到生命的意义，品味到学术的兴趣与价值，体会到人世间的真情与温暖。这 10 多年来，所有成果都是我和我的团队——"欧阳门"共同努力的结果。一年年春华秋实，真诚感谢为此付出人们！

欧阳宏生

2016 年 10 月